Erarbeitet von
Carsten Püttmann
Christoph Storck
Michael Willemsen
Elmar Wortmann

Herausgegeben von
Michael Willemsen
Elmar Wortmann

Perspektive Pädagogik

Erziehung und Lebenslauf

Heft 4

Ernst Klett Verlag
Stuttgart · Leipzig

Inhaltsverzeichnis

1. Die pädagogische Perspektive auf die Lebenszeit

Im letzten Kurs haben Sie sich mit frühkindlicher Bildung, Erziehung und Entwicklung im Kindesalter beschäftigt. Jetzt wird die gesamte Lebensspanne in den Blick genommen. Es geht um Bildung über die gesamte Lebenszeit. Sicherlich haben Sie sich schon Gedanken über Ihre nächste Zukunft gemacht, vor allem darüber, was Sie nach dem Abitur machen wollen. Welches Studium wollen Sie aufnehmen? Welche Berufsausbildung? Welchen Beruf möchten Sie einmal ausüben? Aber: Kann man überhaupt weiter in die fernere Zukunft planen? Was passiert mit Menschen im Verlaufe ihres Lebens? Was können Sie beeinflussen, was nicht? Welche Aufgaben erwarten einen? Sie haben sicherlich schon mit älteren Menschen gesprochen, die über ihre Erfahrungen mit den Plänen und Entscheidungen, die sie im Leben getroffen haben, aber auch über die äußeren Umstände, die Einfluss auf ihren Lebenslauf hatten, nachgedacht haben. Und Sie kennen sicherlich auch Beispiele für gelungene und für gescheiterte Lebensläufe.

Was hat das alles mit Erziehung und Bildung zu tun? Ist Erziehung nicht irgendwann zu Ende? Gibt es ein Ende von Bildung? Wieso sind die späteren Lebensphasen überhaupt ein Thema für die Pädagogik?

Sie werden in diesem Kurs solchen Fragen nachgehen. Manche Themen werden Sie aus eigener Erfahrung sehr gut nachvollziehen können, z. B. wenn es um das Jugendalter geht. Sie werden aber auch in unbekannte Bereiche der Pädagogik vorstoßen.

In den nächsten Texten lernen Sie Anna an zwei Stellen ihres Lebensweges kennen.

Anna ist im ersten Text aus dem Jahre 2004 13 Jahre alt. In einem Artikel für eine Zeitschrift erzählt ein Journalist, wie Anna lebt, welche Probleme sie beschäftigen und welche Pläne sie hat. Im zweiten Text aus dem Jahre 2011 treffen Sie die inzwischen zwanzigjährige Anna wieder. Auch diesmal erzählt der Journalist von ihrer Lebenssituation, ihren Ansichten, ihren Plänen – und wie ihr Leben in den letzten Jahren verlaufen ist.

M1 2004: Anna ist 13

Für Anna war es an der Zeit, auf Distanz zu ihrer Mutter zu gehen. Aber nur ein bisschen.

Zuhause: eine Vierzimmerwohnung in Düsseldorf
Schule: Luisen-Gymnasium, Düsseldorf
5 **Eltern:** IT-Kaufmann, Sozialarbeiterin
Geschwister: keine
Taschengeld: 56 Euro im Monat, zum Teil aufs Konto
Berufswunsch: Architektin
Lieblingsessen: Feldsalat
10 **Lieblingsstar:** Avril Lavigne
Größter Wunsch: eigene WG mit einer Freundin
Sommerferien: drei Wochen Segeln mit der evangelischen Jugend

Das Verhältnis zwischen Anna und ihrer Mutter hat sich in
15 letzter Zeit etwas abgekühlt. Nicht weil irgendwas passiert wäre. Im Großen und Ganzen hat ihre Mutter allen Grund, mit Anna zufrieden zu sein: Sie findet Britney Spears „tussig" und *Deutschland sucht den Superstar* „voll scheiße". Sie weiß, dass man in der Schule fit sein muss, um einen
20 vernünftigen Beruf zu finden. Sie hat einen Notenschnitt von Zwei und will Architektin werden. Anna wiederum schwärmt von ihrer Mutter: Sie sei so klug, so verständnisvoll und selbstständig und habe trotz ihrer anstrengenden Arbeit als Betreuerin psychisch Kranker immer Zeit für sie.
25 „Irgendwie bin ich schon immer an ihr gehangen." Als sich ihre Eltern vor acht Jahren erst stritten und dann trennten, „war ich natürlich parteiisch". Inzwischen leben Vater und Mutter wieder zusammen, was Anna uneingeschränkt freuen würde, wären da nicht diese nervigen Dreiecksbezie-
30 hungen: „Sobald es Streit gibt, geht es zwei gegen einen. Aber meine Mutter hält dann auch oft zu mir."
Trotz ihrer innigen Beziehung sucht Anna zusehends Distanz zu der Mutter. Die Tochter zeigt sich neuerdings nur wenig begeistert, wenn ihre Mutter einfach so ins Zimmer
35 kommt, um die Blumen zu gießen. Und dann auch noch wissen will, mit wem sie gerade telefoniert. Oder wenn sie sich in die blaue Hängematte setzt, um zu plaudern, obwohl Anna ihre Ruhe haben will. Und die Kuschelnummer am Abend, vor einem Jahr noch selbstverständlich, muss
40 Anna nun auch nicht mehr haben.
Die Abgrenzung bedeutet natürlich Stress: Zum Beispiel hat Anna monatelang überlegt, wie sie es ihrer Mutter schonend beibringt, dass sie morgens lieber allein in die

Schule fährt. Ihre Freun-
45 dinnen sitzen ja auch ohne
Aufsicht in der Straßen-
bahn. Gott sei Dank hat
die Mutter das geschluckt.
Überzeugungsarbeit war
50 auch nötig, um der Mutter
die Erlaubnis abzuringen,
hin und wieder bei einer
Freundin zu übernachten.
Kein Wunder, dass Anna
55 ihre Mutter manchmal als
überängstlich empfindet.
Bis zu einem gewissen

Abb. 1.1: Anna im Jahr 2004

Grad hat sie aber Verständnis, vor allem wenn die Mutter
argumentiert, sie wisse aus ihrer täglichen Arbeit, „wie viel
60 Wahnsinn es da draußen in der Welt gibt". Deshalb akzeptiert Anna auch, dass sie abends um acht zu Hause sein
muss. „Meine Freundinnen dürfen ja auch nicht länger",
sagt sie. Noch.
Es gibt andere Situationen, in denen Anna sehr wohl bo-
65 ckig reagiert: Wenn sie nach der dritten Aufforderung ihrer
Mutter, doch endlich ihr Zimmer aufzuräumen, nur ein
nöliges „Jaaa" von sich gibt, bedeutet das womöglich Haus-
arrest. Aber wenn die Mutter mal genervt und deshalb kurz
angebunden ist, „dann ist das natürlich was ganz anderes",
70 beklagt sich Anna. Pubertätszicke halt, denkt sich ihre Mutter in solchen Fällen, „erst lacht sie, dann schmollt sie und
alles ist dramatisch".
Besonders dramatisch nimmt Anna alles, was mit ihren
Freundinnen zusammenhängt, mit Lena, Chrissi, Jenny,
75 Maria, Alicia, Nicki, Steffi. „Neulich war Anna völlig aufgelöst, nur weil Lena und Maria gestritten hatten", erzählt die
Mutter kopfschüttelnd.
Aber was heißt hier „nur"? Die Freundinnen rücken immer
mehr in den Mittelpunkt von Annas Leben. Mit ihnen liest
80 sie vor der Schule Yam, weil Bravo peinlich ist, und geht sie
nach der Schule ins „Woyton", ein Café in der Düsseldorfer
Innenstadt, oder zu „McDonald's". Danach Kino, Schwimmen oder Bummeln, bei Esprit oder H & M. Wobei H & M
langsam nervt „mit seinem Siebziger-Look, ich will ja nicht
85 rumlaufen wie vor dreißig Jahren", sagt Anna und ihre
Freundinnen sehen das natürlich genauso. Annas Outfit besteht aus Jeans, T-Shirt und schwarzen Turnschuhen. Noch
vor Kurzem hat sie kaum über Klamotten nachgedacht.
Jetzt glaubt sie, dass sie auf der Straße alle anstarren, so-
90 bald sie eines dieser T-Shirts trägt, die ihre Mutter für sie
gekauft hat. Auch Schminken ist jetzt ein Thema: aber bitte
nur Lidschatten. Lippenstift findet Anna problematisch,
Puder peinlich. Puder nimmt, wer „ein Pickelproblem hat".
Anna und ihre Freundinnen würden sich nie pudern.
95 Noch ein Thema, das immer wichtiger wird und das Anna
nur mit ihren Freundinnen besprechen kann: Jungs. Sie und
ihre Freundinnen seien oft verknallt, erzählt Anna. Aber
immer in die Jungs, die schon vergeben sind oder nichts
von ihnen wissen wollen. Anna hat zwar noch nie einen
100 Korb gekriegt. Eine Freundin ist aber mal zu einem Jungen
gegangen, den Anna ganz toll fand. Sie fragte ihn, ob er
auch in Anna verknallt sei. Er hat nein gesagt.

Wie sehr Anna dieses Thema beschäftigt, zeigt schon ein
Blick auf das Holzregal in ihrem Zimmer. Es ist gefüllt mit
105 Lektüre aus der Reihe Freche Mädchen, freche Bücher. „Die
lesen wir alle", sagt Anna. Die einzelnen Bände tragen die
Titel Liebe, Grips & Gänseblümchen, Küsse, Chaos, Ferien-
camp oder Schule, Frust & große Liebe. Im selben Regal
stapeln sich Spiele wie Sagaland, Inkognito und Skill – Der
110 Kugelspaß für Kinder. Die will Anna demnächst in den Kel-
ler verfrachten.
Klar wäre sie lieber älter. 15 vielleicht. Da sind dann die
Jungs auch besser. Momentan kann Anna mit den gleichaltrigen Jungs wenig anfangen. Bis vor Kurzem hat man noch
115 alles gemeinsam gemacht, bedauert sie. Aber jetzt hört
man von denen nur noch doofe Sprüche. Und warum müssen die eigentlich ihre Hosen immer unterm Arsch tragen?

M2 2011: Anna ist 20

Anna: „Ich habe nie Haschisch und Alkohol kombiniert"
Auch ansonsten hat Anna oft befolgt, was ihr die Mutter
sagte. Aber richtig erwachsen wurde sie erst, als sie ohne
ihre Hilfe auskommen musste.

5 **Zuhause:** lebt mit ihrer Mutter in Düsseldorf
Ausbildung/Beruf: Abitur/will Eventmanagement studieren
Liebe: seit fünf Monaten mit Robin zusammen
Einkommen: 100 Euro Taschengeld
Lieblingsessen: Artischocken, Dorade
10 **Lieblingsstar:** Left Boy
Größter Wunsch: immer noch eigene WG mit bester
Freundin
Nächster Urlaub: zwei Wochen Spanien mit dem Freund

Wenn es eine Konstante gibt im Leben von Anna, dann
15 sind es diese Fragen: „Anna, räumst du dein Zimmer auf?" –
„Hast du dich für die Geschenke bedankt?" – „Was ist mit
deinem Praktikumsplatz, willst du da nicht mal anrufen?"
Mit 13 hofft Anna noch, ihre Mutter würde bald damit aufhören, mit 16 rebelliert sie dagegen, heute sagt sie: Lieber
20 etwas Genörgel als gar keinen Rückhalt. Sie hat am eigenen Leib erlebt, wie tief man fallen kann.
Sommer 2008. Anna ist 17 und macht mit ihren Eltern Urlaub an der türkischen Riviera. Sie liegt mit ihrer Mutter
am Strand, der Vater streift allein umher. Zu Hause erfährt
25 sie dann, dass sich ihre Eltern trennen wollen: Der Vater
hat eine neue Freundin, kaum älter als seine Tochter. Anna
steht noch unter Schock, da stirbt ihr innig geliebter Groß-
vater. Und wenig später trennt sie sich von ihrem Freund,
der seit Wochen nur noch kifft. Der Albtraum scheint kein
30 Ende zu nehmen.
Aber Anna hat ja ihre Mutter, die zwar manchmal nörgelt,
aber immer Rat weiß. Mit ihr spricht Anna über alles, etwa
wenn sie Stress mit ihrem Freund hat. Freundinnen seien
da schlechte Ratgeber, „zu loyal, die sagen sofort: ach, der
35 Arsch". Ihre Mutter dagegen hat stets auch die Perspektive des Freundes im Blick. Sie ist Sozialarbeiterin, betreut
psychisch Kranke, die Probleme anderer sind ihr Alltag, so
leicht erschüttert sie nichts.

Da ist zum Beispiel die Sache mit den Alcopops: Als Anna
40 14 wird, geht die Mutter mit ihr zur Tankstelle und kauft
ein paar Flaschen. Kichernd sitzen beide dann zu Hause in
der Küche und testen, wie
viel Anna verträgt. Drogen?
Die Mutter warnt Anna nur,
45 Haschisch mit Alkohol zu
kombinieren, das führe ge-
radewegs in die Psychose.
„Hab ich auch nie gemacht",
sagt die Tochter heute. Mit
50 16 hat Anna eine Zeit lang
„einen reicheren Freundeskreis". Ein Freund holt sie
oft im goldenen Porsche
seiner Eltern ab, dann fährt

Abb. 1.2: Anna im Jahr 2011

55 er mit ihr die Düsseldorfer
Einkaufsstraßen entlang. Die Begeisterung der Mutter,
eher rot-grün sozialisiert, hält sich in Grenzen. Trotzdem
redet sie Anna die Freunde nicht schlecht, das rechnet ihr
die Tochter hoch an. Selten erlebt sie ihre Mutter ratlos,
60 am ehesten bei den Wutanfällen des Vaters. Doch in diesen
Situationen rücken die beiden noch näher zusammen.
Umso härter trifft es Anna, dass sie nach der Trennung der
Eltern mit ihren Problemen auf einmal allein dasteht. Ihre
Mutter ist mit sich beschäftigt – die Freundin ihres Man-
65 nes, sie ahnte ja nichts. Ständig ist sie gereizt, jedes Paar
Schuhe, das nicht aufgeräumt ist, bedeutet Streit zwischen
Mutter und Tochter. Anna kämpft auch mit dem Vater: Er
weigert sich, Unterhalt zu zahlen. Überall Krisenherde,
überall Spannungen. Annas Körper hält diesen Zustand
70 nicht lang aus. Sie schläft zwanzig Stunden am Tag und
fühlt sich die übrigen vier schlapp. Schließlich landet sie
in einer Spezialklinik am Starnberger See, Diagnose: Burn-
out.
Sommer 2011. Anna sitzt im „Rosie's", einem Bistro in der
75 Düsseldorfer Innenstadt. Die reichen Freunde hat sie längst
hinter sich gelassen, manche halten sie trotzdem noch
„für eine Schickimicki-Ziege", erzählt sie genervt. Anna ist
1,82 Meter groß, schlank, hat lange braune Haare. Sie trägt
einen kurzen, weißen Rock, graues Top, braune Lederjacke.
80 Wie es in ihr aussieht, wissen nur ihre Mutter und ein paar
Freunde. Sie war während ihrer dreimonatigen Therapie
mit Abstand die Jüngste, in ihrer Gesprächsgruppe befan-
den sich ein BMW-Manager und ein Rentner, der sein Trau-
ma aus dem Zweiten Weltkrieg verarbeitete. Seitdem hat
85 sie recht genaue Vorstellungen davon, was im Leben zählt.
Sie hat das schlimme Jahr 2008 überstanden, und das ohne
die Hilfe der Mutter; in Therapie zu gehen, war ihre eigene
Idee, auch die Klinik suchte sie selbst aus. Diese Zeit war
„eine enorme Bereicherung für mich", sagt sie. Vor zwei
90 Monaten starb Annas Vater an Lungenkrebs. Da fiel auch
der Mutter auf, wie erwachsen ihre Tochter geworden war:
Wie selbstverständlich beteiligte sie sich an der Organisation des Begräbnisses. In derselben Zeit legte sie ihre letzte
Abiturprüfung ab. Ihre Mutter, stolz, überraschte sie mit
95 einer spontanen Party. Und ermahnte sie am Ende, auch
allen für die Geschenke zu danken. „Sie kann einfach nicht
anders", sagt Anna belustigt.

Es sei schon gut, „dass Anna demnächst in einer anderen
Stadt studiert", sagt ihre Mutter, „dann bin ich endlich
100 diese Mutterrolle los". Dafür hat Anna begonnen, sich über
ihre Mutter Gedanken zu machen. Zu Hause gibt es jetzt
einen Hund, es wird also nicht ganz ruhig werden, wenn
sie auszieht. Mit dem neuen Freund der Mutter versteht
sie sich auch gut. Trotzdem wäre es Anna lieber, wenn ihre
105 Mutter nicht mehr heiratet.

Aufgaben

1. Beschreiben Sie, welche Personen und äußeren Bedingungen auf die Lebenssituation von Anna jeweils Einfluss
haben. Achten Sie dabei auch auf die Versuche erzieheri-
scher Einwirkungen.

2. Untersuchen Sie, welche Veränderungen sich zwischen
2004 und 2011 ergeben haben.

3. Arbeiten Sie heraus, wie Anna sich zu den Personen und
äußeren Bedingungen verhält, die auf sie Einfluss nehmen. Weisen Sie insbesondere nach, inwiefern sie selbst
durch eigene Entscheidungen an den Veränderungen
beteiligt war und welche Aufgaben sie dabei bewältigen
musste.

4. Einen weiteren Text zum Thema Lebenswege finden Sie
online (vgl. 🌐 us3e2i). In dem Text blickt die 80-jährige
Ruth Klüger zurück. Sie wurde 1931 in Wien als Tochter
eines jüdischen Arztes geboren. 1942 wurde sie mit ihrer
Mutter in die Konzentrationslager Theresienstadt, Aus-
schwitz und Christianstadt deportiert. 1947 emigrierte sie
in die USA, studierte und machte als Germanistikprofes-
sorin Karriere.

Die folgende fiktive Fallgeschichte veranschaulicht, in welch
vielfältigen sozialen und institutionellen Zusammenhängen
das lebenslange Lernen von Erwachsenen heute stattfindet.
Dabei ist ein auffälliges Merkmal, dass das Lernen auch
nach Abschluss von Studium und Berufsausbildung immer
neue Herausforderungen annimmt. Auch die „Bildung"?

M3 Fallgeschichte Petra Müller (Jochen Kade/Dieter Nittel/ Wolfgang Seitter)

Petra Müller – so nennen wir die Protagonistin unserer
hypothetischen Fallgeschichte – kommt irgendwann in
den Achtzigerjahren zur Welt. Die Eltern mobilisieren vom
ersten Tag des Bekanntwerdens der Schwangerschaft eine
5 Menge Zeit, Energie und Geld, um Intelligenz und Lernfähigkeit ihres zukünftigen Kindes zu fördern. So haben
sie einschlägige populärwissenschaftliche Zeitschriften
abonniert, die sie mit den neuesten Befunden der Hirnfor-
schung bei Kindern und Säuglingen versorgen. Und auch

10 der Besuch einer städtischen Familienbildungsstätte steht auf ihrem wöchentlichen Programm; hier eignet sich Frau Müller für die Geburt hilfreiche Gymnastikübungen an. Beide Elternteile lernen in dieser Einrichtung auch Praktiken und Lebensweisen kennen, die sich positiv auf die

15 pränatale Konstitution auswirken sollen. Gesunde Ernährung, ein regelmäßiges Leben, viel frische Luft, der Verzicht auf Alkohol und Nikotin – dies alles, so die Erwartung des Ehepaares, soll positive Auswirkungen nicht nur auf die körperliche, sondern auch auf die kognitive Entwicklung

20 des zukünftigen Kindes haben. Die Schwangerschaft bietet Frau Müller die Möglichkeit, an einer unterbrochenen Lernbiografie wieder anzuknüpfen: Sie nimmt das im Alter von achtzehn Jahren abgebrochene Hobby ‚Klavierspielen' wieder auf, weil sie vermutet, dass von den Schallwellen des

25 Instrumentes eine wenn auch nicht beruhigende, so aber doch eine generell positive Wirkung ausgeht. Die Lebensform der Eltern entspricht mehr oder weniger jenem Bild, welches die Öffentlichkeit gegenüber einer modernen Durchschnittsfamilie hegt. Um ein stabiles

30 Familienleben zu führen, das den Interessen und Bedürfnissen möglichst aller Familienmitglieder (einschließlich des erwarteten Kindes) gerecht wird, müssen viele Entscheidungen gefällt und alte revidiert werden. Überhaupt bedeutet für die Eltern der Familienzuwachs eine gestei-

35 gerte Phase des Aneignens von neuem Wissen und der intensiven persönlichen Veränderung. Klaus, der bei einem großen Computerkonzern tätig ist, wird ein Sabbatjahr einlegen, um sich in den ersten zwei Jahren ganz dem Kind zu widmen. Mit dieser zukünftigen Rolle muss er sich erst

40 noch allmählich vertraut machen, doch er ist empfänglich für Neues und weiß, dass er sich umstellen kann; gleichwohl leben die Partner unter Maßgabe der Erwartung, dass auf sie viele nicht antizipierbare Konflikte zukommen werden. Seine Ehefrau Brigitte arbeitet als Architektin und

45 Denkmalschützerin bei der Stadtverwaltung, ihr macht der Beruf momentan viel Spaß. Deshalb beabsichtigt sie, sich erst später intensiver um ihr Kind zu kümmern. Unmittelbar nach der Geburt von Petra besucht der Vater Kurse, liest Bücher und macht sich in anderer Weise kun-

50 dig, um Nahrungsmittel von hoher Qualität für das Kind zubereiten zu können. Dadurch soll sichergestellt werden, dass das Kleinkind gesund ernährt wird. Klaus verfügt mittlerweile über ein Wissen auf dem Gebiet der Kleinkindversorgung, das weit über das Niveau früherer Vätergenerati-

55 onen hinausgeht. Aus deren Sicht ist er ein wahrer Experte in Fragen der Kleinkindversorgung. Begleitet von den üblichen Kinderkrankheiten lässt unsere Protagonistin Petra allmählich das Säuglingsalter hinter sich. Das erste Wort, das sie neben ‚Mama' und ‚Papa' aus-

60 spricht, lautet ‚Stau' – womit sie offenbar ihren zahlreichen Erfahrungen im Auto der Familie Ausdruck verleiht. Verhältnismäßig spät, nämlich erst mit zwei Jahren, besucht sie eine Krabbelstube, die von einer früher einmal arbeitslosen Diplom-Pädagogin mit dem Schwerpunkt ‚Sozialpädagogik'

65 angeboten wird. Hier fühlt sich das Kind aber nicht immer so wohl wie zu Hause. Schon nach einem Jahr wechselt Petra zum Kinderladen, den eine Elterninitiative in einem anderen Stadtteil gegründet hat und nun mit großem Ar-

beitseinsatz in Eigenregie verwaltet. Hier lernt Petra Steffi,
70 ein Mädchen ihres Alters, kennen, mit dem sie Bastel- und Kreativkurse besucht, die von der Kirchengemeinde angeboten werden. Mit sieben Jahren tritt in der Bildungsbiografie von Petra Müller die Schule auf den Plan. Der Sprung in eine neue

75 Welt verläuft in unserem Fall vielleicht auch deshalb ohne nennenswerte Schwierigkeiten, weil Petra gemeinsam mit ihrer besten Freundin Steffi und ihrem besten Freund Max eingeschult wird. Ihre Eltern amüsieren sich, weil Petra im Anschluss an die erste Schulwoche ihre Lehrerin als

80 besserwisserisch karikiert und damit ein pädagogisches Argument zum Zwecke der Distanzierung von einer pädagogischen Institution nutzt. Der Aktions- und Kontaktkreis des Kindes wird von Schuljahr zu Schuljahr größer. Petra erweist sich auch in der Schule als eine aufgeweckte

85 und neugierige Schülerin, sodass sie die Leistungsanforderungen mehr oder weniger mühelos erfüllt. Doch das reibungslose Mitmachen schließt natürlich nicht aus, dass sie in Schule und Elternhaus auch mit Schwierigkeiten zu kämpfen hat und die eine oder andere Bewährungsprobe

90 bestehen muss. Besorgt über den häufigen Medienkonsum und vor allem die intensive Computernutzung ihrer Tochter reagiert die Mutter auf eine Zeitungsannonce im Stadtmagazin. Ein Medienpädagoge bietet in der Anzeige ein Beratungsangebot für Eltern an, die sich über Lernsoftware

95 im Schulalter und den richtigen Umgang mit Medien im Kinderzimmer sachkundig machen wollen. Dieses Angebot erweist sich aus der Sicht von Petras Mutter aber als wenig hilfreich. Es stellt sich heraus, dass die Beratungsoption ausschließlich an echte Problemfälle gerichtet ist und Pet-

100 ras Medienkonsum sich eigentlich noch im grünen Bereich bewegt. Im Anschluss an die Grundschule wechselt Petra in den gymnasialen Zweig einer Gesamtschule. Klaus als Petras Vater wird zur eigenen Überraschung (es findet sich sonst

105 niemand anderes) in den Elternbeirat gewählt, und um das Ehrenamt sachkundig auszufüllen, reichen seine Fähigkeiten nicht aus. Deshalb muss er neues Wissen, vor allem über das Schulrecht, erwerben und sich auch in andere fremde Materien einarbeiten. Er geht in die Stadt-

110 bibliothek und leiht sich Fachbücher zum Thema aus. Die noch vor wenigen Jahren ausgefochtenen Kontroversen zwischen liberalen und konservativen Elterngruppen sind längst passé. Mittlerweile kommt die Schule ihrem Auftrag, das Lernen zu lehren, sogar auf der Ebene der Gestaltung

115 von Fächern nach. Neben den konventionellen Fächern wie Mathematik und Deutsch werden, so das Ergebnis der jüngsten Schulreform, spezielle Lerntechniken vermittelt. In Petras biografischer Entwicklung sorgt aber nicht nur die Schullaufbahn als Impulsgeber für zahlreiche neue Ver-

120 mittlungs- und Aneignungsprozesse: So wird sie Mitglied in einem Sportclub, hält den Kontakt zur Kreativgruppe der Kirchengemeinde aufrecht und bekommt von ihrer Mutter hin und wieder Klavierunterricht. Sie ist fest in informelle Kontaktnetzwerke zwischen den Gleichaltrigen in und au-

125 ßerhalb der Schule verankert. Petra absolviert insgesamt zwei einmonatige Aufenthalte in europäischen Partnerschulen, den einen in England, den anderen in Frankreich.

Alle diese Erfahrungsbereiche spielen eine große Rolle in ihrem Prozess des Selbstständigwerdens.

130 Im Anschluss an die Schulzeit studiert Petra zunächst in ihrer Heimatstadt Informatik mit dem Schwerpunkt ‚Computeranimation'. Nachdem ihr durch mehrere Gespräche mit Bekannten und Freunden signalisiert worden ist, dass eine solche Ortsgebundenheit von ihren zukünftigen Arbeitge-
135 bern zu ihrem Schaden ausgelegt werden könnte, wechselt sie schließlich den Studienort. Die damit verbundene Herauslösung aus ihrem angestammten Milieu führt zu einer zeitweiligen Studienkrise – und zu gesteigerten Lernerfahrungen. Ebenso wie viele ihrer Kommilitoninnen und Kom-
140 militonen hat Petra eine gewisse Scheu gegenüber einem allzu spezialisierten Studium; sie will keine Fachidiotin werden. Vielleicht ist das der Grund, warum Petra neben Vorlesungen und Seminaren in ihrem eigentlichen Studienfach sich auch für Kurse auf dem Gebiet des bürgerschaftlichen
145 Engagements außerhalb der Universität interessiert. Da sie nach eigener Aussage ‚nicht zu rasch erwachsen werden und ihr Leben noch ein wenig offen halten möchte', schiebt sie im Alter von 28 Jahren kurz vor dem Ende des Studiums

Abb. 1.3

noch ein freiwilliges soziales Jahr in Afrika ein. In einem
150 vierwöchigen Vorbereitungskurs wird sie von Experten mithilfe der modernsten Vermittlungsformen auf diese Tätigkeit vorbereitet. Auch die Stellen im Bereich des bürgerschaftlichen Engagements in anerkannten Organisationen sind, ähnlich wie auf dem Markt für Erwerbsarbeit, mittler-
155 weile knapp geworden. In Afrika lernt sie ihren zukünftigen Lebenspartner kennen, der ihr nach Europa folgt; das ist in einem Zeitalter, in dem die Globalisierung längst Realität ist, nichts Unübliches. Die Partnerschaft erweist sich nicht immer als leicht, da die kulturellen Unterschiede doch sehr
160 groß sind. Die Notwendigkeit, die Lebensgemeinschaft materiell abzusichern und das Studium des Ehemannes zu finanzieren, zwingt Petra Müller schnell dazu, auf dem Arbeitsmarkt nach einer Beschäftigungschance Ausschau zu halten. Die ebenfalls vorhandene Option, einen Bil-
165 dungskredit aufzunehmen, schlägt sie aus. Nach intensiver Suche findet sie nach drei Monaten ihre erste Arbeitsstelle bei einem finnischen Computerhersteller auf der Basis eines befristeten Vertrags. Sie besucht einen betrieblichen Einweisungskurs in Finnland, wo sie das erste und einzige

170 Mal ihren Kolleginnen vis-à-vis gegenübersteht. Ebenso wie Petra sind auch die übrigen Computerspezialisten ihres Teams über ganz Europa verteilt; alle arbeiten in der eigenen Wohnung und sind online mit der Zentrale verbunden. Eine kontinuierliche, die gleichzeitige körperliche Anwe-
175 senheit einschließende Beziehung zu den Kollegen gehört für viele erwerbstätige Menschen der Vergangenheit an. Die isolierte Arbeitsform bereitet Petra Müller trotz der vielen Vorteile und Freiheiten aber auf Dauer auch einige Probleme. Weil sie ‚auch einmal mit einem richtigen Men-
180 schen und nicht nur mit Computern reden will', schließt sie sich einer Selbsthilfegruppe an, um mit anderen Telearbeiterinnen die mit dieser Arbeitsform verbundene Isolation aufzuheben. Hin und wieder wird die Selbsthilfegruppe von einem externen Coach beraten. Die räumliche und
185 soziale Nähe zwischen Arbeit und Familie bietet kaum Rückzugsmöglichkeiten und Distanz. Genau das erweist sich wiederum als Quelle von familiären Spannungen. Mit ihrem arbeitslosen Mann kann sie nur bedingt über ihre Sorgen sprechen. Nach einem Jahr Telearbeit wendet sich
190 das Blatt: Petra Müller bekommt ihr erstes Kind, kurze Zeit später ihr zweites. Aufgrund dieser neuen Lebenssituation und des Antritts der ersten Stelle seitens des Ehemannes lernt sie auch die Vorteile der Telearbeit kennen. Da ihr Mann neben dem Beruf viel für den Haushalt tut, spielt
195 sich nach und nach eine produktive familiäre Arbeitsteilung ein. Petra Müller hat nach acht Jahren immer noch den gleichen Arbeitgeber; gemessen am Durchschnitt ist ihre Betriebszugehörigkeit als ausgesprochen lang einzustufen. Doch es ist nicht nur die berufliche Routine und das
200 Gefühl von Unterforderung, das sie zu der Entscheidung veranlasst, sich berufsbiografisch zu verändern und von sich aus zu kündigen. Da die Kinder älter werden und die schulische Ausbildung in den letzten Jahren immer teurer geworden ist, muss sich Petra Müller langfristig eine Arbeit
205 suchen, die der Familie ein höheres Einkommen verschafft. Nach einer kurzen Phase der Arbeitslosigkeit entscheidet sie sich für einen Weg, den Menschen in ihrem Alter sehr häufig gehen: Sie macht eine weitere Berufsausbildung. Das damit verbundene Risiko kann sie in Kauf nehmen,
210 weil ihr Mann ja inzwischen ebenfalls berufstätig ist. An ihr früheres ökologisches Interesse anknüpfend, erwirbt sie nach zweijähriger Zusatzausbildung beim Berufsverband der Öko-Ingenieure ein Zertifikat. Dies bietet ihr die Möglichkeit, hochspezialisierte Computerprogramme für Betrie
215 be im Umweltschutz zu entwickeln. Petra Müller verfügt nun über vielfältiges Fachwissen aus zwei Bereichen, der Welt des Computers und der des ökologischen Ingenieurwesens. Sie nimmt einen Kredit bei der Bank auf, mietet ein Büro an und arbeitet nun auf eigenes Risiko. Nach
220 einer Durststrecke kann sie sich als Spezialistin für Computeranimation im Umweltschutz erfolgreich selbstständig machen. Da in ihrem Arbeitsfeld immer neue Herausforderungen auftauchen und die Technologien schnell veralten, muss sie jedes Jahr mehrere Fortbildungen besuchen,
225 zum einen auf dem Gebiet der Software-Anpassung und Innovation und zum anderen auf betriebswirtschaftlichem Gebiet. Gegenüber der Vielzahl anderer Fortbildungsofferten verhält sie sich ausgesprochen wählerisch. Sie ist sich

darüber im Klaren, dass sie vieles – das sie auf dem Fort-
230 bildungsmarkt teuer bezahlen muss – letztlich gar nicht
gebrauchen kann. Ironisch spricht sie in diesem Zusammenhang sogar von ‚Fortbildungstourismus'. Sie glaubt, sie
werde bald dem ständigen Lern- und Innovationsdruck im
höheren Erwachsenenalter nicht mehr gewachsen sein. Es
235 ist weniger die Koordination innerhalb der Arbeitszeit, sondern die Abstimmung von Arbeits- und Lernzeit, die immer
mehr Menschen vor große Probleme stellt. Deshalb erwägt
sie, einen jüngeren Mitarbeiter einzustellen. Doch um dies
zu tun, hat sie noch mehr Projektangebote anzunehmen,
240 also noch intensiver und mehr zu arbeiten. Auch der Ehemann hat sich beruflich verändert und seinen Arbeitsplatz
gleich mehrfach gewechselt. Die Familie hat sich in all
den Jahren daran gewöhnen müssen, dass der materielle
Lebensstandard starken Schwankungen unterworfen ist:
245 Mal geht es ihr finanziell gut, mal aufgrund beruflicher
Verdienstausfälle eher schlecht.
Obwohl die berufliche Situation der Eheleute das Familien-
schicksal stark bestimmt, gehen nicht alle Veränderungen
in Petras Biografie auf berufliche Impulse zurück. Bevor die
250 Kinder ein Alter erreicht haben, das sie in die Lage versetzt,
auf eigenen Beinen zu stehen, hat Petra Müller selbst die
eine oder andere Lehre aus deren ‚Lerngeschichten' gezogen. Insbesondere hat sie von den musischen Begabungen
der beiden Kinder profitiert, was sich darin niederschlägt,
255 dass sie mit fünfzig den Plan entwickelt, in einer Musikschule für Erwachsene das Gitarrespielen zu erlernen.
Darüber hinaus sucht sie nach weiteren Beschäftigungen,
um die Einseitigkeiten des naturwissenschaftlichen Berufs
ein wenig auszugleichen. Dabei stößt sie auf neue Inter-
260 essensgebiete, wie beispielsweise die italienische Malerei
der Spätrenaissance, die sie auf Bildungsreisen und in
Kursen erschließen möchte. Da auch ihr Ehemann kein
sonderlich hohes Einkommen hat, kann Petra Müller ihre
Arbeitszeit nicht – wie eigentlich geplant – auf Dauer, son-
265 dern nur unter ganz bestimmten Bedingungen reduzieren.
Erst nachdem sie sechsundsiebzig Jahre alt geworden ist,
kehrt so etwas wie materielle Planungssicherheit ein. Auf
ausgedehnten Bildungsreisen vertieft sie ihr Interesse an
fremden Ländern und deren Kultur, nun will sie, wie sie es
270 selbst einmal ausdrückt, ‚das eine oder andere Stück der
Welt kennenlernen'. Je älter die Protagonistin wird, desto
bedeutsamer werden für sie persönliche Kontakte und der
zwischenmenschliche Erfahrungsaustausch, eine Form der
Lebensqualität, auf die sie aufgrund ihres harten und an-
275 strengenden Arbeitslebens jahrzehntelang verzichtet hat.
An ihrem Wohnort schließt sich Petra Müller einer Wissens-
börse an, die ihr gesellige Bildung in großer Zwanglosigkeit
bietet. Petra Müller kann diesen Aktivitäten aber nur nachgehen, weil sie sich durch private Zusatzversicherungen
280 finanziell abgesichert hat. Anderen Menschen in ihrem
Alter ergeht es ganz anders: Sie müssen bis weit über die
Siebzig hinaus arbeiten. Petra Müller setzt auch im Alter
ihr schon in der Schulzeit eingeübtes biografisches Muster
fort, sich für vielfältige Dinge zu interessieren. Sie bleibt
285 sich selbst treu, indem sie einiges dafür tut, um ‚bloß kein
Fachidiot' zu werden, wie sie es im Studium einmal ausgedrückt hatte.

Aufgaben

1. Erstellen Sie einen tabellarischen Lebenslauf von Petra
Müller. Orientieren Sie sich zur Definition dieses Begriffs
zunächst bei **M 4**.

2. Beschreiben Sie – übersichtlich gegliedert – die Bildungsbiografie von Petra Müller. Orientieren Sie sich zu den
Definitionen bei **M 4** und **M 5**.

3. Arbeiten Sie heraus, welche Lern- und Bildungsprozesse
Petra Müllers in Institutionen und welche nicht-instituti-
onalisiert ablaufen. Zeigen Sie auf, welche Institutionen
und Lernorte beteiligt sind.

4. Erklären Sie den Unterschied von „Lernen" und „Bildung"
mit Bezug auf diese Fallgeschichte. Orientieren Sie sich
dabei am Bildungsbegriff in **M 5**. Beachten Sie dazu,
welche Entscheidungen Petra Müller selbst trifft und
welche Bedingungen, die sie nicht beeinflussen kann,
eine Rolle spielen.

M4 Lebenslauf und Biografie (Dieter Nittel/Andrea Siewert)

Worin liegt der Unterschied zwischen Lebenslauf und
Biografie? Der Lebenslauf umfasst die Totalität aller
objektivier- und nicht objektivierbaren Ereignisse, Wende-
punkte, Phasen, Erfahrungen, Erlebnisse und Empfindun-
5 gen zwischen Geburt und Tod eines Menschen. Der Lebenslauf stellt in modernen Gesellschaften eine Institution
dar, da bestimmte Karrieremuster, Berufsabläufe, lebens-
zyklische Einschnitte und Zäsuren normiert werden und
mehr oder weniger rigiden sozialen Kontrollen ausgesetzt
10 sind. Der Lebenslauf existiert auch dann, wenn er nicht
ausdrücklich thematisiert, also nicht als Gegenstand der
Kommunikation infrage kommt. Demgegenüber markiert
die Biografie die sinnhafte Organisation, die individuelle Aneignung und Thematisierung des Lebenslaufs. […]
15 Biografie bezieht sich heute auf schriftliche wie auch auf
mündliche Texte, die Erfahrungen und Ereignisse der zu-
rückliegenden Lebensspanne eines Subjektes zu einem
sinnhaften Ganzen zusammenfügen.

M5 Bildung über die Lebenszeit (Reinhard Fatke/Hans Merkens)

Bildung ist nicht auf die Schule als Institution und nicht auf Kindheit und Jugend als Lebensphase begrenzt. Vielmehr verlangt die moderne Welt ein neues Konzept: Bildung über die Lebenszeit. Denn unsere Wissensbestände verän-
5 dern sich rasant, und die moderne Welt ist davon so sehr geprägt, dass von einer „Wissensgesellschaft" gesprochen wird, in der eine Hauptaufgabe im Wissensmanagement liegt. Auch in der Berufswelt verändern sich die Anforderungen ständig, sodass die Weiterbildung zu einer lebens-
10 langen Aufgabe wird. Ferner greifen die formellen Prozesse des Lernens in den Bildungseinrichtungen und die Prozesse des informellen Lernens, z.B. am Arbeitsplatz, in der Freizeit, im Kulturbereich, mithilfe alter und neuer Medien usw., ineinander. Aus alledem ergibt sich, dass Bildung
15 schon weit vor der Schule im frühen Kindesalter beginnen und über die ganze Lebenszeit anhalten muss. Dafür steht der – auch international gebräuchliche – Begriff „lebenslanges Lernen".
Mit der lebenszeitlichen Perspektive wird zugleich die
20 Chance eröffnet, Bildung wieder in einem umfassenderen Verständnis in die öffentliche Reflexion und Diskussion zu bringen als nur im Sinne von Aufnehmen und Verarbeiten von Wissensbeständen zum Erreichen vorbestimmter Leistungsziele. Gerade die Kontingenz, die Nicht-Verfügbarkeit,
25 auch die Sperrigkeit gegenüber allzu einengenden Didaktisierungsversuchen, das Widerständige auch und gerade gegenüber ökonomischer Instrumentalisierung und staatsbürgerlicher Verzweckung gilt es, wieder stärker in den Mittelpunkt zu rücken.
30 Wenn mit Bildung diejenigen Prozesse benannt werden, in denen sich der Mensch in wahrnehmender, denkender und handelnder Auseinandersetzung mit der Welt allseitig entfaltet, sind ein wesentliches Kennzeichen solcher Bildungsprozesse Erfahrungen von Differenz zwischen dem, was
35 man ist, weiß, kann, darf usw., und dem, was man (noch) nicht ist, weiß, kann, darf usw. Wenn diese Differenz als Herausforderung erfahren wird, an der man wachsen kann, indem man sich ihr stellt und sich mit ihr auseinandersetzt, und nicht nur als Aufgabe, die man bewältigen muss, dann
40 ist eine notwendige Vorbedingung dafür gegeben, dass sich Bildung ereignen kann. In diesem Sinne lässt Bildung sich nicht erzwingen, sondern sie kann sich ereignen, wenn entsprechende Angebote und Situationen geschaffen werden, in denen sich der Mensch herausfordern lässt,
45 sich mit der Welt und sich selbst auseinanderzusetzen. Insofern sind Bildungsprozesse prinzipiell unabschließbar.

Weiterführende Aufgaben

1. Beschreiben Sie mithilfe des Textes von Henningsen ⊕ j4m78v den Blick eines Pädagogen auf eine Biografie.

2. Formulieren Sie zusammenfassend im Anschluss an Fatke/Merkens M5 und Henningsen die pädagogische (d.h. bildungstheoretische) Perspektive auf den Lebenslauf.

3. Sammeln Sie Fragen, denen Sie im Hinblick auf „Bildung über die Lebenszeit" in diesem Kurs nachgehen möchten.

2. Eriksons Modell der psychosozialen Entwicklung

Die Bildung des Menschen hört mit der Jugend nicht auf. Auch der Erwachsene muss sich im Verlaufe seines Lebens immer wieder neuen Herausforderungen stellen und sich an Konflikten abarbeiten. Welche Konflikte sind das? Welche Herausforderungen? Wie kann er angesichts der Anforderungen wachsen und sich in einer sich schnell verändernden Gesellschaft orientieren? Wie kann er ein sinnvolles und gelungenes Leben gestalten? Was bleibt im Verlaufe der menschlichen Entwicklung gleich? Was verändert sich? Kann man Phasen unterscheiden? Welche Bedeutung hat die Entwicklung in der frühen Kindheit?

Die Pädagogik beschäftigt sich auch mit solchen Problemen – nicht nur bei Kindern und Jugendlichen, sondern auch bei Erwachsenen. Sie ist bei ihren Antworten auf die Erkenntnisse der Psychologie, der Soziologie und anderer Wissenschaften angewiesen. Sie werden in diesem Kapitel vor allem eine psychologische Entwicklungstheorie kennenlernen, die bei der Arbeit an Antworten auf die oben gestellten Fragen eine wichtige Rolle spielt. Darüber hinaus haben Sie die Gelegenheit, Einblick in die pädagogische Biografieforschung als pädagogische Alternative zu psychologischen Entwicklungstheorien zu bekommen.

Erik Homburger Erikson (1902–1994) war ein deutsch-US-amerikanischer Psychoanalytiker. Bekannt wurde er durch sein Stufenmodell der psychosozialen Entwicklung.

Abb. 2.1: Erik Homburger Erikson (1902–1994)

Erik Homburger Erikson wurde in Deutschland geboren. Seine Mutter hatte sich zuvor von ihrem Ehemann getrennt und Dänemark verlassen. 1905 heiratete sie Dr. Theodor Homburger, den (jüdischen) Kinderarzt des kleinen Erik. Im Anschluss an seine Schulzeit reiste der künstlerisch interessierte Erik H. Erikson – wie er sich nach seiner späteren

Immigration in die Vereinigten Staaten nannte – seine Bestimmung suchend durch Europa. 1927 erhielt er eine Anstellung an der von Anna Freud und Dorothy Burlingham gegründeten privaten Burlingham-Rosenfeld-Schule. Neben seiner Tätigkeit an der Privatschule absolvierte er bei Anna Freud eine analytische Ausbildung. Sein psychologischer Ansatz fußt – wie bei Anna Freud – auf Sigmund Freuds Psychoanalyse. In seiner (Eriksons) Betonung der Identitätsentwicklung greift er Anna Freuds Ich-Psychologie auf und erweitert diese noch einmal um eine gesellschaftliche bzw. interaktionistische Perspektive, auf die ihn seine weltweiten Reisen und insbesondere seine Studien in Indianer-Reservaten aufmerksam gemacht hatten. Erikson interessiert besonders die Frage: „In welcher Weise wächst die gesunde Persönlichkeit bzw. wie wächst ihr aus den aufeinanderfolgenden Stadien die Fähigkeit zu, die äußeren und inneren Gefahren des Lebens zu meistern und noch einen Überschuss an Lebenskraft zu erübrigen?"

2.1 Merkmale der psychosozialen Entwicklung

M1 Über Gesundheit und Wachstum, das epigenetische Prinzip (Erik Homburger Erikson)

Das menschliche Wachstum soll hier unter dem Gesichtspunkt der inneren und äußeren Konflikte dargestellt werden, welche die gesunde Persönlichkeit durchzustehen hat und aus denen sie immer wieder mit einem gestärkten
5 Gefühl innerer Einheit, einem Zuwachs an Urteilskraft und der Fähigkeit hervorgeht, ihre Sache „gut zu machen",
und zwar gemäß den Standards derjenigen Umwelt, die für diesen Menschen bedeutsam ist. Der Ausdruck „seine Sache gut machen" (to do well) deutet natürlich auf das
10 ganze Problem der Relativität der Kultur hin. So kann z. B. der Personenkreis, der für einen Menschen wichtig ist, glauben, er mache seine Sache gut, wenn er viel „Gutes tut"; oder wenn er „sich gut stellt" in dem Sinn, dass er viel Geld macht; oder wenn es ihm gelingt, die Realität auf
15 neue Weise zu sehen oder zu meistern; oder auch wenn er sich nur gerade durchbringt. […]

Wenn wir das Phänomen „Wachstum" verstehen wollen, tun wir gut daran, uns an das *epigenetische Prinzip* zu erinnern, das vom Wachstum der Organismen *in utero* abgelei-
20 tet ist. Dieses Prinzip lässt sich dahin verallgemeinern, dass alles, was wächst, einen *Grundplan* hat, dem die einzelnen *Teile* folgen, wobei jeder Teil eine Zeit des Übergewichts

Abb. 2.2: Die verschiedenen Alter des Menschen (ca. 1930)

durchmacht, bis alle Teile zu einem *funktionierenden Ganzen* herangewachsen sind. Mit der Geburt verlässt das Kind
25 den chemischen Austausch des Mutterschoßes und tritt in den sozialen Austausch der Gesellschaft ein, in welcher seine gradweise wachsenden Fähigkeiten auf die Chancen und Schranken seiner Kultur treffen. Wie der reifende Organismus sich weiter entwickelt, nicht durch Hervorbringung
30 neuer Organe, sondern durch eine vorgezeichnete Folge von Fortbewegungs-, Sinnes- und sozialen Fähigkeiten, ist in der Literatur über die Entwicklung des Kindes dargestellt. Die Psychoanalyse hat das Verständnis für das eigentlich persönliche Erleben und speziell für die inneren
35 Konflikte beigesteuert, welche die Art und Weise festlegen, wie ein Mensch zu einer individuellen Persönlichkeit wird. Aber auch hier muss man sich klar darüber sein, dass das gesunde Kind, bei einem vernünftigen Grad von Leitung, in der Aufeinanderfolge seiner höchst persönlichen Erfahrun-
40 gen gewöhnlich inneren Entwicklungsgesetzen gehorcht, die eine Stufenfolge signifikanter Wechselwirkungen zwischen diesem Kind und seinen Betreuern ermöglichen. So verschieden diese Beeinflussung von Kultur zu Kultur auch ist, sie muss in jedem Falle in genau dem Tempo und
45 in der Aufeinanderfolge geschehen, die das Wachstum der Persönlichkeit ebenso regieren wie das Wachstum eines Organismus. Man kann sagen, dass die Persönlichkeit in Abschnitten wächst, die durch die Bereitschaft des menschlichen Organismus vorherbestimmt sind, einen
50 sich ausweitenden sozialen Horizont bewusst wahrzunehmen und handelnd zu erleben; einen Horizont, der mit dem nebelhaften Bild einer Mutter anfängt und mit der Menschheit endet – oder doch mit jenem Ausschnitt der Menschheit, der für das spezielle Leben dieses Menschen
55 zählt. Aus diesem Grunde benutzen wir für die Darstellung der Stadien in der Entwicklung der Persönlichkeit ein *epi-*

genetisches Diagramm, das einem an anderer Stelle für die Analyse der psychosexuellen Stadien Freuds verwendeten Diagramm analog ist. Unsere Darstellung beabsichtigt
60 nämlich, eine Brücke zu schlagen zwischen der Theorie der infantilen Sexualität und unserer Kenntnis des physischen und sozialen Wachstums des Kindes innerhalb seiner Familie und der Sozialstruktur. Das epigenetische Diagramm sieht folgendermaßen aus (siehe Diagramm A):

	Komponente 1	Komponente 2	Komponente 3
Stadium I	I_1	I_2	I_3
Stadium II	II_1	II_2	II_3
Stadium III	III_1	III_2	III_3

Abb. 2.3: Diagramm A

65 Die dunkel umrandeten Vierecke bezeichnen sowohl die zeitliche Aufeinanderfolge der drei Stadien (I bis III) wie auch die stufenweise Entwicklung der Teilkomponenten; das Diagramm schematisiert also einen Vorgang *zeitlich fortschreitender Differenzierung von Komponenten*. Es soll damit
70 angedeutet werden, dass erstens jedes zu diskutierende Problem der gesunden Persönlichkeit *systematisch mit allen anderen verbunden* ist und dass alle von der *richtigen Entwicklung zur rechten Zeit* abhängen, und dass zweitens jedes Problem in irgendeiner Form schon existiert, bevor es
75 normalerweise in seine entscheidende, kritische Zeit eintritt. Der Sinn des Diagramms wird deutlicher werden, wenn ich erkläre, dass die erste Komponente seelischer Gesundheit, die sich entwickelt, ein Gefühl von *Urvertrauen* ist, die zweite das Gefühl eines *autonomen Willens* und die dritte
80 ein Gefühl von *Initiative* (siehe Diagramm B).

Erstes Stadium (etwa 1. Lebensjahr)	**Urvertrauen**	Frühform der Autonomie	Frühform der Initiative
Zweites Stadium (etwa 2. und 3. Lebensjahr)	Spätere Form des Urvertrauens	**Autonomie**	Frühform der Initiative
Drittes Stadium (etwa 4. und 5. Lebensjahr)	Spätere Form des Urvertrauens	Spätere Form der Autonomie	**Initiative**

Abb. 2.4: Diagramm B

Diese schematische Darstellung soll eine Anzahl fundamentaler Beziehungen, die zwischen den drei Komponenten bestehen, sowie einige der Grund-Tatsachen für jede dieser Komponenten ausdrücken.
85 Jede kommt zu ihrem Höhepunkt, tritt in ihre kritische Phase und erfährt ihre bleibende Lösung (in welcher Weise, wird später beschrieben werden) gegen Ende des betreffenden Stadiums. Alle aber bestehen schon von Anfang an, auch wenn wir auf diesen Punkt nicht besonders eingehen;
90 um keine Verwirrung zu stiften, werden wir diese Komponenten in den früheren oder späteren Stadien auch nicht mit anderen Bezeichnungen belegen. Ein Säugling kann sehr wohl von Anfang an so etwas wie „Autonomie" zeigen, etwa durch die Art, in der er zornig die Hand zu befreien
95 sucht, wenn man sie festhält. Unter normalen Umständen beginnt das Kleinkind aber erst im zweiten Jahr den gan-

zen Konflikt seines Zustandes als eines autonomen und zugleich abhängigen Wesens zu erfahren, und erst dann ist es genügend vorbereitet für eine entscheidende Be-

100 gegnung und Auseinandersetzung mit seiner Umgebung, während diese wiederum gerade dann sich berufen fühlt, dem Kind ihre besonderen Ideen und Begriffe von Autonomie und Zwang zu übermitteln, und zwar in einer Weise, die entscheidend beiträgt zu Charakter, Leistungsfähigkeit

105 und Gesundheit seiner Persönlichkeit innerhalb seiner Kultur. Diese Auseinandersetzung und die sich daraus ergebende Krise sollen nun für jedes Stadium beschrieben werden. Jedes Stadium wird zu einer Krise, weil das einsetzende Wachstum und Bewusstwerden einer wichtigen

110 Teilfunktion Hand in Hand geht mit einer Verschiebung der Triebenergie und zugleich das Individuum in diesem Teil besonders verletzlich macht. Es ist daher sehr schwer zu entscheiden, ob ein Kind in einem bestimmten Stadium schwach oder stark ist. […] Eine Familie kann kein Kind

115 erziehen, ohne auch von ihm erzogen zu werden. Sein Heranwachsen besteht aus einer Serie von Herausforderungen an sie, seinen neu sich entwickelnden Möglichkeiten zu sozialer Interaktion dienstbar zu sein. Auch wegen des radikalen Wechsels in der Perspektive ist jeder folgende Schritt

120 eine potenzielle Krise. Schon am Beginn des Lebens steht die radikalste aller Veränderungen: die vom intrauterinen zum extrauterinen Leben. Aber auch in der postnatalen Phase müssen radikale Umstellungen der Perspektive zu ganz bestimmten Zeiten vollbracht werden; etwa die vom

125 entspannten Liegen zum aufrechten Sitzen und zum Laufen. Auch die zwischenmenschliche Perspektive wechselt beim Kinde sehr rasch und oft radikal, wie der geringe Zeitabstand zwischen so gegensätzlichen Wünschen wie „die Mutter soll nicht fortgehen" und „ich will unabhängig sein"

130 anzeigt. So machen neue Fähigkeiten sich verschiedene Möglichkeiten zunutze, um voll entwickelte Komponenten der immer wieder neuen Konfiguration zu werden, die die heranwachsende Persönlichkeit darstellt.

Aufgaben

1. Fassen Sie die strukturellen Merkmale des psychosozialen Entwicklungsmodells Eriksons zusammen.

2. Erläutern Sie das folgende Beispiel Eriksons, indem Sie zunächst auf die Phasentheorie Sigmund Freuds zurückgreifen.

M2 Der Sohn des Bombenschützen (Erik Homburger Erikson)

Während des letzten Krieges machte einer meiner kleinen Nachbarn, ein fünfjähriger Junge, eine Persönlichkeitsveränderung durch und verwandelte sich aus einem „Mutterkindchen" in ein gewalttätiges, eigensinniges und ungezo-

5 genes Kind. Als beunruhigendstes Symptom entwickelte sich ein Drang, Feuer zu legen.
Die Eltern des Kindes hatten sich kurz vor Ausbruch des Krieges getrennt. Die Mutter war mit ihren Cousinen zusammengezogen, und der Vater trat bei Kriegsbeginn in die

10 Luftwaffe ein. Die Frauen äußerten sich häufig sehr abfällig über den Vater. Sie unterstützten in dem Jungen babyhafte Tendenzen. So drohte der Umstand, dass man Sohn einer Mutter war, zu einem stärkeren Identitätselement zu werden als die Tatsache, dass man Sohn eines Vaters war.

15 Der Vater aber bewährte sich im Krieg; er wurde tatsächlich ein Held. Anlässlich seines ersten Urlaubs sah der Junge den Mann, dem er doch nicht ähnlich werden sollte, als vielbewunderten Mittelpunkt der nachbarlichen Aufmerksamkeit. Die Mutter verkündete, dass sie auf ihre

20 Scheidungspläne verzichten wolle. Der Vater ging wieder in den Krieg und wurde schließlich über Feindesland abgeschossen.
Nach der Abreise und dem Tod des Vaters entwickelte das bisher weiche und abhängige Kind immer auffälligere

25 destruktive Neigungen, wurde ablehnend und begann schließlich, Feuer zu legen. Den Schlüssel zu dieser Veränderung lieferte er selbst, als er einmal, in Protest gegen die Prügel seiner Mutter, auf einen von ihm angezündeten Holzhaufen wies und (in kindlicheren Worten) rief: „Wenn

30 das eine feindliche Stadt wäre, würdest du mich loben!"
[…] Der abwesende Vater, der zuerst erfolgreich vom „braven" kleinen Knaben vertreten wurde, wird plötzlich eine Bedrohung, ein Konkurrent um die Liebe der Mutter. Radikal entwertet er den Nutzen der weiblichen Identifi-

35 kation des Knaben. Um sich sowohl vor der sexuellen wie vor der sozialen Desorientierung zu retten, muss das Kind in größter Eile seine Identifikation umgruppieren; aber der Tod des großen Konkurrenten erhöht nun plötzlich die Schuldgefühle des Kindes wegen seiner Konkurrenzgefüh-

40 le und stellt die neue männliche Initiative des Knaben bloß.
Ein Kind hat eine ganze Reihe von Möglichkei-

45 ten, sich mehr oder weniger versuchsweise mit den Gebräuchen, Charakterzügen, Beschäftigungen und

Abb. 2.5: Ödipus und Sphinx

50 Ideen wirklicher oder fantasierter Menschen beiderlei Geschlechts zu identifizieren. Gewisse Krisen zwingen es, radikale Auswahl zu treffen. […]

55 Denn wo ein Kind fühlt, dass seine Umgebung den Versuch macht, es zu radikal aller Ausdrucksformen zu berauben, die

ihm gestatten, den nächsten Schritt in seiner Ich-Identität zu erreichen und zu integrieren, da wird es sich mit der erstaunlichen Kraft eines Tieres verteidigen, das plötzlich in
60 Lebensgefahr gerät. Und tatsächlich gibt es in dem sozialen Dschungel der menschlichen Existenz kein Lebensgefühl, kein Bewusstsein, lebendig zu sein, wo das Gefühl der Ich-Identität fehlt. Es ist der Verlust der Identität, der zu Mord führen kann.
65 Ich hätte nicht gewagt, in dieser Weise über die Konflikte des kleinen Bomberpiloten zu spekulieren, hätte ich nicht den Beweis für eine Lösung beobachtet, die mit unserer Deutung übereinstimmte. Nachdem die gefährliche Initiative des Knaben in ihren schlimmsten Formen überwunden
70 war, konnte man ihn auf seinem Fahrrad abschüssige Straßen hinunterrasen sehen, wobei er andere Kinder erschreckte, gefährdete und doch geschickt umfuhr. Sie schrien, lachten und bewunderten ihn irgendwie. Beobachtete man ihn und hörte die merkwürdigen Geräusche, die er dabei mach-
75 te, so musste man sich wohl vorstellen, dass er sich selbst für ein Flugzeug im Kampfeinsatz hielt. Aber gleichzeitig erreichte er auf diesem Wege eine spielerische Beherrschung seiner eigenen Lokomotorik; er übte das Ausweichen im Angriff und wurde ein wahrer Virtuose auf dem Fahrrad.
80 Aus solch einem Beispiel sollte man lernen, dass eine Umerziehung sich der Kräfte bedienen muss, die für die spielerische Integration zur Verfügung stehen. Andererseits muss die verzweifelte Intensität manch eines Symptoms als die Verteidigung eines notwendigen Schrittes in der Entwick-
85 lung der Ich-Identität verstanden werden, eines Schrittes, der dem Kind die Möglichkeit verspricht, die rapiden Veränderungen innerhalb all seiner Lebensgebiete zu integrie-

ren. Was dem Beobachter als eine besonders heftige Manifestation nackter Instinkte erscheinen kann, ist oft nur eine
90 verzweifelte Bitte um die Erlaubnis, den einzig möglichen Weg der Synthetisierung und Sublimierung einschlagen zu dürfen. Unsere jungen Patienten können daher nur auf therapeutische Maßnahmen reagieren, die ihnen helfen, die nötigen Requisiten zu einer erfolgreichen Entwicklung
95 ihrer Ich-Identität zu erwerben. Therapie und pädagogische Führung können wohl den Versuch unternehmen, weniger wünschenswerte Einzelzüge durch bessere zu ersetzen, aber die Gesamtkonfiguration der Ich-Identität wird bald unveränderlich. Daraus folgt, dass Therapie und
100 Erziehung durch professionelle Hilfe scheitern müssen, wo die Kultur keine frühe Grundlage für eine Ich-Identität anbietet und wo die Möglichkeiten für eine entsprechende spätere Anpassung fehlen.
Unser kleiner Patient liefert eine Illustration zu einem
105 allgemeingültigen Punkt. Die psychosoziale Identität entwickelt sich aus der allmählichen Integration aller Identifizierungen. Aber hier gilt, mehr noch als sonst, der Satz, dass das Ganze etwas durchaus anderes ist als die Summe seiner Teile. Unter günstigen Umständen besitzen Kinder
110 schon früh im Leben den Kern einer eigenen Identität; oft müssen sie ihn sogar gegen die Notwendigkeit, sich mit einem ihrer Elternteile, oder beiden, übermäßig zu identifizieren, verteidigen. Das ist sehr schwer von Patienten zu erfahren, denn das neurotische Ich ist definitionsgemäß
115 Überidentifizierungen zum Opfer gefallen, die das kleine Individuum sowohl von seiner keimenden Identität als auch von seinem Milieu isolieren.

2.2 Stadien der psychosozialen Entwicklung

2.2.1 Stadien der Kindheit

Aufgaben

1. Vergleichen Sie, inwieweit Erikson zur Erklärung des Beispiels die psychosexuelle Deutung Freuds um psychosoziale Aspekte erweitert, spricht Erikson doch von der „sozialen Situation", von der „Umgebung", vom „sozialen Dschungel der menschlichen Existenz".
Ziehen Sie dazu auch die Materialien M4 bis M7 zurate, indem Sie zunächst das Diagramm B in M1 erweitern und konkretisieren. Arbeiten Sie dazu die Krisenpole, die wesentlichen sozialen Beziehungen und die Aussagen zur Identität in den jeweiligen Stufen heraus.

2. Fassen Sie zusammen, inwieweit ein psychoanalytisch geschulter Erzieher/Lehrer die Situation des Sohnes besser verstehen kann als ein psychoanalytisch nicht geschulter Erzieher/Lehrer.

3. Welche präventiven Maßnahmen hätte ein solcher Erzieher/Lehrer ergreifen können und sollen, um das Brandstiften des Jungen im Vorfeld zu verhindern?

M3 Vertrauen gegen Urmisstrauen (Erik Homburger Erikson)

Der früheste Beweis für das Vertrauen des Kindes zur Gesellschaft ist das Fehlen von Ernährungsschwierigkeiten, Schlafstörungen und Spannungszuständen im Verdauungstrakt. Das Kind erlebt die wechselseitige Regulierung
5 seiner eigenen wachsenden Fähigkeit zur Nahrungsaufnahme mit der Nährtechnik der Mutter, und dies hilft ihm nach und nach, das Unbehagen der bei der Geburt noch unausgewogenen Homöostase zu überwinden. In den allmählich länger werdenden Zeiten des Wachseins
10 erwecken die Abenteuer, die ihm seine Sinne vermitteln, im Kinde immer mehr das Gefühl des Vertrauten und der Koinzidenz mit etwas, das sich im Inneren gut anfühlt. Zustände des Wohlbehagens und die damit in Beziehung stehenden Personen werden ihm ebenso vertraut wie die
15 nagenden Unlustgefühle in seinen Verdauungsorganen. Daher kann man es als die erste soziale Leistung des Kindes bezeichnen, wenn es die Mutter aus seinem Gesichtsfeld entlassen kann, ohne übermäßige Wut oder Angst zu äußern, weil die Mutter inzwischen außer einer zuverlässig
20 zu erwartenden äußeren Erscheinung auch zu einer inneren Gewissheit geworden ist. Das Erleben des Konstanten, Kontinuierlichen und Gleichartigen der Erscheinungen liefert dem Kinde ein rudimentäres Gefühl von Ich-Identität; es scheint dies davon abhängig zu sein, dass das Kind eine
25 innere Welt erinnerter und voraussehbarer Empfindungen und Bilder in fester Korrelation mit der äußeren Welt vertrauter, zuverlässig wiedererscheinender Dinge und Personen „weiß". […]

Abb. 2.6

Das dauernde Erproben und Abtasten der Beziehungen
30 zwischen innerer und äußerer Welt tritt mit den Zornausbrüchen der Beiß-Phase in ein kritisches Stadium, wenn das Zahnen dem Kinde von innen her Schmerz bereitet, die äußeren Freunde sich aber entweder als nutzlos erweisen oder sich dem einzigen Akt entziehen, der Erleichterung
35 verschafft: dem Beißen. Nicht dass das Zahnen selbst all die schrecklichen Folgen nach sich zöge, die ihm manchmal zugeschrieben werden. Wie schon angedeutet, ist das Kind nur getrieben, mehr „zuzupacken", aber es findet nun häufig, dass die ersehnten Ziele sich ihm entziehen: die

40 Brustwarze und die Brust – und die auf es allein konzentrierte Aufmerksamkeit und Fürsorge der Mutter. Das Zahnen scheint eine prototypische Bedeutung zu haben und könnte durchaus das Modell der masochistischen Tendenz sein, sich dadurch eines grausamen Trostes zu versichern,
45 dass man eigene Leiden genießt, sobald man außerstande ist, einen bedeutsamen Verlust zu verhindern. […]
Die Psychoanalyse sieht in diesem frühen Differenzierungsprozess zwischen Innen und Außen den Ursprung der Projektionsmechanismen, die zu unseren tiefsten und
50 gefährlichsten Abwehrmechanismen gehören. Bei der Introjektion empfinden und handeln wir, als ob etwas Gutes der Außenwelt zu einer inneren Gewissheit geworden wäre. Bei der Projektion erleben wir eine innerliche Verletzung als eine äußerliche; wir übertragen das Böse, das
55 in Wirklichkeit in uns selber seinen Sitz hat, auf gewisse bedeutsame Personen. Diese zwei Mechanismen, Projektion und Introjektion, müssen also nach dem Muster dessen gebildet sein, was im Säugling vorgeht, wenn er Schmerz nach außen und Lust nach innen verlegen möchte, ein
60 „Bestreben", das dem Zeugnis der reifenden Sinne und schließlich der Vernunft weichen muss. Beim Erwachsenen leben diese Mechanismen in akuten Liebes-, Vertrauens- und Glaubenskrisen mehr oder weniger normal wieder auf und können bei einer Unzahl „reifer" Individuen irrationale
65 Haltungen gegenüber Widersachern und Feinden charakterisieren.
Die feste Prägung dauerhafter Verhaltensformen für die Lösung der Kernkonflikte von Urvertrauen und Urmisstrauen in Bezug auf das Leben an sich ist also die erste Aufga-
70 be des Ich und daher auch die vornehmste pflegerische Aufgabe der Mutter. Dazu muss jedoch gesagt werden, dass die Summe von Vertrauen, die das Kind seinen frühesten Erfahrungen entnimmt, nicht absolut von der Quantität an Nahrung und Liebesbezeugungen, sondern eher von
75 der Qualität der Mutter-Kind-Beziehung abhängt. Ich glaube, dass die Mutter in dem Kinde dieses Vertrauensgefühl durch eine Pflege erweckt, die ihrer Qualität nach mit der einfühlenden Befriedigung der individuellen Bedürfnisse des Kindes zugleich auch ein starkes Gefühl von persön-
80 licher Zuverlässigkeit innerhalb des wohlerprobten Rahmens des Lebensstils in der betreffenden Kultur vermittelt. Hier formt sich die Grundlage des Identitätsgefühls, das später zu dem komplexen Gefühl wird, dass man „in Ordnung" ist, dass man ein Selbst besitzt und dass man das
85 Vertrauen der Umwelt rechtfertigt, indem man so wird, wie sie es von einem erwartet.
Abgesehen von den oben erwähnten „Muss"-Vorschriften der Kindererziehung, gibt es demnach wenige Versagungen, die das in der Entwicklung begriffene Kind sowohl in
90 dieser wie auch in späteren Phasen nicht ertragen könnte, wenn nur diese Versagungen zum Erleben immer größerer Selbstgewissheit und stärkerer Kontinuität in der Entwicklung in Richtung auf eine schließliche Integration des individuellen Lebensganges mit einer sinnvollen größeren
95 Zugehörigkeit beitragen. Die Eltern müssen nicht nur das Kind durch gewisse Verbote und Erlaubnisse lenken können; sie müssen auch imstande sein, in dem Kinde eine tiefe, fast körperliche Überzeugung zu wecken, dass das,

was sie tun, sinnvoll ist. Letzten Endes werden Kinder nicht
100 durch Versagungen neurotisch, sondern durch den Mangel
oder Verlust der sozietären Bedeutung dieser Versagungen.
Aber selbst unter den günstigsten Umständen scheint
diese Phase ein Gefühl innerer Spaltung und eine allumfas-
sende Sehnsucht nach einem verlorenen Paradies in das
105 Seelenleben einzuführen (ein Gefühl, das geradezu proto-
typisch dafür wird). Gegen diese machtvolle Kombination
des Gefühls, beraubt zu sein, gespalten zu sein und verlassen zu sein, muss sich das Urvertrauen ein ganzes Leben
lang aufrechterhalten.
110 […] Im vorliegenden Kapitel können wir nicht viel mehr
tun, als nach der Darstellung jeder Phase zu erwähnen,
welches Grundelement sozialer Organisation auf sie Bezug
hat. Dieser Bezug ist zweifach: Der Mensch bringt diesen
Institutionen die Überbleibsel seiner infantilen Mentalität
115 und sein jugendliches Feuer entgegen und erhält von ihnen – solange es ihnen gelingt, ihre Aktualität zu wahren –
eine Bestärkung seiner infantilen Erwerbungen.

M4 Autonomie gegen Scham und Zweifel (Erik Homburger Erikson)

Bei der Beschreibung des Wachstums und der Krisen der
menschlichen Person als einer Reihe von alternativen
Grundhaltungen, wie Vertrauen *versus* Misstrauen, nehmen wir Zuflucht zu dem Begriff „ein Gefühl von", obgleich
5 derartige „Gefühle" (wie etwa ein Gefühl der Gesundheit
oder des Wohlseins) Oberfläche und Tiefe durchdringen,
Bewusstes und Unbewusstes. Sie sind also gleichzeitig
Weisen des *Erfahrens*, die der Introspektion zugänglich
sind, Weisen des *Verhaltens*, die von anderen beobachtet
10 werden können, und unbewusste *innere Zustände*, die
durch Tests und Analyse bestimmbar sind. Im Weiteren ist
es wichtig, sich dieser drei Dimensionen zu erinnern.
Die Reifung des muskulären Systems setzt ein neues Er-
probungsstadium ein, das
15 gleichzeitig zwei soziale
Modalitäten erfasst, näm-
lich das Festhalten und das
Loslassen. Wie im Falle aller
dieser Modalitäten kann
20 der entsprechende Urkon-
flikt schließlich entweder zu
feindlichen oder freundli-
chen Erwartungshaltungen
führen. So kann das Fest-
25 halten zu einem zerstören-
den und grausamen Besitz-
und Zwangsverhalten, aber
auch zu einem vorgepräg-
ten Verhalten von Sorge und Fürsorge führen: Halte fest,
30 was du hast. Auch das Loslassen kann zum böswilligen
Freisetzen zerstörerischer Kräfte werden, oder es wird zum
entspannten Gehen-Lassen und Sein-Lassen.
Die äußere Lenkung und Erziehung in diesem Stadium
muss daher fest und sicherheitgebend sein. Das Kleinkind

Abb. 2.7

35 muss das Gefühl haben, dass sein Urvertrauen zu sich selber und zur Welt, jener aus den Konflikten des oralen Stadiums gerettete, bleibende Schatz, nicht infrage gestellt
wird durch diese seine Kehrseite, seine plötzlichen heftigen Wünsche, seinen Willen durchzusetzen, sich fordernd
40 anzueignen und eigensinnig von sich zu tun. Es muss mit
Festigkeit vor der potenziellen Anarchie seines noch unge-
übten Unterscheidungsvermögens und seiner Unfähigkeit
gehütet werden, etwas mit dem richtigen Kraftaufwand
festzuhalten und loszulassen. Und wenn man es ermutigt,
45 „auf seinen eigenen Füßen zu stehen", muss man es zugleich gegen sinnlose, zufällige Erlebnisse von Scham und
frühem Zweifel schützen.
Diese letzte Gefahr kennen wir am besten. Denn wenn
dem Kinde die allmähliche und gelenkte Erfahrung der
50 Autonomie der freien Wahl vorenthalten wird (oder wenn
es schon durch den Verlust des Urvertrauens geschwächt
ist), so kehrt es all seinen Erkenntnis- und Forscherdrang
gegen sich selbst. Es wird sich übermäßig mit sich selber
beschäftigen, ein frühreifes Gewissen entwickeln. Statt die
55 Welt der Dinge in Besitz zu nehmen und sie in zielbewuss-
ter Wiederholung auszuprobieren, konzentriert sich das
Kind zwanghaft auf seine eigenen, sich wiederholenden
Körpervorgänge. Durch diese Selbstbezogenheit lernt es
dann natürlich, seine Umgebung erneut auf sich zu lenken
60 und durch eigensinnige, bis ins einzelne gehende Forderung pünktlicher Beachtung dort eine Macht auszuüben,
wo es die größere wechselseitige Regulierung nicht erreichen konnte. Solche Pyrrhussiege sind die kindliche Form
einer späteren Zwangsneurose. Sie sind auch die kindliche
65 Quelle späterer Versuche, im Erwachsenenleben den Buch-
staben statt den Geist walten zu lassen.
Scham ist eine noch ungenügend untersuchte Empfin-
dung, weil sie in unserer Kultur schon so früh und leicht
im Schuldgefühl untergeht. Der sich Schämende nimmt
70 an, dass er rundherum allen Augen ausgesetzt ist, er fühlt
sich unsicher und befangen. Er ist den Blicken der Welt
noch dazu höchst unvorbereitet ausgesetzt; so träumt man
in Scham-Träumen, dass man unvollständig bekleidet, im
Nachthemd, ohne Hosen, dasteht. Scham drückt sich früh-
75 zeitig in dem Impuls aus, das Gesicht zu verstecken, am
liebsten jetzt und hier in die Erde zu versinken. Es handelt
sich dabei aber wohl um einen gegen das Ich gekehrten
Zorn. Der Schamerfüllte möchte vielmehr die Welt zwingen, ihn nicht anzusehen oder seine beschämende Situ-
80 ation nicht zu beachten. Er würde am liebsten die Augen
aller anderen zerstören. Stattdessen muss er seine eigene
Unsichtbarkeit wünschen. Dieses Gefühl wird in dem Erzie-
hungssystem mancher primitiver Völker ausgiebig benützt.
Die mit dem Sehen zusammenhängende Scham geht
85 der mit dem Hören zusammenhängenden Schuld voraus;
im Schuldgefühl wird die eigene Schlechtigkeit ganz für
sich allein empfunden, wenn niemand zuschaut und alles
schweigt – bis auf die Stimme des Über-Ichs. […]
Zu viel Beschämung führt nicht zu echtem Wohlverhalten,
90 sondern zu dem geheimen Entschluss, unentdeckt zu tun,
was man will – falls nicht tatsächlich herausfordernde
Schamlosigkeit das Ergebnis ist. […] Zweifel ist der Bruder
der Scham. Während die Scham mit dem Bewusstsein der

aufrechten und daher exponierten Haltung entsteht, hat
95 der Zweifel – wie klinische Beobachtungen uns annehmen lassen – mit der Erkenntnis zu tun, dass man eine
Vorder- und eine Rückseite hat – und einen „Hintern". […]
Der „Hintern" ist der dunkle Kontinent des Individuums,
eine Körperzone, die von anderen magisch beherrscht und
100 erfolgreich zum Gehorsam gezwungen werden kann, von
diesen anderen, die die Autonomie des Kindes angreifen
und die Eingeweideprodukte, die doch während des Aktes
der Verdauung gut und in Ordnung waren, plötzlich als
etwas Schlechtes bezeichnen. Dieses Urgefühl des Zwei-
105 fels an dem, was man hinter sich gelassen hat, bildet eine
Unterströmung für spätere, verbal ausdrückbare Formen
zwanghaften Zweifelns und findet beim Erwachsenen seinen Ausdruck in paranoischen Ängsten vor verborgenen
Verfolgern und geheimen Bedrohungen aus dem Hinter-
110 halt und von hinten-innen her.
Diese Phase wird daher entscheidend für das Verhältnis
von Liebe und Hass, Zusammenarbeit und Eigensinn, Freiheit der Selbstentfaltung und ihrer Unterdrückung. […]
Scheinbar ausgereifte und unneurotische Erwachsene
115 zeigen eine Empfindlichkeit gegenüber einem möglichen
beschämenden „Gesichtsverlust", eine Angst „von hinten
her" angegriffen zu werden, die nicht nur höchst irrational
im Gegensatz zu ihrem verfügbaren Wissen stehen, sondern die auch von schicksalhafter Bedeutung sein können,
120 wenn damit zusammenhängende Empfindungen z. B. Fragen der rassischen und internationalen Politik beeinflussen.

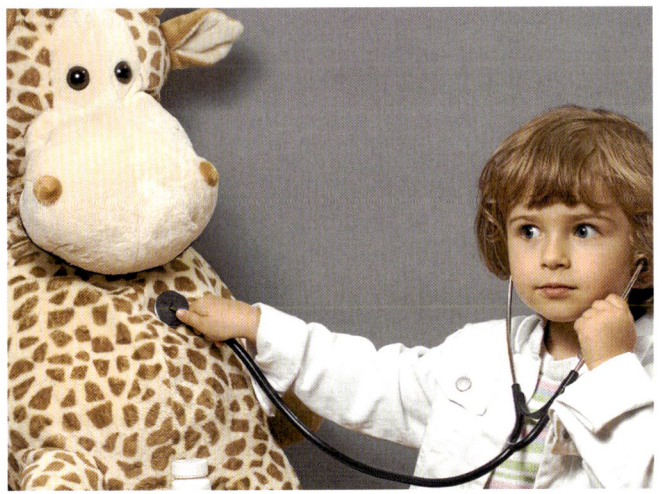

Abb. 2.8

M5 Initiative gegen Schuldgefühl (Erik Homburger Erikson)

Ich weiß, dass das bloße Wort „Initiative" für viele Menschen einen amerikanischen und einen industriellen Beige-
schmack hat. Aber Initiative ist ein unerlässlicher Teil jeder
Tat und der Mensch bedarf eines Gefühls der Initiative für
5 alles, was er lernt und was er tut, vom Obsteinsammeln bis
zu einem System für ein Unternehmen.
Die Phase der freien Fortbewegung und der infantilen
Genitalität fügt der Reihe grundlegender sozialer Modalitäten eine weitere hinzu: das „Machen", und zwar zunächst
10 im Sinne des „Sich-an-etwas-Heranmachens". Es gibt kein
einfacheres und kräftigeres Wort, das mit den früher auf-
gezählten sozialen Modalitäten so gut zusammenstimmte.
Es deutet zugleich das Vergnügen an, das in Angriff und
Eroberung erlebt wird. Beim Knaben liegt der Akzent auf
15 phallisch-eindringenden Verhaltensweisen, beim Mädchen
mehr auf Verhaltensweisen des Bekommens, und zwar
entweder in der aggressiven Form des Wegnehmens und
eifersüchtiger Besitznahme oder in der milderen Form des
Schmeichelns und Sich-Liebkind-Machens.
20 Die Gefahr dieser Phase ist das Schuldgefühl in Bezug auf
die Zielsetzungen und Unternehmungen, die in der über-
schäumenden Freude an der neuen körperlichen und geis-
tigen Beweglichkeit und Kraft angegangen werden: Akte
aggressiver Manipulation und Nötigung, die die Leistungs-
25 fähigkeit von Körper und Geist weit übersteigen und daher
der Initiative ein energisches Halt entgegensetzen. Während die Autonomie-Phase sich darauf konzentriert, potenzielle Rivalen auszuschalten, und sich deshalb mehr in
wütender Eifersucht gegen Übergriffe jüngerer Geschwis-
30 ter äußert, tritt in der neuen Phase eine vorwegnehmende
Rivalität gegenüber denjenigen in Erscheinung, die schon
vorher da waren und das Feld, auf das sich die eigene
Initiative richtet, mit überlegenen Kräften besetzt halten.
Jetzt treten Eifersucht und Rivalität, diese oft so erbitterten
35 und doch so vergeblichen Versuche zur Abgrenzung einer
Sphäre unanfechtbaren Vorrechts, zum Schlusskampf an,
nämlich um die Vorrangstellung im Herzen der Mutter;
und die unvermeidliche Niederlage führt zu Resignation,
Schuldgefühlen und Angst. Das Kind ergeht sich in Fanta-
40 sien, wird zum Riesen und Tiger; in seinen Träumen aber
rennt es angsterfüllt ums liebe Leben. Dies ist die Phase
des „Kastrationskomplexes", der Furcht, zur Strafe für die
mit den genitalen Erregungen verknüpften Fantasien die
(nun energisch erotisierten) Genitalien zu verlieren.
45 Infantile Sexualität und Inzest-Tabu, Kastrationskomplex
und Über-Ich vereinigen sich hier zu jener spezifisch
menschlichen Krise, in der das Kind sich von einer aus-
schließlichen prägenitalen Elternbeziehung dem langsamen
Prozess zuwenden muss, selbst ein Glied der Geschlechter-
50 folge, ein Träger der Überlieferung zu werden. […]
Wo das Kind, das jetzt so sehr dazu neigt, sich selbst zu
lenken, allmählich ein Gefühl elterlicher Verantwortlichkeit
entwickeln kann, wo es einen ersten Einblick in Institutionen, Funktionen und Rollen gewinnt, die ihm eine verant-
55 wortliche Teilnahme ermöglichen, da wird es auch aus der
ersten Beschäftigung mit Werkzeugen und Waffen, mit

sinnvollen Spielzeugen und auch aus der Fürsorge für kleinere Kinder lustvolle Befriedigung beziehen.

[…] Der Hass gegen einen Vater (oder eine Mutter), die
60 als Vorbild und Richter des Über-Ich dienten, die sich aber in irgendeiner Weise offenbar gerade diejenigen Sünden erlauben konnten, die das Kind an sich selber nicht mehr tolerieren kann, ist einer der tiefsten Lebenskonflikte. Der Argwohn und die Ausweichtendenz, die damit dem „Alles-
65 oder-nichts"-Prinzip des Über-Ich beigemischt wird, machen den Moralisten zu einer großen potenziellen Gefahr für sein eigenes Ich – und für seine Mitmenschen.

[…] Und hier stellen wir fest, dass gemäß der Weisheit des Grundplanes das Kind zu keiner Zeit bereiter ist, schnell
70 und begierig zu lernen, zu wachsen im Sinn geteilter Verpflichtungen und Leistungen, als während dieser Periode seiner Entwicklung. Es ist voller Eifer und fähig, Dinge gemeinsam zu tun, sich mit anderen Kindern zusammenzuschließen, um zu bauen und zu planen; es ist bereit, von
75 Lehrern zu profitieren und idealen Vorbildern nachzueifern. Es bleibt natürlich mit dem gleichgeschlechtlichen Elternteil identifiziert, aber im Augenblick sucht es nach Möglichkeiten, wo Werk-Identifizierung ein Feld der Initiative ohne allzu viel infantilen Konflikt oder ödipale Schuldgefühle
80 verspricht und eine realistischere Identifizierung zu bieten scheint, die auf dem Geist der Gleichwertigkeit beruht, den man erlebt, wenn man Dinge gemeinsam tut. Auf alle Fälle ist das Ergebnis der „ödipalen" Phase nicht nur die Aufrichtung eines hemmenden Moralgefühls, das den Horizont
85 des Erlaubbaren einengt; sie bringt auch die Ausrichtung auf das Mögliche und Greifbare hin, die es den Träumen der frühen Kinderzeit ermöglicht, sich an die Ziele eines aktiven Erwachsenenlebens zu heften.

M6 Leistung gegen Minderwertigkeit (Erik Homburger Erikson)

So scheint die innere Bühne schon völlig für den „Eintritt ins Leben" aufgebaut zu sein, nur dass dieses Leben erst einmal Schulleben sein muss, sei die Schule nun der Acker, der Dschungel oder das Klassenzimmer. Das Kind muss
5 frühere Hoffnungen und Wünsche vergessen, während seine überschäumende Fantasie gezähmt und ins Geschirr der Gesetze unpersönlicher Dinge gespannt wird. Denn ehe das Kind, das psychologisch schon ein rudimentärer Vater oder eine rudimentäre Mutter ist, auch biologisch in
10 diese Rolle hineinwachsen kann, muss es noch lernen, in der Arbeitswelt und als potenzieller Ernährer seinen Platz zu finden. Mit Herannahen der Latenzperiode vergisst bzw. sublimiert das normal entwickelte Kind seinen Drang, die anderen Menschen seiner Umwelt durch direkten Kontakt
15 zu erobern oder jetzt und auf der Stelle Papa oder Mama zu werden; stattdessen lernt es, sich Anerkennung zu verschaffen, indem es etwas leistet. Es hat seine erreichbare Umgebung und seine Körpermodi bemeistert. Es hat eingesehen, dass innerhalb des engsten Familienkreises nicht
20 mehr zu erreichen ist, und es ist nun bereit, sich Handfertigkeiten und Aufgaben zuzuwenden, die den bloßen

Ausdruck seiner Körperfähigkeiten oder den Lustgewinn an der Funktion seiner Gliedmaßen weit überschreiten. Es entwickelt Werksinn, d.h., es passt sich den anorganischen
25 Gesetzen der Werkzeugwelt an. […] Die Gefahr dieser Phase liegt darin, dass sich ein Gefühl der Unzulänglichkeit und Minderwertigkeit bilden kann. Wenn das Kind verzweifelt, weil es mit den Werkzeugen und Handfertigkeiten nicht zurechtkommt oder weil es unter seinen Werk-Gefährten
30 keinen eigenen Stand finden kann, so kann es die Hoffnung aufgeben, sich schon mit den Großen identifizieren zu können, die sich im gleichen allgemeinen Rahmen der Werkzeugwelt betätigen. Wenn das Kind die Hoffnung auf eine solche „werkmäßige" Anlehnung verliert, so wird es auf
35 die isolierte, weniger werkzeugbewusste, familiäre Rivalität der ödipalen Periode zurückfallen. Das Kind verliert so das

Abb. 2.9

Vertrauen sowohl zu seinen Fähigkeiten in der Werkzeugwelt wie in der Anatomie und glaubt sich zur Mittelmäßigkeit oder zu einem Krüppeldasein verdammt. An diesem
40 Punkte wird jetzt die größere Gesellschaft wichtig mit ihren jeweiligen Methoden, das Kind zu einem Verständnis für bedeutsamere Rollen in der Gesamtökonomie zu führen. Wie viele Kinder erleben einen Bruch in ihrer Entwicklung, weil das Familienleben sie nicht auf das Schulleben vor-
45 bereitet hat, oder weil das Schulleben die Versprechungen früherer Stadien nicht hielt.

Aber es gibt noch eine weitere, fundamentalere Bedrohung, nämlich die Selbstbeschränkung des Menschen und die Einengung seines Horizonts, sodass er nur noch seine
50 Arbeit umfasst, zu der er, gemäß der Heiligen Schrift, nach der Austreibung aus dem Paradies verurteilt wurde. Wenn er die Arbeit als einzige Verpflichtung auffasst, und das, was „etwas bewirkt", „etwas schafft" als einziges Kriterium dessen, was sich lohnt, kann er zum konformistischen, ge-
55 dankenlosen Sklaven seiner Technologie und derer werden, die in der Lage sind, sie auszubeuten.

M7 Der psychoanalytische Lehrer (Erik Homburger Erikson)

Von allen analytisch gebildeten Personen, die heilen oder erziehen, sieht der Lehrer noch am wenigsten voraus, zu welcher Haltung ihn seine neue Einsicht bringen wird. Aus der klinischen Analyse hat er das Unbewusste erfassen
5 gelernt; aber die exakte Psychoanalyse Erwachsener ist von der Tätigkeit des psychoanalytisch gebildeten Erziehers wesentlich verschieden. Dem klinischen Analytiker ist eine möglichst indifferente Haltung geboten, der gegenüber sich die psychischen Mechanismen in einer gewissen
10 Eindeutigkeit enthüllen, da der Analysand bereits eine Überbetonung jener Affekte mitbringt, die das Leben in kräftiger Art ausgewählt hat; im Erzieherischen ist alles labiler. Nicht nur, dass man das Getriebe wesentlicher Mechanismen vor ihrem entscheidenden Endkampf kennen-
15 lernt, [...] unser Verhältnis zu unseren Zöglingen kann der Gegenseitigkeit und einer wenn auch sehr geklärten Affektivität nicht entraten. Wir schalten in der Übertragungsrolle, die uns zufällt, unsere Person nicht aus, sondern spielen mit unserer ganzen (sei es: analysierten) Person eine wirk-
20 liche Rolle im Leben des Kindes: Es bleibt das Y in unserer Persönlichkeit, mit dem wir auf das X in der Entwicklung des Kindes einzuwirken haben. Vergessen wir auch nicht, dass im Besonderen der Lehrer sich etwa vom Erziehungsberater noch dadurch unterscheidet, dass er seine unmit-
25 telbar erzieherischen Pflichten meist nur in Imponderabilien der richtigen Haltung während der Ausübung seiner Lehrerpflichten erfüllen kann. Seine Hauptpflicht und auch der Schwerpunkt seiner erzieherischen Einwirkung liegt im Lehren; er hat zu bilden, darzustellen, zu klären, auf-
30 zuklären. Dass er sein neues Wissen von der Welt in diese seine Hauptpflicht, die Darstellung der Welt, übernimmt, wird den analysierten Lehrer einerseits vom Analytiker und analytischem Erzieher, auf der anderen Seite von dem alten, nicht durch die Psychoanalyse beeinflussten Lehrer
35 wesentlich unterscheiden. Zwischen beiden wird der analysierte Lehrer etwas Drittes, Einheitliches werden müssen.

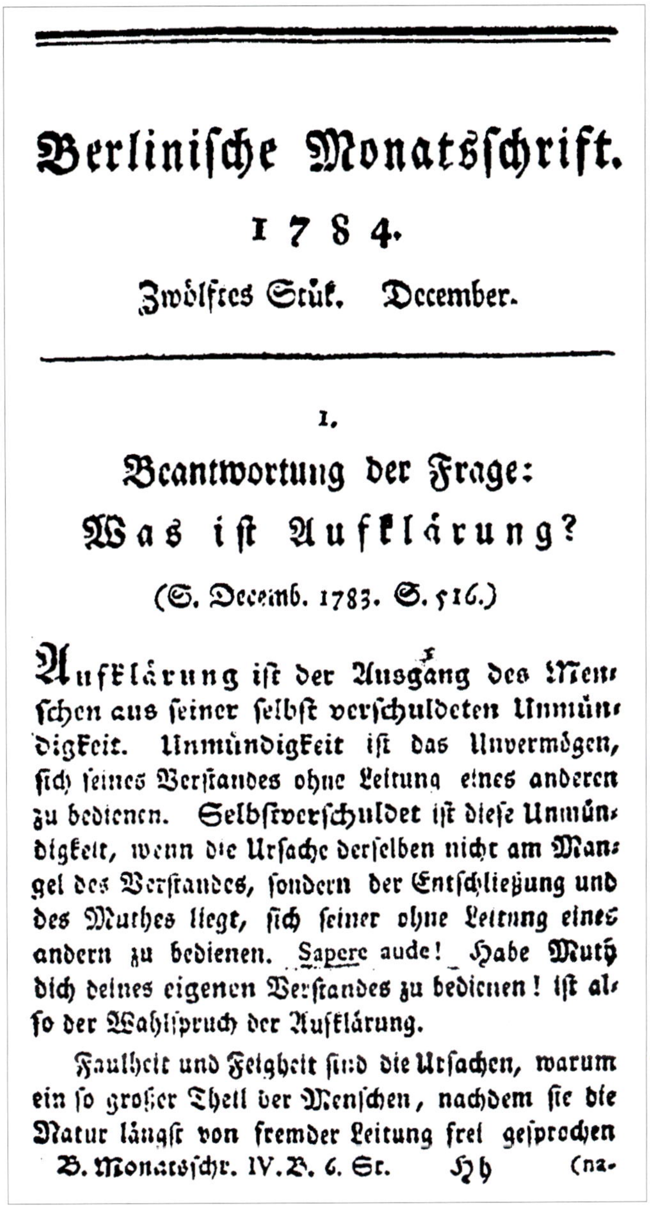

Abb. 2.10: Kants berühmter Aufsatz: Beantwortung der Frage: Was ist Aufklärung?

Aufgaben

1. Fassen Sie die Unterschiede zwischen Erwachsenenanalyse, psychoanalytischem Lehren und Lehren ohne jede psychoanalytische Orientierung zusammen.

2. Nehmen Sie zu Eriksons Bestimmung eines aufklärenden und bildenden Unterrichts Stellung. Dazu könnten Sie beispielsweise die Möglichkeiten und Gefahren eines therapierenden Pädagogikunterrichts diskutieren, die Frage also, ob eine entsprechend geschulte Pädagogiklehrerin bzw. ein entsprechend geschulter Pädagogiklehrer die individuellen psychischen Probleme einzelner Schülerinnen oder Schüler (zum Zwecke der Heilung) schulisch thematisieren kann, darf oder soll.

3. Reflektieren Sie Ihre eigenen präventiven Vorschläge zum „Sohn des Bombenschützen" (M2) vor dem Hintergrund von Eriksons Einschätzung einer psychoanalytischen Pädagogik.

M8 Entwicklung der Identität (Erik Homburger Erikson)

	1	2	3	4	5	6	7	8
I Säuglingsalter	Urvertrauen gg. Misstrauen				Unipolarität gg. vorzeitige Selbstdifferenzierung			
II Kleinkindalter		Autonomie gg. Scham und Zweifel			Bipolarität gg. Autismus			
III Spielalter			Initiative gg. Schuldgefühl		Spiel-Identifikation gg. (ödipale) Fantasie-Identitäten			
IV Schulalter				Werksinn gg. Minderwertigkeitsgefühl	Arbeitsidentifikation gg. Identitätssperre			
V Adoleszenz	Zeitperspektive gg. Zeitdiffusion	Selbstgewissheit gg. peinliche Identitätsbewusstheit	Experimentieren mit Rollen gg. negative Identitätswahl	Zutrauen zur eigenen Leistung gg. Arbeitslähmung	Identität gg. Identitätsdiffusion	Sexuelle Identität gg. bisexuelle Diffusion	Führungspolarisierung gg. Autoritätsdiffusion	Ideologische Polarisierung gg. Diffusion der Ideale
VI Frühes Erwachsenenalter					Solidarität gg. soziale Isolierung	Intimität gg. Isolierung		
VII Erwachsenenalter							Generativität gg. Selbst-Absorption	
VIII Reifes Erwachsenenalter								Integrität gg. Lebens-Ekel

Abb. 2.11

Aufgaben

1. Beschreiben Sie die abgebildete Tabelle.

2. Erläutern Sie den von Erikson behaupteten Verlauf der psychosozialen Entwicklung des Menschen am Beispiel der Identität (als Entwicklungsaufgabe) und der Adoleszenz (als Entwicklungsalter) vor dem Hintergrund der Tabelle und unter Verwendung des Diagramms B in M1.

3. Erarbeiten Sie die fünfte Stufe des Entwicklungsmodells wieder anhand der Kriterien, welche Krisenpole und welche Beziehungspersonen Erikson benennt.

2.2.2 Stadien des Jugend- und Erwachsenenalters

M9 Identität gegen Rollenkonfusion (Erik Homburger Erikson)

Mit der Aufrichtung eines guten Verhältnisses zur Welt der Handfertigkeiten und Werkzeuge und mit Eintritt der sexuellen Reife ist die eigentliche Kindheit zu Ende. Die Jugendzeit beginnt. Aber das rasche Körperwachstum, das
5 fast dem der frühen Kindheit gleichkommt, und das völlig neue Hinzutreten der körperlichen Geschlechtsreife stellen alle vorher schon als zuverlässig empfundenen Werte der Gleichheit und Kontinuität wieder infrage. Die heranwachsenden, sich entwickelnden Jugendlichen sind angesichts
10 dieser psychologischen Revolution in sich selber vor allem daran interessiert, wie sie in den Augen anderer erscheinen, verglichen mit ihrem eigenen Gefühl, das sie von sich ha-

ben, und wie sie ihre früher geübten Rollen und Geschicklichkeiten mit den augenblicklich vorherrschenden Ideal-
15 typen in Verbindung setzen können. Auf der Suche nach
einem neuen Kontinuitäts- und Gleichheitsgefühl muss der
Jugendliche viele Kämpfe der früheren Jahre noch einmal
durchkämpfen, selbst wenn er zu diesem Zweck absolut
wohlwollende Menschen künstlich zu Feinden stempeln
20 müsste; auch ist er ständig bereit, bleibende Idole und Ideale als Wächter seiner endgültigen Identität aufzustellen.
Die Integration, die nun in Form der Ich-Identität stattfindet, ist mehr als nur die Summe der Kindheits-Identifikati-
onen. Es ist die gesammelte Erfahrung über die Fähigkeit
25 des Ich, diese Identifikationen mit den Libido-Verschiebun-
gen zu integrieren, ebenso wie mit den aus einer Grund-
begabung entwickelten Fähigkeiten und mit den Mög-

Abb. 2.12

lichkeiten sozialer Rollen. Das Gefühl der Ich-Identität ist
also die angesammelte Zuversicht des Individuums, dass
30 der inneren Gleichheit und Kontinuität auch die Gleichheit
und Kontinuität seines Wesens in den Augen anderer entspricht, wie es sich nun in der greifbaren Aussicht auf eine
„Laufbahn" bezeugt.
Die Gefahr dieses Stadiums liegt in der Rollenkonfusion.
35 In Fällen, in denen dieser Zwiespalt auf starken früheren
Zweifeln des jungen Menschen an seiner sexuellen Identität
beruht, kommt es nicht selten zu kriminellen oder sexuellen
oder ausgesprochen psychotischen Zwischenfällen. Wenn
diese Fälle richtig diagnostiziert und behandelt werden, so
40 brauchen sie nicht die fatale Bedeutsamkeit anzunehmen
wie in anderen Altersgruppen. Es ist hauptsächlich die Unfähigkeit, sich für eine berufsmäßige Identität zu entscheiden, was die jungen Menschen beunruhigt. Um sich selbst
zusammenzuhalten, überidentifizieren sie sich zeitweise
45 scheinbar bis zum völligen Identitätsverlust mit den Cli-
quen- oder Massen-Helden. Damit treten sie in die Phase der
„Schwärmerei", was keineswegs ganz oder auch nur vorwiegend etwas Sexuelles ist – außer die herrschenden Bräuche
verlangen dies. Die Liebe des Jugendlichen ist weitgehend
50 ein Versuch, zu einer klaren Definition seiner Identität zu
gelangen, indem er seine diffusen Ich-Bilder auf einen anderen Menschen projiziert und sie in der Spiegelung allmählich klarer sieht. Darum besteht junge Liebe so weitgehend
aus Gesprächen. Junge Leute können außerdem auffällig

55 „klanhaft" empfinden und grausam im Ausschluss aller derer
sein, die „anders" in der Hautfarbe, im kulturellen Milieu, im
Geschmack und in der Begabung sind und häufig in derart
geringfügigen Nuancen der Kleidung und Geste, wie sie
gerade als *das* Abzeichen der Gruppenzugehörigkeit oder
60 Nichtzugehörigkeit gelten. Es ist wichtig, eine derartige In-
toleranz als Abwehr gegen ein Gefühl der Identitätsverwir-
rung zu verstehen – was nicht heißt, dass man sie verzeihen
oder an ihr teilnehmen soll. Denn die Jugendlichen helfen
nicht nur einander gegenseitig durch viele Schwierigkeiten,
65 indem sie Cliquen bilden und sich selbst, ihre Ideale und ihre
Feinde zu Stereotypen erheben; sie prüfen paradoxerweise
dadurch auch ihre wechselseitige Fähigkeit, Treue zu wahren. Die Bereitschaft zu solch einer Prüfung erklärt auch den
Anreiz, den einfache und grausame totalitäre Doktrinen auf
70 die jugendlichen Geister der Länder und Klassen ausüben,
die ihre Gruppenidentität (feudal, agrarisch, stammesmä-
ßig, national) verloren haben oder verlieren und sich der
weltumfassenden Industrialisierung, Emanzipation und
Kommunikation gegenübersehen.
75 Der jugendliche Geist ist dem Wesen nach ein Geist des
Moratoriums, ein psychologisches Stadium zwischen Kindheit und Erwachsensein, zwischen der vom Kind erlernten
Moralität und der Ethik, die der Erwachsene entwickeln
muss. Er ist ein ideologischer Geist – und tatsächlich ist
80 es die ideologische Warte der Gesellschaft, die am ver-
ständlichsten zum Jugendlichen spricht, der danach strebt,
von Gleichartigen bestätigt zu werden, und bereit ist, sich
durch Rituale, Glaubenssätze und Programme überzeugen
zu lassen, die gleichzeitig festlegen, was böse, was un-
85 heimlich und was feindlich ist. Auf der Suche nach den sozialen Werten, die der Identität Leitbilder vermitteln, stellt
man daher die Probleme der *Ideologie* und der *Aristokratie*
einander gegenüber, beide in ihrem weitestmöglichen
Sinn, was einschließt, dass innerhalb eines festbegrenzten
90 Weltbilds und eines vorbestimmten historischen Ablaufs
das beste Volk zur Herrschaft gelangt und Herrschaft das
Beste im Menschen entwickelt. Um nicht zynisch oder
apathisch zu werden, müssen junge Menschen irgendwie
imstande sein, sich selbst zu überzeugen, dass diejenigen,
95 die in ihrer antizipierten Erwachsenenwelt Erfolg haben,
damit die Verpflichtung übernehmen, die besten zu sein.

Aufgaben

1. Fassen Sie die zentralen Aussagen Eriksons zur histo-
risch-gesellschaftlichen Bedingtheit der Identität zusammen (vgl. auch ⊕ gj5f37).

2. Diskutieren Sie, inwieweit die in ⊕ gj5f37 geschilderten Beispiele der Erziehung bei den Papagos und den
Cheyenne in unserer (nach-)industriellen Gesellschaft
noch ein Ideal darstellen können.

3. Arbeiten Sie Chancen und Risiken des Lebens in unserer
postmodernen Gesellschaft gegenüber den Chancen und
Risiken in der modernen und vormodernen Gesellschaft
heraus (⊕ 9ca8p2).

Eine Kritik an Erikson lautet, er habe sein Verständnis von Identität an der amerikanischen Mittelklasse orientiert. Dieser Vorwurf überrascht um so mehr, als er auch Studien in Indianerreservaten vorgenommen hat.

Aufgabe

Wie schon in der Abbildung über die Lebensstufen ersichtlich, sieht Erikson psychosoziale Stufen für die gesamte Lebensdauer vor – von der Geburt bis zum Tod.
Erarbeiten Sie abschließend die drei Stufen des Erwachsenenalters und vervollständigen Sie damit die schon zuvor begonnene Übersicht über das Erikson'sche Entwicklungsmodell.

M10 Intimität gegen Isolierung (Erik Homburger Erikson)

Die in jeder Phase errungene Stärke wird durch die Notwendigkeit einer Prüfung unterzogen, so voranzuschreiten, dass das Individuum auf der nächsten Stufe gerade das riskieren und einsetzen kann, was auf der vorhergehenden
5 besonders verletzlich kostbar war. So ist der junge Erwachsene, der aus der Suche nach und aus seinem Beharren auf seiner Identität hervorgeht, voller Eifer und Bereitwilligkeit, seine Identität mit der anderer zu verschmelzen. Er ist bereit zur Intimität, d. h., er ist fähig, sich echten Bin-
10 dungen und Partnerschaften hinzugeben und die Kraft zu entwickeln, seinen Verpflichtungen treu zu bleiben, selbst wenn sie gewichtige Opfer und Kompromisse fordern. Körper und Ich müssen nun die Organ-Modalitäten und die Kernkonflikte beherrschen, um ohne Furcht vor einem
15 Ich-Verlust Situationen begegnen zu können, die Hingabe verlangen: in Orgasmus und geschlechtlicher Vereinigung, in enger Freundschaft und physischem Kampf, in Erlebnissen der Inspiration durch Lehrer und der Intuition aus der Tiefe des Selbst. Wenn der junge Mensch aus Furcht vor
20 dem Ich-Verlust diesen Erlebnissen ausweicht, so führt dies zum Gefühl tiefster Vereinsamung und schließlich zu einer gänzlichen Beschäftigung mit sich selbst, zu einem Verlust der Umwelt.
Das Gegenteil der Intimität ist Distanzierung: die Bereit-
25 schaft, die Kräfte und Menschen zu isolieren und wenn nötig zu zerstören, deren Wesen dem eigenen gefährlich scheint und deren „Territorium" auf den Bereich der eigenen intimen Beziehungen überzugreifen droht. Vorurteile, die sich so entwickeln (und die in Politik und Krieg ver-
30 wertet und ausgenutzt werden), sind ein Auswuchs der blinden Ablehnung, die während des Kampfes um die Identität scharf und grausam zwischen dem Vertrauten und dem Fremden unterscheidet. Die Gefahr dieses Stadiums besteht darin, dass mit und gegenüber den gleichen Men-
35 schen intime, konkurrierende und kämpferische Beziehungen erlebt werden. Aber da die Gebiete der erwachsenen

Pflichten abgegrenzt und das konkurrierende Aufeinandertreffen und die sexuelle Umarmung unterschieden sind, werden sie schließlich jenem *ethischen Gefühl* unterwor-
40 fen, das das Kennzeichen des Erwachsenen ist. […]
Während die Psychoanalyse gelegentlich in ihrer Betonung der Genitalität als einer Universalkur für die Gesellschaft zu weit gegangen ist und manchem, dem es gefiel, ihre Lehren so auszulegen, eine neue Sucht und eine neue
45 Bequemlichkeit bot, hat sie nicht immer alle die Ziele aufgewiesen, die die Genitalität tatsächlich umfassen soll und muss. Um wirklich dauernde soziale Bedeutung zu haben, sollte die Utopie der Genitalität Folgendes umfassen:
1. Wechselseitigkeit des Orgasmus
50 2. mit einem geliebten Partner
3. des andern Geschlechts,
4. mit dem man wechselseitiges Vertrauen teilen will und kann
5. und mit dem man imstande und willens ist, die Lebens-
55 kreise der
   a) Arbeit,
   b) Zeugung,
   c) Erholung
   in Einklang zu bringen, um
60 6. der Nachkommenschaft ebenfalls alle Stadien einer befriedigenden Entwicklung zu sichern.

M11 Zeugende Fähigkeit gegen Stagnation (Erik Homburger Erikson)

Die Mode, die darauf besteht, die Abhängigkeit des Kindes vom Erwachsenen zu dramatisieren, hat uns häufig gegenüber der Abhängigkeit der älteren Generation von der jüngeren blind sein lassen. Der reife Mensch hat ein Bedürfnis
5 danach, dass man seiner bedarf, und die Reife braucht sowohl die Führung wie die Ermutigung durch das, was sie hervorgebracht hat, und für das gesorgt werden muss. Die zeugende Fähigkeit ist also in erster Linie das Interesse an der Stiftung und Erziehung der nächsten Generation,
10 obwohl es Einzelne gibt, die, sei es durch Unglück, sei es wegen besonderer und echter Gaben, die in anderer Richtung liegen, diesen Trieb nicht ihren eigenen Nachkommen zuwenden. Der Begriff der zeugenden Fähigkeit soll auch tatsächlich die populäreren Begriffe wie *Produktivität* und
15 *Schöpfertum* in sich schließen, die ihn aber nicht ersetzen können.
Es hat die Psychoanalyse einige Zeit gekostet, einzusehen, dass die Fähigkeit, sich der Begegnung von Körper und Seele hinzugeben, zu einer allmählichen Erweiterung der
20 Ich-Interessen und zu einer libidinösen Besetzung dessen, was gezeugt wurde, führt. Die zeugende Fähigkeit ist somit eine wesentliche Phase des psychosexuellen wie des psychosozialen Entwicklungsplans. Wo diese Bereicherung völlig entfällt, tritt eine Regression zu einem zwanghaften
25 Bedürfnis nach Pseudointimität ein, oft verbunden mit einem übermächtigen Gefühl der Stagnation und Persönlichkeitsverarmung. Die Individuen beginnen dann oft, sich selbst zu verwöhnen, als wären sie ihr eigenes – oder eines anderen – einziges und eines Kind. […]

30 Was die Institutionen anbetrifft, die die zeugende Fähigkeit sichern und bestärken, so kann man nur sagen, dass alle Institutionen die Ethik der fortzeugenden Generationenfolge in Gesetze fassen. Selbst wo weltanschauliche und geistige Traditionen die Verzichtleistung auf das Recht zu

35 zeugen oder produktiv zu sein nahelegen, bemüht sich eine derartige zeitig vorverlegte Hinwendung zu den „letzten Dingen", wo immer sie in klösterlichen Bewegungen institutionalisiert ist, gleichzeitig darum, das Problem ihrer Beziehung zur Fürsorge für die Kreatur dieser Welt wie zur

40 Caritas, die sie transzendiert, zu regeln.

M12 Ich-Integrität gegen Verzweiflung (Erik Homburger Erikson)

Nur derjenige, der die Sorge für Dinge und Menschen in irgendeiner Weise auf sich genommen hat und sich den Triumphen und Enttäuschungen angepasst hat, die damit zusammenhängen, dass man nolens volens zum Ursprung

5 anderer Menschenwesen und Schöpfer von Dingen und Ideen geworden ist – nur solch ein Mensch kann allmählich die Frucht dieser sieben Phasen ernten. Ich weiß kein besseres Wort dafür als „Ich-Integrität". Mangels einer klaren Definition möchte ich wenigstens einige Bestandteile die-

10 ses seelischen Zustandes andeuten. Es ist die wachsende Sicherheit des Ichs hinsichtlich seiner natürlichen Neigung zu Ordnung und Sinnerfülltheit. Es ist eine post-narzisstische Liebe zum menschlichen Ich – nicht zum Selbst – ein Erlebnis, das etwas von einer Weltordnung und einem geis-

15 tigen Sinn vermittelt, gleichgültig wie viel diese Erkenntnis gekostet haben mag.
[…] Obwohl der integere Mensch sich der Relativität all der vielen verschiedenen Lebensformen bewusst ist, die dem menschlichen Streben einen Sinn verleihen, ist er bereit, die

20 Würde seiner eigenen Lebensform gegen alle physischen und wirtschaftlichen Bedrohungen zu verteidigen. […] Mangel oder Verlust dieser gewachsenen Ich-Integrität ist durch Todesfurcht gekennzeichnet: Der einzige, einmalige Lebensablauf wird nicht als die Ultima Ratio des Lebens

25 anerkannt. Verzweiflung entspricht einem Gefühl, dass die Zeit zu kurz ist, zu kurz für den Versuch, ein anderes Leben zu beginnen und andere Wege der Integrität zu suchen. Der Lebensüberdruss verbirgt Verzweiflung, wenn oft auch nur in der Form der „tausend kleinen Verdrüsse". […]

30 Um reif zu werden, muss jeder einzelne Mensch in ausreichendem Maß sämtliche der erwähnten Ich-Eigenschaften entwickelt

35 haben, sodass ein weiser Inder, ein echter Gentleman und ein alter kluger Bauer sich gegenseitig an diesem Stadium erreichter Integri-

40 tät zu erkennen vermögen. Aber jedes Kulturgesamt benutzt für die Entwicklung seines besonderen, durch

Abb. 2.13

seinen historischen Ort gebotenen Integritätsstils auch
45 eine besondere Kombination dieser Konflikte, zugleich mit besonderen Provokationen und Verboten der kindlichen Sexualität. Infantile Konflikte werden nur dann zu schöpferischen Konflikten, wenn sie an ihren kulturellen Institutionen und an den sie repräsentierenden führenden Klassen

50 einen festen Halt finden. Um zur Integrität zu gelangen, muss der Einzelne auch ein Gefolgsmann der Bannerträger in Religion und Politik, in der Wirtschaftsordnung und Technik, in aristokratischem Leben und in den Künsten und Wissenschaften sein können. Die Ich-Integrität umfasst

55 daher auch eine emotionale Integration, die einem Menschen sowohl die Lebensteilnahme durch Anhängerschaft wie durch die Übernahme von Verantwortung als Führer erlaubt.

Aufgaben

1. Gleichen Sie das insgesamt von Ihnen erarbeitete Modell der psychosozialen Entwicklung nach Erikson mit der folgenden Tabelle ab (M13) und erläutern Sie insbesondere die Spalten B, C und D.

2. Sehen Sie Grenzen pädagogischer Einflussnahme im Erwachsenenalter?

M13 Übersicht über das psychosoziale Entwicklungsmodell Eriksons

	A Psychosoziale Krisen	B Umkreis der Beziehungspersonen	C Elemente der Sozialordnung	D Psychosoziale Modalitäten	E Psychosexuelle Phasen
I	Vertrauen gg. Misstrauen	Mutter	Kosmische Ordnung	Gegeben bekommen Geben	Oral-respiratorisch, sensorisch kinästhetisch (Einverleibungsmodi)
II	Autonomie gg. Scham, Zweifel	Eltern	„Gesetz und Ordnung"	Halten (Festhalten) Lassen (Loslassen)	Aral-urethral Muskulär (Retentiv-eliminierend)
III	Initiative gg. Schuldgefühl	Familienzelle	Ideale, Leitbilder	Tun (Drauflosgehen) „Tun als ob" (= Spielen)	Infantil-genital Lokomotorisch (Eindringend, einschließend)
IV	Werksinn gg. Minderwertigkeitsgefühl	Wohngegend, Schule	Technologische Elemente	Etwas „Richtiges" machen, etwas mit anderen zusammen machen	Latenzzeit
V	Identität und Ablehnung gg. Identitätsdiffusion	„Eigene" Gruppen, „die Anderen", Führer-Vorbilder	Ideologische Perspektive	Wer bin ich (wer bin ich nicht) Das Ich in der Gemeinschaft	Pubertät
VI	Intimität und Solidarität gg. Isolierung	Freunde, sexuelle Partner, Rivalen, Mitarbeiter	Arbeits- und Rivalitätsordnungen	Sich im anderen verlieren und finden	Genitalität
VII	Generativität gg. Selbstabsorption	Gemeinsame Arbeit, Zusammenleben in der Ehe	Zeitströmungen in Erziehung und Tradition	Schaffen Versorgen	
VIII	Integrität gg. Verzweiflung	„Die Menschheit", „Menschen meiner Art"	Weisheit	Sein, was man geworden ist; wissen, dass man einmal nicht mehr sein wird	

Abb. 2.14

3. Erziehung, Bildung und Sozialisation im Jugendalter

Welchen Herausforderungen man sich im Jugendalter stellen muss, welche Entwicklungsaufgaben man bewältigen muss, erleben Sie jeden Tag. Sie haben sicherlich auch schon oft darüber nachgedacht, was sich im Vergleich zu Ihrer Kindheit verändert hat. Und Sie haben wahrscheinlich mehr oder weniger konkrete Pläne, wie Ihr Leben in zwei, fünf oder zehn Jahren aussehen soll. Im Jugendalter kann man den Fragen nicht ausweichen: Was hat sich bei mir verändert? Wie will ich sein? Welches Verhältnis zu meinen Eltern möchte ich haben? Wer sollen meine Freundinnen und Freunde sein?

In diesem Kapitel werden Sie wissenschaftliche Konzepte und Theorien kennenlernen, die sich mit diesen Themen beschäftigen. Dabei sind unterschiedliche fachliche Sichtweisen im Spiel. Aus pädagogischer Perspektive geht es vor allem darum zu klären, welche Möglichkeiten der Unterstützung bei der Entwicklung zu einem mündigen Erwachsenen es gibt und wann die pädagogischen Einwirkungen an ein Ende kommen sollten. Aus sozialwissenschaftlicher Perspektive geht es um die sozio-kulturellen Einflüsse auf das Heranwachsen in dieser Lebensphase. Psychologische und biologische Erkenntnisse erweitern und ergänzen diese Blickwinkel.

Sie werden zunächst einen Jugendlichen kennenlernen, der über seine Pläne und Probleme berichtet. Danach können Sie das in der Öffentlichkeit viel beachtete Konzept der produktiven Realitätsverarbeitung von Klaus Hurrelmann kennenlernen. Hurrelmann beschreibt aus sozialwissenschaftlicher Perspektive bestimmte „Entwicklungsaufgaben", die im Jugendalter zu bewältigen sind. Im dritten Teil finden Sie bildungstheoretische Positionen und erziehungstheoretisch fundierte Konzepte zum pädagogischen Handeln im Jugendalter.

3.1 Ein Jugendlicher über seine Pläne und Probleme

Aufgaben

In **M1**, 🌐 4m3h6b und 🌐 j8f6fj erzählen Jugendliche von ihren Plänen und Problemen.

1. Arbeiten Sie heraus, welche Pläne, Sorgen und Entwicklungsaufgaben die Befragten beschäftigen.

2. Ergänzen Sie, wenn Sie möchten, die Aussagen der Jugendlichen um Erfahrungen, die Sie selbst gemacht haben.

3. Entwickeln Sie auf dieser Basis eine nach Kriterien gegliederte Übersicht über Entwicklungsaufgaben, um die es im Jugendalter geht.

4. Nehmen Sie Stellung zu den jeweiligen Lebensentwürfen und Entscheidungen der Jugendlichen.

5. Entwerfen Sie pädagogische Handlungsoptionen, die die Jugendlichen bei der Bewältigung der Entwicklungsaufgaben unterstützen können.

M1 Tom – ein Fallbeispiel

Tom ist 22 Jahre alt und lebt in einem kleinen Ort in Brandenburg, nicht weit von Berlin. Er ging auf eine Gesamtschule und hat die Schule in der 8. Klasse abgebrochen. Seine Eltern trennten sich, als er neun war. Tom wohnt bei
5 *seiner Mutter und hat relativ häufig Kontakt mit seinem Vater. Er würde gern Kraftfahrer werden, aber dazu muss er zunächst noch ein paar Hürden überwinden.*

Wie würde ick mich vorstellen? Ein offener Mensch bin ick, ick rede manchmal sehr gerne sehr viel, manchmal zu viel.
10 Kann mich aber auch schnell aufregen, also ick bin so ein kleener Choleriker. Ick dreh auch gern mal schnell durch und so 'ne Sachen. Was noch? Eigentlich kann man mit mir viel erleben, ick will immer lachen, eigentlich so gut wie bei allen Sachen dabei sein. Ja. Bin manchmal ein kleener
15 Sesselpupser hier mit meinen Computerspielen halt so, das kann man ja nicht verneinen, heißt aber nicht, dass ick mich hier einschließe wochenlang und die ganze Zeit nur spiele, also ick bin auch gerne draußen, wenn es nicht gerade minus 18 Grad sind und irgendwas. Ja. Also eigentlich
20 ein rundum offener Mensch. Also, ick komm mit allen klar, die mit mir klarkommen wollen.

Schule abgebrochen: Jetzt sitz ick hier

Ich bin 22, habe gar keine Ausbildungsabschlüsse, irgendwie gar nicht, weil ick mich nicht hinjesetzt habe früher. Ick
25 hab wichtige Sachen für mich irgendwie, äh, ja, ick war 'ne stinkfaule Sau früher in der Schule, also richtig doll faul, hab auch keene Arbeiten mitgeschrieben oder so Zeug, weil mir dieser Graffitimist und so wat alles wichtiger war. Äh ja, bin dann ja hier jahrelang zur Schule gegangen, ir-
30 gendwann in der 8. Klasse bin ick abgegangen, also ick hab in dem Sinne auch keenen richtigen Abschluss deswegen.
Auf was für eine Schule bist du gegangen?
Auf eine Gesamtschule. Und ja, und irgendwann hab ick die Schnauze voll gehabt und hab halt gesagt, ick schaff's
35 sowieso nicht mehr, und dann bin ick ein halbes Jahr früher aus der Schule gegangen und hab dann als Dachdecker gearbeitet, aber auch nicht lange, nur so Familienbetrieb, und dann hab ick da ein halbes Jahr oder so gearbeitet und dann mich durchgeschlagen. Kleinigkeiten halt, hier mal
40 einen Monat, da mal einen Monat gearbeitet und so. Und dann …, jetzt sitz ick hier.
Kannst du mir beschreiben, wie im Moment so ein normaler Wochentag von dir aussieht?
Ganz sinnlos meistens. Also entweder leb ick einfach
45 nur in den Tag hinein und spiele halt meine drei Stunden Computer am Tag und treff mich mit Kumpels oder so, und dann, rumvegetieren, mache nichts halt. „Chillen", wie man immer so schön sagt. Bei irgendwelchen Kumpels, gucken Filme und so ein Zeug halt, nichts Weltbewegendes.

50 Führerschein weg: Echte Katastrophe

Ick bin totaler Motorradfan. Also ganz schlimm. Also, mit jede zweite Woche 'n MotoGP gucken und so 'ne Sachen und Valentino Rossi anfeuern und so, das ist 'ne ganz dolle Macke von mir. Mit 16 hab ick meinen Motorradführer-
55 schein gemacht, mein Vater hat 'ne Fahrschule, so lag es ja nah, musste auch nichts bezahlen dafür. Da hab ick mir so 'ne kleine Rennkarre gekauft, damit sind wir den ganzen Tag rumgeballert. Das ist halt meine Welt, Motorradfahren. […] Also, es stand bei mir auf jeden Fall mit an erster Stel-
60 le, Motorradfahren. Also, da konnte mir auch keiner reinfunken. Das ist meine Welt. […]
Und machst du das auch immer noch? Wär schön!
Ich musste meinen Führerschein abgeben.
Aah, wie kam das denn?
65 Ja, Kifferscheiße. Also, ick wurde angehalten und musste dann, weeß ick nich, da in so 'nen Becher pinkeln und alles. Okay, und damit ist er dann erst mal weg. Erst mal schon. Also, ick muss MPU64 machen, und das wird alles wieder relativ teuer, deswegen muss ick auch gucken, dass ick
70 irgendwie Arbeit kriege langsam. Die wollen irgendwie 3200 Euro von mir haben, nur die Strafe alleine, und dann MPU auch noch mal locker 1000 Euro, also es wird nicht billig … Also, also ick krieg 'n auf jeden Fall wieder irgendwann, so ist es nicht, aber ick muss das Geld erst mal auf-
75 treiben. Das passiert mir nicht noch mal. […]

Bei der Mutter leben mit Hartz IV

Eine andere Perspektive hab ick zurzeit nicht, weil ick brauch nicht auf 200-Euro-Basis irgendwo anfangen zu arbeiten, da hab ick nichts von, da verdien ick mehr Hartz IV,
80 wenn ick nüscht mache, wie wenn ick mich dann da hinstelle und für 1 Euro die Stunde arbeite, ist einfach mal so. *Das heißt, im Moment beziehst du auch dann Arbeitslosengeld II.*
Ja genau, ist aber nicht so, dass ick das auf mein Konto
85 kriege und ick das jeden Tag ausgebe. Dadurch, dass ick bei meiner Mutter wohne, kriegt die das komplette Geld. Ick krieg auch kein Kindergeld, weil ick halt kein, na, keine Lehre, ick bin nicht für Lehre angemeldet. […] Wenn ick denn mal ein paar Taler haben will, so armselig sich das
90 auch anhört, dann muss Klein-Tom zu seiner Mutti gehen und die mal nach 5 Euro fragen. Is halt einfach so, geht nicht anders.

Graffiti und Respekt

Das war so ein Hobby von euch, Graffiti zu sprühen?
95 […] Wir wollen cool sein und müssen jetzt hier sprühen, aber irgendwie hat sich daraus halt wat entwickelt. Ick bin damit aufgewachsen und ohne geht auch nicht mehr. […]

Computerspiele

Kannst du mir zu den Computerspielen noch ein bisschen
100 *was erzählen?*
Ja, na wir haben gestern zum Beispiel erst halt wieder gespielt, abends bei 'nem Kumpel. So gegeneinander halt. Wir schleppen dann unsere Laptops rüber, stöpseln die Dinger aneinander und spielen irgendwas. Kann ick gleich
105 sagen, was ick gar nicht abkann, sind so 'ne Sachen wie World of Warcraft, allet dieses Science-Fiction-Zeug hasse ick wie die Pest. […]
Ick bin so ein Renn-Realismus-Fan, also so Simulationen halt. Wo du halt noch an den Dingern rumbasteln kannst,
110 tunen, jetzt aber nicht so übertrieben tunen. […] Naja, und dann halt weeß ick nicht, ick will ja nicht sagen Ballerspiele, das hört sich immer so bescheuert an, aber ist ja eigentlich so. Aber dann spiel ick halt auch nicht irgendso ein' Müll, wo ick mit so einer Cyberwaffe rumrenne und irgend-
115 welche Monsterraketen abschieße, sondern dann muss es irgendwie realistisch sein. […]

Mit dem Vater auf den Schießstand

[…] Aber das ist quasi auch was, was du mit deinem Vater regelmäßig zusammen machst?
120 Ja, das ist auf jeden Fall so ein Vater-Sohn-Ding. Er ist dann auch immer ganz stolz, wenn ick gut schieße und solche Sachen, und seine Kumpels dann auch. – Macht Spaß.

Mir wurden Manieren beigebracht

Also, mit meiner Mutter und meinem Vater bin ick immer
125 gut klargekommen. Meine Mutter war immer mehr die Frau, die durchgegriffen hat, wenn irgendwas war. Mein Vater konnte mir keine knallen, da wär ick durchs Zimmer geflogen, das ist einfach so. Also hat meine Mutter das gemacht. Aber, na … ick habe Anstand beigebracht gekriegt
130 von meinen Eltern, ohne Ende, also ohne „Bitte, Danke" und so ging gar nicht. Da war mein Vater rigoros.
Aber du hast ja gesagt, du verstehst dich gut mit deinem Vater?

Sehr gut, ja. Also es ist 'ne extreme Respektsperson. Also,
135 das ist schon was anderes. Wo ick mit meiner Mutter mehr
diskutiere, sag ick bei meinem Vater gleich: Ja, ist okay.
Bumm, Kopf runter und das war's. Der schafft es heute
noch, mich wie einen Elfjährigen hinzustellen. Wo du dir
echt wie ein kleines Kind vorkommst so. Aber so sind halt
140 Eltern. Da wirst du auch nie rauskommen, schätze ick mal.
Aber das heißt, du hast auch einfach, also, du hast auch
Respekt vor ihm, du findest auch gut, was er macht und
was er sagt und so?
Ohne Ende, ja. Ja. Muss ick. Ansonsten wär das alles anders
145 abgelaufen, ist halt einfach so. Mein Vater ist auch manchmal nicht so der Ruhigste, was solche Sachen angeht.
Also ist keen Mensch, den man irgendwie an der Nase
herumführen kann, sagen wir's mal so, ist 'ne extreme Respektsperson. Und wenn der auf den Tisch kloppt und sagt:
150 „Bis hier und nicht weiter!", dann ist auch bis hier und nicht
weiter so. Er kann auch anderen Leuten es gut klarmachen,
die ihn nicht kennen. Und das ist bei mir nicht anders. So
manchmal wirk' ick och auf Leute, weeß ick nich, aggressiv,
obwohl ick's nich bin so. […]

155 **Zukunft: Hab Schiss!**
Beschreib mal dein Gefühl, was die Zukunft betrifft! Also,
was würde es da am besten beschreiben?
Hab ick Schiss. […] Hab einfach Angst vor der Zukunft. Keine Ahnung, warum. Also, irgendwie arbeitstechnisch und
160 allet. Wenn ick sehe, wie es andern Leuten geht so. Weil,
ick will auf keenen Fall auf der Straße enden oder irgend
so 'n Scheiß oder in 'ner Ein-Raum-Wohnung oder so. Ick
will 'n vernünftiges Leben haben. Und davor hab ick Angst.
Also Existenzängste einfach. Später, ja … so Kleinigkeiten.
165 Ick will och in Urlaub und all so 'n Scheiß. Ick will mein

Auto nehmen, will meine Freundin einsacken und einfach
mal irgendwo hinfahren, an die Ostsee. Wo bei mir schon
mehr wieder is, wo ich mich auf die Fahrt freue, wie auf
die Ostsee selber so. Weißte, der-Weg-is-das-Ziel-mäßig,
170 so Kleinigkeiten. Wie du das von Mama und Papa früher
gesehen hast. Du sitzt als kleener Piepel hinten in dem Van
drinne, Papi fährt, Mutti krault ihm den Nacken, weil er
schon fünf Stunden fährt, so nach dem Motto, so wat find
ick cool einfach, weißte. Diese Fernfahrer-Romantik in dem
175 Sinne, so wat möchte ich einfach och haben später. Und ick
will nicht, weeß ick nicht, wie irgendso 'n Asi enden. Weil,
det könnt ick nicht. Und ick will jetz och nicht … Sagen
wir's einfach ma so: Also, bevor ick gar nichts habe, hört
sich jetzt ganz übel an, nehm ick's mir einfach.
180 Ist einfach so. Weil, ick verreck nicht auf der Straße, ist mir
scheißegal, wo ick's dann herhole. Ick meine jetzt nicht in
dem Sinne, dass ick jetzt Menschen ausraube, aber kannst
ja och bei den Firmen wat machen und Geld machen.
Schadest ja zwar der Firma meinetwegen, in dem Sinne,
185 weil du den halben Hof da leerklaust mit irgendwelchem
Dreck, aber ick würde auf jeden Fall nicht auf der Straße
verrecken, so viel ist schon mal klar. Und da bin ick nicht
der Einzigste, dem es so geht.
Mir soll's einfach gut gehen später. Ick will, dass et mir gut
190 geht, egal in welcher Hinsicht. Anderen Leuten geht's gut,
wenn se zweitausend Euro auf'm Konto haben, mir geht's
gut, wenn ick geliebt werde. In dem Dreh halt, mir muss es
einfach gut geh'n. Ick will halt vielleicht mal Kinder, nich
übertrieben, vielleicht zwei höchstens, 'ne Frau, die ick lieb
195 habe, und allet so wat. Ick mein, ick will einfach nur ganz
normal sein. Das is einfach so. Mehr erwart' ick gar nicht
vom Leben. Dass ick och morgen mit 'nem guten Gewissen
aufsteh'n kann.

3.2 Die sozialisationstheoretische Perspektive auf Jugend: der Ansatz von Klaus Hurrelmann

Hurrelmann war lange Zeit Profes-
sor an der Universität Bielefeld
und ist inzwischen an der Berliner
Hertie School of Governance tätig.

Abb. 3.1: Klaus Hurrelmann (geb. 1944)

Das Energieunternehmen Shell beauftragt seit den
50er-Jahren unabhängige Forschungsinstitute damit, Ansichten und Stimmungen von Jugendlichen zu erforschen.
Für die 16. Shell-Jugendstudie im Jahre 2010 wurden 2604
Jugendliche im Alter von 12 bis 25 Jahren befragt. Federfüh-
rend wurde die Studie von dem Sozial- und Erziehungswis-
senschaftler Klaus Hurrelmann durchgeführt. Hurrelmann
gehört zu den einflussreichsten und bekanntesten Jugend-
forschern Deutschlands. Er war lange Zeit Professor an der
Universität Bielefeld und ist inzwischen an der Berliner
Hertie School of Governance tätig. Grundlegend für seinen
sozialisationstheoretischen Ansatz ist das „Modell der produktiven Realitätsverarbeitung".

3.2.1 Das sozialisationstheoretische Modell der produktiven Realitätsverarbeitung

M2 Sozialisationstheorie als Rahmenkonzept (Klaus Hurrelmann/Gudrun Quenzel)

Die Sozialisationstheorie stellt ein Rahmenkonzept bereit, das alle Theorien und Konzepte verbindet, die individuelle Entwicklung in wechselseitiger Beziehung mit der sozialen und materiellen Umwelt thematisieren. Sie ermöglicht es,
5 die Einzeltheorien zu den gesellschaftlichen und individuellen Determinanten der Persönlichkeitsentwicklung im Jugendalter zueinander in Beziehung zu setzen und in ein integrierendes Modell einzubeziehen […].
Durch die Wahl des Begriffes „Sozialisation" wird nicht nur
10 ein integrationsstiftender Rahmen für verschiedene theoretische Ansätze zur Verfügung gestellt. In die Definition des Begriffes gehen auch bestimmte erkenntnisleitende Annahmen ein, die konzeptionelle Festlegungen vornehmen. Diese Festlegungen entscheiden darüber, welche theoreti-
15 schen Ansätze unter das „Dach" des Sozialisationsmodells aufgenommen und welche ausgeschlossen werden.
[…] Ansätze, die Sozialisation einseitig als einen Anpassungsprozess verstehen, in dessen Verlauf ein Mensch die gesellschaftlichen Rollen, Normen und Werte passiv verin-
20 nerlicht („internalisiert"), passen nicht zu den erkenntnisleitenden Annahmen des Sozialisationsmodells. Das gilt auch für Ansätze, die von einer einseitigen Determination der Persönlichkeitsentwicklung durch genetische und angeborene Faktoren ausgehen. Solche monokausalen, auf den
25 mechanischen Einfluss nur eines einzigen Faktors setzenden Erklärungsmuster führen meist zu einem unfruchtbaren Streit, ob es „die Umwelt" oder alternativ „die Anlage" ist, die eine Persönlichkeit bestimmt. Die Erkenntnis aller von uns vorgestellten Ansätze ist aber gerade, dass es das
30 Wechselspiel zwischen Umwelt und Anlage, also zwischen gesellschaftlichen und genetischen Faktoren, ist, das die Entwicklung erklärt.

Definition von Sozialisation
Der Begriff „Sozialisation" wird aus diesen Überlegungen he-
35 raus so definiert, dass er die Annahme des Wechselspiels von gesellschaftlichen Umwelt- und angeborenen Individualfaktoren als festen Bestandteil enthält. In der „Einführung in die Sozialisationstheorie" wird folgende Definition vorgenommen: „Sozialisation bezeichnet den Prozess, in dessen Ver-
40 lauf sich der mit einer biologischen Ausstattung versehene menschliche Organismus zu einer sozial handlungsfähigen Persönlichkeit bildet, die sich über den Lebenslauf hinweg in Auseinandersetzung mit den Lebensbedingungen weiterentwickelt. Sozialisation ist die lebenslange Aneignung
45 von und Auseinandersetzung mit den natürlichen Anlagen, insbesondere den körperlichen und psychischen Grundlagen, die für den Menschen die innere Realität bilden, und der sozialen und physikalischen Umwelt, die für den Menschen die äußere Realität bilden" (Hurrelmann 2006, S. 15).

50 Die „lebenslange Aneignung und Auseinandersetzung" ist ein wichtiger Bestandteil der Definition, denn sie schließt die Vorstellung aus, Sozialisation sei der Erwerb eines gesellschaftlich erwünschten Repertoires von vorgegebenen Verhaltensweisen und Orientierungen. Die Persönlichkeits-
55 entwicklung eines Menschen, auch und gerade im Jugendalter, wird vielmehr als eine in ihren Grundmerkmalen aktive und prozesshafte Form der Auseinandersetzung mit den inneren Anforderungen von Körper und Psyche und den äußeren Anforderungen von sozialer und dinglicher
60 Umwelt konzipiert. Um diesen Charakter in einem Wort zum Ausdruck zu bringen, kann sie auch als „produktiv" bezeichnet werden.
„Das Wort ,produktiv' wird nicht als ein wertender, sondern beschreibender Begriff verwandt. Der Begriff soll ausdrü-
65 cken, dass es sich bei der individuell je spezifischen Verarbeitung der inneren und der äußeren Realität um aktive und agentische Prozesse handelt, bei denen ein Individuum eine individuelle, den eigenen Voraussetzungen und Bedürfnissen angemessene Form wählt. Die Verarbeitung
70 ist ,produktiv', weil sie sich aus der jeweils flexiblen und individuell kreativen Anpassung der inneren und der äußeren Bedingungen ergibt" (Hurrelmann 2006, S. 28).

Aufgaben

1. Arbeiten Sie heraus, wie Hurrelmann den Begriff der Sozialisation bestimmt und die Sozialisationstheorie als „integrierendes Rahmenkonzept" setzt.

2. Erörtern Sie, inwiefern sich diese sozialisationstheoretische Perspektive von der pädagogischen unterscheidet.

Sie können die nun folgenden zehn „Maximen" Hurrelmanns arbeitsteilig erschließen, indem Sie sich in Kleingruppen einer bestimmten Maxime zuwenden, diese mit weiteren Informationen erläutern und Ihrer Lerngruppe präsentieren.

Aufgaben

1. Achten Sie genau auf die Definition der Begriffe, die Hurrelmann und Quenzel einführen.

2. Veranschaulichen Sie die Thesen der beiden Autoren, indem Sie Fallbeispiele und Visualisierungen heranziehen. Bei Ihrem Kurzvortrag sollten Sie auch ein Schaubild oder eine Powerpoint-Präsentation einsetzen.

3. Nach den Präsentationen sollten alle den Text gründlich lesen.

4. Prüfen Sie, inwieweit Sie allen zehn Maximen zustimmen können.

Methode

Präsentieren/Visualisieren

Vor der Präsentation steht das Recherchieren und Verarbeiten der notwendigen Informationen. Danach wird das gesammelte Material gegliedert. Schon in diesen beiden Phasen können Visualisierungen hilfreich sein. Bei der Vorbereitung der Präsentation ist es dann auf jeden Fall notwendig, unterstützende Visualisierungen einzubeziehen.

Visualisierungen erfüllen vor allem die Aufgabe, komplizierte, abstrakte Sachverhalte zu veranschaulichen.

Visualisiert werden können Informationen u. a. durch Bilder, Filme, verschiedenartige Diagramme (z. B. Fluss-, Fischgräten-, Venn-Diagramme), Tabellen, Conceptmaps, Mindmaps.

Die veranschaulichten Sachverhalte können durch unterschiedliche Medien dargeboten werden: Tafel, Flipchart, Folien und Overheadprojektor (bzw. Tageslichtprojektor), Wandzeitungen. Oft werden ergänzend Thesenpapiere bzw. Handouts mit den wichtigsten Informationen angeboten.

Bei einem Folienvortrag ist zu beachten:
„Welche Vorteile bietet der Tageslichtprojektor?
* Das Gerät ist in der Schule verfügbar.
* Es ist einfach zu bedienen und lenkt so den Vortragenden nicht unnötig ab.
* Der Raum muss nicht verdunkelt werden, wie dies bei Diapositiven oder auch bei vielen Videobeamern der Fall ist.
* Der Vortragende kann ins Plenum schauen, wenn er sich neben den TLP stellt.
* Der Vortragende kann einzelne Elemente der Folie mit einem Stift vor oder während des Vortrags hervorheben.
* Mit Folien können die Inhalte des Vortrags schrittweise aufgedeckt werden.
* Folien sind relativ preiswert.
* Folien können von Hand oder am PC vorbereitet werden, sodass zum Beispiel eine unleserliche Handschrift ausgeglichen werden kann.
* Mit Folienstiften können wasserfeste oder wasserlösliche Eintragungen vorgenommen werden.
* Folien können im Unterricht oder zu Hause sorgfältig vorbereitet werden.
* Folien können aufbewahrt und häufig verwendet werden.
* Folien können als Vorlage für Kopien dienen. Farbfolien sind möglich (Scanner oder Farbkopie), sodass auch ohne aufwändige Techniken (z. B. Periskop) Farbabbildungen präsentiert werden können. […]

Wie sollten Folien angefertigt und gestaltet werden?
* Lesbare und große Schriften verwenden: Als Faustregel kann gelten, dass die Schrifthöhe auf der Folie mindestens 5 mm (bzw. 18 Punkt) betragen sollte. Bei von Hand beschriebenen Folien darf die Schrift noch größer sein. Zudem ist eine saubere Druckschrift zu empfehlen. Folien,

die unmittelbar aus einem Buch übernommen werden, z. B. indem sie fotokopiert werden, sind aufgrund der Aufteilung und Proportionen häufig nicht als Folie geeignet […].
* Die Folien sollten nicht mehr Informationen enthalten, als für den Zusammenhang unbedingt notwendig sind. Es geht also nicht darum, in einem Vortrag alle Informationen auf Folie zu präsentieren, sondern sich auf die Kerngedanken zu beschränken.
* Stichworte statt Texte: Lange zusammenhängende Texte sind für eine Präsentation genauso ungeeignet wie komplexe Strukturdiagramme. Deshalb sollte der Vortragende sich darum bemühen, nur zentrale Begriffe anzuführen. Vor diesem Hintergrund ist es auch problematisch, wenn Schüler lange Zitate auf Folie präsentieren und diese anschließend noch vorlesen. Die treffende Paraphrase und die Zuspitzung in wenigen Begriffen sind hier sinnvoller.
* Die Zusammenhänge oder Strukturen visualisieren: Für den Zuhörer ist es sehr hilfreich, wenn die sachlichen Zusammenhänge sichtbar sind. Dazu können die Schüler vor allem auf Pfeile, Einrahmungen oder Unterstreichungen zurückgreifen. […]

Wie trägt man mithilfe des Tageslichtprojektors vor?
* Folien ausreichend lange aufliegen lassen: Die Zuhörer müssen gleichzeitig dem Vortrag folgen und die Visualisierung aufnehmen. Das braucht Zeit. Komplexe Darstellungen sollten in Ruhe betrachtet werden können. Deshalb sollten die Folien einige Zeit auf dem TLP verbleiben (mind. zwei Minuten).
* Nur wenige Folien einsetzen: […] Es ist also durchaus möglich, nur eine einzige Folie zu verwenden, die im Kern den gesamten Zusammenhang enthält.
* Bezug herstellen: […] Jede zusätzliche visuelle Information muss von den Zuhörern verarbeitet werden. Dies ist nur dann sinnvoll, wenn die Folie inhaltlich einen deutlichen Bezug zum Vortrag aufweist. Dieser Bezug sollte vom Vortragenden durch entsprechende Hinweise und Verweise deutlich gemacht werden, sodass sich Folie und Vortrag wechselseitig unterstützen.
* Folie während des Vortrags ergänzen: Fortgeschrittene Benutzer werden Details erst während des Vortrags in die Folie eintragen, z. B. lassen sich die Daten in ein Tortendiagramm […] erst nach und nach eintragen, immer dann, wenn der Vortragende die entsprechenden Informationen bereits genannt hat. Andernfalls stellt sich für den Betrachter vielleicht die Frage, warum er dem Vortrag noch folgen sollte, die wichtigen Informationen könnte er ja bereits der Grafik entnehmen.

Für die Gestaltung einer […] Powerpoint-Präsentation gelten […] die gleichen Bedingungen wie für einen ansprechenden und zielgerichteten Folienvortrag."

M3 Zehn Maximen der sozialisations-theoretischen Jugendforschung (Klaus Hurrelmann/Gudrun Quenzel)

In den folgenden Abschnitten werden die Kernaussagen der verschiedenen theoretischen Ansätze zur Analyse der Persönlichkeitsentwicklung in der Lebensphase Jugend zusammengefasst und in den konzeptionellen Rahmen des
5 Sozialisationsmodells eingeordnet. […]
Unter Maximen verstehen wir erkenntnisleitende programmatische Aussagen, die sich auf die verschiedenen theoretischen Ansätze zur Analyse der Persönlichkeitsentwicklung im Jugendalter berufen […].

10 Erste Maxime

Wie in jeder Lebensphase gestaltet sich im Jugendalter die Persönlichkeitsentwicklung in einem Wechselspiel von Anlage und Umwelt. Hierdurch werden auch die Grundstrukturen für Geschlechtsmerkmale definiert.

15 Ein Teil der Persönlichkeitsmerkmale und Verhaltenseigenschaften eines Menschen kann auf die genetische Ausstattung zurückgeführt werden. Durch diese werden die Grundstrukturen von Geschlecht, die körperliche Konstitution, die Intelligenz, das Temperament und die Psyche
20 bestimmt. Der andere Teil wird durch die soziale und physische Umwelt (Größe und Zusammensetzung der Familie, ihre soziale und wirtschaftliche Lage und Wohnsituation, Bildungs- und Ausbildungseinrichtungen, Freizeitangebote, Wohlstandsniveau, Klima usw.) bestimmt.
25 Es lassen sich also individuelle, innerhalb der Person zu verortende und gesellschaftliche, außerhalb der Person zu verortende Determinanten der Persönlichkeitsentwicklung im Jugendalter unterscheiden. Erstere können als die „innere", letztere als die „äußere Realität" der Persönlichkeit
30 verstanden werden.

Die genetische Ausstattung legt die Spiel- und Möglichkeitsräume für Eigenschaften und Verhalten fest, die
35 durch Umwelteinflüsse verändert und geformt werden. Es herrscht ein ständiges Wechselspiel von Anlage und Umwelt. […]
40 Im Jugendalter wird das interaktive Verhältnis von Anlage und Umwelt bei der Ausprägung von männlichen und weiblichen

Abb. 3.2

45 Persönlichkeitsmerkmalen besonders deutlich. Die angeborenen Unterschiede (Körperbau, Organe und hormonelle Ausstattung) werden von kulturellen Vorstellungen von „Weiblichkeit" und „Männlichkeit" durchzogen. Viele Verhaltensweisen von jungen Frauen und Männern sind sozial er-
50 lernt, ihre Persönlichkeitsmerkmale bilden sich im Verlauf des Sozialisationsprozesses heraus. Auch der Körper wird durch gesellschaftliche Vorgaben – etwa zu Körperhaltung und -ausdruck, Bewegungsformen und Kleidung – im Laufe des Sozialisationsprozesses kulturell geformt.

55 Zweite Maxime

*Im Jugendalter erreicht der Prozess der Sozialisation, verstanden als die produktive Verarbeitung der inneren und äußeren Realität, eine besonders intensive Phase, der für den ganzen weiteren Lebenslauf ein musterbildender
60 Charakter zukommt. Die produktive Realitätsverarbeitung setzt eine Bewältigung der für das Jugendalter typischen Entwicklungsaufgaben voraus.*

Im Unterschied zu anderen Lebensphasen kommt es im Jugendalter durch die besonders heftigen körperlichen,
65 psychischen und sozialen Umbrüche zu einem intensiven Prozess der Auseinandersetzung mit der inneren und äußeren Realität. […]
Die Sozialisation im Jugendalter ist durch die ständige Beobachtung und Diagnose der eigenen Anlagen und ihrer
70 Veränderung charakterisiert. […]
Das Wort „produktiv" soll ausdrücken, dass es sich bei der individuell je spezifischen Verarbeitung der inneren und der äußeren Realität um aktive Prozesse handelt, bei denen ein Jugendlicher eine individuelle, den eigenen Voraussetzun-
75 gen und Bedürfnissen angemessene und flexibel angepasste Form wählt. Die Verarbeitung ist „produktiv", weil sie sich aus der jeweils individuell besonderen kreativen Aneignung der inneren und der äußeren Bedingungen ergibt.
Die inneren und äußeren Anforderungen an die Verarbei-
80 tung, die sich aus den jeweils altersspezifischen Konstellationen ergeben, lassen sich als „Entwicklungsaufgaben" bezeichnen. Entwicklungsaufgaben sind Zielprojektionen, die in jeder Kultur existieren, um die Erwartungen zu definieren, die an einen Jugendlichen bei der Auseinanderset-
85 zung mit den Lebensbedingungen gestellt werden. Diese Zielprojektionen sind kulturell so tief verankert, dass sich die Jugendlichen zu ihnen verhalten müssen: Entweder sie entsprechen den an sie gestellten Erwartungen oder sie finden als Einzelperson oder im Kollektiv einen alter-
90 nativen Weg, der es ihnen ermöglicht, den Erwartungen zumindest teilweise auszuweichen.
Die Entwicklungsaufgaben werden in einem Prozess der Selbstregulation bearbeitet. Jeder und jede Jugendliche versucht, eine Übereinstimmung zwischen den persön-
95 lichen Bedürfnissen und Kompetenzen und den gesellschaftlichen Erwartungen herzustellen. Voraussetzung hierfür ist die ständige „Arbeit an der eigenen Person", also das permanente Bemühen um eine Strukturierung und Gestaltung der Persönlichkeit. Die soziale und gegen-
100 ständliche Umwelt wird dabei nach Inhalt und Struktur mit allen Sinnen aufgenommen, eingeordnet, bewertet und interpretiert, in Vergleiche einbezogen, erneut eingeordnet, bewertet und interpretiert und dann auf der kognitiven wie der affektiven Ebene mit den eigenen Bedürfnissen
105 und Handlungsplänen abgestimmt. […]

Dritte Maxime

*Menschen im Jugendalter sind schöpferische Konstrukteure ihrer Persönlichkeit mit einer sich schrittweise erweiternden Kompetenz zur selbstverantwortlichen
110 Lebensführung.*

Jugendliche erreichen im Vergleich zu Erwachsenen in einigen Lebensbereichen (soziale Kontakte, Freundschaften,

Freizeit, Medien, Konsum) schon den vollen Grad der Autonomie des Handelns, in anderen (Beruf, Familiengründung)
115 noch nicht. Diese „Statusinkonsistenz" erfordert flexible Strategien und Kompetenzen für den Umgang mit den Lebens-
anforderungen und ermöglicht einen ständigen Prozess des
Suchens, Tastens und Ausprobierens von innovativen Ver-
haltensmöglichkeiten. Der unfertige, noch offene Charakter
120 dieses Lebensabschnittes als Statuspassage zwischen Kind
und Erwachsenem bietet große Spielräume für eine eigen-
willige und selbstverantwortliche Lebensführung. […]
Durch die Verlängerung der Lebensdauer und die heute
typischen großen Spielräume für einen individuellen Le-
125 bensstil ist die Persönlichkeitsentwicklung in keiner Phase
des Lebens wirklich „abgeschlossen", sondern befindet sich
in mehr oder weniger großen Schüben ständig im Fluss. Die
für das Jugendalter charakteristische suchende und sondie-
rende Haltung gilt heute vielen Menschen auch in späteren
130 Lebensphasen als Muster und Vorbild für die Persönlich-
keitsbildung. Die „jugendtypischen" Formen der Lebensführung, die sich durch die Fähigkeit auszeichnen, offene
Perspektiven und Unsicherheit zu ertragen, werden immer
aussagekräftiger für die Lebensphasen im frühen und spä-
135 ten Erwachsenenalter, weil auch dort in Beruf und Privatle-
ben Umbrüche immer typischer und häufiger werden.

Abb. 3.3

Vierte Maxime

*Die Lebensphase Jugend ist durch die lebensgeschichtlich
erstmalige Chance gekennzeichnet, eine Ich-Identität*
140 *zu entwickeln. Diese Ich-Identität entsteht aus dem
Austarieren von persönlicher Individuation und sozialer
Integration, die in einem spannungsreichen Verhältnis
zueinander stehen.*

Mit Eintritt in das Jugendalter beginnt eine intensive Phase
145 der Selbstreflexion, der Identitätssuche und Identitätsbildung. Jugendliche besitzen im Unterschied zu Kindern die
Fähigkeit, mit anderen in einen Prozess der Kommunikation
über Werte, Normen und soziale Bedeutungen einzutreten
und diese mit ihren eigenen Interessen, Neigungen und
150 Handlungsmöglichkeiten in Verbindung zu bringen. Sie werden zu gleichberechtigten Partnern in der sozialen Interaktion, weil sie sich selbst im Prozess des Handelns auch als

„Akteur" und „Objekt" für andere wahrzunehmen vermögen.
Sie bauen auf diese reflexive Weise ein Bild von sich selbst
155 auf, indem sie alle Ergebnisse ihrer bisherigen Interaktionen
auswerten und zu einem in sich stimmigen und schlüssigen
Entwurf als „Selbstbild" („Selbstkonzept") zusammenfügen.
Von „Identität" kann gesprochen werden, wenn ein Mensch
über verschiedene Entwicklungs- und Lebensphasen hin-
160 weg eine Kontinuität des Selbsterlebens auf der Grundlage
eines positiv gefärbten Selbstbildes wahrt. […]
Unter „Integration" kann der Prozess der „Vergesellschaf-
tung" des Menschen verstanden werden, also die Anpassung an die gesellschaftlichen Werte, Normen, Verhaltens-
165 standards und Anforderungen und die Platzierung in der
ökonomischen Chancenstruktur. Der Prozess der sozialen
Integration ist die Basis für die Entwicklung der „sozialen
Identität", also des subjektiven Erlebens, eine anerkannte
gesellschaftliche Mitgliedschaftsrolle einzunehmen.
170 Unter „Individuation" kann der Prozess des Aufbaus einer
individuellen Persönlichkeitsstruktur mit unverwechselbaren körperlichen, psychischen und sozialen Merkmalen und
Kompetenzen verstanden werden. Zur Individuation gehört
auch das subjektive Erleben als einzigartige, einmalige Per-
175 sönlichkeit, das mit dem Aufbau der „personalen Identität"
gleichzusetzen ist.
Individuation und Integration stehen während des gesamten Lebenslaufs in einem ständigen Spannungsverhältnis
zueinander. Identität als Kontinuität des Selbsterlebens
180 und des inneren Sich-selbst-gleich-Seins setzt aber die Verbindung von Individuation und Integration voraus. Es geht
um die Schaffung eines Gleichgewichts zwischen zwei sich
widersprechenden, weil jeweils in eine andere Richtung
zielenden Anforderungen und Erwartungen. Dieses Span-
185 nungsverhältnis zwischen persönlicher Einzigartigkeit und
sozialer Gemeinschaftlichkeit wird im Jugendalter zum
ersten Mal bewusst und deshalb besonders intensiv erlebt.
Das Austragen und Aushalten dieses Spannungsverhält-
nisses ist Voraussetzung für ein Mindestmaß von Belast-
190 barkeit und Widerstandsfähigkeit hinsichtlich der weiteren
Persönlichkeitsentwicklung.
Da sich Jugendliche noch in der Phase des Aufbaus ihrer
personalen und sozialen Identität befinden, fragen sie die
Sozial- und Wertstrukturen der Gesellschaft nach Sinn und
195 Bedeutung ab und stellen diese mitunter fundamental
infrage. Die sozialen und ethischen Normen, denen sich Jugendliche gegenübersehen, werden zum Gegenstand von
Reflexion, Widerstand und möglicher Veränderung. Auch
die institutionellen und organisatorischen Machtstrukturen
200 der Gesellschaft werden hinterfragt. Aus diesen kritischen
Impulsen ergibt sich die innovative Kraft, die von der jungen Generation in einer Gesellschaft ausgeht.

Fünfte Maxime

Der Sozialisationsprozess im Jugendalter kann krisen-
205 *hafte Formen annehmen, wenn es Jugendlichen nicht
gelingt, die Anforderungen der Individuation und der
Integration aufeinander zu beziehen und miteinander zu
verbinden. In diesem Fall werden die Entwicklungsaufgaben des Jugendalters nicht gelöst und es entsteht ein*
210 *sich aufstauender Entwicklungsdruck. […]*

Aus der Dichte und Vielfalt von Entwicklungsaufgaben in der Jugendphase können sich derartig hohe Belastungen ergeben, dass die für die Bewältigung zur Verfügung stehenden Kompetenzen nicht ausreichen.

215 Jugendliche mit guten personalen und sozialen Ressourcen, wie zum Beispiel günstigen körperlichen und psychischen Merkmalen und wirtschaftlich gesicherten und stabilen Herkunftsfamilien, können in der Regel bessere Bewältigungskompetenzen aufbauen und damit auch die persönli-

220 che Individuation und die soziale Integration besser austarieren als Jugendliche mit schwachen Ressourcen. […] Besitzen Jugendlichen keine ausreichenden und passenden Kompetenzen zur Bewältigung der Entwicklungsaufgaben, kann es zu einer negativen und gestörten weiteren Persön-

225 lichkeitsentwicklung kommen. Häufige Ausprägungen sind ein nach innen gerichtetes, ausweichendes oder nach außen gerichtetes Problemverhalten wie etwa psychosomatische Störungen, Drogenkonsum oder Gewalt.

Abb. 3.4

Sechste Maxime

230 *Um die Entwicklungsaufgaben zu bewältigen und das Spannungsverhältnis von Individuations- und Integrationsanforderungen auszutarieren, sind neben individuellen Bewältigungsfähigkeiten („personale Ressourcen") auch soziale Unterstützungsleistungen von den wichtigs-*

235 *ten Bezugsgruppen („soziale Ressourcen") notwendig.* Die für das Jugendalter typische permanente Neuorganisation der Persönlichkeitsstruktur und der Handlungskompetenzen stellt hohe Anforderungen an die personalen Ressourcen. Dazu gehören die individuellen Handlungs- und

240 Kommunikationskompetenzen, die Basisfähigkeiten des Rollenhandelns und die kreativen Potenziale des flexiblen, „eigenaktiven" Verhaltens. Wie Jugendliche mit diesen Anforderungen zurechtkommen, hängt in entscheidendem Ausmaß aber auch von

245 den Hilfestellungen ihrer sozialen Umwelt ab. Jugendliche benötigen solche Formen der Unterstützung, damit sie ihre Fähigkeit zum Selbstmanagement stärken können. Dafür ist es wichtig, dass verschiedene Lösungswege akzeptiert werden und Spielräume für probeweises Handeln offen-

250 stehen. Die Existenz solcher Spielräume kann das vorübergehende Einschlagen eines vom Erwartungsspektrum abweichenden Entwicklungsweges für die Bewältigung von Entwicklungsaufgaben ermöglichen – bis hin zur vorübergehenden Weigerung, eine Entwicklungsaufgabe anzu-

255 gehen und eine vorgesehene Rolle zu übernehmen. Es liegt in der Verantwortung der gesellschaftlichen Sozialisationsinstanzen, also zum Beispiel der Schulen und beruflichen Bildungseinrichtungen, hierfür die Voraussetzungen zu schaffen. Dazu bedarf es einer Kombination von

260 Freiheitsgraden, die die Entwicklung der Selbstständigkeit stimulieren, und klarer Struktursetzung, um sowohl dem entwicklungsbedingt starken Individuationsverlangen der Jugendlichen als auch dem systemnotwendigen Integrationsverlangen der Gesellschaft gerecht zu werden. […]

265 Die formellen und informellen Arten der Hilfe im emotionalen, instrumentellen und sozialen Bereich sind dann besonders wirksam, wenn sie sich zu einem Unterstützungsnetzwerk verbinden, das für vielfältige Ausgangssituationen mit unterschiedlichen Belastungen angemessene Hilfsim-

270 pulse bereithält.

Siebte Maxime

Neben der Herkunftsfamilie sind Schulen, Ausbildungsstätten, Gleichaltrige und Medien als „Sozialisationsinstanzen" die wichtigsten Vermittler und Unterstützer im

275 *Entwicklungsprozess des Jugendalters. Günstig für die Sozialisation sind sich ergänzende und gegenseitig anregende Impulse dieser Instanzen.* Grundsätzlich steht jede Sozialisationsinstanz vor der Aufgabe, den ihr anvertrauten Jugendlichen die Motivationen

280 und Kompetenzen zu vermitteln, die für den zukünftigen Erhalt und die Weiterentwicklung der Gesellschaft funktional sind. Es geht darum, Jugendliche auf die verantwortliche Übernahme von „Erwachsenenrollen" vorzubereiten. Familien beeinflussen durch ihr dichtes und intensives

285 Netzwerk und die engen Beziehungen zu den Eltern die Grundstrukturen der Persönlichkeit von Jugendlichen. Die Eltern sind für junge Frauen und junge Männer bei allen relevanten Fragen der Lebensplanung die wichtigsten sozialen Vorbilder. […]

290 Neben der Familie haben die Gleichaltrigen- und die Freundesgruppe einen großen Stellenwert im Sozialisationsprozess. Sie prägen den Konsum- und Lebensstil und spielen auch für die Wertorientierungen eine wichtige Rolle. Für die Persönlichkeitsentwicklung der Jugendlichen ist es vorteil-

295 haft, wenn die beiden Instanzen Elternhaus und Gleichaltrigengruppe in einer nicht allzu großen Spannung zueinander stehen und sich ihre Sozialisationsimpulse ergänzen. Schulen, Ausbildungsstätten, Jugendfreizeitstätten, Jugendberatungsstellen und Einrichtungen der Jugendhilfe

300 sind in erster Linie für die Vermittlung von Lern- und Bildungsprozessen und die Korrektur von fehlgelaufenen biografischen Entwicklungen verantwortlich. […] Großen Einfluss auf die jugendliche Persönlichkeit hat der Medien- und Freizeitsektor, über den zahlreiche und viel-

305 fältige Informations- und Unterhaltungsimpulse gegeben werden, oft im Zusammenhang mit gemeinsamen Aktivitäten der Gleichaltrigen und Freunde. Die Sozialisations-

instanzen im Medien- und Freizeitsektor sind solche, die von Jugendlichen sehr frei und praktisch unkontrolliert von
310 ihren Eltern genutzt werden. […]

Achte Maxime

Die Lebensphase Jugend muss unter den heutigen historischen, sozialen und ökonomischen Bedingungen in westlichen Gesellschaften als eine eigenständige Phase
315 *im Lebenslauf identifiziert werden. Sie hat ihren früheren Charakter als Übergangsphase vom Kind zum Erwachsenen verloren.*

Das Jugendalter entstand vor etwa 100 Jahren als ein neuer, zunächst durch schulische und berufliche Bildung definier-
320 ter und geprägter Lebensabschnitt im Anschluss an die Kindheit. […] Diese Phase des Übergangs dauerte nur wenige Jahre an und endete mit der Übernahme der Erwerbs-, Familien-, Konsumenten- und Bürgerrolle, die den Erwachsenenstatus kennzeichnen.

325 Am Beginn des 21. Jahrhunderts hat die Lebensphase Jugend diesen Übergangscharakter weitgehend verloren, nicht zuletzt bedingt durch die deutlich verlängerten Bildungs- und Ausbildungs-
330 zeiten und den Trend zu späten Übergängen in ein Beschäftigungsverhältnis. Das Jugendalter ist heute eine lang gestreckte, eigen-
335 ständige Phase im menschlichen Lebenslauf.

Abb. 3.5

[…] Die Komponenten der Passage („Transition") und des Verweilens („Moratori-
340 um") können miteinander verbunden werden und durch ihre jeweils individuelle Kombination dem Jugendalter seinen unverwechselbaren Platz im gesamten Lebenslauf geben.

345 Bei den meisten Jugendlichen lässt sich diese Lebensphase in zwei aufeinander bezogene Abschnitte unterteilen: die Phase der Adoleszenz etwa vom 12. bis zum 18. Lebensjahr, in der die körperliche Entwicklung und die Ablösung von den Eltern im Vordergrund stehen, und die Phase des
350 „werdenden Erwachsenenalters" („emerging adulthood"), die etwa im 18. Lebensjahr beginnt und bis zum 25., in manchen Fällen auch bis zum 30. Lebensjahr andauert und in der die Vorbereitung auf die Erwerbsarbeit und die Familiengründung im Vordergrund stehen.

355 Neunte Maxime

Hoch entwickelte Gesellschaften sind nicht nur durch schnellen sozialen Wandel, sondern auch durch ein großes Ausmaß an sozialer und ethnischer Vielfalt und durch immer stärker werdende ökonomische Ungleich-
360 *heit gekennzeichnet. Diese Merkmale prägen zunehmend auch die Jugendphase und führen zu einer Spaltung jugendlicher Lebenswelten.*

Der Anteil der Jugendlichen, die aus Familien mit einem Zuwanderungshintergrund kommen, ist in den letzten

365 50 Jahren in allen hoch entwickelten Gesellschaften angewachsen. In Deutschland liegt er bei rund einem Drittel. Für diese Jugendlichen sind die Bewältigung der Entwicklungsaufgaben und die Identitätsbildung in der Regel schwieriger als für die einheimischen Jugendlichen. […]
370 Auch der Anteil der Jugendlichen aus relativ armen Elternhäusern, die nur über ein Minimum des landesüblichen Wohlstands verfügen, ist in allen hoch entwickelten Gesellschaften in den letzten drei bis vier Jahrzehnten angestiegen. In Deutschland liegt er bei etwa einem Fünftel eines
375 Altersjahrgangs. […] Die Jugendlichen aus den relativ armen Elternhäusern haben große Schwierigkeiten, mit den komplexen Anforderungen der Individuation und Integration zurechtzukommen und die zentrale Entwicklungsaufgabe „Qualifizieren" erfolgreich zu meistern. […]
380 Durch diese unterschiedlichen Ausgangslagen kommt es zu einer Spaltung der jugendlichen Lebenswelten. […]

Zehnte Maxime

Die Zugehörigkeit zum weiblichen oder männlichen Geschlecht prägt die Muster der Bewältigung der Entwick-
385 *lungsaufgaben. In den letzten drei bis vier Jahrzehnten haben die Mädchen und jungen Frauen sich in vielen Bereichen der Lebensführung bessere Ausgangschancen als die Jungen und die jungen Männer erschlossen.*

In den hoch entwickelten Gesellschaften haben gegen-
390 wärtig die Mädchen und jungen Frauen bessere Ausgangsbedingungen für die Bewältigung der jugendtypischen Entwicklungsaufgaben. Das drückt sich symptomatisch in der Bewältigung der Entwicklungsaufgabe „Qualifizieren" aus. Junge Frauen erwerben die besseren Schul- und Aus-
395 bildungsabschlüsse, während junge Männer in ihren Leistungen stagnieren. Auf diese Weise verschieben sich die geschlechtsspezifischen Ungleichheitsmuster im Bildungsbereich zugunsten der Frauen. […]
Junge Frauen erwerben nicht nur die höheren und besse-
400 ren Schulabschlüsse, verlassen die Schule seltener ohne Abschluss und verbleiben seltener ohne abgeschlossene Ausbildung. Vielmehr schneiden sie auch bei der Bewältigung anderer Entwicklungsaufgaben tendenziell besser ab als junge Männer. So haben sie zum Beispiel häufiger
405 ein gutes Verhältnis zu ihren Eltern, ziehen früher von zu Hause aus, bekommen von ihren Peers mehr Anerkennung für ihre schulischen und außerschulischen Erfolge, weisen ein kreativeres und flexibleres Freizeitverhalten auf und verbringen deutlich weniger Zeit vor dem Fernseher und
410 dem Computer. Sie sind toleranter, engagieren sich in ihrer Freizeit öfter für ihre Mitmenschen und neigen zu Wertorientierungen, die sich förderlich auf ihre schulische Leistungsbereitschaft auswirken.
[…] Die weiblichen Jugendlichen sind auf eine Kombina-
415 tion von Anforderungen in Familie, Haushalt, Kindererziehung, Gemeinde und Beruf vorbereitet, während die männlichen Jugendlichen sich auf den traditionellen Lebensbereich der beruflichen Karriere fixieren. Diese Engführung ihrer Lebensperspektive scheint der Grund für ihre geringe
420 Bewältigungskapazität zu sein, weil sie sich damit ein soziales „Rollengefängnis" bauen, in dem sie nur wenige flexiblere Verhaltensanforderungen einüben können.

Aufgaben

1. Erläutern Sie das einführende Fallbeispiel des 22-jährigen Toms (M 1) mithilfe der zehn Maximen.

2. Auf welche Grenzen pädagogischer Hilfestellung lassen die von Hurrelmann/Quenzel genannten zehn Maximen schließen?

3. Welche Möglichkeiten pädagogischer Unterstützung bei der Bewältigung des Jugendalters legen die zehn Maximen nahe?

Abb. 3.6   Abb. 3.7

Das Modell der produktiven Realitätsverarbeitung wird in der sozialwissenschaftlichen Forschung genutzt und diskutiert. Einen kritischen Einwand trägt Ullrich Bauer im folgenden Text vor. Gleich danach finden Sie Hurrelmanns Antwort.

M4 Kritik des Modells der produktiven Realitätsverarbeitung (Ullrich Bauer)

Das Modell des produktiv realitätsverarbeitenden Subjekts vermengt offenbar […] ein von der Fähigkeit zur kritischen Reflexion abhängiges Vermögen (das Potenzial einer wirklich autonomen Ich-Identität) mit der basalen Kompetenz,
5 den Anforderungen der Systemintegration nachzukommen. Dies jedoch stellt einen beschnittenen Identitätsbegriff dar, der lediglich die Anpassung an vorgelagerte gesellschaftliche Bedingungen (anstatt die Entwicklung zu einem autonom-handlungsfähigen, eben nicht durchgän-
10 gig angepassten Individuum) zur Grundlage macht. Analog unterscheidet Hurrelmann Prozesse „misslingender" und „gelingender" Sozialisation allein dadurch, inwieweit das Kompetenzniveau Heranwachsender den Ausgleich mit institutionalisierten Handlungsaufgaben (s. u. das Konzept
15 der Entwicklungsaufgaben) ermöglicht. Diese Vorstellung „gelungener" Persönlichkeitsentwicklung bzw. Identitätsbildung wird von einem Zweifel getroffen, den kritische Autorinnen in den Sozialwissenschaften […] denjenigen gegenüber aussprechen, die meinen, „Ich-Identität" bzw.
20 Handlungsautonomie würde unter gegenwärtigen gesellschaftlichen Verhältnissen vollständig erreichbar sein […]. Nicht ausreichend differenziert Hurrelmann demnach zwischen der Potenzialität autonomer Persönlichkeitsentwicklung […] und einer sehr normativen Auffassung,
25 nach der Heranwachsende dann bereits autonom handeln, wenn sie als „produktiv realitätsverarbeitend" angesehen werden. Die Verwirklichung eines mit der Identitäts- und Persönlichkeitsentwicklung verbundenen kritischen Anspruchs wird also nicht schon dadurch erreicht, dass
30 normative Auffassungen über die Handlungsfähigkeit Heranwachsender die analytische Betrachtung beeinflussen. Im Gegenteil, wie gezeigt, neigen diese subjektbezogenen Konzeptionen dazu, die strukturellen Bedingungen der Sozialisationsverläufe (benachteiligende wie privilegierende
35 Einflüsse) theoretisch zu vernachlässigen. Das scheinbar

widersprüchliche Phänomen, dass bereits Heranwachsende auf ihr Handeln bewusst Einfluss zu nehmen vermögen, ihre Handlungskompetenzen jedoch den modalen (also meistens gebräuchlichen) Verhaltensweisen der sozialen
40 Herkunft vorangepasst sind – diese analytische Unterscheidung von bewusst und unbewusst, Autonomie und Beschränktheit –, findet in der sozialisations-, handlungs- und subjekttheoretischen Perspektive der Konzeptionen, die seit den 1980er-Jahren aufkommen, zu wenig Beachtung.

Aufgaben

1. Arbeiten Sie den Text M 4 Satz für Satz im reziproken Verfahren durch.

2. Geben Sie Bauers Kritik wieder. Erläutern Sie seine Kritik, indem Sie sie in eigene Formulierungen übersetzen.

M5 Weiterführung und kritische Diskussion des Modells (Klaus Hurrelmann)

In der wissenschaftlichen Diskussion wurde das Modell der produktiven Realitätsverarbeitung konstruktiv aufgenommen und als ein überzeugender Schritt in Richtung einer integrierenden interdisziplinären Sozialisationstheorie
5 gewürdigt. […]
Die kritische Auseinandersetzung mit dem Modell hat Ullrich Bauer (2011) systematisch zusammengefasst. Danach konzentriert sich die Kritik vor allem auf das Missverständnis, dass der Prozess der Verarbeitung der inneren und
10 äußeren Realität durch das beschreibende Wort „produktiv" semantisch positiv klassifiziert wird. Bauer selbst bemängelt, durch die wertende Verwendung des Begriffs „produktiv" werde der Eindruck erweckt, jeder Mensch verfüge in jeder Lebenslage über ein hohes Ausmaß an Handlungs-
15 autonomie und über die Kompetenz, ein aktiver Umweltgestalter zu sein, der selbstreflexiv die eigene biografische Entwicklung zu kontrollieren vermag.
Bauer weist darauf hin, dass durch diese Akzentsetzung die Bedeutung ungleicher Sozialisationsbedingungen über-
20 sehen werde […].

Diese Kritik trifft zu. Der Begriff „produktiv" wurde in einigen Darstellungen des Modells, vor allem bei der Übertragung auf die Persönlichkeitsentwicklung im Jugendalter,
nicht beschreibend, sondern wertend und damit normativ
25 setzend verwendet. Diese Verwendung verstößt gegen die
von mir selbst erwünschte und beabsichtigte konzeptionelle Festlegung. Danach beschreibt der Begriff „produktiv"
eine dynamische und aktive Form von Tätigkeit, die dem
menschlichen Naturell eigen ist. Ob diese aktive Form der
30 Auseinandersetzung mit den inneren und äußeren Anforderungen zu einer persönlichen Autonomie mit Ich-Identität führt oder nicht, ist eine empirische Frage. Der Begriff
„produktiv" ist in der Grundfassung des Modells jedenfalls
nicht wertend, sondern deskriptiv angelegt. […]
35 Um einem weiteren Kritikpunkt Rechnung zu tragen, wird
in diesem Buch die Beeinflussung der Persönlichkeitsentwicklung durch die gesellschaftlichen Lebensbedingungen,
also die äußere Realität, durchgehend stark betont. Damit
reagiere ich auf den Hinweis von Bauer, ohne diese Beto-
40 nung stehe das Modell der produktiven Realitätsverarbeitung (MpR) in Gefahr, „dem Handelnden ein hohes Maß an
individuellen Kompetenzen zur autonomen Steuerung der
Lebensführung zu unterstellen und damit die Bedeutung
ungleicher Sozialisationsbedingungen in den Hintergrund
45 zu stellen" (Bauer 2011).
Ungleiche Sozialisationsbedingungen wurden bereits in
der Ausgangsfassung des Modells der produktiven Realitätsverarbeitung (MpR) thematisiert. Das MpR geht von
der Grundannahme aus, dass die „äußere Realität" der
50 sozialen und ökologischen Lebensbedingungen entscheidend mit darüber bestimmt, ob und wie die Potenziale für
eine autonome Lebensführung eines Menschen umgesetzt
werden können. In allen bisherigen Ausarbeitungen des
Modells der produktiven Realitätsverarbeitung und in jeder
55 empirischen Untersuchung, die sich auf dieses Modell bezieht, wird die Bedeutung der ungleichen ökonomischen,
sozialen und kulturellen Lebensbedingungen und Ressourcen für die Lebensbewältigung und insbesondere für den
Aufbau von Handlungsautonomie und Ich-Identität heraus-
60 gearbeitet. In diesem Buch wird diese Akzentsetzung in
jedem Kapitel vorgenommen.

Abb. 3.8

Abb. 3.9

Aufgaben

1. Geben Sie Hurrelmanns Antwort auf Bauers Kritik wieder und erläutern Sie sie.

2. Stimmen Sie Bauer zu? Nehmen Sie Stellung zu dieser Kontroverse.

In seiner Antwort geht Hurrelmann auch auf das Verhältnis von deskriptiven (beschreibenden) und präskriptiven (vor-schreibenden bzw. wertenden bzw. normativen) Aussagen im Modell der produktiven Realitätsverarbeitung ein. Dazu ist eine Veränderung interessant, die Hurrelmann in zwei Büchern aus dem Jahre 2012 bei der Darstellung seines Modells vornimmt. In „Lebensphase Jugend" (**M 3**) spricht er von „Maximen": „Unter Maximen verstehen wir erkennt-nisleitende programmatische Aussagen, die sich auf die verschiedenen theoretischen Ansätze zur Analyse der Per-sönlichkeitsentwicklung im Jugendalter berufen […]."

In seinem Buch „Sozialisation. Das Modell der produktiven Realitätsverarbeitung" ist nicht mehr von Maximen, son-dern von „Thesen" oder „Kernaussagen" die Rede. Hurrel-mann leitet hier die Darstellung seines Modells so ein:

M6 Kernaussagen als Thesen (Klaus Hurrelmann)

Die Kernaussagen des Modells der produktiven Realitäts-verarbeitung

In den folgenden Abschnitten soll das „Modell der produk-tiven Realitätsverarbeitung" durch die Formulierung von
5 zehn Kernaussagen detailliert entfaltet werden. Bei den Kernaussagen handelt es sich um Feststellungen, die den Gegenstandsbereich „Sozialisation" in Form von Leitsätzen auf seinen wesentlichen Gehalt zuspitzen. Sie stellen eine Zusammenfassung der für wichtig befundenen wissen-
10 schaftlichen Erkenntnisse zu jeweils einem Teilaspekt dar und eröffnen zugleich Perspektiven für künftige inhaltliche Arbeitsschwerpunkte und methodische Strategien der So-zialisationsforschung.
Die Kernaussagen werden als „Thesen" bezeichnet. Sie kor-
15 respondieren mit den zehn „Maximen" in der letzten Aufla-ge des Buches „Lebensphase Jugend" (Hurrelmann/Quen-zel 2012), wo sie inhaltlich auf die spezifische Situation der Bevölkerungsgruppe der jungen Generation bezogen sind.

M7 Das Modell der produktiven Realitätsverarbeitung in 10 Thesen (Ullrich Bauer/Klaus Hurrelmann)

Erkenntnistheoretische und konzeptionelle Grundannahmen

1. These zum Verhältnis von innerer und äußerer Realität	Sozialisation bezeichnet den das ganze Leben lang anhaltenden Prozess der Persönlichkeitsentwicklung. In diesem spiegelt sich konstitutiv der Prozess der Verarbeitung der inneren und äußeren Realität.
2. These zur aktiven Gestaltung („Produktion") der eigenen Persönlichkeit	Menschen sind „Produzenten" ihrer eigenen Entwicklung, indem sie in der gesamten Lebensspanne eine Verarbeitung der inneren und äußeren Realität vornehmen, die ihren individuellen Eigenschaften und Ressourcen entspricht.

Die Perspektive der produktiven Realitätsverarbeitung im Lebenslauf

3. These zur Bewältigung der Entwicklungsaufgaben im Lebenslauf	In jedem Lebensabschnitt gibt es selbst definierte und aus der sozialen Umwelt stammende Erwartungen an die Verarbeitung der inneren und äußeren Realität. Sie definieren Entwicklungsaufgaben. Es wird erwartet, dass Veränderungen in der psychischen Befindlichkeit angenommen und angemessen im eigenen Verhalten zum Ausdruck gebracht werden.
4. These zur Bildung der Ich-Identität	Werden Entwicklungsaufgaben nicht bewältigt, ist der Aufbau der Ich-Identität gefährdet oder sogar unmöglich. Von einer Ich-Identität eines Menschen ist zu sprechen, wenn über verschiedene Entwicklungs- und Lebensphasen hinweg eine Kontinuität des Selbsterlebens auf der Grundlage eines positiv gefärbten Selbstwertgefühls und des Empfindens einer Selbstwirksamkeit gegeben ist.
5. These zur Persönlichkeitsentwicklung im Lebenslauf	Durch sich ständig verändernde gesellschaftliche Rahmenbedingungen und offene, teilweise ungewisse Zukunftsperspektiven stehen Menschen in den jeweiligen Lebensphasen vor unterschiedlichen Herausforderungen. Ihre Persönlichkeitsentwicklung ist daher biografisch stets unabgeschlossen.

Sozialräumliche Kontexte

6. These zur Bedeutung der Familie für die Realitätsverarbeitung	Als primärer und wichtigster Sozialisationskontext fungieren in unserem Kulturkreis die Familien. Sie agieren seit Jahrhunderten als die einflussreichsten Vermittler der äußeren Realität für den gesellschaftlichen Nachwuchs.
7. These zur Bedeutung der Bildungsinstitutionen für die Realitätsverarbeitung	Von immer größerer Bedeutung werden sekundäre Sozialisationskontexte, darunter öffentliche Erziehungs- und Bildungsinstitutionen wie Kindertagesstätten, Horte, Schulen, Ausbildungseinrichtungen, Hochschulen, sozialpädagogische Institutionen sowie Einrichtungen der beruflichen Aus- und Weiterbildung, die eigens zu diesem Zweck etabliert wurden.
8. These zur Bedeutung der alltäglichen Lebenswelt für die Realitätsverarbeitung	Neben den primären und sekundären Sozialisationskontexten existiert ein breites Spektrum von sozialen Systemen, deren wesentliche gesellschaftliche Funktion nicht in Sozialisation, Erziehung, Bildung und Qualifizierung besteht, sondern in der Erfüllung anderer gesellschaftlicher Aufgaben (vor allem dem Konsum, dem Bereich der Unterhaltung und der medialen Vernetzung).

Diversitäten der Realitätsverarbeitung

9. These zur Ungleichheit von Sozialisationsprozessen	Menschen, die in privilegierenden Kontexten leben, steht in ihrer alltäglichen Lebenswelt von Geburt an ein reichhaltigeres Ausmaß an personalen und sozialen Ressourcen zur Verfügung als jenen, die in einem benachteiligenden Kontext leben. „Ungleichheiten" sind das Ergebnis kontextueller und kompositorischer Differenzierung und können schwer zu behebende Nachteile für die Lebensführung von Menschen haben.
10. These zur geschlechtlichen Diversität in der Realitätsverarbeitung	Weiblichkeit und Männlichkeit werden gelebt und individuell hergestellt, indem ein Mann oder eine Frau mit der jeweils angelegten physiologischen Ausstattung, der körperlichen Konstitution, den psychischen Grundstrukturen und den zugeschriebenen Erwartungen individuell arbeitet und diese mit der sozialen und physischen Umwelt in eine Passung bringt („doing gender").

Abb. 3.10: Das Modell der produktiven Realitätsverarbeitung in der Sozialisationsforschung in 10 Thesen

Aufgaben

1. Geben Sie wieder, wie Hurrelmann die Begriffe „Maxime", „These" bzw. „Kernaussage" bestimmt.

2. Beschreiben und recherchieren Sie, wie das Wort „Maxime" in der Regel benutzt wird.

3. Beurteilen Sie Hurrelmanns Sprachgebrauch in beiden Büchern vor dem Hintergrund der Unterscheidung von deskriptiven und präskriptiven Aussagen.

4. Untersuchen Sie ausgewählte „Maximen" (**M 3**) im Hinblick auf diese unterschiedlichen Aussagetypen.

5. Ist das Modell der produktiven Realitätsverarbeitung deskriptiv, präskriptiv oder beides?

3.2.2 Sozialisation im Jugendalter

Das Modell der produktiven Realitätsverarbeitung ist auf die gesamte Lebensspanne bezogen. Hurrelmann zeigt, dass in Kindheit, Jugend und Erwachsenenalter jeweils besondere Anforderungen zu bewältigen sind. Im Folgenden geht es um die Lebensphase Jugend. Die Texte erweitern und vertiefen die Ausführungen Hurrelmanns zu den zehn „Maximen".
Einen weiteren Text von Hurrelmann zur Entstehung der Lebensphase Jugend finden Sie online (🌐 r5br6c).

M8 Entwicklungsaufgaben im Jugendalter (Klaus Hurrelmann/Gudrun Quenzel)

Die von außen an die Jugendlichen herangetragenen gesellschaftlichen und kulturellen Erwartungen ähneln sich durchaus, auch der Umgang der Jugendlichen mit ihnen weist gemeinsame Muster auf.
5 Sozialisationstheoretisch spricht man in diesem Zusammenhang auch von Mustern der Bewältigung psychosozialer „Entwicklungsaufgaben". Darunter werden Zielprojektionen verstanden, die in jeder Kultur existieren, um die Anforderungen zu definieren, die ein Kind, ein Jugendlicher,
10 ein Erwachsener und ein alter Mensch zu erfüllen haben (Hurrelmann, 2006, 35). Nach diesem von Havighurst (1981) entwickelten Konstrukt werden an die Individuen der verschiedenen Altersgruppen kulturell und gesellschaftlich vorgegebene Erwartungen herangetragen, die ihrer
15 Entwicklung nützlich und der Gesellschaft zu ihrem Erhalt funktional sind.
Was an die verschiedenen Altersgruppen an Entwicklungsaufgaben herangetragen wird, ist kulturspezifisch und ändert sich im Zeitverlauf. Die für die Lebensphase Jugend
20 in den modernen Industriegesellschaften aktuell konstitutiven Entwicklungsaufgaben lassen sich in vier Cluster unterteilen (Hurrelmann, 2010, 27):
Entwicklungsaufgabe „Qualifikation": Hier geht es um die Entfaltung einer intellektuellen und sozialen Kompetenz,
25 um selbstverantwortlich schulischen und anschließenden beruflichen Anforderungen nachzukommen, mit dem Ziel,

eine berufliche Erwerbsarbeit aufzunehmen und dadurch die eigene ökonomische Basis für die selbstständige Existenz als Erwachsener zu sichern. Soziologisch gesprochen
30 handelt es sich hierbei um die Übernahme einer Mitgliedschaftsrolle in der Leistungsgesellschaft und die Vorbereitung auf die Übernahme der Verantwortung für die „ökonomische Reproduktion" der Gesellschaft.
Entwicklungsaufgabe „Ablösung und Bindung": Hier geht
35 es um das Akzeptieren der veränderten körperlichen Erscheinung, die soziale und emotionale Ablösung von den Eltern, den Aufbau einer Geschlechtsidentität und von Bindungen zu Gleichaltrigen des eigenen und des anderen Geschlechts sowie um den Aufbau einer Partnerbeziehung,
40 welche potenziell die Basis für eine Familienplanung und die Geburt und Erziehung eigener Kinder bilden kann.
Aus soziologischer Perspektive handelt es sich bei dieser Aufgabe um die Übernahme von Verantwortung für die Sicherung sozialer Bindungen und der „biologischen Repro-
45 duktion" der Gesellschaft.
Entwicklungsaufgabe „Regeneration": Hier geht es um selbstständige Handlungsmuster für die Nutzung des Konsumwarenmarkts einschließlich der Medien, um die Fähigkeit zum Umgang mit Geld, mit dem Ziel, einen eigenen
50 Lebensstil und einen kontrollierten und bedürfnisorientierten Umgang mit den „Freizeit"-Angeboten zu entwickeln.

Abb. 3.11

Soziologisch gesprochen geht es um die Partizipation an der Konsumwirtschaft und die Regeneration der Arbeitskraft.

55 **Entwicklungsaufgabe „Partizipation":** Hier geht es um den Aufbau einer autonomen Werte- und Normenorientierung und eines ethischen und politischen Bewusstseins, das mit dem eigenen Verhalten und Handeln in Übereinstimmung steht. Soziologisch gesprochen handelt es sich um die

60 verantwortliche Übernahme von gesellschaftlichen Partizipationsrollen als Bürger im kulturellen und politischen Raum und damit um die Sicherstellung der Einbindung des Individuums in den kulturellen und politischen Reproduktionsprozess einer demokratischen Gesellschaft.

65 Bedingt durch den ökonomischen Wandel von der industriell produzierenden zur Dienstleistungs- und Wissensgesellschaft, die rasanten Entwicklungen im Konsum- und Freizeitmarkt sowie die die Geschlechterrollen herausfordernden Identitätsbewegungen ist die Bewältigung der

70 verschiedenen Entwicklungsaufgaben für viele Jugendliche zu einer sehr viel größeren Herausforderung geworden. Jugendliche müssen heute mehr Informationen verarbeiten und mehr Entscheidungen treffen als jede Generation vor ihnen. Um diese Wahlfreiheit nutzen zu können, benötigen

75 Jugendliche heute vielfältige Kompetenzen, angefangen mit der Fähigkeit, die möglichen Konsequenzen ihrer Wahl abschätzen zu können, bis hin zur Selbsterkenntnis und auch dem Selbstbewusstsein, ihre eigenen Präferenzen zu erkennen und nach diesen zu handeln.

80 Die Chance, dass mit der erhöhten Wahlfreiheit und der individuellen Gestaltungsmöglichkeit auch eine Biografie gestaltet wird, die den Wünschen und Bedürfnissen der einzelnen Jugendlichen entspricht, erhöht sich dabei aber nicht bei allen Jugendlichen. Während erhöhte Wahlfreiheit

85 und individuelle Gestaltungsmöglichkeit bei den einen den Raum schaffen, in dem sie kreativ ihre eigene Zukunft gestalten können, lösen sie bei den anderen Unsicherheiten und Ängste aus. Freiheiten können dann auch als Zwang empfunden werden, das eigene Leben erfolgreich gestal-

90 ten zu müssen, und hierüber vermittelt zum Gefühl der Überforderung und zu Zukunftsängsten führen.

Aufgaben

1. Stellen Sie den Übergang vom Jugendalter ins Erwachsenenalter durch die Bewältigung der Entwicklungsaufgaben in einem Diagramm übersichtlich dar (vgl. auch **M 10**).

2. Entwickeln Sie mögliche pädagogische Hilfen zur Bewältigung der Entwicklungsaufgaben.

M9 Kritik des Konzepts der Entwicklungsaufgaben (Jutta Ecarius)

Über die Entwicklungsaufgaben lässt sich die Jugendphase von der Kindheit und dem Erwachsenenalter abgrenzen. Im Kindesalter geht es um die Entwicklung kognitiver und sprachlicher Kompetenzen und um die Entwicklung

5 sozialer Kooperationsformen sowie moralischer Grundorientierungen. Der Übergang ins Erwachsenenalter ist gegeben, wenn die jugendspezifischen Entwicklungsaufgaben vollständig bewältigt sind und eine Identität herausgebildet sowie der innere Prozess der Ablösung von

10 den Eltern abgeschlossen ist. Der Entwicklungsverlauf des Lebens ist danach eine kontinuierliche Abfolge der Lebensphasen Kindheit, Jugend, frühes Erwachsenenalter, spätes Erwachsenenalter und spätes Alter […], mit denen jeweils spezifische Konfigurationen von Handlungskompetenzen

15 definiert werden. Präzise Altersdatierungen tauchen nur noch dann auf, wenn sie durch institutionelle Vorgaben festgelegt sind, wie z.B. den Beginn der Schulpflicht oder die Länge der Berufsausbildung.

Vernachlässigung bzw. Verengung der Generationen-
20 **unterschiede**
Generationenunterschiede werden auf diese Weise zu unterschiedlichen Entwicklungsaufgaben im Lebenslauf. Die Perspektive lässt die sozialen Bedeutungszuschreibungen der jungen und alten Generationen verschwinden. Welche

25 Personen Entwicklungsaufgaben formulieren und auch einfordern, sie gesetzlich über die Schulpflicht und das Ausbildungsrecht verankern, bleibt offen. Diskutiert wird nicht, dass es sich auch hier um eine spezifische Form von Generationsbeziehungen und Generationsunterschieden

30 handelt und Entwicklungsaufgaben von älteren Generationen formuliert werden. Die Verknüpfung von Lebenslauf und Entwicklungsaufgaben führt zu einer Verengung, da mit der Perspektive der Subjekthaftigkeit Verantwortlichkeiten zwischen den Generationen, Erziehungsaufgaben

35 und Anforderungen an die jüngere Generation unbeantwortet bleiben und auch nicht beantwortet werden müssen. Durch die Überbetonung der Selbsttätigkeit der jüngeren Generation scheint sich die Notwendigkeit von pädagogischen Generationsbeziehungen zu erübrigen.

Aufgaben

1. Geben Sie die Kritik wieder, die Ecarius an dem Konzept der Entwicklungsaufgaben formuliert.

2. Erörtern Sie, ob bzw. inwiefern Ecarius' Kritik überzeugen kann.

Methode

Erörtern

Dieser Operator ist dem Anforderungsbereich III zugeordnet und folgendermaßen definiert:

„Die Vielschichtigkeit eines Berurteilungsproblems erkennen und darstellen, dazu Thesen/ggf. Hypothesen erfassen bzw. aufstellen, Argumente formulieren und dabei eine begründete Schlussfolgerung erarbeiten (dialektische Erörterung), ggf. Wege empirischer Überprüfung entwickeln."

Erörtern verlangt eine methodische kontrollierte Schrittfolge:

1. Das Beurteilungsproblem wird dargelegt. Dazu gehört auch, es in den fachlichen und/oder überfachlichen Kontext zu stellen und seine Aktualität und pädagogische Bedeutung aufzuzeigen.

2. Im zweiten Schritt werden Pro- und Kontra-Argumente gesammelt und geordnet. Dabei können verschiedene Kriterien eingesetzt werden: Stärke der Argumente, empirische Fundierung der Argumente, normative Gehalte der Argumente …

3. Jetzt werden die Argumente kritisch beurteilt. Fragen wie diese können leitend sein: Wie empirisch belastbar sind sie? Sind sie aus pädagogischer Perspektive normativ überzeugend? Geht es also darum, die altersmögliche Mündigkeit der Adressaten des Handelns zu fördern? Gibt es nicht-pädagogische Interessen, die explizit genannt werden oder implizit enthalten sind?

4. Am Ende steht die eigene begründete Stellungnahme aus pädagogischer Perspektive als Ergebnis der Abwägung der Pro- und Kontra-Argumente. Dabei sollte die Komplexität des Problems nicht wieder sachwidrig reduziert werden. Es kann auch herausgestellt werden, dass eine eindeutige Antwort nicht möglich oder sinnvoll ist.

In seinem Buch „Sozialisation" formuliert Hurrelmann zwei Grundfragen der Sozialisationstheorie, die miteinander zusammenhängen:
- „Wie schafft es eine Gesellschaft, die in ihr lebenden Menschen zu sozialen Wesen zu machen, die sich in die sozialen Strukturen integrieren?
- Wie gelingt es den Menschen in einer Gesellschaft, sich die Freiheiten für ihre persönliche Entwicklung und Lebensgestaltung zu erschließen und zu autonomen Individuen zu werden?"
(Klaus Hurrelmann [11 2012]: Sozialisation. Weinheim, Basel, S. 12)
In den heutigen „individualistisch geprägten" Gesellschaften sind die Antworten auf diese Fragen kompliziert. Im folgenden Text erörtert Hurrelmann mögliche Antworten in Bezug auf die Lebensphase Jugend.

M10 Ich-Identität und Biografie-Management in der Lebensphase Jugend (Klaus Hurrelmann)

Die Entwicklung von Selbstbild und Ich-Identität

Die herausragende Besonderheit des Sozialisationsprozesses im Jugendalter ist der Aufbau einer Ich-Identität, der in dieser Lebensphase zum ersten Mal möglich ist. Er setzt
5 ein dem Alter und dem Entwicklungsstand angemessenes eigenes Selbstbild voraus, also eine realistische Einschätzung der personalen und sozialen Ressourcen. Voraussetzung für den Aufbau eines Selbstbildes ist die Fähigkeit, zwischen der eigenen Person mit ihrer inneren
10 Realität und der umgebenden äußeren Realität unterscheiden zu können. Diese Fähigkeit baut sich im Verlauf der Entwicklung im Jugendalter auf. Die reflexive Beziehung eines Menschen zu seinem Körper und zu seinen Bedürfnissen, Motiven und Interessen wird differenzierter und komplexer
15 und erreicht in der frühen Jugendphase eine qualitativ neue Entwicklungsstufe. Das Gleiche gilt für die Einschätzung der sozialen und physischen Umweltbedingungen.
In den entwicklungspsychologischen Theorien wird das Jugendalter als ein Abschnitt verstanden, in dem heftige
20 persönliche Entwicklungskrisen im Lebenslauf auftreten. Junge Männer und junge Frauen in der Pubertät reagieren äußerst sensibel auf die Veränderungen von Körper und Psyche, aber auch auf die sich ihnen unvermittelt stellenden Herausforderungen in der sozialen und physischen
25 Umwelt. Es handelt sich um eine besonders konfliktanfällige Zeit, in der es eine Abfolge von „Adoleszenzkrisen" zu bewältigen gilt […].
Die hiermit verbundenen Spannungen und Stimmungsschwankungen müssen voll durchlebt werden, um eine
30 ausgereifte Persönlichkeitsstruktur mit einem Ausgleich von Individuations- und Identitätsanforderungen und einer leistungsfähigen Ich-Identität aufbauen zu können. Nur nach dem Durchstehen dieser Krisen kann es gelingen, über eine oberflächliche Anpassung an die gesellschaftli-
35 chen und kulturellen Verhältnisse, etwa durch eine mechanische Leistungsmotivation und eine materialistische Orientierung an Geld, Ansehen und Karriere, hinwegzukommen und autonome Handlungskompetenzen aufzubauen.

Anforderungen an das Biografie-Management

40 Da die heutigen individualistisch geprägten Gesellschaften so viele Freiräume für unkonventionelle Verhaltensweisen einräumen, bieten sich den Jugendlichen nicht die Reibungen und Widerstände, die sich in Zeiten der standardisierten „Normal-Biografie" […] fast zwangsläufig einstellten.
45 Durch die verhältnismäßig frühe Selbstständigkeit im Konsum-, Medien- und partnerschaftlichen Lebensbereich auf der einen und die lang anhaltende Bildungs- und Ausbildungszeit mit ökonomischer Unselbstständigkeit auf der anderen Seite tritt an die Stelle einer noch in den 1950er-
50 Jahren selbstverständlichen genormten Statuspassage von der Jugendzeit in das Erwachsenenalter eine selbst gestaltete Übergangsphase mit der Anforderung, sie biografisch sinnvoll zu gestalten […].

Von Jugendlichen wird eine kreative individuelle Le-
55 bensführung verlangt, um die erheblichen Spannungen
zwischen den Selbstständigkeitspotenzialen in den verschiedenen Lebensbereichen auszugleichen. Eine solche
Lebensführung scheint vor allem dann möglich zu sein,
wenn die Lebensphase Jugend nicht ihrem traditionellen
60 Verständnis gemäß als Durchgangsphase von der Kindheit
in den vollwertigen Status des Erwachsenen interpretiert
wird, sondern als eine Lebensphase, die selbstständig
gestaltet wird und eine besondere Lebensqualität hat.
Die […] Unterteilung der Jugendphase in einen ersten Ab-
65 schnitt bis zum etwa 20. Lebensjahr, der vorrangig Bildung
und Ausbildung gewidmet ist, und einen zweiten Abschnitt
bis zum etwa 30. oder 35. Lebensjahr, der eine freie Lebensgestaltung in den Bereichen Qualifizieren, Binden,
Konsumieren und Partizipieren zulässt, ist Ausdruck dieser
70 Grundeinstellung.
Im Jugendalter spitzt sich die Anforderung zu, die persönliche Individuation und die soziale Integration miteinander
auszutarieren und hierauf die personale und die soziale
Identität aufzubauen. Unter den heutigen Lebensbedin-
75 gungen sind die Chancen für den Aufbau einer personalen
Identität sehr groß, weil traditionelle Vorgaben für das
Rollenverhalten und entsprechende Wertorientierungen
entfallen und vielfältige Möglichkeiten gegeben sind, eine
eigene Lösung für die Aufgaben und Probleme des Alltags
80 zu finden. Demgegenüber ist es schwierig, eine soziale
Identität zu finden, denn die Möglichkeiten für eine Übernahme von sozialer Verantwortung sind relativ begrenzt,
zudem verzögert sich im Lebenslauf der für die soziale
Identität wichtige Übergang in den anerkannten wirt-
85 schaftlichen Status des Erwerbsbürgers immer mehr. Entsprechend anspruchsvoll ist für Jugendliche heutzutage die
Aufgabe, eine Ich-Identität mit den beiden Komponenten
der personalen und der sozialen Identität zu entwickeln.

Aufgaben

1. Geben Sie wieder, welche Antworten Hurrelmann auf die
   beiden Grundfragen der Sozialisationstheorie in Bezug
   auf die Lebensphase Jugend in heutigen individualisier-
   ten Gesellschaften gibt.
   Beachten Sie dabei seine Begriffe „Individuationsanfor-
   derungen", „Integrationsanforderungen", „persönliche
   Individuation", „soziale Integration", „personale Identität",
   „soziale Identität".

2. Erörtern Sie Hurrelmanns Antworten. Greifen Sie dabei
   auch auf Ihre eigenen Erfahrungen zurück.

Hurrelmann hat als Jugendforscher in den letzten Jahrzehnten kontinuierlich die Entwicklungen in der Jugendphase
erforscht. Der nächste Text, den er zusammen mit Erik Albrecht veröffentlicht hat, bezieht sich auf die neuesten Un-
tersuchungen zum Verhältnis von sozialer Verantwortung,
politischem Engagement und Streben nach Autonomie bei
den heute 15- bis 30-Jährigen, der sog. Generation Ypsilon.

M11 Politisches Engagement der Generation Y (Klaus Hurrelmann/ Erik Albrecht)

Generation Y

Die heute 15- bis 30-Jährigen verändern unsere Welt radikal.
Sie haben in kurzer Zeit den strukturellen Wandel in Politik, Wirtschaft, Arbeitsleben, Familie, Technik und Freizeit
5 eingeleitet. Allerdings nicht gewaltsam und mit militanten
Mitteln, ohne die lautstarken Proteste, unter denen andere
Generationen sich ihren Platz in der Gesellschaft erkämpft
haben. Sie agieren still und leise, gewissermaßen aus der
zweiten Reihe heraus, wirken im Verborgenen hinter den
10 Kulissen. Deshalb sind die Umwälzungen, die sie anstoßen,
auf den ersten Blick gar nicht zu erkennen. Sie werden oft
unbemerkt übernommen und setzen sich wie selbstverständlich im Alltag durch. […]

Politik à la Y

15 „Bei uns wird es so etwas nicht geben", erklärt Simone
selbstbewusst und schaut kopfschüttelnd auf die leeren
Fahrradständer im Zentrum von Aachen. Es ist Februar,
Schwefelgeruch der Heilquellen des Elisenbrunnens ne-
benan liegt schwer in der Luft. Das Verleihsystem der Deut-
20 schen Bahn hat Winterpause. Die Schlösser, die eigentlich
die Elektrofahrräder gegen Diebstahl sichern sollen, sind
mit Kabelbinder an die Ausleihstation gebunden. Dabei
gebärdet sich selbst der Februar im tiefen Westen mit
13 Grad und Sonnenschein alles andere als fahrradfeind-
25 lich. Im angrenzenden Park flanieren bereits die ersten
Sonnenhungrigen. Nur drei Stationen betreibt die Deutsche Bahn in Aachen mit insgesamt 15 Elektrofahrrädern,
sogenannten Pedelecs. Zu wenig, um selbst im Zentrum
der 240.000-Einwohner-Stadt schnell und bequem von A
30 nach B zu kommen.

Deshalb nimmt Simone mit einer Gruppe Studierender der
Aachener Hochschulen die Sache jetzt selbst in die Hand.
1000 E-Bikes an 100 Stationen, heißt ihr ambitioniertes Ziel.
Ihre Initiative Velocity plant ein engmaschiges Netz in der
35 Stadt und damit eine radikale Alternative zum Autoverkehr.
Das Mammutprojekt lässt ihr derzeit neben Studium und
Job als studentische Hilfskraft kaum noch Freizeit. Doch
sie glaubt daran. Der Stadt drohe sonst der Verkehrskol-
laps, fürchtet Simone. „In Aachen ist einfach nicht genug
40 Platz für Autos", sagt sie. „Da kann man auch direkt in die
richtige Richtung steuern und weniger Unzufriedenheit
erzeugen." Ein solches System verbessere zudem die Situation der Studierenden und vieler anderer Aachener.

Gesellschaftliches Engagement mit einer klaren Vision
45 für die Zukunft – es sind die klassischen Motive eines Politikers, aus denen sich Simone in dem Projekt engagiert.
Doch dann sagt sie einen
Satz, den so wohl nur ihre
Generation formulieren
50 kann: „Für mich ist das kein
politisches Projekt."
Die Ypsiloner definieren
Politik deutlich enger als
andere Generationen vor
55 ihr. „Wenn man die Frage
stellt: Interessierst du dich
für Politik?, denken alle erst
mal an die Politiker und
das, was in der Tagesschau

Abb. 3.12

60 als Politik verkauft wird",
beobachtet die Berliner Politikstudentin Leonie. Mit dieser
Politik der traditionellen Machart kann die Generation Y
nicht viel anfangen. Zwar spricht sie sich in ihrer überwältigenden Mehrheit für die Demokratie als Staatsform und
65 für das Grundgesetz aus. In der Shell-Jugendstudie 2010
bezeichneten sich jedoch nur 40 Prozent als politisch interessiert, wenn es um die Arbeit von Parteien und Parlamenten geht. […]
„Ich tue mich immer schwer damit, zu sagen, wir seien eine
70 unpolitische Generation", widerspricht die Politikstudentin
Leonie dennoch. „Das glaube ich ganz und gar nicht." Viele
Ypsiloner verbuchten bewusstes Konsumverhalten oder
soziales Engagement für Zuwanderer einfach nicht unter
Politik. Ihre Generation sei anders politisch, schreibt auch
75 Kerstin Bund. Sie setze auf lokales, zeitlich begrenztes Engagement in einzelnen Projekten – schließlich sei in ihrem
Leben ohnehin nichts auf Dauer angelegt. Auch Simone
wird sich wohl wieder auf ihr Studium konzentrieren, wenn
das Pedelec-Projekt in Aachen angelaufen ist. […]

80 **Politisches Engagement dann, wenn es etwas bringt**
Die Ypsiloner sind wie in allen Lebensbereichen auch in der
Politik Egotaktiker. Im Mittelpunkt der MeMeMe-Generation steht ihr eigenes Leben. Politisches Engagement zeigt
sie, wenn „es ihr etwas bringt". Doch das ist längst nicht
85 so egoistisch gemeint, wie es sich anhört. […] Wichtig ist
ihnen allen, dass sie selbst wertvolle Erfahrungen daraus
mitnehmen. „Weltfriede" allein zieht nicht – das ist unverbindliche Träumerei, und die Ypsiloner sind viel zu pragmatisch, um an Träume zu glauben. Politik soll handfest sein
90 und eben „etwas bringen".
Parteien, Parlamente und Regierungen sind für die Generation Y Institutionen, die dafür gewählt und mit Steuermitteln bezahlt werden, dass sie die notwendigen Rahmenbedingungen für politische Entscheidungen herstellen.
95 Allzu viel erwartet sie von ihnen nicht. Fast jeder in der
Generation Y spürt, wie anstrengend es in einer offenen
Gesellschaft voller Optionen und Ablenkungen ist, dem
eigenen Leben eine Richtung zu geben. Doch kaum jemand
käme auf die Idee, von einer Partei oder einer Regierung
100 eine solche Orientierungshilfe zu erwarten. Die Ypsiloner
sehnen sich nach persönlicher Freiheit und eigenverant

wortlichem Handeln. Sie sind grundsätzlich bereit, sich für
Gemeinschaft und sozialen Zusammenhalt zu engagieren.
Und sie wünschen sich Parteien, Parlamente und Regierun
105 gen, die sich dafür einsetzen, ihre Lebensqualität und ihre
Zukunftsperspektiven zu verbessern.
Die Generation Y steht so für ein neues Politikverständnis, bei dem politisches Agieren breit definiert und mit
urpersönlichen Interessen verknüpft wird. Partizipation
110 an gesellschaftlichen Belangen wird durch die ganz
persönlichen Motive jedes einzelnen Bürgers gespeist.
Die Ypsiloner sind – aus Eigeninteresse und Eigennutz
heraus – bereit und interessiert, politisch zu handeln, um
ihre persönliche Lebenssituation zu verändern. Angetrie
115 ben vom angesprochenen Verantwortungsgefühl für sich
selbst („eigenverantwortlich leben und handeln"), handeln
sie im politischen Bereich mit erklärtermaßen eigennützigen Motiven. Doch ihr Eigennutz kann genau aus diesem
Grund dem gesamten Gemeinwesen zugutekommen. Die
120 Generation Y kennt Solidarität, aber es ist eine Schwarm-
Solidarität. Fische schwimmen im Schwarm mit, um selbst
zu überleben – nicht, um andere Fische gegen Übergriffe
zu verteidigen. Ihr Mitschwimmen, so die unterschwellige
Annahme, nützt dem gesamten Schwarm gerade deshalb
125 so stark, weil jeder nur an sich selbst denkt.
Aus dieser selbstbezogenen, egotaktischen Grundhaltung
entsteht kein Wir-Gefühl. Es kommt nicht zu einer kollektiven Solidarisierung, mit der frühere Generationen gemeinsam auf die Straße gegangen sind, wenn ihnen politische
130 Weichenstellungen nicht mehr passten. Das Engagement
der Generation Y speist sich nicht aus einem Gefühl der
Verpflichtung gegenüber den bestehenden Gemeinschaftsbindungen, die andere vor ihr hergestellt haben, sondern
aus einer Mischung aus Eigeninteresse mit dem Ziel der
135 Selbstentfaltung und der Erwartung, auf diese Weise
würde indirekt auch die Gemeinschaft profitieren. „Wir sind
nicht gerne ‚Wir', schreibt Haaf. „Für etwas einzutreten, das
über die eigene Individualität hinausgeht, fällt vielen entsprechend schwer."
140 Ypsiloner wollen sich unmittelbar einbringen, direkt etwas
gestalten, dabei Spaß und Erfüllung erleben und am Ende
einen Gewinn an Wohlbefinden und Selbstbewusstsein
haben. In traditionellen Verbänden und gesellschaftlichen
Institutionen, in Sportvereinen, Gewerkschaften, Kirchen
145 und Parteien engagieren sie sich nur dann, wenn sie diese
Kriterien erfüllt sehen und ihre Vorstellungen umsetzen
können. Da das oft nicht der Fall ist, sehen sie davon ab.
In Zeiten, in denen die Grenzen zwischen Arbeit und Freizeit immer mehr verschwimmen, soziale Systeme flüssiger
150 werden und Hierarchien schwinden, in denen immer mehr
Menschen projektbezogen arbeiten, lässt sich in der Generation Y kaum noch jemand wie weiland die 68er auf einen
„Marsch durch die Institutionen" ein, um sie in mühseliger
Gremienarbeit von innen heraus umzulenken. Ein solcher
155 Marsch erscheint ihnen als Vergeudung von Zeit und
Energie. Sie wünschen sich vielmehr Transparenz, direkte
Einflussmöglichkeiten, schnelle Reaktionen und Veränderungen.

3.3 Die erziehungs- und bildungstheoretische Perspektive auf Jugend

Die Positionen dieses Abschnitts formulieren pädagogische Perspektiven auf die Entwicklung im Jugendalter: Es geht um anthropologische Voraussetzungen von Identitätsentwicklungen im Jugendalter, bildungstheoretische Überlegungen zum Autoritätsverhältnis der Generationen und um erziehungstheoretisch fundierte Handlungsoptionen.

M12 Begabung und Bildsamkeit (Jürgen Rekus)

Ein Beispiel soll am Anfang der Überlegungen stehen: Ein aufgewecktes Mädchen aus bildungsinteressiertem Elternhaus, erhält – wie alle Kinder – im ersten Schuljahr Blockflötenunterricht, und offenbar bringt es für das
5 Flötenspielen eine Begabung mit. Das Spiel gelingt mit Leichtigkeit, Fortschritte werden rasch gemacht. Den Eltern bleibt das nicht verborgen, und sie schicken das Kind ergänzend zum schulischen Flötenunterricht zu einer privaten musikalischen Früherziehung. Hier wird das Flö-
10 tenspiel vertieft, auch eine Altflöte kommt dazu. Verschiedene Auftritte bei Schul- und Kirchenfesten machen dem Kind und insbesondere den Eltern viel Freude. Eines Tages, das Kind ist mittlerweile im zweiten Schuljahr, bemerkt es beiläufig beim Mittagessen, dass der Piepston im Radio
15 gerade ein „a" gewesen sei – offenbar Ausdruck eines absoluten Gehörs. Bei einer solchen Begabung reicht nach Ansicht der Eltern das Blockflötenspiel nicht mehr hin, ein weiterführendes „klassisches" Instrument soll erlernt werden. Die Wahl fällt auf die Oboe, weil sie so schön klingt.
20 Es folgt die Anmeldung bei der örtlichen Musikschule, und der Oboenlehrer bestätigt die ausgeprägte musikalische Begabung. Das Oboenspiel der Tochter verfeinert sich, aber mit zunehmendem Alter muss doch häufiger an das tägliche Üben erinnert; manchmal auch ermahnt werden.
25 Es ist schwer einzusehen, dass das, was später Freude bereiten soll, nicht immer gleich Spaß macht. Im Alter von 14 Jahren verkündet die Tochter, nicht mehr länger Oboe spielen zu wollen. Statt dessen möchte sie sich stärker in der örtlichen Basketballmannschaft engagieren. Offenbar
30 hat das Mädchen auch eine sportliche Begabung, die sie im Vereinsspiel mit Freundinnen entdeckt hat. Das weitere Training erfolgt regelmäßig, ohne dass daran erinnert

werden müsste. Es gelingt der begeisternde Aufstieg in die Regionalliga.
35 Die Eltern hatten die Entscheidung der Tochter akzeptiert, da sie großen erzieherischen Wert auf die Förderung der Selbstständigkeit und Eigenverantwortung legten. Die sportlichen Erfolge und das zufriedene Kind gaben ihnen recht. Erst ein paar Jahre später, die Tochter ist inzwischen
40 Mitte zwanzig Jahre alt, kommen Vorwürfe. „Warum habt ihr mich nicht ermahnt, weiterzuspielen. Heute kann ich gar nichts mehr, dabei war ich doch musikalisch so hoch begabt. Ihr hättet es
45 doch besser wissen müssen und mich von meiner impulsiven kindlichen, unreflektierten Entscheidung zurückhalten sollen."
50 Ein schwerer Vorwurf! Dahinter steht die Vorstellung, dass man Begabungen als Ressourcen auch nutzen muss, sie nicht verküm-
55 mern lassen soll, dass man die besten Lernjahre nicht

Abb. 3.13: Jürgen Rekus

ungenutzt verstreichen lassen darf, dass man mit seinen Pfunden wuchern soll usf. Daran ist gewiss etwas Wahres, aber was genau?
60 Bei der gegenwärtig in vielen Lebensbereichen noch vorherrschenden ökonomistischen Weltsicht drängt sich allzu rasch ein Verwertungsgedanke auf. Soll man nicht Sprachbegabungen möglichst früh identifizieren, um dann – wie die Neurowissenschaften nahelegen – am besten im Alter
65 von drei Jahren die erste Fremdsprache zu trainieren? Soll man nicht Kindern, die bestimmte motorische Geschicklichkeiten zeigen, in Kadern trainieren, um die späteren Goldmedaillenchancen zu erhöhen? Soll man nicht die Computerbegeisterung ausnutzen, um junge Informatiker
70 zu gewinnen? Soll man nicht Kinderuniversitäten einrichten, um die Begabungen möglichst früh zu fördern? Brauchen wir nicht überhaupt mehr Goldmedaillen, mehr Informatiker, mehr Ingenieure? Lassen wir nicht zu viele „Begabungsreserven" (Georg Picht) ungenutzt ruhen? Müs-
75 sen wir nicht als rohstoffarmes Land unsere Begabungs-

potenziale stärker ausschöpfen? Vergeuden wir nicht unser Humankapital? […]
Eine solche Argumentation ist auch heute weit verbreitet. Sie dürfte kaum den Hintergrund für die Kritik der Tochter
80 an der Erziehungspraxis der Eltern gebildet haben. Denn sie enthielt nicht den Vorwurf, dass sie nun kein Geld als erste Oboistin bei den Berliner Philharmonikern verdienen könne, sondern bezog sich auf die eigene Person und ihre nicht realisierten individuellen Entfaltungsmöglichkeiten.
85 Wäre es nicht ein „Gewinn" für das Leben gewesen, wenn man das Oboespielen aufrechterhalten und weiter entfaltet hätte? Die Rückfrage war offenbar nicht ökonomistisch, sondern pädagogisch gemeint.
Vielen Eltern von erwachsenen Kindern dürften solche
90 Fragen bekannt vorkommen. Ob Oboe, Schach, Fußball, Malen, Turniertanz, Schauspiel, was auch immer, stets zeigen sich im Laufe der Entwicklung von Kindern und Jugendlichen besondere Stärken, die wir als Bega-
95 bung bezeichnen. Soll man sie fördern? Soll man sie alle fördern? Soll man eine Förderauswahl treffen? Soll man nur die sogenannten
100 Hochbegabungen fördern? Was heißt überhaupt fördern? All das sind keine ökonomischen, sondern pädagogische Fragen, die
105 sich auf das Eltern-Kind-Verhältnis, allgemeiner: auf das Erzieher-Zögling-Verhältnis richten.
Die Schule hat es auch mit

Abb. 3.14

110 den Begabungen der verschiedenen Kinder zu tun. Auch sie muss diese in Rechnung stellen. Aber wie? Soll sie sich darauf konzentrieren, Begabte zu unterstützen? Oder soll sie weniger ausgeprägte Begabungen kompensieren? Was ist ihre Aufgabe angesichts der unterschiedlich Begabten?
115 Aus pädagogischer Sicht ist dabei nicht die Frage interessant, ob und welche Begabungen Menschen haben, sondern nur wie mit ihnen umzugehen ist. […]

Bildungstheoretischer Aspekt

Die Menschen sind verschieden. Die einen haben blaue
120 Augen, die anderen braune. Die einen haben blonde Haare, die anderen schwarze. Die einen haben eine musikalische Begabung, die anderen eine sportliche. Die einen können gut räumlich denken, die anderen haben eher kommunikative Stärken. Und so weiter. Die Aufzählung der faktischen
125 menschlichen Unterschiede ließe sich beliebig vermehren. Am Ende würde deutlich: Jeder Mensch unterscheidet sich von seinem Mitmenschen, und zwar von Natur aus. Er ist ein einmaliges Ensemble von Möglichkeiten und Voraussetzungen.
130 Freilich sprechen wir in dieser Hinsicht noch nicht von einer einmaligen Person. Die Person ist nicht schon mit der Natur des Menschen identisch. Vielmehr bildet sie sich im Laufe des Lebens in Ausgestaltung der Möglichkeiten

und Voraussetzungen. Es gibt jedoch keinen Nullpunkt der
135 Personalität. Sie ist von Anbeginn menschlicher Existenz vorhanden und entfaltet sich permanent bis zum Ende. Die Person „ist" immer und ist zugleich stets im Werden. Eben wegen dieses unabschließbaren Entfaltungsprozesses gilt die Person als würdevoll: In dieser Würde der Selbstgestal-
140 tung ist sie unantastbar. Und diese Unantastbarkeit der Personenwürde gilt nicht etwa, weil sie im Grundgesetz der Bundesrepublik verankert ist. Sie ist vielmehr in die Verfassung aufgenommen worden, weil sie grundsätzlich, d. h. in jedem Falle gilt.
145 Der Bildungsprozess kann davon nicht nur nicht absehen, sondern hat darin seinen Fokus. Unterrichts- und Erziehungsprozesse sind – recht verstanden – Ausdruck der Anerkennung der Personenwürde des Menschen, nur ihm kommt die Bildung als Aufgabe der Personwerdung zu. Das
150 gilt grundsätzlich für jeden Menschen, für jede Person, und zwar unbeschadet der jeweiligen natürlichen Möglichkeiten und Voraussetzungen.
Wenn Eltern sich ihren Kindern in pädagogischer Absicht zuwenden, dann betrachten sie es nicht als das Naturwe-
155 sen, das durch Gaben und Begabungen schon geprägt ist, sondern als Kulturwesen, das vor der Aufgabe steht, sich selbst zu gestalten. Es geht ihnen darum, die Voraussetzungen und Möglichkeiten des Kindes als vom Kind selbst gestaltbare und selbst auszugestaltende in den Blick zu
160 nehmen. Es geht nicht darum, die Grenzen des Kindes im Positiven wie im Negativen auszuloten, sondern ihm zu helfen, bisherige Grenzen in eigener Anstrengung und Selbsttätigkeit zu überwinden. Pädagogisches Handeln ist immer auf die Zukunft gerichtet, es unterstellt, dass das
165 Kind, das, was es noch nicht beherrscht, in eigener Tätigkeit erlangen kann. Diese Unterstellung erfolgt grundsätzlich. Sie ist gewissermaßen die Geschäftsgrundlage der Pädagogik. Sie gilt für alle Kinder, Jugendliche, Menschen überhaupt. Wenn pädagogisch gehandelt werden soll,
170 dann muss unbeschadet der faktischen, naturgegebenen Voraussetzungen und Möglichkeiten unterstellt werden, dass der im Lernprozess Geführte das zu Lernende sich selber aneignen kann. Diese Unterstellung als pädagogische Grundvoraussetzung gilt selbst dann, wenn der
175 Lernprozess am Ende nicht gelingt, weil es an der rechten Begabung mangelt. Bildsamkeit muss in jedem Fall vorausgesetzt werden, wenn die Interaktion pädagogisch sein soll. Denn pädagogisches Handeln heißt nicht, etwas herstellen, sondern helfen, dass der Edukand selber etwas
180 herstellen kann – nämlich seine Bildung. Unpädagogisch wäre es deshalb, wenn es vorab schon hieße: „Das kannst du ja doch nicht, dafür bist du nicht begabt." Und ebenso unpädagogisch wäre es allerdings auch, wenn es hieße: „Das musst du lernen, weil das deiner Begabung ent-
185 spricht". Pädagogisches Handeln kann zwar für den Vollzug der Lernaufgaben und für die Angemessenheit der individuellen Lernhilfen nicht von den jeweiligen Begabungen absehen, aber sie können es nicht begründen. Begründet wird pädagogisches Handeln allein durch das Prinzip der
190 Bildsamkeit.
Das Prinzip der Bildsamkeit ist keine Natureigenschaft des Lernenden, sondern ein Relationsprinzip, das das Handeln

43

der pädagogischen Akteure begründet. Das bedeutet, dass die erzieherischen Hilfen, die Eltern (Erzieher, Betreuer,
195 Erwachsene) ihren Kindern geben, grundsätzlich darauf gerichtet sein sollen, das Selbstverhältnis von eigener Natur und Person herzustellen. Sie richten sich als pädagogische Maßnahmen gerade nicht auf ein bestimmtes Bildungsergebnis, sondern auf den Prozess der Bildung selbst. Das
200 mag an einigen Beispielen erläutert werden:
Jeder, der Säuglinge beobachtet hat, weiß, dass sie anfangs „schockartig" auf Sinneseindrücke reagieren, mit dem ganzen Organismus unkoordiniert zusammenzucken, und dass das im Laufe der Zeit in Bewegungskoordination übergeht.
205 Sehen, Hören und Bewegen werden aufeinander bezogen, Tönen und Stimmen wird eine Bedeutung zugewiesen, optische Sinneseindrücke werden nach ihrer Vertrautheit unterschieden. Vater und Mutter, Bekannte und Fremde werden deutlich auseinandergehalten. Die Möglichkeiten und Vo-
210 raussetzungen dazu sind dem Kind von Natur aus gegeben und werden fortwährend verfeinert. Aber nicht nur das. Es wird auch entschieden, welchem Ton besondere Aufmerksamkeit geschenkt, wer oder was länger angeschaut wird und welchem anderen Menschen man sich zuwendet. All
215 dieses ist Ausdruck seiner Persönlichkeit, die sich in der Ausdifferenzierung seiner natürlichen Möglichkeiten und Voraussetzungen zeigt […].
Eltern und Erwachsene begleiten und unterstützen diesen Prozess, indem sie mit dem Kind sprechen und ihm etwas
220 vorsingen, ihm Glockenspiel und Spieluhr vorführen, ihm eine Betrachtung der ihn umgebenden Welt ermöglichen usf. Ziel ist dabei nicht das Nachsprechen, das Nachsingen, das Nachspielen und Nachzeichnen des Angebotenen, sondern das „Wohl" und das „Wohlfühlen" des Kindes, und das
225 meint in pädagogischer Wendung nichts anderes als die Bildung der eigenen Person.
Ein anderes Beispiel: Als Geburtstagsgeschenk gab es ein Fahrrad. Die Erwachsenen, die dem Kind das Fahrrad schenkten, sind davon ausgegangen, dass das Kind tatsäch-
230 lich Radfahren lernen kann, dass es die natürlichen Möglichkeiten und Voraussetzungen dazu mitbringt. Sie gehen davon aus, dass es die Begabung hat, das Gleichgewicht zu halten, Arm- und Beinbewegungen so zu koordinieren, dass es tatsächlich Rad fahren kann. Mit dem Geschenk
235 übernehmen sie zugleich die Aufgabe, dem Kind beim Radfahrenlernen zu helfen. Natürlich klappt das nicht sofort. Es kommt vielleicht sogar zum Sturz und Ängste entstehen. Man tröstet, man macht Mut, man läuft hinterher und hält noch am Fahrrad fest. Ziel ist hier nicht nur das Radfahren,
240 Ziel ist auch, dass das Kind gern radfährt, es Freude dabei empfindet, dass es ihm Spass macht. Wenn es nicht gleich gelingt, ist es nicht schlimm. Wenn es gar nicht gelingt, ist das auch kein Problem, da es ja nicht um das Radfahren, sondern um das Kind geht. Die Eltern werden nach anderen
245 Gestaltungsmöglichkeiten Ausschau halten.
Um das Eingangsbeispiel noch einmal aufzugreifen: Das Musikinteresse der Tochter wurde von den Eltern unterstützt, und zwar durch das Angebot von Flöten- und späterem Oboenunterricht. Es wurde unterstützt durch die
250 Erinnerung an das notwendige Üben und die Ermahnung bei seiner Vernachlässigung. Ziel war für die Eltern aber

niemals das perfekte Oboenspiel, sondern die persönliche Entfaltung eigener Interessen. Und das galt nicht nur für das musikalische Spiel, sondern auch für Literatur, Kunst
255 und Sport. Den Eltern ging es darum, dass die Tochter die eigenen Begabungen entdeckt, die naturgegebenen Möglichkeiten und Voraussetzungen nicht nur als Gabe, sondern auch als Aufgabe begreifen lernt und sich dazu in eigener Verantwortung verhält. Das hätte im Beispiel die
260 Vertiefung des Spiels als eine Option beinhalten können. Die Entscheidung fiel allerdings anders aus.
Ein letztes Beispiel: Eltern stellen fest, dass ihr Kind körper- oder geistig behindert ist, dass bestimmte Begabungen nicht in dem Maße vorhanden sind, wie es durchschnittlich
265 der Fall ist. Die pädagogische Zuwendung der Eltern zum Kind ist auch in diesem Fall nicht prinzipiell anders. Ziel ist wiederum die Entdeckung und Annahme seiner Selbst, die Einsicht, dass die gegebenen naturhaften Möglichkeiten und Voraussetzungen bestimmte Optionen beinhalten,
270 aber eben auch ausschließen, und dass es an ihm liegt, das für sich Beste daraus zu machen. […]

Zusammenfassung
Begabungen sind Gaben und Aufgaben zugleich. Jede Begabung ist eine Naturtatsache, die vom betreffenden Men-
275 schen eine Entscheidung fordert, ihn aber nicht auf eine bestimmte Entscheidung festlegt. Im Bildungsprozess geht es darum, ein gültiges Verhältnis zur Welt auszuprägen, auch zur eigenen Existenz als Teil der Welt. Bildung heißt demnach nicht „automatisch", vorhandene Begabungen
280 entfalten, sondern sich zu ihnen verantwortlich verhalten lernen. Pädagogisches Handeln ist darauf gerichtet, dieses Selbstverhältnis zu kultivieren und eine eigene Identität auszuprägen. Dazu gehört Unterricht, damit man weiß, was man kann, aber auch was man nicht kann, was einem
285 leichtfällt, aber auch, was man sich hart erarbeiten muss. Dazu gehört zugleich eine Erziehung, die hilft, über sich selbst in Ansehung der eigenen Begabungsmöglichkeiten und -grenzen urteilen zu lernen und daraus Konsequenzen für das eigene Handeln zu folgern.

Aufgaben

1. Geben Sie wieder, wie Rekus die Begriffe „Begabung" und „Bildsamkeit" umschreibt und definiert. Greifen Sie dazu auf die von Rekus angeführten Beispiele zurück.

2. Erläutern Sie in diesem Zusammenhang auch seine These: „Bildsamkeit muss in jedem Fall vorausgesetzt werden, wenn die Interaktion pädagogisch sein soll." (Z. 176 ff.)

3. Arbeiten Sie heraus, wie Rekus vor dem Hintergrund der „Bildsamkeit" die pädagogische Aufgabe bestimmt. Ziehen Sie auch hier die Beispiele heran.

4. Entwickeln Sie im Anschluss an Rekus' Position pädagogische Handlungsmöglichkeiten beim Umgang mit den Entwicklungsaufgaben des Jugendalters. Reflektieren Sie in diesem Zusammenhang auch die Schwierigkeiten.

Methode

Funktionsanalyse von wissenschaftlichen Texten (Georg Brun/Gertrude Hirsch)

Das „Herzstück" des Gliederns besteht darin, aufzuzeigen, welche Funktion die verschiedenen Textpassagen haben und wie sie zusammenspielen. Man muss sich deshalb für jedes Textstück fragen: Welche Funktion erfüllt das Textstück? Wie bezieht es sich auf andere Gliederungseinheiten?

Funktionen ermitteln

Es gilt, herauszufinden und explizit zu machen, wie die Autorin in einer Textpassage gerade „handelt".
Zum Beispiel: Behauptet sie etwas? Oder begründet sie etwas? Oder berichtet sie über eine Behauptung oder Begründung?

Das Ziel der Analyse von Funktionen besteht darin, die im Text manchmal ausdrücklich benannten (z. B. „Das begründe ich so …"), meist aber implizit belassenen Sprechhandlungen zu bestimmen und explizit zu bezeichnen (z. B. „These", „Beispiel" oder „Einwand"). Zur Charakterisierung der Funktion können illokutionäre (d. h. die kommunikative Absicht betreffende; Anmerkung des Verfassers) Verben (bzw. Substantivierungen davon) verwendet werden […]. Zum Beispiel:
• schlägt eine Definition vor
• führt eine These ein
• behauptet etwas
• bringt Beispiele
• stellt eine Frage
• kommentiert das Vorgehen
• stellt eine Forderung auf
• gibt ein Werturteil ab
• verweist auf etwas
• begründet etwas
• folgert etwas […]

Die Funktion, die für die Gliederung relevant ist, kann allerdings nicht einfach mit der Sprechhandlungsweise (was der Autor mit seiner Äußerung „macht") gleichgesetzt werden. Wenn zum Beispiel ein Text über eine Kontroverse berichtet, so möchte man nicht bloß festhalten, dass es sich bei allen Passagen um einen Bericht handelt, sondern den Text nach den Funktionen gliedern, die die berichteten Passagen in der fraglichen Kontroverse haben.

Man wird also beispielsweise in der Gliederung statt
• Bericht über die Position von X
• Bericht über einen Einwand von Y gegen die Position von X
• Bericht über ein Argument von X gegen den Einwand von Y

die Funktionen so bezeichnen:
• Position
• Einwand
• Gegenargument

Hilfreich ist es, wenn man sich den Text als ein Gespräch vorstellt und die verschiedenen Abschnitte virtuellen Gesprächsteilnehmern zuordnet. Dann kann man die Funktion eines Abschnittes identifizieren, indem man sich fragt, welche Sprechhandlung die virtuelle Sprecherin vollzieht, wenn sie diesen Abschnitt äußert.
Nicht immer ist es einfach, die Funktion von Textabschnitten zu ermitteln und die Struktur des Gedankengangs klar herauszuarbeiten. Dann empfiehlt es sich, im Text gezielt nach strukturanzeigenden Formulierungen zu suchen, das heißt nach Wörtern oder Phrasen, die Hinweise auf die argumentative Struktur geben. Diese kann man speziell markieren, etwa durch farbige Hervorhebung. Einige Beispiele für Strukturwörter und strukturierende Fügungen sind:

ferner, außerdem, darüber hinaus	für Hinzufügungen
nicht nur … sondern, allerdings	für Gegenüberstellungen oder Hinzufügungen
denn, weil, da	für Begründungen
folglich, somit, sodass	für Folgerungen

Eine andere Methode besteht darin, mithilfe von expliziten Fragen an den Text zu arbeiten. Einerseits kann man sich bei jedem Abschnitt fragen, welche Art von Frage er beantwortet. Zum Beispiel:
• Wer hat das behauptet?
• Warum hat X das behauptet?
• Gegen wen wendet sich X?
• Oder man formuliert eine Liste von Fragen, von denen man denkt, dass der Text sie beantworten müsste, auch wenn vielleicht nicht so klar ist, ob und wo genau dies geschieht. Anschließend liest man den Text im Hinblick auf diese Fragen nochmals durch. Konzentriert man sich auf die argumentative Struktur, kann man beispielsweise Fragen folgender Form stellen und zu beantworten versuchen:
• Welche Thesen werden explizit formuliert?
• Welche Annahmen werden implizit in Anspruch genommen?
• Wie werden die Behauptungen begründet?
• Gibt es Behauptungen, die nicht begründet werden?
• Welche argumentative Funktion erfüllen die angeführten Beispiele?
• Welche weiteren Konsequenzen werden aus den Argumentationen gezogen?

M13 Jugend und Autorität im Generationenverhältnis (Werner Sesink)

Erziehung als Traditionssicherung ist so alt wie die Menschheitsgeschichte. Jedes Kind muss – heute in der Regel von seinen Eltern, aber das war nicht immer so – in die bestehende gesellschaftliche Ordnung eingeführt werden;
5 eine Ordnung, die ihm als die Ordnung, als die Welt der Erwachsenen, der Generation seiner Eltern erscheint, obwohl sie von sehr viel weiter her kommt. Aber von den Erwachsenen selbst wird sie als „ihre Ordnung" angesehen, als ihr „Eigenes", das sie zu bewahren suchen. Denn die Eltern
10 sind […] Mit-Eigentümer in dieser Eigentums-Ordnung, beziehen daraus ihre Berechtigungen und Verpflichtungen im Zugriff auf die Welt, aber sind damit auch Bestandteil dieser Ordnung, ihr selbst übereignet: müssen auch entsprechend dieser Ordnung über sich verfügen lassen.
15 Den Eltern erscheint die gesellschaftliche Ordnung als ihre eigene Ordnung. […] Für das Kind ist dies erstmal eine fremde Ordnung; mehr noch: Für das Kind ist Ordnung überhaupt erst mal etwas Fremdes. […]
Integration in die bestehende Ordnung, Aneignung der
20 Kinder durch die Gesellschaft, dies ist – geschichtlich betrachtet – die Sicherung der Tradition, der Überlieferung, des kulturellen Erbes. Überlieferung vollzieht sich im Generationenverhältnis. Als Generationenverhältnis übersteigt es das bloße Eltern-Kind-Verhältnis. Dies ist im Kern ein
25 intimes Verhältnis, auch ein Liebesverhältnis. Das Generationenverhältnis dagegen ist alles andere als intim. Und ob dabei sehr viel Liebe im Spiel ist, mag bezweifelt werden. In der Familie überlagern sich diese beiden Dimensionen des Generationenverhältnisses. Welche mehr im Vorder-
30 grund steht, hängt sehr stark ab vom Rollenverständnis der Eltern. Insbesondere Vätern wird oft eher die Aufgabe zugeschrieben, für die gesellschaftliche Dimension des Eltern-Kind-Verhältnisses einzustehen; während Müttern eher die Dimension der Intimität nahegelegt wird. Der Kon-
35 flikt zwischen Vater und Mutter ist oft durch diese spannungsvolle Differenz geprägt. […]
Wie auch immer verborgen, verschleiert, verzerrt, kommt im Eltern-Kind-Verhältnis auch ein gesellschaftlich gewolltes Generationenverhältnis zum Ausdruck. […] Dies
40 müssen wir uns bewusst halten, wenn es nun um die Frage geht, wie Erziehung Tradition über die Generationenabfolge hinweg sichern soll und kann. Es hat immer auch damit zu tun, wie sich die elterliche Autorität und später die staatliche Autorität im Erziehungs- und Bildungswesen
45 begründet. Es gibt immer erst eine sozusagen ursprüngliche Autorität, die ganz einfach mit dem ursprünglichen Eltern-Kind-Verhältnis zusammenhängt. Aber immer muss diese natürliche Autorität im Laufe des Entwicklungsprozesses transformiert werden in eine irgendwie von den
50 Heranwachsenden bewusst und willentlich angenommene Autorität.
Wie sich diese Transformation vollzieht, hängt ab von der Art der Autorität, deren Anerkennung der Jugend abverlangt wird. Das lateinische Wort auctoritas heißt ursprüng-
55 lich soviel wie die Macht, wachsen zu lassen, zu mehren; übertragen auch Urheberschaft. Die ursprüngliche elterli-
che Autorität ist insofern die Macht derer, die wachsen lassen, die fördern, die
60 entwickeln lassen können. Auch der übertragene Sinn der Urheberschaft passt zum Eltern-Kind-Verhältnis: die Eltern erscheinen als
65 die Urheber der kindlichen Existenz oder zumindest als die von einer noch höheren Macht mit dieser Urheberschaft belehnten Men-

Abb. 3.15: Werner Sesink

70 schen. Zur Anerkennung der ursprünglichen Autorität der Eltern gehört die absolute Abhängigkeit des Kindes und sein Vertrauen, dass die Eltern ihre Macht für es, das Kind, einsetzen: es versorgen, sich um es kümmern; seine Fragen beantworten; ihm die Welt zeigen und dafür sorgen, dass
75 es dort seinen Platz findet.
Mit wachsender Selbstständigkeit des Kindes wächst auch seine Fähigkeit, selbst zu beurteilen, ob die Eltern ihre Autorität zu Recht beanspruchen. Das Kind erfährt die Grenzen der elterlichen Macht, wenn es erfährt, dass es
80 außerhalb der Familie anders zugeht und seine Eltern dort keineswegs dieselbe Rolle spielen wie in der Familie, dass es dort andere Autoritäten gibt. Und es gewinnt Einsicht in die Begründungen der Autorität. An diesen Erfahrungen und Einsichten beginnt es, seine Eltern zu messen.
85 Autorität kann unterschiedlich begründet sein; aber immer beruht sie auf einer Überlegenheit, die bedeutsam ist und daher Macht verleiht. Wichtig aber ist: Autorität ist niemals die bloße Unterwerfung; sie beruht auf Anerkennung. Ohne Anerkennung ist sie nicht Autorität, sondern Herr-
90 schaft. Die Anerkennung der Autorität bedeutet ein Einverständnis, wodurch der Anerkennende an der Autorität, die er anerkennt, partizipiert.
Ich sagte, Autorität beruht auf einer (ungezwungen) anerkannten Überlegenheit. Was ist es, was diese Überlegen-
95 heit ausmacht?
Ich möchte fünf Typen unterscheiden:
• überlegene physische Kraft: Dies setzt sich über die körperliche Überlegenheit hinweg fort in die Verfügung über Gewaltmittel jeglicher Art; relevant hieran
100 ist nicht, dass der andere aufgrund seiner physischen Überlegenheit mich zu etwas zwingen kann (das wäre der Herrschaftsaspekt), sondern dass ich, indem ich sie anerkenne, mit in ihren Genuss komme, an ihr Anteil habe; gesellschaftlich gesehen manifestiert sich diese
105 Autorität der älteren Generation in ihrem Gewaltapparat, insbesondere Polizei und Militärapparat;
• überlegene Erfahrung: umfasst die Spanne von der größeren Lebenserfahrung der Eltern bis hin zur gesammelten Erfahrung einer Gesellschaft, die sich in Personen
110 repräsentieren kann, aber auch in dem kulturellen Erbe, worin die Lehren aus der Geschichte bewahrt sind; in frühen Gesellschaften war es der Ältestenrat, der diese Autorität beanspruchen konnte; heute ist es nicht mehr so eindeutig, wo sich die gesellschaftliche Erfahrung
115 versammelt;

Abb. 3.16

- überlegenes Können: Es ist für ein kleines Kind staunenswert, was die Eltern alles können, es selbst aber erst noch erlernen muss; andere Menschen außerhalb der Familie können anderes, können mehr; und vor allem
120 wird heute das Können der Menschheit gespeichert in ihren Technologien;
- überlegenes Wissen: Kleinen Kindern erscheinen ihre Eltern noch als allwissend; später erfahren sie, dass es verschiedene Arten und Quellen des Wissens gibt; die Re-
125 ligion beziehungsweise Kirche verfügt über ein anderes Wissen aus anderer Quelle als die Wissenschaften;
- überlegene Moral: Die Eltern sind moralisches Vorbild: Was sie tun, ist gut; gut ist, wovon sie sagen, dass es gut sei; mit der Erweiterung des Lebensbereichs erweitert
130 sich auch der Raum, in dem die moralischen Maßstäbe ihre Gültigkeit zu erweisen haben; die Moral selbst verändert sich im Maße ihres Geltungsbereichs; letztlich ist in einer Weltgesellschaft auch eine Universalität der moralischen Maßstäbe gefordert.
135 Autorität ist durch ihren spezifischen Überlegenheitstyp legitimierte Macht. Diese Überlegenheit muss anerkannt werden. Die Anerkennung wiederum berechtigt zur Partizipation an dieser Macht. Sie wird damit selbst machtfördernd. Hierin liegt eine spezifische Autorität derer, die
140 eine Autorität anerkennen: Diese ist auf ihre Anerkennung angewiesen. Also haben die Anerkennenden selbst die Macht, Anerkennung zu geben oder zu versagen. Dies ist niemals ein einseitiges Verhältnis. (Im Unterschied zur Herrschaft, worin sich die Autorität von ihrer Anerkennung
145 abgelöst hat – was sie nur kann, wenn die Anerkennenden auf ihre Macht der Anerkennung freiwillig oder gezwungenermaßen verzichten.) […]
Nun habe ich aber noch ein Kriterium für die Überlegenheit eingeführt, welche Autorität ausmacht, nämlich die
150 Bedeutsamkeit dieser Überlegenheit. Selbstverständlich ist auf einer frühen gesellschaftlichen Entwicklungsstufe der Menschheit die *physische Überlegenheit* von ganz anderer Bedeutung gewesen, als sie es heute ist. Physische Kraft mag heute bewundert werden; aber sie verleiht in der Er-
155 wachsenengesellschaft keine Autorität mehr. […]
Dass heute auch *Lebenserfahrung* nicht mehr reicht, um Autorität zu verleihen, sehen wir am Autoritätsverlust der

Alten in unserer Gesellschaft. Die Alten erscheinen – obwohl sie doch so viel rüstiger und fitter sind als die Gleich-
160 Alten vor hundert oder gar tausend Jahren – als die, die den Anschluss verpasst haben, die sich nicht mehr auskennen, die nicht wissen, was Sache ist, worum es eigentlich geht und so weiter. Auch Berufserfahrung verliert immer mehr an Stellenwert. Über 50-Jährige haben in den meis-
165 ten Berufen kaum noch eine Einstellungs-Chance. Erfahrung wird eher zum Hemmnis, weil damit die Offenheit für das Neue blockiert werden könnte. Lebenslanges Lernen ist angesagt; niemand kann sich auf seinen Erfahrungen ausruhen. […]
170 *Können* ist heute in erster Linie technisches Können; das subjektive Können wird heute ebenso wie die berufliche Erfahrung oder das berufliche Wissen so schnell entwertet, dass es nur noch für relativ kurze Zeiten Autorität verleiht; von größerer Autorität ist dagegen das personenunabhän-
175 gig in den Technologien gespeicherte und fortwährend gemehrte Können; die Autorität des Könnens ist heute vor allem eine Autorität der Technik und ihrer Sachverwalter; doch auch diese Autorität ist nicht mehr unbestritten legitimiert, seit immer deutlicher wird, dass die wachsende
180 technische Macht auch immer mehr unbeherrschte Phänomene hervorbringt, also auch die Ohnmacht steigert.
Wie steht es mit dem *Wissen*? Zunächst könnte es scheinen, als ob das Wissen an die Stelle der Erfahrung treten könnte. Erfahrung ist zeitgebunden. Aber ist Wissen nicht
185 zumindest dem Anspruch nach überzeitlich gültig? Auch dies steht mehr und mehr infrage. Die göttliche Offenbarung mochte noch ein ewiges Wissen vermitteln, solange der Glaube als hinreichende Basis für den Wissenserwerb gelten konnte. Anders, wenn das Wissen auf die Erkennt-
190 nistätigkeit des Menschen selbst zurückgeführt wird, wenn Wissen eine menschliche Hervorbringung ist. Dann relativiert sich die Gültigkeit des Wissens wie alle Hervorbringungen des Menschen. Dann wird auch das Wissen der Dynamik geschichtlicher Entwicklung unterworfen. Und
195 was gestern galt, ist heute zumindest überholt. […]
Mit der Verantwortung der Wissenschaften bin ich auch schon beim fünften Typ angelangt: der Autorität qua moralischer Überlegenheit. Wenn Sie an die Studentenbewegung denken, so war es vor allem der Verlust der morali-

Abb. 3.17

47

200 schen Autorität, der den Bruch zwischen den Generationen hervorrief. Die für den Faschismus verantwortlich gemachte Generation verfügte nicht mehr über die moralische Autorität, der nachwachsenden Generation zu sagen, was richtig und falsch, was gut und böse ist. Sie hätte diese

205 Autorität vielleicht wiedergewinnen können, wenn sie sich ihrer Schuld gestellt hätte. Aber eben dies war nicht geschehen. Und angesichts der massiven Forderungen nach Vergangenheitsaufarbeitung durch die Jugend sah sich die Elterngeneration offenbar so sehr in die Ecke gedrängt,

210 dass sie zu einem großen Teil nur mit Abwehr zu reagieren vermochte. Denn nun trat die Jugend plötzlich als moralische Autorität auf. Frei von der Schuld ihrer Eltern konnte sie diese auffordern, reuig in sich zu gehen, die eigene Schuld zu bekennen und aus der Geschichte die nötigen

215 Lehren zu ziehen, so das traditionelle Verhältnis zwischen den Generationen […].

Sie sehen, die Frage nach der Anerkennung der Autorität der Älteren und damit die Frage nach den Bedingungen kultureller und gesellschaftlicher Kontinuität über die Ge-

220 nerationenfolge hinweg, ist nicht zu beantworten, ohne die gesellschaftlichen Verhältnisse zu betrachten, unter denen bestimmte Typen von Autorität bedeutsam werden oder an Bedeutung verlieren.

In letzter Instanz werden allerdings, so meine These, heute

225 alle fünf Autoritätstypen an eine sechste, nämlich die Autorität der Vernunft gebunden. Was nicht heißt, dass diese Anbindung tatsächlich gegeben ist. Es mag sich zeigen, dass sie im Einzelfalle oder gar generell nicht gegeben ist: Dann haben wir es statt mit Autorität mit Herrschaft zu

230 tun.

Zur Begründung meiner These:

Seit dem Ende des 18. Jahrhunderts, also seit rund zweihundert Jahren, ist ein gegenüber vorher radikal verändertes Weltbild vorherrschend. Dieses Weltbild beinhaltet eine

235 neue, zentrale Stellung des Menschen. Er gilt seitdem als „Subjekt", das heißt als die Instanz, auf die letztlich alle Weltverhältnisse zurückzuführen sind. Damit übernahmen die Menschen qua Selbstermächtigung die göttliche auctoritas als nunmehr menschliche Autorität. Sie übernahmen

240 selbst die Verantwortung für ihre Lebensverhältnisse und ihre Geschichte. Und mit dieser Übernahme der auctoritas wurde deren Ausübung legitimationspflichtig: Sie musste sich von nun ab begründen, und zwar mit den Mitteln begründen, auf die die menschliche auctoritas sich gründete,

245 mit den Mitteln der Vernunft.

Physische Überlegenheit, die Überlegenheit an Erfahrung oder an Wissen, all diese Überlegenheiten mussten sich seitdem auf ihre Begründungen in der Vernunft befragen lassen. Auch die Moral konnte sich nicht mehr auf vorge-

250 gebene Ordnungen und Werte berufen. Auch sie wurde an die Instanz der Vernunft zurückgebunden. Die bloße physische Überlegenheit, die militärische Überlegenheit mögen weiterhin faktisch Herrschaft sichern können; sie sichern keine Autorität mehr, solange sich ihre Ausübung nicht

255 an Maßstäbe der Vernunft bindet. Das Mehr an Erfahrung begründet keine Autorität mehr, wenn sich die Alten nicht infrage stellen lassen. Technik verliert ihre Autorität, wenn sie unvernünftige Wirkungen hervorbringt. Das überlegene

Wissen verleiht keine Autorität, wenn es sich nicht auf sei-
260 ne gesellschaftliche Legitimation befragen lässt. Und auch die Moral muss sich darauf prüfen lassen, wie universalistisch sie begründet, also von allen Menschen, allen Völkern, allen Kulturen dieser Welt akzeptiert werden kann. Vernunft ist die letzte Autorität. Alles andere ist Herrschaft.

265 […] Was die Eltern-Generation für vernünftig hält, kann der Jugend nicht mehr verordnet werden. Es muss sich vielmehr ihrer, der Jugend Vernunft stellen, von ihr sich prüfen lassen. Es muss sich ihrer Kritik stellen. Autorität kann nur noch beanspruchen, was durch die Kritik gegangen ist.

270 Dies ist der sechste Typ: die überlegene Vernunft. […]

Abb. 3.18

Jede Erziehung zielt letztlich auf Emanzipation. Aber Emanzipation vollzog sich nicht immer auf die gleiche Weise. Emanzipation heißt, dass ein Heranwachsender soweit selbst zur Autorität geworden ist, dass er aus der Abhän-

275 gigkeit von der Autorität der Eltern heraustreten kann. Ein Maßstab hierfür kann die physische Reife sein; ein anderer die hinreichende Erfahrung; ein dritter der Erwerb des nötigen Könnens; ein vierter die Aneignung von Wissen; ein fünfter die gefestigte moralische Haltung. All diese Maß-

280 stäbe reichen heute nicht mehr hin. Emanzipation bedarf der kritischen Vernunft. […]

Was die Jugend dabei lernen muss, ist, dass sie ebenso, wie sie dies von der älteren Generation verlangen kann, die von ihr beanspruchte auctoritas legitimieren muss. […]

285 Es gibt nur noch einen Weg, im Generationenverhältnis die Autorität zu wahren: Vertrauen zu beweisen in die Autorität der Vernunft, indem man sich ihrem Prozess überantwortet. Dieser Prozess aber ist der mit Argumenten geführte Dialog zwischen den Generationen. Alle anderen

290 Autoritäten gründen entweder im Prozess der Vernunft oder sind längst in Herrschaft umgeschlagen.

Aufgaben

Um den Text zu erschließen, können Sie sich an diesen Aufgaben orientieren:

- Geben Sie wieder, wie Sesink die Aufgaben der Elterngeneration beschreibt.
- Erläutern Sie, was in diesem Zusammenhang mit „Generationenverhältnis" gemeint ist.
- Erklären Sie mit Bezug auf den Text und mithilfe selbst gewählter Beispiele, was der Autor unter „Autorität" versteht und wie er diesen Begriff von „Herrschaft" abgrenzt.
- „Mit wachsender Selbstständigkeit des Kindes wächst auch seine Fähigkeit, selbst zu beurteilen, ob die Eltern ihre Autorität zu Recht beanspruchen."
  Erläutern Sie diesen Satz.
- Entfalten Sie mit eigenen Erläuterungen die fünf Quellen von Autorität und ihre problematische Ausprägung in der heutigen gesellschaftlichen Situation.
- Untersuchen Sie, wie Sesink die Begriffe „Vernunft" und „Emanzipation" versteht und wie er sie in Beziehung setzt. Erläutern Sie in diesem Zusammenhang vor allem die letzten Sätze des Textes.
- Erörtern Sie Sesinks Position im Hinblick auf das Verhältnis von Familie, Jugend und Autorität.

Sie lernen nun vier erzieherische Handlungskonzepte kennen, die sich auf das Jugendalter beziehen (**M 14** – **M 17**). Die Darstellungsform variiert: ein Interview, zwei Kombinationen von Erzählung und Darstellung der fundierenden pädagogischen Idee, Darstellungen von Konzeptionen mit Beispielen.
Sie sollten arbeitsteilig vorgehen, allerdings sollte jedes Kursmitglied alle Texte lesen.

M 14 Eltern als Sparringspartner (Jesper Juul)

Jesper Juul ist Familientherapeut und Lehrer, Konfliktberater und Leiter von Elternkursen. Er hat zahlreiche Bücher zu Fragen der Erziehung veröffentlicht.

Abb. 3.19: Jesper Juul (geb. 1948)

Die Gesellschaft muss aufhören, sich vor der Jugend zu fürchten, sagt der Familientherapeut Jesper Juul. Eltern sind vor allem in der Rolle des Sparringspartners gefragt, der maximalen Widerstand bietet und minimalen Schaden anrichtet.

Laut einer deutschen Studie sind die Eltern mit ihren Erziehungserfolgen im Großen und Ganzen zufrieden. Die Gesellschaft ist das nicht. Sie fürchtet sich teilweise richtig vor den Jugendlichen – vor genau der Bevölkerungs-
5 *gruppe, die ihren Bestand sichern soll.*

Ganz genau. Wenn das nicht so furchtbar wäre, wäre es komisch. Da stehen alle diese alten Männer mit Erfahrung und mehr oder weniger Intelligenz und haben Angst. Und wollen nicht mit den Jugendlichen reden. Wenn eine Ge-
10 sellschaft so mit den Kindern umgeht, wie kann man dann Respekt erwarten? Dennoch bekommen wir von mehr als 90 Prozent der Kinder und Jugendlichen Respekt. Das wird aber nie lobend erwähnt.

Stattdessen wird ein Bild entworfen, das eine „Jugend
15 *außer Rand und Band" zeigt: unkontrollierbar, ohne Manieren, ohne Werte, ohne Leistungsbereitschaft.*

Aber Werte werden von den Erwachsenen auch nicht viele beigesteuert. Jede sechste Sekunde sucht ein erwachsener Mann in Österreich nach Pornografie im Internet. Und da
20 sagen wir, die Jugendlichen haben keine Werte? Kinder und Jugendliche in Europa haben kaum positive Vorbilder. Von den Pop- und Rockstars haben viele Probleme mit Drogen und Alkohol, viele sind in Rehabilitation. Die Sportler sind gedopt, die Geschäftsleute sind Betrüger. Die Politiker
25 lügen jeden Tag, von denen erwarten wir gar nicht mehr, dass sie die Wahrheit sagen. Die Kirche hat ihre moralische Integrität verloren. Da kann man nur hoffen, dass die Eltern als Vorbilder funktionieren. Aber wenn die – so wie derzeit – mit den Politikern in den Chorus gegen die Ju-
30 gend einstimmen, dann geht das auch kaputt.

Viele Eltern fühlen sich hilflos, weil sie das Gefühl haben, ihre Teenager leben auf einem anderen Planeten.

Die leben auch auf einem anderen Planeten. Und, wie gesagt, Dinge wie die frühere Sexualisierung haben mit uns
35 begonnen, da waren wir die Vorreiter. In diese Welt sind die Kinder hineingeboren. Aber Kinder haben keine Geschichte. Die wissen ja nicht, dass es einmal anders war. Da können wir nichts machen. Um etwas zu ändern, brauchen wir eine völlig neue Rolle, einen neuen Zugang. Wir müssen
40 mit der Erziehung aufhören.

Hurra! Ab welchem Alter?

Mit dem Anfang der Pubertät – sei es zehn, 13 oder 14. Kleinkinder brauchen dringend eine Erziehung, die aus Dialog, Erfahrung und Besserwissen besteht. Erwachsene
45 entscheiden und sagen, was das Beste für das Kind ist. Ab der Pubertät sollten die Kinder sich fragen: „Wer bin ich eigentlich? Jetzt hab ich zwölf Jahre lang mit meinen Eltern kooperiert, habe gedacht, sie seien die besten Eltern der Welt. Jetzt bin ich nicht mehr so sicher, jetzt muss ich aus-
50 probieren, was richtig für mich ist; muss meine Meinungen und meine Wertvorstellungen überprüfen." Das machen die Jugendlichen dann die nächsten zehn Jahre. Die werden immer selbstständiger. Und das wollen wir ja auch. Man kann aber einem Menschen nicht sagen: Du musst zwar
55 selbstständig sein, aber zu meinen Bedingungen. Das geht nicht. Was die Kinder hingegen dringend brauchen, sind Rückmeldungen. Sie brauchen einen Sparringspartner. Dessen Aufgabe ist es, maximalen Widerstand zu bieten und minimalen Schaden anzurichten. Genau das müssen die

49

60 Eltern machen. Man kann mit der Tochter über den zu kurzen Rock reden und seine Meinung dazu sagen. Das stört nicht. Man soll 65 aber keine Macht ausüben. *Also nicht sagen: Den ziehst du aber nicht mehr an!* Nein, das geht nicht. Man hat ja keine Konsequenzen 70 zur Verfügung, die so effektiv sind, dass die Jugendlichen tatsächlich sagen: Na gut, dann mach' ich das nicht mehr. Stattdessen 75 wenden sich viele Jugendliche von ihrer Familie ab

Jesper Juul
Pubertät
Wenn Erziehen nicht mehr geht
Gelassen durch stürmische Zeiten

Abb. 3.20

und schaffen sich mit ihren Freunden, ihren Peers, eine neue. Das ist nicht unbedingt schlecht, gibt den Jugendlichen aber nicht, was sie brauchen: Widerstand, Respekt, 80 klare Ansagen. Wenn man mit seinem pubertierenden Kind reden will, muss man hingehen und sagen: „Ich möchte gerne mit dir sprechen." Sagt das Kind nein, muss man warten. Sagt es beim vierten Mal noch immer nein, muss man entscheiden, wie wichtig einem die Sache ist. Ist sie 85 es, muss man sagen, was einem unter den Nägeln brennt. Das macht auf die Jugendlichen einen Rieseneindruck. Nicht, dass sie das kommunizieren könnten. Kaum ein 14-Jähriger wird zu seinen Eltern sagen: „Danke, das war clever." Aber viele denken sich's. Und reden mit ihren Freun- 90 den darüber. Das heißt: Die Familie bleibt so wichtig wie immer. Sie kann sich aber selber unwichtig machen. *Dafür sind aber doch zwei Dinge nötig: Eltern müssen akzeptieren, dass sie ihrem Kind nicht mehr einfach sagen können, was es tun soll. Und sie müssen sich trauen, einem 95 Teenager zu vertrauen.*

Es gibt vieles, das Jugendliche brauchen. Aber erstens und letztens brauchen sie Vertrauen, Vertrauen, Vertrauen. Für Jugendliche ist es das Schlimmste, wenn die Eltern ihnen nicht vertrauen. Es gibt aber ein Missverständnis. Die 100 meisten Eltern meinen mit Vertrauen nämlich: „Ich vertraue, dass du dein Leben so lebst wie ich meines." Das ist natürlich blöd. Der ganze Zweck des Erwachsenwerdens ist, dass man anders wird, kein Klon. Es muss heißen: „Ich vertraue, dass du dein Bestes tust." Für die meisten Eltern 105 ist Vertrauen etwas, das man beweisen muss – und das ist furchtbar. Denn um das zu beweisen, muss ich immer gehorsam sein. *Und das ist ungesund . . .*

. . . und unmöglich. Vertrauen funktioniert anders. Ich habe 110 vor 30 Jahren einen chronischen Alkoholiker angestellt. Er trinkt vier- bis fünfmal im Jahr, wird innerhalb von Stunden todkrank, geht ins Spital, kommt 14 Tage später raus und ist wieder o. k. Gleichzeitig ist er ein IT-Genie. Acht Monate lang hat er nicht getrunken, dann ist es passiert. 14 Tage 115 später hat er gekündigt, mit dem Argument: „Jetzt kannst du mir ja nicht mehr vertrauen." Meine Antwort war: „Aber du hast mein volles Vertrauen. Ich bin doch kein Idiot. Ich hab' nicht geglaubt, dass du nie wieder trinkst, nur weil ich

dich angestellt habe." Er war völlig von den Socken. Genau 120 so ist es mit den Jugendlichen.

Man kann darauf vertrauen, dass die meisten alles, was auf dem Markt ist, mindestens ein Mal probieren müssen. Irgendeine Form von Drogen, Alkohol, Pornografie, alles was zur Verfügung steht. Da hilft auch eine starke moralische 125 Überzeugung seitens des Elternhauses nichts. Das reicht nicht mehr.

Als Konsequenz dieser Vertrauenskrise hat sich eine richtige Industrie an Kontrollinstrumenten entwickelt. Vom Ortungsgerät im Handy bis zur Verfolgung von Internetspuren. 130 *Sollen Eltern von diesen Kontrollmöglichkeiten Gebrauch machen?*

Nein, überhaupt nicht. Kontrolle hat nie funktioniert. Das klappt in einem mächtigen, geschlossenen System wie einer Bürokratie. In Familien nicht. Man kann als Elternteil 135 natürlich das Vertrauen verlieren. Dann muss man aber dazu stehen und das sagen. Kontrolle hat keinen Sinn, Interesse macht Sinn. Ein Beispiel: Ein 16-jähriges Mädchen teilt seinem Vater mit, dass sie jetzt wisse, wer ihr erster sexueller Partner werden soll: ihr damaliger Freund. 140 „Was sag ich da drauf?", fragte mich der Vater. „Was du dir denkst", war meine Antwort. Nach fünf Minuten sagte der Vater: „Mein erster Gedanke ist: Nur über meine Leiche. Aber ich will das Sexualleben meiner Tochter nicht ruinieren." Doch der Vater muss das sagen. Es kommt vom Her- 145 zen. Seine Tochter wird darüber nachdenken und dann tun, was sie will. Aber der Vater wird mit seiner klaren Haltung stark an Einfluss gewinnen.

M15 Lernen in Ernstsituationen (Enja Riegel)

Enja Riegel war von 1986 bis 2003 Leiterin der Helene-Lange-Schule in Wiesbaden. Sie entwickelte ein viel beachtetes reformpädagogisches Profil.

Abb. 3.21: Enja Riegel (geb. 1940)

Es gab Momente, da hätte Johannes am liebsten kehrtgemacht. An jenem Montagmorgen beispielsweise, als er, kaum sechzehn geworden, einer ganzen Klasse geistig behinderter Jugendlicher als neuer Betreuer vorgestellt 5 wurde. Ausgerechnet er, der im Unterricht nie um eine Antwort verlegen war, schaute verunsichert in fremde Gesichter. Er, der regelmäßig mit klugen Einfällen glänzte, fragte sich, was die vor ihm sitzenden Oberstufenschüler von ihm, dem Praktikanten, erwarteten. Plötzlich stürmte 10 Stefanie, eine Schülerin mit Langdon-Down-Syndrom, auf ihn zu. Sie hatte beschlossen, Johannes zu mögen. Endlich mal ein neues Gesicht im tristen Schulalltag! Aufgeregtes Lachen, ein kaum verständlicher Willkommensgruß und plötzlich hatte Johannes eine Menge Speichel im Gesicht.

15 Nur nichts anmerken lassen! Unter keinen Umständen wollte Johannes offen zeigen, wenn ihn etwas anekelte. Er hatte sich fest vorgenommen, seine behinderten Schüler ohne Abscheu so zu akzeptieren, wie sie waren, wie viel Überwindung es ihn auch kosten würde. Normal und

20 selbstverständlich wollte er mit ihnen umgehen. Nicht, dass Thomas in seinem Rollstuhl besonders furchterregend ausgesehen hätte. Er wirkte eher harmlos mit seinen fest aneinandergepressten dünnen Beinen, ohne Chance, die eigenen Bewegungsabläufe exakt zu koordinieren. Aber

25 Thomas musste ebenso oft auf die Toilette wie jeder andere, und ab heute sei es Johannes' Aufgabe, sich gemeinsam mit dem Zivi darum zu kümmern, sagte die Klassenlehrerin. Jedes Mal nach dem Frühstück, nach dem Mittagessen und manchmal auch noch zwischendurch. Drei Wochen lang

30 bedeutete das für Johannes: eine Fahrt mit dem Rollstuhl, Thomas vom Rollstuhl hochheben, Hosen runter und aufs Spezialklo setzen. Wenn das Geschäft erledigt war, das Ganze in umgekehrter Reihenfolge plus Hände waschen. Johannes hätte lieber einen Berg von Hausaufgaben erledigen

35 mögen. Aber mit Hausaufgaben war, obwohl das Schuljahr gerade erst angefangen hatte, in den nächsten drei Wochen nicht zu rechnen. In dieser Zeit ging Johannes, der im nächsten Jahr in die gymnasiale Oberstufe wechseln würde, nicht zur Schule, sondern war im Sozialpraktikum.

40 Drei Wochen weniger Unterricht für eine Abschlussklasse? Ist das zu rechtfertigen, nachdem „Unterrichtsausfall" doch als ein besonders schlimmes Übel gilt? Wenn eine Schule drei Wochen lang die Erziehung und Ausbildung ihrer Schüler vernachlässigen würde, sicherlich nicht. Wohl aber,

45 wenn eine Schule daran interessiert ist, Schüler mit realen, aber für sie ungewohnten Lebenssituationen zu konfrontieren, damit deren angelerntes Wissen nicht nur theoretisch bleibt, sondern sich mit eigenen Erfahrungen verbindet. Das Sozialpraktikum ist eine Möglichkeit, die dafür erdacht

50 und erprobt worden ist. Alle Schüler der zehnten Klassen arbeiten drei Wochen lang in Altenheimen, Behinderteneinrichtungen oder integrativen Kindergärten, manche von ihnen sogar im hunderte Kilometer entfernten Görlitz, acht Stunden täglich – wie andere Angestellte auch. […]

55 Viele Kinder und Jugendliche haben keine oder falsche Vorstellungen, was es heißt, mit hilfsbedürftigen Menschen umzugehen. Kaum ein Kind erlebt alte oder behinderte Menschen zu Hause. Großeltern, ältere Tanten und Onkel leben nicht in der Familie, sondern irgendwo allein, oft

60 weit entfernt. Wenn sie sich nicht mehr selber helfen können, sind es meist Fremde, die ambulant oder stationär die Pflege berufsmäßig übernehmen. Kinder und Jugendliche erfahren so nur noch selten aus persönlicher Anschauung, dass alte und kranke Menschen nicht nur Unterstützung

65 brauchen, sondern im Alltag auch viel geben können, wenn man sich mit ihnen beschäftigt. Und je weniger hilfsbedürftige Menschen sie im Umgang erleben, desto seltener wird ihnen bewusst, dass sie selbst irgendwann einmal auf Hilfe angewiesen sein werden.

70 „Tätige Nächstenliebe"

[…] Vier Monate lang müssen alle Jungen und Mädchen in den achten Klassen seitdem einen Nachmittag in der Woche mit einem Menschen verbringen, der ihre Hilfe braucht. Am Anfang des Schuljahres müssen sie ihn mit-

75 hilfe ihrer Eltern oder der Unterstützung von Freunden oder Bekannten finden. Die gemeinsame Suche mit den Eltern ist ein wesentlicher Bestandteil des Konzepts. Schließlich sind es die Schüler (nicht die Schule!), die Verantwortung für einen anderen Menschen übernehmen

80 werden und die deshalb auf angemessene Weise einen persönlichen Kontakt herstellen müssen. Je intensiver die geplan-

85 ten Begegnungen mit dem alten oder kranken Menschen in der Familie diskutiert und je weniger die Schule helfend eingrei-

90 fen muss, desto eher reift zudem bei den Jugendlichen das Bewusstsein dafür, dass „Tätige Nächstenliebe" kein beliebiges

95 Schulprojekt ist. Wer Verabredungen nicht einhält, lustlos rumschlampt oder

Abb. 3.22

blöde Sprüche klopft, ist kein Held, der sich gegen schulische Autorität auflehnt, sondern einer, der „seinen" Alten

100 im Stich lässt. […]

„Liebes Tagebuch, heute haben wir noch über meine Familie geredet. Frau H. fand es schön, dass meine Eltern noch zusammen sind. Es sei gut, Eltern zu haben, denn sie könne man immer fragen, wenn es Probleme gäbe, und sie wüss-

105 ten immer Rat. Nun ja, dachte ich, nicht immer. Ich weiß jetzt auch, dass Frau H. acht Enkel hat, alle von ihrem Sohn. Aber leider besucht sie niemand mehr, außer ihrem Schwager. Auch heute sagte sie richtig sehnsüchtig: ,Ich wünschte, ich würde einschlafen und nie mehr aufwachen.' Deine Maren."

110 Einer Schule wird es umso leichter gelingen, solche notwendigen Erfahrungen zu ermöglichen, je größer das Zutrauen ist, das sie in die Fähigkeiten ihrer Schüler hat. Sie sind mit vierzehn keine Kinder mehr. In früheren Zeiten sind Jugendliche mit vierzehn von der Schule in den Beruf

115 gegangen, manche waren mit sechzehn schon an der Universität. Heute leben wir in einer Welt, in der die Kindheit ständig verlängert wird, unter anderem dadurch, dass wir Jugendliche, die durchaus fähig sind, sich schwierigen Herausforderungen zu stellen, ihre Zeit in Schulen verbringen

120 lassen, aus denen das Leben ausgesperrt ist. Wir wollen sie ständig schonen und beschützen, aber zugleich nehmen wir selbstverständlich in Kauf, dass viele von ihnen „versagen", oft mit unverantwortbaren Folgen für ihr ganzes weiteres Leben. Schule ist langweilig, weil Schüler nicht

125 herausgefordert werden, in wirklichen Ernstsituationen (nicht nur von den Kunstproblemen der Schule) bis an ihre Grenzen zu gehen, und keiner von ihnen erlebt, wie sie selbst oder andere Mitschüler viel mehr können, als nor-

malerweise von ihnen verlangt wird. Zwanzig Vokabeln am
130 Tag pauken, ein paar Formeln auswendig lernen, ab und
zu abgefragt werden – das sind, auch in den Augen der
Jugendlichen, keine Herausforderungen. Wenn das alles ist,
was Schule zu bieten hat, braucht sich niemand zu wun-
dern, wenn Jugendliche der Schule überdrüssig werden.
135 Die Schule müsste anerkennen, dass sie nicht für alle Schüler und nicht für jede Altersgruppe der geeignetste Ort ist,
um tatsächlich zu lernen. Vermutlich wäre es für sehr viele
vierzehnjährige Mädchen und Jungen hilfreich, ein Jahr
lang überhaupt nicht zur Schule gehen zu müssen. Diese
140 Teenager, die endlich erwachsen sein, die sich nicht mehr
ständig bevormunden lassen wollen, brauchen Ernstsituationen. Sie sollten auf Schiffen die Welt erkunden, nach
Halt suchend in Steilwänden hängen oder eben etwas
tun, was sie unmittelbar erfahren lässt, dass sie gebraucht
145 werden und nützlich sind. Jugendliche in diesem Alter sind
bereit für ihr persönliches Überlebenstraining. Sie wollen
schwierige Situationen meistern, die nicht von Lehrern für
sie ausgedacht wurden, sondern in die sie durch ihre eigenen Entscheidungen geraten sind. Sie wollen losgelassen
150 werden. Lassen wir sie gehen und sich selbst in Schwierigkeiten bringen! […]

Abb. 3.23

Sozialpraktikum

[…] Der Alltag im Sozialpraktikum ist für die Sechzehnjäh-
rigen allerdings weit weniger von Grenzerfahrungen als
155 von Routine geprägt. Da kommt es auf Pünktlichkeit und
Zuverlässigkeit an. Da muss man ganz einfache Handgriffe
für das Umbetten, Waschen, vielleicht auch Füttern lernen.
Meist ist das Pflegepersonal hilfsbereit, erläutert und zeigt
den Jugendlichen, wie dies oder das am besten, am scho-
160 nendsten für die alten Menschen, am kräftesparendsten
für die Helfer zu machen ist. Die Jugendlichen beobachten
die Erwachsenen in ihrem Arbeitsverhalten, stellen Ver-
mutungen an, welchen Einfluss die eigene Einstellung, die
Tagesform oder die jahrelange Erfahrung im Pflegeberuf
165 auf den Umgang mit den alten Menschen haben. Aber
auch dieser harmlose Alltag enthielt doch immer wieder
das Schwanken zwischen Angst und Erleichterung, den
Zweifeln, ob man der nächsten Situation gewachsen sei,
und der Befriedigung, die sich einstellt, wenn man merkt,

170 wie sehr sich diese alten Menschen über die Hilfe freuen
und wie dankbar die übrigen Pfleger in dem Altenheim
sind, wenn man mit anpackt und sich nicht zu schade ist
für schwierige, dreckige, manchmal auch eklige Arbeiten.
Es hat an unserer Schule viele, oft sehr grundsätzliche und
175 darum manchmal sehr persönliche Diskussionen über dieses Projekt gegeben, in denen letztlich eine Überzeugung
besonders deutlich wurde: Wer älteren Jugendlichen derartige Erfahrungen ermöglicht, vergrößert die Chancen,
dass sie wirklich erwachsen und mündig werden.

M16 Die Bühne als Schule (Enja Riegel)

Osterferien, Montagmorgen, 10.00 Uhr, in der ungeheizten
Aula. Der Raum ist dunkel, nur der Bühnenbereich mit zwei
Scheinwerfern erleuchtet. Abdul, der Regisseur, sitzt davor
an einem kleinen Tisch. Hendrik und Fee proben das Ende
5 des siebten Bildes. Hans und die Prinzessin stehen sich
zum ersten Mal gegenüber und gestehen sich ihre Liebe.
Hendrik: „Prinzessin …"
Abdul springt auf: „Überleg dir, in welcher Situation du bist.
Du stehst unter Druck. Groß anfangen! Man muss das Ge-
10 fühl haben, du bist gespannt wie ein Flitzebogen, nur – du
kannst die Pfeile nicht abschießen. Deine innere Unruhe,
probier', sie auszudrücken."
Abdul setzt sich wieder. Hendrik und Fee versuchen den
Anfang erneut bis zu Hendriks „Mir wird so warm".
15 Abdul rennt nach vorne: „Nicht so beiläufig, so cool! Du
stehst doch nicht an der Bushaltestelle. Du musst uns vorführen, was mit dieser Figur passiert. Es steigt in dir hoch.
Du machst dich so schön wie möglich, wie ein Gockel, der
sich aufplustert. Deutlich spielen und nicht schämen. Und
20 jetzt noch mal von vorne bis zum Ende."
Die beiden Jugendlichen proben die Szene wieder und wieder. An diesem Morgen wohl fast zwanzigmal.
Wer den drei mitten in den Ferien bei ihrer Arbeit zusieht,
spürt eine Intensität, die fast vergessen macht, dass man
25 in einer Schule ist. Aber mit dem üblichen Schulbetrieb hat
dieses Arbeiten nichts mehr zu tun. […]

Eine andere Rolle spielen

Wieder wird geprobt. Diesmal mitten im Schuljahr. Es sind
noch zwei Wochen bis zur Premiere. Am Ende der Szene,
30 in der Diana ein Attentat verhindern soll, hält es den Regisseur nicht mehr auf seinem Platz: „Schlag zu!" Diana lässt
die Aufforderung ziemlich kalt: „Nein." „Komm schon. Der
Königssohn wird attackiert, es geht um Leben und Tod. Da
kannst du den Attentäter nicht streicheln." „Das mach' ich
35 nicht." Mit verschränkten Armen blickt Diana zum Regisseur.
Der ist in die Rolle des Attentäters geschlüpft, der von Diana eigentlich in letzter Sekunde niedergeschlagen werden
sollte. „Wenn du mich nicht schlägst, schlag ich dich", lässt
der Attentäter die Schülerin wissen. „Das würdest du nicht
40 machen." Ein Regisseur schlägt doch keine Schüler. „Ich
zähle bis drei, und wenn du mich bis dann nicht niedergeschlagen hast, haue ich dir eine runter, dass du dort hinten
an der Wand klebst!" Die Drohung klingt ernst. Würde der
Attentäter sie schlagen? Diana holt tief Luft und schlägt zu.

45 Sie ist eine der Besten in der Klasse. Sie ist klug genug, um sich mit Worten zu verteidigen. Beherrscht genug, um ihre Gefühle und Gedanken vor anderen zu verbergen, wenn sie will. Aggressionsausbrüche bei anderen empfindet sie als kindisch oder peinlich. Ausgerechnet die soll sie auf der

50 Bühne nun zeigen – gespielte Gewalttätigkeit zwar, aber während der Proben ihre Rolle und die damit verbundenen Gefühle von ihrer eigenen Person zu trennen, ist schwierig. Tastend, experimentierend, äußerst konzentriert, spielerisch und zugleich ernst entdecken die „Schauspieler" ihre

55 inneren Welten und lernen, ihnen Ausdruck zu geben. In der Auseinandersetzung mit eigener Gewalttätigkeit, mit Themen wie Liebe und Angst wird sowohl ein äußeres wie ein inneres Suchen angestoßen. Dianas Suche nach ihrem Platz in einer Welt, die brutal und rücksichtslos ist, genauso

60 wie Hendriks Beschäftigung mit der Figur des Hans, der mittellos in die Welt zieht, sind gleichzeitig Entdeckungsreisen zu sich selbst.
Nico, der sich sonst gern als „cooler Typ" gab, spielte in den „Bremer Stadtmusikanten" den Hund, der den Weg ver-

65 loren hat und allein und verlassen im dunklen Wald sitzt. „Ich habe gar keine Angst", versichert er lautstark, und die Zuschauer spüren seine Angst und seine innere Verletzbarkeit, die er in dieser Rolle gestalten kann und gleichzeitig als ein Stück von sich selbst zeigen darf.

70 Das sollte nicht zu einem Missverständnis führen: Ernsthaftes Theater mit Jugendlichen ist keine Selbsterfahrungsveranstaltung. Es geht nicht darum, dass sich am Ende alle an die Hand fassen und jeder sagt, wie er sich fühlt. Theater wird immer für andere gemacht. Auch wenn die Schüler

75 während des Entstehungsprozesses sich selbst gegenübertreten, am Ende stehen bei uns alle Mitspielenden – nicht nur die begabten Schauspieler – einem kritischen Publikum gegenüber. Sie liefern sich in ihrer Rolle, mit ihrer Gestaltung eines Themas oder einer Figur, den Blicken und der Kri-

80 tik einer fremden Öffentlichkeit aus. Alle schauen auf mich! „Kann ich nicht wenigstens die Hose anlassen?" Die Probe hat noch gar nicht angefangen, aber Paula machen die Regieanweisungen im Text Sorgen. In der Schlussszene soll sie den ahnungslosen Geliebten scheinbar verführen und

85 in dessen Kleider schlüpfen, um ihn so vor ihrem rachsüchtigen Vater zu schützen. „Meinetwegen ziehe ich Christoph das Hemd aus. Aber die Hose lasse ich an, okay?" Armin, der Regisseur, möchte lieber erst mal proben. „Lass uns das später entscheiden." Die beiden jugendlichen Darsteller

90 nehmen sich an der Hand.
Paula: „Wir machen diese Nacht/zu einem Fest der Liebe, willst du?/Komm!"
Armin unterbricht sie: „Vergiss für einen Moment die Gefahr. Dein Geliebter muss das Gefühl haben, du lässt alle

95 Sorgen hinter dir und es gibt nur noch euch beide. Stell dir vor, du bist die Erfüllung aller seiner Sehnsüchte!"
Paula versucht es noch einmal. […]
In der Pause kommt Paula zu ihm. Sie könne diese Szene nicht spielen. Schon gar nicht im grellen Licht und vor hun-

100 dert Leuten. „Dann grölt mir doch in jeder Pause der ganze Jahrgang hinterher." „Niemand wird grölen", verspricht Armin. Alle wissen doch, dass sie auf der Bühne nicht Paula sei, sondern eine Rolle spiele, und weil das kaum jemand

so gut hinbekommt wie sie, würden die anderen sie nicht 105 auslachen, sondern bejubeln. Außerdem sei es im Stück so, dass sie die Liebesszene nur vortäusche, um den gefährdeten Liebsten zu retten. Unzufrieden nippt Paula an ihrem Wasser. Die Probe geht weiter.
Eine Woche später – vor über hundertfünfzig Premieren-

110 gästen – klappt der Kleidertausch problemlos. Paula und Christoph spielen das Liebespaar so überzeugend, dass sie von Mitschülern sogar Fanpost bekommen. Ausgelacht wird keiner von beiden. Es denkt auch niemand, Paula und Christoph wären wirklich ein Liebespaar. Trotzdem waren

115 sich die beiden bis zuletzt nicht sicher, was das Publikum von ihnen denken wird.
Die Unsicherheit der Jugendlichen, durch die Pubertät oft um ein Vielfaches verstärkt, ist die größte Schwierigkeit und zugleich eine Chance, die unsere Theaterregisseure bei

120 ihrer Arbeit mit den Jugendlichen begleitet. Wer als Person gerade damit beschäftigt ist, herauszufinden, wer er eigentlich ist, der schlüpft nicht selbstsicher und bewusst in andere Rollen. Verunsicherte Jugendliche, die sich selbst nicht ausstehen können, die sich hässlich finden und de-

125 nen gleichzeitig nichts wichtiger ist als die Meinung ihrer Altersgenossen, gehen auf einer Bühne selten ungehemmt aus sich heraus. Stattdessen bemühen sie sich, Klischeevorstellungen gerecht zu werden, die sie beispielsweise von Filmen oder Fernsehserien abgeschaut haben. Wie sie

130 gehen, wie sie sprechen, wie sie sich kleiden, ihre Begriffe von Schönheit und Attraktivität entwickeln die wenigsten Jugendlichen aus sich selbst heraus, sondern sie greifen auf Vorbilder zurück, meist auf solche, die auch in ihrem Freundeskreis anerkannt sind.

135 Bevor Jugendliche auf der Bühne erscheinen, ganz gleich ob als kaltschnäuziger Schurke, als sanfter oder leidenschaftlicher Liebhaber, meistern sie eine doppelte Schwierigkeit. Einerseits arbeiten sie daran, ihre Rolle überhaupt ausfüllen zu können, andererseits müssen sie mit ihrer

140 Angst zurechtkommen, die Zuschauer könnten denken, sie seien so, wie sie sich auf der Bühne gezeigt haben.

Abb. 3.24

M17 Lehrer als Fremdenführer in ungewohnte Sinnwelten (Thomas Ziehe)

Besonders ab dem Pubertätsalter wird die Frage der Ansprechbarkeit der Schüler zu einem Schlüsselproblem für alle Lehrkräfte. Sie sind nun gehalten, immer erst dafür werben zu müssen, dass andere Welten und Weltzugänge
5 überhaupt einen Sinn haben – also etwa die Welt der fiktionalen Literatur, der Symbole, der Zahlen, des religiösen Glaubens, der Historie, naturwissenschaftlicher Modelle. Den Schülern erscheinen solche anderen Welten zunächst einmal als nicht nachvollziehbare Ablenkung von Wichti
10 gerem. Es wird zu einem schwierigen Balanceakt, Schülern Ausflüge in fremde Sinnwelten nahezulegen und sie mit der Vielheit möglicher Welten vertraut zu machen. Das gelingt nicht durch ein bloßes Beibehalten der Alltagsperspektive. Es fordert umgekehrt Angebote, die es erlauben,
15 die Wirklichkeitsvorstellungen gerade zu erweitern und Gegenstände der Alltagswelt im Unterricht in einer anderen Perspektive, in einem anderen Licht, sehen zu lernen. So eröffnet das „Betreten" eines Romans die Begegnung mit fremden Vorstellungswelten. Es ermöglicht das Verste
20 hen anderer Perspektiven, aber auch, den eigenen Innenzuständen eine neue und ungewohnte Sprache und Form geben zu können.

Einsichten in andere Welten anzubahnen, ist Arbeit an der Akzeptanz von Fremdheit. Das setzt aufseiten des Leh
25 rers Fingerspitzengefühl und Behutsamkeit voraus. Man sollte bei Bedarf auch ohne Verlegenheit bereit sein, die Lernthemen radikal zu vereinfachen und anschaulich zu elementarisieren. Der Eintritt in fremde Sinn-Welten ist für die Schüler umso eher aushaltbar, je mehr kognitive Regale
30 ihnen „im Kopf" zur Verfügung stehen, um neu Gelerntes einordnen und überblicken zu können. Insofern lässt sich die Lehrertätigkeit als die eines Fremdenführers in fremde Sinngebiete beschreiben. Der Fremdenführer ermutigt zum Reisen und er bemüht sich, das Ansehen des Fremdenver
35 kehrs zu heben. Er kennt sich aus an den Grenzübergängen und weiß um das beträchtliche Nichtwissen der Touristen, ohne sie dafür zu beschimpfen. Er verzichtet auf kulturelle Drohgebärden und trumpft nicht mit Überlegenheit auf. Der Fremdenführer steht für den zeitweiligen Genuss der
40 Fremde, ohne das Zuhause zu unterschätzen, das ein jeder braucht. Zu Alltagsgewissheiten eine Distanz einnehmen zu können, muss nicht heißen, diese Haltung als Lebensform vorzuschlagen. Wohl aber wirbt der Lehrer dafür, sich in der Eigenwelt nicht selbst einzumauern.

Weiterführende Aufgabe

Überprüfen Sie die vier Konzepte M 14 – M 17 vor dem Hintergrund von Sesinks Position zu Jugend, Familie und Autorität M 13 .

Fragen und Anregungen zum Abschluss

Sie haben in diesem Kapitel verschiedene wissenschaftliche und nicht-wissenschaftliche Perspektiven auf das Jugendalter kennengelernt. Ihre Erkenntnisse sollten Sie nun reflektieren.

1. Unterscheiden Sie die soziologischen, sozialpsychologischen und pädagogischen Sichtweisen auf Jugend.

2. Überlegen Sie, inwiefern das neu erworbene Wissen und Können für Sie hilfreich, nützlich und gewinnbringend sein kann.

3. Inwiefern hat sich Ihr Wissen über Erziehung ausdifferenziert?

Sie können Ihr Wissen und Können auch anwenden und erweitern, indem Sie spannenden Fragen nachgehen:

• Warum unterscheiden sich die Schulleistungen von Jungen und Mädchen immer deutlicher? Was sind die Fakten? Was sind die Gründe dafür, dass Jungen statistisch gesehen schlechter abschneiden?

• Welche Bedeutung hat eigentlich der Körper im Jugendalter? Sie können dazu auf die Bedeutung von Sport für Jugendliche eingehen. Denken Sie auch an die Körper-Vorbilder der „Stars", an die beliebten Casting-Shows. Wie soll man mit diesen Einflüssen pädagogisch umgehen?

• Welche Bedeutung haben „Stars" aus der Musik- und Unterhaltungsbranche, aus dem Sport für Jugendliche? Welche Vorbilder haben Jugendliche? Sollte man pädagogisch auf solche medial produzierten Vorbilder reagieren? Wenn ja, wie?

• Was für Folgen haben die neuen Medien auf das Heranwachsen im Jugendalter? Stichworte wie „Cyber-Mobbing", „Facebook", Computerspiele, Pornografisierung der Jugendsexualität können andeuten, wie vielfältig die Entwicklungen und Probleme sind.

• Lernen Jugendliche außerhalb der Schule, ohne Lehrer und freiwillig nicht mehr und intensiver? Denken Sie an die Neuen Medien, an Sport, Musik, Neben- und Ferienjobs. Wie lernen Jugendliche in diesen Bereichen? Welche Unterschiede gibt es zwischen dem sogenannten „informellen Lernen" in diesen Bereichen und dem „offiziellen" bzw. „formellen" Lernen in der Schule? Wie sollte man pädagogisch mit dem informellen Lernen umgehen?

Kompetenzcheck

Hier finden Sie eine Übersicht über die Kompetenzen, die Sie vor allem in den Kapiteln 1, 2 und 3 erwerben konnten. Schätzen Sie selbst ein, wie gut Sie sie beherrschen.

Sachkompetenz

Ich …	… sicher	… noch nicht sicher genug	Hier kann ich nachschlagen:
… beschreibe die zentralen Aspekte von Eriksons Modell der psychosozialen Entwicklung.			
… erläutere Eriksons Modell der psychosozialen Entwicklung aus pädagogischer Perspektive.			
… stelle die Interdependenz von Entwicklung und Sozialisation am Beispiel von Hurrelmanns Modell der produktiven Realtitätsverarbeitung dar.			
… beschreibe die zentralen Aspekte des Identitätskonzepts von Erikson.			
… beschreibe die zentralen Aspekte des Identitätskonzepts von Hurrelmann.			
… erläutere das Identitätskonzept von Erikson aus pädagogischer Perspektive.			
… erläutere das Identitätskonzept von Hurrelmann aus pädagogischer Perspektive.			
… erläutere den Zusammenhang von Identität und Bildung am Beispiel des Jugendalters mit Bezug auf die Modelle von Erikson und Hurrelmann.			
… stelle die Bedeutung und die Auswirkungen anthropologischer Grundannahmen für erzieherisches Denken und Handeln mit Bezug auf den Begriff der Bildsamkeit dar.			
… erläutere erzieherisches Denken und Handeln im Hinblick auf Mündigkeit und Sozialisation.			

Urteilskompetenz

Ich …	… sicher	… noch nicht sicher genug	Hier kann ich nachschlagen:
… erörtere kontroverse Vorstellungen zu Entwicklung und Sozialisation sowie die Geltungsansprüche dieser Vorstellungen.			
… beurteile die Reichweite und pädagogische Relevanz von Erkenntnissen der sozialwissenschaftlichen und psychologischen Jugendforschung für pädagogisches Denken und Handeln.			
… beurteile die Gefährdungen von Kindern und Jugendlichen auf dem Weg zur Selbstbestimmung sowie pädagogische Einwirkungsmöglichkeiten.			
… beurteile pädagogische Handlungsformen zur Förderung im Jugendalter.			

Methodenkompetenz

Ich …	… sicher	… noch nicht sicher genug	Hier kann ich nachschlagen:
… beschreibe komplexe Situationen aus pädagogischer Perspektive unter Verwendung der Fachsprache.			
… ermittle pädagogisch relevante Informationen aus der Fachliteratur oder dem Internet.			
… ermittle aus erziehungswissenschaftlich relevanten Materialsorten wissenschaftliche Positionen.			
… ermittle aus erziehungswissenschaftlich relevanten Materialsorten explizit oder implizit verfolgte Interessen und Zielsetzungen.			
… analysiere differenziert Texte (u. a. Fallbeispiele) mithilfe hermeneutischer Methoden der Erkenntnisgewinnung.			
… analysiere die erziehungswissenschaftliche Bedeutung von Erkenntnissen aus Psychologie und Sozialwissenschaft am Beispiel der Jugendforschung.			
… stelle Arbeitsergebnisse in geeigneter Präsentationstechnik dar.			
… wende den Kompetenzcheck als Verfahren der Selbstevaluation im Hinblick auf die eigene pädagogische Erkenntnisgewinnung und Urteilsfindung an.			

Handlungskompetenz

Ich …	… sicher	… noch nicht sicher genug	Hier kann ich nachschlagen:
… entwickle unter Nutzung des Modells der produktiven Realitätsverarbeitung pädagogische Handlungsoptionen zum Jugendalter.			
… entwickle erziehungs- und bildungstheoretisch begründete Handlungsoptionen zum Jugendalter.			
… vertrete pädagogische Handlungsoptionen argumentativ.			
… entwickle Handlungsoptionen unter Berücksichtigung der Perspektiven der beteiligten Akteure.			

4. Erziehungsprobleme in der Familie in psychologischer, soziologischer und pädagogischer Perspektive

Die systemische Pädagogik lässt sich im Unterschied zu anderen Theorien bzw. Modellen, mit denen Sie sich bisher beschäftigt haben – z.B. mit der Psychoanalyse nach Freud oder Lernen als denkende Erfahrung nach Dewey – nicht auf eine Gründerpersönlichkeit zurückführen. Vielmehr entwickelte sich die systemische Pädagogik als systemische Theorie aus unterschiedlichen Wissenschaftsdisziplinen, z.B. aus Ideen der Philosophie, der Soziologie, der Psychologie, der Medizin und den Naturwissenschaften. In rascher Folge liefert die Wissenschaft bis heute an vielen Orten und in vielen Köpfen unterschiedliche Ideen zur Beschreibung von Wirklichkeit. Damit stellt sich die Frage, ob sich infolge dieser Entwicklung nicht auch pädagogisches Denken und Handeln verändern muss.

Im Folgenden machen wir Sie mit Grundgedanken einer systemischen Pädagogik vertraut. Was heißt systemisch? Welches Menschenbild verbirgt sich dahinter? Welche neuen Deutungsmuster bietet mir die systemische Pädagogik für die Erziehungspraxis? Wie verändern die Erkenntnisse der systemischen Pädagogik meine Haltung und Handlungsalternativen im Umgang mit anderen? Systemisches Denken und Handeln wird mit dem Anspruch einer besonderen Haltung gegenüber der Welt und gegenüber sich selbst propagiert. In diesem Sinne ist kritisch zu fragen, in welchem Sinne systemisches Denken pädagogische Orientierungen bereichern kann und inwieweit ein systemisches Denken in einer pädagogischen Perspektive nicht auch kritisch geprüft werden muss.

4.1 Erkenntnisse des systemischen Ansatzes für die Erziehung in der Familie

Kinder und Jugendliche geben Eltern bisweilen kleine, bisweilen große Anlässe zur Sorge. Die folgenden Beispiele finden sich in dem 1974 erstmals veröffentlichten Band „Eltern und Kinder" von Helm Stierlin, studierter Philosoph und Mediziner, der zunächst als psychoanalytisch ausgerichteter Therapeut arbeitete und dann an der Entwicklung systemischer Familientherapie beteiligt war.

Aufgaben

1. Arbeiten Sie an den beiden von Helm Stierlin ausgewählten Beispielen heraus, welche Sorgen sich die Mütter um ihre Kinder machen **M 1**. Gehen Sie dabei arbeitsteilig vor.

2. Stellen Sie dar, welche Gründe der Therapeut (Helm Stierlin) für das problematische Verhalten der Jugendlichen in den beiden Fällen nahelegt.

3. Erläutern Sie mithilfe der Beispiele, inwiefern „schwierige" Kinder oder Jugendliche bisweilen als Symptomträger – wie es in der systemischen Familientherapie heißt – für eine Erkrankung der Familie (oder des „Familiensystems") herhalten.

4. Entwerfen Sie Lösungsvorschläge für die „Gesundung" der Familien.

5. Diskutieren Sie die Möglichkeiten und Grenzen pädagogischer Einflussmöglichkeiten auf die beiden Jugendlichen.

M1 Zwei Fallbeispiele „problematischer Kinder" (Helm Stierlin)

Sorgenkind war hier die 16-jährige Sabine. Sie war vor etwa neun Monaten, zwei Jahre vor ihrem Abitur stehend, von zu Hause ausgerissen und in der Drogenszene ausgeflippt. Sie kehrte nach einigen Tagen zu ihren Eltern zurück,
5 schlief von da an die meiste Zeit zu Hause, verbrachte aber ihre Tage außerhalb der Schule mit anderen herumbummelnden und schuleschwänzenden Jugendlichen. Nach ihrer Rückkehr zu den Eltern löste sie ein Karussell von Konsultationen bei verschiedensten Psychiatern und Psy-
10 chologen aus.
Bereits im ersten Familieninterview stellte sich heraus, dass Sabine ihrer Mutter als Aufregungs- und Sorgenlieferant diente und diese damit aus einer chronischen Depression „herauspeitschte". Die Mutter war seit dem durch
15 einen Verkehrsunfall verursachten Tode eines jüngeren Bruders Sabines in Vereinsamung erstarrt, hatte sich ihrem Mann entfremdet und besaß seither nur noch Sabine als

Abb. 4.1

zentrale Bezugsperson, die ihre Vereinsamung abzuschwächen und ihrem Leben einen Sinn zu geben vermochte.
20 Mehrfach stand die Mutter, ihren eigenen Aussagen zufolge, vor dem Selbstmord. Die Sorgen um ihre Tochter ließen sie jedoch alle Selbstmordgedanken vergessen und sich in eine hektische Aktivität stürzen: Sie nahm Kontakte mit Lehrern, Psychologen, Ärzten und Bekannten auf und kam,
25 wegen der gemeinsamen Sorge um die Tochter, auch mit ihrem Ehemann wieder ins Gespräch, allerdings ohne eine Lösung finden zu können. Immerhin: Sabine hatte erreicht, dass sich die Eltern – wenn auch nur im Rahmen der von ihr geschaffenen Ausnahmesituation – wieder näherka-
30 men.

Hans, zur Zeit unseres Kontaktes etwa 18 Jahre alt, war bereits vor zwei Jahren von zu Hause ausgezogen. Das Zusammenleben mit seiner Schwester und alleinstehenden Mutter, erzählte er, sei immer unerträglicher geworden.
35 Die Mutter habe bei ihm immer häufiger die schlechten Seiten seines Vaters entdeckt und gescholten: Egoismus, Starrsinn, emotionale Kälte. Der Vater war vor sieben Jahren – Hans war damals neunjährig – ohne Vorankündigung, gleichsam bei Nacht und Nebel, aus dem Haus gezogen.
40 Seitdem bestehe kein Kontakt mehr zu ihm. Möglicherweise sei er im Ausland, möglicherweise habe er sich umge-

bracht. Hans hatte nur vage Erinnerungen an ihn. Im Ganzen war sein Vaterbild negativ gefärbt und entsprach dem, was ihm die Mutter ständig vom Vater erzählt hatte.
45 Bei einem folgenden, im Beisein der Mutter und Schwester geführten Gespräch erfuhr ich, dass die Mutter den Vater nur wenige Monate nach dem plötzlichen Tode ihres eigenen Vaters kennengelernt und bald darauf geheiratet hatte. Ihr Mann, Hans' Vater, habe damals, ganz ähnlich wie
50 ihr verstorbener Vater, ein freundliches, extrovertiertes Wesen gezeigt, das sich aber nach der Heirat bald verändert habe. Er sei immer mürrischer, egoistischer, starrköpfiger, ausbeuterischer geworden, sodass sich das Familienleben zunehmend zu einer Hölle gestaltete. Sie sei daher froh
55 gewesen, als er eines Tages verschwunden war. Darum habe sie auch keine weiteren Nachforschungen nach ihm angestellt.
Die Mutter war am bewegtesten, als sie vom Tode *ihres* Vaters sprach. Es wurde schnell deutlich, dass sie dessen
60 Tod nicht wirklich betrauert, niemals wirklich von ihm Abschied genommen hatte. Fast übergangslos hatte sie den Vater durch einen Ehemann ersetzt, der ihm auf den ersten Blick ähnlich war. Später schlugen dann dem Manne gegenüber die ebenfalls ihrem Vater geltenden, verdräng-
65 ten, negativen Gefühle durch – vor allem Wut, weil er (der Vater) sie verlassen, weil er sie bindend ausgebeutet hatte. Aber da sie diese Gefühle nicht bewusst hatte erleben und durcharbeiten können, blieben sie abgespalten und richteten sich schließlich gegen den Ehemann (wobei der Vater
70 weiter idealisiert und geschont blieb). Da keine offene Kommunikation zwischen den Ehepartnern möglich war, steigerte sich die beidseitige Frustration und Spannung bis zur Ausstoßung (bzw. Flucht) des Mannes.

M2 Familie aus systemischer Sicht (VESUV e. V.)

In der systemischen Familientherapie ist nicht der isolierte Mensch das Objekt der Betrachtung, sondern das ganze System, in dem er sich bewegt (z. B. die Familie, das Arbeitsteam) – einschließlich Subsystemen und den Bezie-
5 hungen, die untereinander bestehen. Der Blick richtet sich auf bestehende Muster, Zusammenhänge und Dynamiken des Systems, ausgehend von dem Grundgedanken, dass

Abb. 4.2

sich die Handlungen von Mitgliedern eines Systems wechselseitig beeinflussen und das Netzwerk der Interaktionen
10 das entscheidende Band zwischen Teilen und Ganzem eines Systems ist.

Im systemischen Ansatz geht man davon aus, dass verschiedene Wirklichkeiten existieren und es nicht nur eine „richtige" Wirklichkeit gibt. Die unterschiedlichen Sicht-
15 weisen und Muster, die jeder Mensch im Laufe seines Lebens im Rahmen *seiner Wirklichkeit* entwickelt, und die Auswirkungen, die diese individuellen Anschauungsweisen auf die bestehenden sozialen Beziehungen eines Systems haben – und umgekehrt, werden wechselweise betrachtet.
20 Grundsätzlich wird von dem Gedanken ausgegangen, dass das Verhalten der einzelnen Mitglieder eines Systems (Kinder, Eltern, Großeltern, Geschwister, Arbeitskollegen etc.) das Beziehungsgefüge des ganzen Systems bestimmt.

Aufgaben

1. Skizzieren Sie die Besonderheiten der systemischen Familientherapie und erarbeiten Sie, welche Gesichtspunkte in der systemischen Familientherapie zur Sprache kommen, die ansonsten vielfach unberücksichtigt bleiben.

2. Prüfen Sie, für welche Familien eine solche Therapie möglicherweise besonders hilfreich sein könnte.

M3 Verstrickende Bindung und Ausstoßung (Helm Stierlin)

Aus systemisch familientherapeutischer Sicht zeigt sich demokratische Partnerschaft in Familien als Ausdruck und Folge dessen, was ich andernorts als gelingende bezogene Individuation beschrieben habe. Individuation bedeutet
5 hier vor allem: Ich bin willens und fähig, mich hinsichtlich meiner Ideen, Wünsche, Erwartungen von denen anderer abzugrenzen und eigene Ziele und Werte zu verfolgen, auch wenn sich diese von denen meiner maßgeblichen – elterlichen wie gesellschaftlichen – Umgebung unterscheiden. Ich
10 erlebe mich als ein Zentrum von Kraft und Eigeninitiative und bin auch bereit, Verantwortung für die Konsequenzen meines Handelns – und so auch für mein Gesundheitsverhalten, ja meine Symptome – zu übernehmen. Ich ertrage die Spannung der Ambivalenz, der sich widerstreitenden
15 Seelen in meiner Brust. Das heißt: Ich bin willens, negativ zu bewertende Antriebe und Anteile in mir selbst zu erkennen und auszuhalten, anstatt diese von mir abzuspalten, auf andere zu projizieren und dann in diesen zu bekämpfen. […] Auch der Beziehungsprozess in Familien, der aus einem
20 Säugling schließlich einen demokratisch und partnerschaftlich eingestellten Erwachsenen werden lässt, vermittelt sich in einer Dynamik, worin sich Abhängigkeit und Autonomie nicht gegenseitig ausschließen, sondern vielmehr gegenseitig bedingen und aus einander hervorgehen. Das sich
25 entwickelnde, immer autonomer und damit selbstverantwortlicher werdende Ich des kleinen Kindes bleibt auf lange

Zeit auf ein fürsorgendes, das heißt nährendes, anregendes, haltgebendes und auch (altersangemessen) Grenzen setzendes Wir (verkörpert durch Mutter, Vater, Geschwister
30 und diejenigen, die an ihre Stellen treten) angewiesen. Man kann sagen: Es geht aus diesem Wir hervor, aber formt auch dieses Wir mit. […] Ganz allgemein lassen sich zwei Szenarien beschreiben, in denen die Prozesse, die familienweit bezogene Individuation und demokratische Partnerschaft-
35 lichkeit fördern, fehlschlagen können. Ich habe sie als Bindung und Ausstoßung dargestellt.

Überwiegt „Bindung" – oder genauer verstrickende Bindung –, laufen auf verschiedensten (emotionalen, kognitiven, kommunikativen) Ebenen sich rekursiv verstärkende
40 Prozesse ab, die dazu führen, dass ein Kind über Gebühr lange im Familienghetto festgehalten wird; bei „Ausstoßung" wird dieses hingegen zu früh aus dem schützenden und nährenden Familienverband entlassen. Ich sprach auch von einer zentripetalen und einer zentrifugalen Indi-
45 viduationsdynamik. In beiden Szenarien zeigen sich Kinder (und dann auch Jugendliche und Erwachsene) vermehrt für körperliche und seelische Störungen anfällig. Und in beiden Szenarien fehlt die angedeutete „liebende Streitkultur", die den Nährboden für bezogene Individuation wie
50 auch für demokratische Partnerschaftlichkeit abgibt.

Zu vermehrter verstrickender Bindung kann es etwa kommen, wenn ein alleinerziehender Elternteil mit seinem Kind eine Art Schutz- und Trutzbündnis gegen eine als verständnislos, wenn nicht feindlich erlebte menschliche Umge-
55 bung bildet. Ein in solchem Bündnis aufwachsendes Kind zeigt sich oft früh entwickelt, parentifiziert und um einen Teil der unbeschwerten Kindheit gebracht, die eigentlich sein Geburtsrecht sein sollte. Viele derart gebundene Kinder, Jugendliche und junge Erwachsene erleben wir als
60 besonders anfällig für psychotische und psychosomative Störungen, darunter insbesondere auch Ess-Störungen.

Abb. 4.3

Demgegenüber korreliert eine vernachlässigende Ausstoßung, wie inzwischen viele Studien zeigen, deutlich mit einer Zunahme von Delinquenz, Suchtanfälligkeit,
65 Orientierungslosigkeit und Gewaltbereitschaft bei Kindern und Jugendlichen. Solche Ausstoßung zeigt sich uns nicht zuletzt als Folge und Ausdruck der angedeuteten Entwicklungstrends, die zur Schwächung von Familiensinn und Familienbindung beitragen.

Aufgaben

1. Erklären Sie Formen und Folgen ausstoßender und verstrickender Beziehungen.

2. Ziehen Sie Folgerungen aus Ihren Erkenntnissen über solche Beziehungsformen für elterliches Verhalten.

3. Setzen Sie sich mit der Frage auseinander, ob solche Beziehungsformen auch in anderen pädagogischen Institutionen – z. B. Kindergärten oder Schulen – vorkommen bzw. Bedeutung gewinnen.

4. Arbeiten Sie heraus, ob und inwieweit mithilfe einer systemischen Betrachtung andere und neue Sichtweisen auf menschliche Beziehungen möglich werden, welche mit den Ihnen bisher bekannten Modellen, wie z. B. von Freud, Erikson, Hurrelmann, Mead, noch nicht möglich waren.

M4 Familiäre Rahmenbedingungen für die Entstehung von Gewalttätigkeit (Haim Omer/Arist von Schlippe)

Wir [sehen] in dem Fehlen elterlicher Präsenz einen Faktor, der für die Entstehung von Gewalttätigkeit bei Kindern entscheidend ist. Je weniger Eltern ihre Präsenz wahrnehmen und zeigen, desto höher ist das Risiko, dass das Kind
5 gewalttätig ist. Elternpräsenz kann auf einer physischen, einer systemischen und einer emotionalen Ebene verloren gehen.

Physische Seite der Elternpräsenz
Gesellschaftliche Rahmenbedingungen können viel dazu
10 beitragen, dass es Eltern erschwert wird, physisch präsent zu sein. Es wäre verfehlt, dies ihnen allein anzulasten. […]

Systemische Seite der Elternpräsenz
Von „systemischer Präsenz" sprechen wir, wenn Eltern und Kinder die Erfahrung gemacht haben, dass die Umgebung
15 die Eltern unterstützt und sie mit sozialer Bestätigung ausstattet. Eltern bewegen sich nicht in einem sozialen Vakuum, sondern stehen in Verbindung mit dem Ehepartner, Verwandten, Nachbarn und Freunden, Institutionen und der Gemeinschaft, in der sie leben. Elternteile, die nicht die
20 Unterstützung eines Partners, von Verwandten oder Freunden haben, befinden sich in einer Position systemischer Schwäche in Beziehung zu dem aggressiven Kind. Elterliche Schwäche ist direkt gekoppelt an das Fehlen sozialer Unterstützung. Wenn etwa der Vater bei einer Scheidung
25 das Haus verlässt, steigt der Grad gewalttätigen Verhaltens von Kindern gegenüber der Mutter und den anderen Geschwistern an. Diese Zunahme der Aggressivität wird gewöhnlich als ein Zeichen emotionaler Belastung interpretiert, aber es gibt eine andere mögliche Erklärung: Die
30 Mutter wurde durch das Verlassen des Vaters geschwächt. […]

Eine andere Quelle systemischer Schwächung ist die Geheimhaltung. Viele Eltern
35 entscheiden sich dafür, die gewalttätigen Handlungen ihres Kindes geheim zu halten, um den guten Ruf des Kindes oder der Familie zu
40 schützen. Das reduziert die systemische Präsenz, weil es die Eltern isoliert und mögliche Hilfe blockiert. In solchen Fällen bezahlen oft
45 die Geschwister den Preis
[…].
Systemische Schwäche

Abb. 4.4

kann auch die Auswirkung eines nur gering oder negativ beteiligten Vaters sein. Patterson (1980) wies darauf hin,
50 dass die Wahrscheinlichkeit kindlicher Gewalttätigkeit umso geringer ist, je aktiver und positiver der Vater an der Erziehung des Kindes beteiligt ist. Generell sind auch anhaltende Konflikte zwischen den Eltern ein Nährboden für Gewalt bei Kindern, speziell gegen Geschwister. […]

55 ### Emotionale Seite der Elternpräsenz
Wie erwähnt, können bestimmte Ansichten die Eltern zu einem Verhalten bringen, das Verhaltensprobleme verschiedenster Art fördert. So kann eine permissive Haltung dazu führen, dass es der Elternteil nicht wagt oder nicht
60 richtig findet, sich einzumischen, wenn es zu Gewalt zwischen Geschwistern kommt. Diese Einstellung schwächt die Präsenz und das schwächere Kind wird völlig der Willkür des Gewalttätigen überlassen.

Aufgaben

1. Skizzieren Sie die Auffassung von Omer/von Schlippe, wie es zu Gewalttaten bei Jugendlichen kommen kann, indem Sie den Text mit eigenen Worten wiedergeben.

2. Erläutern Sie die beiden Fallbeispiele in M1 auf dem Hintergrund der systemischen Sicht von Familie neu.

3. Prüfen Sie, inwieweit die Sichtweise der Autoren Omer/von Schlippe M4 Erkenntnisse ermöglicht, welche ohne diese spezifische Sichtweise nicht hätten gewonnen werden können.

4. Setzen Sie sich mit der Frage auseinander, inwieweit in Orientierung an einer systemischen Sichtweise sich Lebensläufe in einer Weise positiv begleiten lassen und so einer Eskalation von Gewalt entgegengewirkt werden kann.

Weiterführende Aufgaben

1. Vergleichen Sie die aus systemischer Sicht in Familien problematische verstrickende Bindung und Ausstoßung **M 3** und die problematischen Seiten der Elternpräsenz **M 4** mit den in Heft 3 erarbeiteten Erkenntnissen der Bindungstheorie (vgl. Heft 3, Kapitel 3.1).

2. Diskutieren Sie die möglichen Gefahren (und Chancen) für das Aufwachsen der Kinder und Jugendlichen angesichts der von Rosemarie Nave-Herz geschilderten Veränderungen der Familienstrukturen in der heutigen Zeit (vgl. Heft 3, Kapitel 3.2, **M 5** und **M 6**), auch aus der systemischen Perspektive auf die Familie.

M 5 Konstruktivistische Grundannahmen (Hermann Krüssel)

Um eine Einordnung des hier vertretenen Konstruktivismus vornehmen zu können, ist es notwendig, die Forschungstraditionen und Argumente zu beschreiben, aus denen sich dieses Modell speist. Der moderne Konstruktivismus
5 steht in einer Denktradition, die davon ausgeht, dass die Welt nicht direkt erkennbar ist, sondern gewissermaßen konstruiert wird. Bisherige Positionen einer Erkenntnis als Konstruktion sind in der Philosophie (Skeptizismus, Kant, Vico), in der Psychologie (Gestaltpsychologie, kognitive
10 Psychologie), in der Soziologie (Wissenssoziologie) und in der Sprachwissenschaft (kognitiver Ansatz) entwickelt worden. Wie bei jeder anderen Erkenntnis- und Wissenstheorie bildet die Frage nach dem Verhältnis von Wissen und Wirklichkeit den Ausgangspunkt.
15 Fester Bestandteil des alltäglichen wie des wissenschaftlichen abendländischen Denkens ist die Vorstellung, dass der Mensch der äußeren Welt als unabhängiger Betrachter gegenübersteht. Im Gegensatz zu dieser traditionellen Auffassung vertritt der sogenannte Konstruktivismus die
20 Ansicht, dass wir an die vermeintlich bestehende Wirklichkeit immer mit gewissen Voraussetzungen und Grundannahmen herangehen, d.h., die Möglichkeit einer strikten Subjekt-Objekt-Trennung und damit die Möglichkeit einer unmittelbaren Bezugnahme des Erkennenden auf den
25 Erkenntnisgegenstand wird grundsätzlich bezweifelt. Nicht mehr die Realität kann demnach den Ausgangspunkt für die Erkenntnisbildung darstellen, sondern konstruierte Wirklichkeiten.
Alle Wege der Erkenntnisbildung – im Alltag, in schuli-
30 schen Institutionen und auch in der Wissenschaft – sind gewissermaßen Strategien, um die Wirklichkeit zu ordnen, nicht um sie abzubilden. Die traditionelle Auffassung, die das Ziel der Erkenntnisbildung darin sieht, subjektunabhängiges Wissen zu erhalten, das mit der Realität überein-
35 stimmt, wird dementsprechend als ikonisches (bildhaftes) Wissensmodell bezeichnet. Die konstruktivistische Wissenstheorie spricht demgegenüber von viablem Wissen. Viabilität bedeutet so viel wie Gangbarkeit einer Erkenntnis. Der Wert einer Erkenntnis wird daran gemessen, wie
40 weit sie den Bedürfnissen des Erkennenden bzw. der Erkenntnisgemeinschaft entgegenkommt. Jede Erkenntnis ist demnach als eine Konstruktion aufzufassen, und die Beurteilung eines möglichen Erkenntnisgewinnes über die Welt muss daher notwendigerweise den Erkennenden mit
45 einschließen.
Eine provokante, wenn auch ideengeschichtlich nicht neue Behauptung. Diese Argumentationslinie lässt sich zurückverfolgen bis zu skeptizistischen Ideen aus der Zeit der Vorsokratiker. Hier wurde der Zweifel an der Übereinstimmung
50 von Wissen und Wirklichkeit im abendländischen Kulturkreis, beispielsweise von Xenophanes, erstmals formuliert. Gemeinsam ist diesen Positionen, dass sie die prinzipielle Nicht-Erkennbarkeit der Welt und die Vorläufigkeit und Begrenztheit unseres Wissens betonen. Vico drückte diese
55 Einsicht mit dem Schlagwort „Verum ipsum factum", das Wahre ist dasselbe wie das Gemachte, aus. Kant hat diese philosophiegeschichtliche Traditionslinie fortgeschrieben und in der „Kritik der reinen Vernunft" in einzigartiger Weise die Abhängigkeit der Erkenntnis von der menschlichen
60 Vernunft herausgearbeitet.
Diese Ideen einer konstruktiven Weltverarbeitung werden nun – und das ist eine entscheidende Neuerung – verknüpft mit einer „Biologie der Kognition". Die Basis bilden Experimente zur Wahrnehmung und Informationsverarbei-
65 tung im Gehirn.
Traditionelle Auffassungen über die Wahrnehmung waren von der Vorstellung bestimmt, dass der Mensch regelrechte Abbilder von der Realität bildet, wie etwa ein Dia oder einen Film. Diese Auffassung ist bereits von der Gestalt-
70 psychologie infrage gestellt worden. Demzufolge ordnet der Mensch seine Eindrücke zu einem Muster (Ganzheit, Gestalt), das für ihn einen Sinn ergibt. Diese Erkenntnisse werden neurophysiologisch untermauert. […]

Die bisherige Position, dass wir letztendlich nicht die Wirklichkeit erkennen, sondern dass jeder Einzelne seine je eigene Wirklichkeit konstruiert, nennt man radikalen Konstruktivismus. Er bestreitet die Möglichkeit der Erkenntnis des Wahren und der Verständigung über das Wahre. Krüssel stellt sich als Vertreter eines moderaten Konstruktivismus vor und ergänzt entsprechend seine bisherigen Ausführungen:

Erkenntnis ist in einen kulturellen Kontext eingebunden
75 […] Jeder Mensch schafft sich seine inneren Wissens- und Orientierungssysteme […] nicht allein als biologisches Wesen, sondern als Teil einer Kultur oder eines sozialen Systems. „Auch Konstruktivisten sind nie frei von Kultur, von sozialen Voraussetzungen, von Beziehungen, auch sie
80 stehen in den intentionalen Spannungen einer Lebenswelt, die durch ihre Konstrukte vorrangig symbolisch, durch normative Sätze, begrenzt wird." Pointiert könnte man sagen: Der Mensch ist zwar Teil der Natur, aber primär Kulturwesen.
85 […] Auch der handelnde Mensch ist ein Kulturwesen. Jeder Mensch wächst in einer von anderen Menschen vorstrukturierten und damit sinnhaften Wirklichkeit auf; er schafft sich seine eigenen Landkarten als Teil sozialer Systeme.

Das Spezifische des Kulturwesens Mensch ist das In-
90 der-Sprache-Sein. Sprachwissenschaftler behaupten seit
Langem, dass die Prinzipien der Wirklichkeitskonstruktion
vor allem durch Sprache vermittelt und im Subjekt ver-
innerlicht werden. Insbesondere Heinz von Foerster und
Paul Watzlawick haben diese Überlegungen fortgeführt
95 und in verschiedenen Analysen verdeutlicht, inwiefern
die Wirklichkeit das Ergebnis von Kommunikation ist. Um
sprachlich kommunizieren zu können, müssen Individuen
zuvor einen Bereich gemeinsam erzeugter Bedeutungen
aufgebaut haben. Durch wechselseitig aufeinander bezo-
100 gene Interaktionen wird eine gemeinsame Wirklichkeits-
beschreibung gebildet. Die Funktion von Sprache besteht
dabei darin, Orientierungshandeln im kognitiven Bereich
des zu Orientierenden auszulösen. Sprache dient damit
nach konstruktivistischem Verständnis nicht primär der
105 Informationsübertragung, sondern der Orientierung.

Beispiel: Die zerkratzten Windschutzscheiben
Gegen Ende der Fünfzigerjahre brach in der Stadt Seattle
eine merkwürdige Epidemie aus: Immer mehr Autobesitzer
mussten feststellen, dass ihre Windschutzscheiben von
110 kleinen pocken- oder kraterähnlichen Kratzern übersät
waren. Das Phänomen nahm so rasch überhand, dass Prä-
sident Eisenhower auf Wunsch Rosollinis, des Gouverneurs
des Staates Washington, eine Gruppe von Sachverständi-
gen des Bundeseichamtes zur Aufklärung des Rätsels nach
115 Seattle entsandte. Laut Jackson, der den Verlauf der Untersuchung später zusammenfasste, fand diese Kommission
sehr bald, dass unter den Einwohnern der Stadt zwei
Theorien über die Windschutzscheiben im Umlauf waren.
Aufgrund der einen, der sogenannten „Fallout"-Theorie,
120 hatten kürzlich abgehaltene russische Atomtests die Atmo-
sphäre verseucht, und der dadurch erzeugte radioaktive
Niederschlag hatte sich in Seattles feuchtem Klima in
einen glasätzenden Tau verwandelt. Die „Asphalttheoreti-
ker" dagegen waren überzeugt, dass die langen Strecken
125 frisch asphaltierter Autobahnen, die Gouverneur Rosollinis
ehrgeiziges Straßenbauprogramm hervorgebracht hatte,
wiederum unter dem Einfluss der sehr feuchten Atmosphä-
re Seattles, Säuretröpfchen gegen die bisher unversehrten
Windschutzscheiben spritzten.
130 Statt diese beiden Theorien
zu untersuchen, konzen-
trierten sich die Männer
des Eichamts auf einen viel
greifbareren Sachverhalt
135 und fanden, dass in ganz
Seattle keinerlei Zunahme
an zerkratzten Autoschei-
ben festzustellen war.
In Wahrheit war es vielmehr
140 zu einem Massenphäno-
men gekommen: Als sich
die Berichte über pocken-
artige Windschutzscheiben
häuften, untersuchten im-
145 mer mehr Autofahrer ihre
Wagen. Die meisten taten

Abb. 4.5

dies, indem sie sich von außen über die Scheiben beugten
und sie auf kürzeste Entfernung prüften, statt wie bisher
von innen und unter dem normalen Winkel durch die
150 Scheiben durchzusehen. In diesem ungewöhnlichen Blickwinkel hoben sich die Kratzer klar ab, die normalerweise
und auf jeden Fall bei einem im Gebrauch stehenden Wagen vorhanden sind. Was sich also in Seattle ergeben hatte, war keine Epidemie beschädigter, sondern angestarrter
155 Windschutzscheiben.

[…] Lernen wird beim Paradigma der Informationserzeu-
gung als konstruierende Tätigkeit aus der Perspektive
des lernenden Systems beschrieben, das, eingebunden
in soziale Interaktionen, Anschlussmöglichkeiten für die
160 vermittelten Inhalte bildet. Der Mensch wird als aktiver
Gestalter im Interaktionsgefüge, d. h. im Netzwerk mit seiner Umwelt gesehen. Er ist als Produzent seiner eigenen
Entwicklung aktives und reflexives Subjekt.
Entscheidend ist nach diesem Verständnis die Bedeutung,
165 die [etwa] ein Schüler einem Lerngegenstand beimisst.
Lernen gründet hiernach nicht auf einer „Einschleusung
von Fremdwissen in ein System", sondern beruht auf der
„Mobilisierung von Prozessen, die dem lebenden System
selbst inhärent sind, zu seinem eigenen kognitiven Bereich
170 gehören".
Motor für die Entwicklung neuer Erfahrungs- bzw. Wis-
sensbereiche sind die Diskrepanzen, die auftreten, wenn
Deutungen neuartiger Wahrnehmungen bisherigen Erwar-
tungsstrukturen widersprechen.

Aufgaben

1. Erläutern Sie das Beispiel Watzlawicks von den zerkratzten Windschutzscheiben mithilfe der konstruktivistischen
sowie der kultur- und sprachwissenschaftlichen Annahmen Krüssels.

2. Analysieren Sie die unterschiedlichen Sichtweisen der
Kinder, Mütter und des Therapeuten in den einleitenden
Fallbeispielen aus **M 1** mithilfe der Annahmen Krüssels.

3. Überdenken Sie auf der Grundlage Ihrer neuen Analyse
die von Ihnen skizzierten therapeutischen Maßnahmen.

4. Vergleichen Sie Ihre Vorschläge mit den folgenden Darstellungen systemischer Familientherapietechniken in
M 6 und **M 7**.

M6 Das „Kerngeschäft" systemischer Therapie: über Wirklichkeitskonstruktionen sprechen (Arist von Schlippe/Annette Braun-Brönneke/ Karin Schröder)

Mit der Entwicklung von der Familientherapie zur systemischen Therapie verlagerte sich der Schwerpunkt der Betrachtung von der Familie auf das Geflecht aus Beschreibungen und Bedeutungen, wie es sich im jeweiligen
5 Problemsystem konstelliert. Es wird danach gesucht, welche Beschreibungen, welche Kommunikationen, welches Verhalten zusammengenommen das ausmachen, was als „Problem" erlebt wird und welche Optionen diese Beschreibungen ermöglichen. In Problemsystemen werden vielfach
10 Beschreibungen prozessiert, die die Optionen einzelner oder mehrerer Personen im System massiv begrenzen. Die Konsequenz, die v. Foerster daraus zog, war die Formulierung eines elementaren Imperativs: „Handle stets so, dass du die Anzahl der Möglichkeiten vergrößerst!" Als
15 Therapie lassen sich mithin (vorwiegend) sprachliche Operationen bezeichnen, die das Ziel verfolgen, die Optionen, die in einem System wahrgenommen werden, zu vermehren. Therapie befasst sich mit inneren „Landkarten" von Menschen und es ist erklärtes Ziel jeder Therapie, diese
20 Landkarten anzureichern, in ihnen gemeinsam mit den Rat suchenden Systemen neue Wege zu entwickeln. Im therapeutischen Prozess erfolgt hierzu ein Diskurs darüber, wie Wirklichkeit(en) zu beschreiben seien und welche Alternativen der Konstruktion gefunden werden können. In den
25 seltensten Fällen verändern Therapeuten direkt durch aktives Handeln die Lebensumstände ihrer Klienten und wenn, dann handelt es sich entweder um Mischkontexte zwischen Therapie und sozialer Arbeit oder aber um Kunstfehler des Überengagements. In therapeutischen Gesprächen
30 wird über Wirklichkeitskonstruktionen gesprochen – und zwar nicht über irgendwelche, sondern über bedeutsame Aspekte des persönlichen Erlebens, persönlicher Möglichkeiten sowie über Erfahrungen und Beziehungen. Therapie soll im Folgenden als „engagierter Austausch von Wirklich-
35 keitsdefinitionen" konzeptualisiert werden […]: Mit jeder therapeutischen Intervention wird ein Angebot gemacht, das vom Klientensystem angenommen, abgelehnt oder ignoriert werden kann. Dies gilt natürlich auch umgekehrt: jede Klientenaussage stellt ihrerseits ein Angebot an den
40 Therapeuten dar, die Wirklichkeit zu beschreiben – und wenn vom Klientensystem überzeugend genug vermittelt wurde, dass es „keinen anderen Ausweg als …" (z. B. Heimeinweisung, Scheidung, Chronifizierung usw.) gibt, dann erleben sich Therapeuten gemeinsam mit den Ratsuchenden
45 in der Sackgasse. Eine solche Perspektive ermöglicht einen spezifischen diagnostischen Zugang auf der Mikroebene des Therapieprozesses: Jede therapeutische Interaktion kann daraufhin untersucht werden, ob die ausgetauschten Beschreibungen für das Rat suchende System mehr Optio-
50 nen bereitstellen als bisher.
Der Einfachheit halber soll der Prozess an einem idealtypischen Beispiel so expliziert werden, als sei es ein einseitiges

Geschehen, in dem nur der Therapeut/die Therapeutin dem Klientensystem Angebote der Wirklichkeitsdefinition macht:
55 Eine Mutter kommt mit ihrem Kind zur Therapie und legt ihre Wirklichkeitssicht dar: „Mein Junge ist böse!" Bereits mit der Frage: „Was tut Ihr Sohn, was Sie böse nennen?" wird eine neue Beschreibung angeboten: Es ist ein „Verhalten", und zwar ein „von jemandem benanntes Verhalten"
60 statt einer Eigenschaft. Wenn er oder sie nun weiterfragt: „Wann zeigt Ihr Junge dieses Verhalten?", dann wird die Eigenschaftsbeschreibung weiter dekonstruiert: Das Verhalten taucht evtl. nur zu bestimmten Zeiten auf. In ihrer Antwort könnte die Mutter dieses Angebot leicht zurück-
65 weisen: „Mein Sohn benimmt sich ständig so!" – von der Eigenschaftsbeschreibung ist sie dann jedoch bereits abgerückt. Sie könnte aber auch sagen: „Er ist ständig böse!" und damit alle Angebote verwerfen.

Abb. 4.6

Weiter wäre es möglich zu fragen: „War das eher vor oder
70 nach dem Tode der Großmutter, dass Ihr Sohn entschieden hat, sich öfter ‚böse' zu verhalten?" oder: „Wer in der Familie regt sich darüber am meisten auf?" (Angebot: „Böse" ist eine Form von Entscheidung des Sohnes – für die gibt es Gründe und Hintergründe – und diese Entscheidung
75 steht mit Beziehungen im Zusammenhang, und in diesen Beziehungen gibt es Differenzierungen.) „Angenommen, Ihr Sohn würde sich entscheiden, sich weniger ‚böse' zu zeigen, würden Sie und Ihr Mann dann weniger oder mehr streiten?" (Angebot: ‚böse' ist nicht nur eine Entscheidung,
80 sondern auch veränderbar; und es steht vielleicht mit der Beziehung der Eltern im Zusammenhang.) „Wenn ich Sie bitten würde, z. B. jetzt Ihren Sohn dazu zu bringen, dass er sich ‚böse' verhält, wüssten Sie, wie Sie das machen könnten?" (Angebot: Es gibt für „böse" bestimmte Kontext-
85 bedingungen, und diese liegen zumindest teilweise auch in Mutters Hand.)

In jedem Fall können die in den Fragen implizit enthaltenen Angebote von der Mutter leicht und ohne Gesichtsverlust abgelehnt werden (anders als etwa eine Deutung
90 oder Interpretation). Es ist ein wichtiger Bestandteil des Therapieprozesses, kreativ so lange zu suchen, bis ein Angebot gefunden wurde, das als sinnvolle Änderung in die Landkarte der Familie integriert werden kann. Die Leichtigkeit, mit der die Mutter die Implikationen ablehnen
95 kann, schützt vor Blockierung durch zu starke Widerstände. Sie muss nicht widersprechen. Sie gibt lediglich eine Antwort auf eine Frage. So entsteht, wenn die Therapie (wie gesagt) idealtypisch verläuft, ein lebendiges Bild, in dem mit spielerischer Leichtigkeit im Prinzip von Versuch
100 und Irrtum nach neuen Beschreibungen gesucht wird. Mit dieser Form prozessualer Diagnostik lässt sich jede Verhaltensweise als Intervention ansehen (analog zu dem Axiom, dass es nicht möglich ist, nicht zu kommunizieren) und auf ihre Implikationen hin überprüfen: Mit jedem the-
105 rapeutischen Verhalten wird implizit komplexe Information vermittelt […] – ein Aspekt, der in der Praxis oft nicht zur Kenntnis genommen wird: Was bedeutet es z. B. für ein Kind, bei einer kinderpsychiatrischen Untersuchung zuerst zum EEG geführt zu werden?

110 Die Überlegungen zur Unmöglichkeit, soziale Systeme zielgerichtet zu beeinflussen („instruktive Interaktion"), haben gerade in der systemischen Therapie in besonderem Maße Anstrengungen stimuliert, wie der engagierte Austausch von Wirklichkeitsdefinitionen so gestaltet werden
115 kann, dass einerseits ein größtmögliches Maß an Freiheit der Annahme/Ablehnung gewährleistet ist, andererseits ein Optimum an Möglichkeiten angeboten wird. Durch das zirkuläre Fragen […], besonders das hypothetische Fragen, werden solche Angebote besonders „elegant" ver-
120 mittelt. Fragen wie: „Was würde geschehen, wenn Sie nicht mehr … täten? Was würde geschehen, wenn Sie plötzlich zu … begännen?" enthalten das spielerische Angebot einer Beschreibung, in der es mehr als nur die eine Möglichkeit gibt. Und immer bleibt der Weg des „Neins" offen, ganz
125 im Sinne Tom Andersens, für den das Nein „grundlegend" ist […]. Dies sehen wir als eine wesentliche Entwicklungslinie moderner systemischer Therapie: der engagierte Austausch von Wirklichkeitsbeschreibungen, die kreative Suche nach Veränderungsangeboten, ohne dabei Macht
130 auszuüben.

Aufgaben

1. Erläutern Sie den im Text angesprochenen systemisch-therapeutischen Ansatz.

2. Informieren Sie sich mithilfe des Textes 🌐 gu43uv über die Techniken des systemisch-therapeutischen Ansatzes.

Die systemische Familientherapie hat insbesondere in der Begleitung von magersüchtigen Jugendlichen, zumeist jungen Mädchen, in den letzten Jahrzehnten an großer Bedeutung gewonnen.

3. Helm Stierlin und Guntrad Weber haben ein gemeinsames Buch zur Problematik mit dem Titel „In Liebe entzweit" überschrieben. Erläutern Sie die Krankheit „Magersucht" mithilfe dieses Titels.

4. Informieren Sie sich über diese besondere Form der Familientherapie und prüfen Sie, ob und warum gerade eine systemische Familientherapie jungen Menschen helfen kann, Wege aus der Magersucht zu finden (vgl. 🌐 e9y37f und 🌐 5gg6cy).

M7 Theoretische Grundlagen einer Sozialpädagogischen Familienhilfe (Deutsches Jugendinstitut = DJI)

Eine solch umfassende Hilfe wie die SPFH [Sozialpädagogische Familienhilfe] ist ohne die **Annahme eines Menschenbildes** und ohne Vorstellungen über das menschliche Zusammenleben schwer leistbar: Dies betrifft das Bild, dass
5 die Fachkräfte von sich haben, ihre Annahmen über ihre KlientInnen, ihr Verständnis für deren soziale Umgebung und ihre Meinung von der Gesellschaft. Die Konzepte sozialpädagogischen Handelns und die gewählten Methoden müssen dementsprechend möglichst in einem Zusammen-

10 hang mit diesen Vorstellungen stehen, was sicher nicht ohne Widersprüche ist. Diese Vorstellungen und die daraus abgeleiteten Ziele sind bei einem professionellen Handeln im sozialen Bereich nicht beliebig, sie finden ihr Ziel und ihre Begrenzung im Menschenbild des Grundgesetzes.
15 Dort ist die Würde des Menschen und dessen Recht auf die freie Entfaltung der Persönlichkeit von zentraler Bedeutung. Aus diesem Menschenbild leiten sich letztendlich die Rechte der Bürger und auch die Ziele der Jugendhilfe ab. Im § 1 KJHG [Kinder- und Jugendhilferecht] ist dementsprechend das Recht junger Menschen auf die Förderung ihrer
20 Entwicklung und auf die Erziehung zu einer eigenverantwortlichen und gemeinschaftsfähigen Persönlichkeit ge-

Startseite

Impressum   Sitemap

Sozialpädagogische Familienhilfe in der Bundesrepublik Deutschland

Abb. 4.7

nannt. Pflege und Erziehung der Kinder sind dabei für die Eltern sowohl natürliches Recht als auch Pflicht. Jugendhil-
25 fe hat dabei die Aufgabe, die Eltern zu unterstützen.
Aus dem Grundgesetz [...] lassen sich zwar zentrale Leit-
sätze von Sozialpädagogischer Familienhilfe begründen
(etwa die Förderung und die Achtung der Eigenverantwortlichkeit der KlientInnen) –, es lassen sich aber keine
30 konkreten Konzepte oder Handlungsstrategien für das
professionelle Handeln ableiten. Dies ist die Aufgabe von
Theorien, die eine Doppelfunktion haben: Sie dienen einerseits zur Ableitung von Konzepten, andererseits erlauben
sie es, die fachliche Arbeit hinsichtlich der Zielsetzungen
35 und der Methoden zu reflektieren. Theorien sind in der
Sozialpädagogischen Familienhilfe aber nur ein fachliches
Mittel zur Konzeptentwicklung und Reflexion der Arbeit.
Entscheidend hinsichtlich der Ziele und für den Erfolg der
Arbeit sind die „Kunden" der Sozialpädagogischen Fami-
40 lienhilfe, die Familien selbst. In den Konzepten der Arbeit
müssen sie dementsprechend ihren eigenständigen Platz
haben. Theorien können immer nur Teilaspekte umfassen,
mehrere Theorien sind deshalb – zumindest in komplexen
sozialen Bereichen – grundsätzlich nützlicher als nur eine.
45 Die notwendige Verwendung mehrerer Theorien führt dabei unvermeidlich zu gelegentlichen Widersprüchen, dies
gehört aber zu den Grundgegebenheiten des Handlungs-
feldes.

Aufgaben

1. Geben Sie die Aufgaben der Eltern und der Familienhilfe mit eigenen Worten wieder.

2. Erläutern Sie an den Beispielen aus dem bisherigen Pädagogikunterricht, inwiefern pädagogischen Handlungskonzepten stets ein Menschenbild, ein Bild vom Kind oder Jugendlichen zugrunde liegt.

M8 Systemische Sichtweisen Sozialpädagogischer Familienhilfe (DJI)

In den meisten neueren Konzepten der Sozialpädagogischen Familienhilfe taucht inzwischen die Kategorie des
„Systems" auf. Systemisches Arbeiten oder Denken wird als
geeignetes theoretisches Modell für die Arbeit in der SPFH
5 angesehen. [...] Systemische Sichtweisen – oft gleichgesetzt mit konstruktivistischen – sind wesentlich über die
Familientherapie in die psychosoziale Praxis eingebracht
worden. „Der Grund dafür, warum wir so viele Familien-
probleme (selbst so einfache wie das schlechte Betragen

10 eines Jungen in der Schule) nicht lösen können, liegt darin,
dass wir nicht erkennen, wie das Verhalten jedes Familienmitgliedes das Verhalten der übrigen Mitglieder beeinflusst und dadurch beeinflusst wird" (Minuchin/Nichols).
Das Interesse gilt in den systemischen Theorien dem
15 Aufeinander-bezogen-Sein der verschiedenen Elemente,
deren gemeinsamer Organisation und den Wechselwirkungen: dem Individuum in der Familie, dem „Subsystem"
Geschwister z. B. im Verhältnis zum Subsystem „Eltern", der
Familie in der engeren und weiteren sozialen Umgebung
20 usw. Dieses „Bezogen-Sein" wird daraufhin befragt, ob und
wie es zum Wohlbefinden des Einzelnen beiträgt. Ein Kind
z. B. „ist" nicht mehr einfach „aggressiv" als eine Wesens-
eigenschaft, sondern das Verhalten, das dieses Kind in
einer bestimmten Situation anderen gegenüber zeigt,
25 wird als aggressiv beurteilt. Es gibt bspw. deutliche Unterschiede darin, was bei Mädchen und Jungen als aggressiv
interpretiert bzw. noch zugelassen wird. Das Kind präsentiert sich als aggressiv, es zeigt sich so in einer bestimmten
Situation. Das Verhalten eines/r jeden steht im Kontext
30 des Umfeldes. „Was vorher als Merkmal des Individuums
angesehen worden war, wurde nunmehr als Teil eines In-
teraktionssystems aufgefasst" (Berg). Familie als System
wahrzunehmen, bedeutet, die Verhaltensweisen der einzelnen Familienmitglieder als sinnvoll aufeinander bezogen
35 zu definieren, auch wenn dieser Sinn manchmal destruktive Konsequenzen hat. Soziale Systeme sind jedoch nicht
„subjektlos", auch wenn sie in manchen Ansätzen systemischer Theorien so erscheinen. Die Kritik an diesem Punkt
der Systemtheorie [...] besagt, dass eine Familie zwar als
40 System Balancen herstellt, manchmal auf Kosten eines
einzelnen Familienmitgliedes, das der Sündenbock für das
Gleichgewicht der Familie sein muss/spielt, dass aber dennoch auch die persönliche Verantwortung, vor allem von
Erwachsenen, bedacht werden muss. Soziale Systeme sind
45 „das Ergebnis der Handlungen von gesellschaftlich geprägten Subjekten in bestimmten sozialen Kontexten (Kulturen,
Milieus, Situationen). Diese Subjekte besitzen die Freiheit,
sich auch anders zu verhalten und verfügen trotz aller
einschränkenden Bedingungen über einen empirisch fest-
50 stellbaren Handlungsspielraum" (Heiner). Soziale Systeme
handeln nicht, sondern es handeln die Subjekte; aus dem
Zusammenspiel ihrer Handlungen bilden sich aber Regeln,
Strukturen, Deutungsmuster, Normen, Routinen usw. Diese
Sichtweise „stellt eine radikale Abkehr von traditionalen
55 Auffassungen dar, wie psychologische Probleme zu verstehen und zu behandeln sind. Aus traditioneller Perspektive
muss ein Individuum erst gesund werden, bevor sich sein
Verhalten verändert. Demgegenüber betont der interaktionale Standpunkt, dass sich das Verhalten der Einzelnen
60 als Reaktion auf Veränderungen, die in seiner/ihrer Umwelt
stattfinden, verändern kann. Es ist leicht zu erkennen, dass
die interaktionale gegenüber der traditionalen Sichtweise

wesentlich optimistischer über Möglichkeiten des Wandels denkt" (Berg).

65 In Bezug auf die Familien ist die systemische Sichtweise zweckmäßig als Versuch, den „Sinn" von bestimmten Verhaltensweisen in der Familie zu verstehen. Symptome können funktional sein für ein System: Ein Kind z. B. verhält sich aggressiv und schwierig. Sein Verhalten hat vielleicht

70 mit einem unterschwellig brodelnden Ehekonflikt der Eltern zu tun. Das Kind bringt die Eltern dazu, sich über sein Verhalten Sorgen zu machen, sie schließen sich vorübergehend zusammen. Die Gefahr, dass der Ehekonflikt offen ausbricht, die Eltern sich möglicherweise trennen, ist erst-

75 mal reduziert. „Soll in diesem Fall eine Änderung im Verhalten des Kindes von Dauer sein, ist eine komplementäre Änderung anderer Familienmitglieder vonnöten" (Tomm). Ein bestimmtes Familien-Spiel oder der „Tanz" (Minuchin), den eine Familie gemeinsam aufführt, kann bspw. aus der

80 sogenannten Co-Abhängigkeit eines Familienmitgliedes in einer Familie mit einem alkoholabhängigen Elternteil resultieren. Der Nicht-Abhängige, der auf einer oberflächlichen Ebene einen Kampf gegen die Abhängigkeit seines Partners ausficht, kann insgeheim diese Sucht unterstüt-

85 zen, weil die Schwäche des anderen seine Stärke bedeutet, oder weil er sich so nicht mit sich selbst auseinandersetzen muss und mit der Sucht des anderen die eigene Leere füllt […]. Ein bestimmtes Verhalten einer Person hat also eine Bezogenheit innerhalb des Familiensystems. […]

90 Systemische Therapien gibt es in unterschiedlichen Ausprägungen […]. Systemische Therapien hatten zu Beginn hauptsächlich Interesse an dem Hier und Jetzt von Beziehungen, insbesonders die eher strategisch-strukturellen Familientherapien. Erst in den 80er-Jahren wurde die Be-

95 rücksichtigung auch der Glaubenssysteme und der inneren Welten von KlientInnen in das systemische Verständnis aufgenommen, was von Welter-Enderlin die „konstruktivistische Wende" in der systemischen Therapie genannt wird.

Aufgaben

1. Erklären Sie, inwieweit eine sozialpädagogische Familienintervention mithilfe einer systemischen Therapie zunächst die „Bedingungen der Möglichkeit von Erziehung" schafft.

2. Stellen Sie mithilfe der folgenden Ausführungen des Deutschen Jugendinstituts die wechselwirksamen Ursachen, Gründe, Bedingungen und Verantwortungen für misslingendes Heranwachsen von Kindern und Jugendlichen dar und erläutern Sie die daraus resultierenden Grenzen sozialpädagogischer Hilfe, gerade aus systemischer Perspektive.

3. Erarbeiten Sie aus dem folgenden Text **M 9** Kompetenzen, die in der sozialpädagogischen Familienhilfe relevant sind, und Gefahren, die ein professionelles sozialpädagogisches Handeln gefährden.

M 9 Erweiterung des systemischen Ansatzes (DJI)

Die Weiterentwicklung des systemischen Denkens führt dahin, Individuen/Familien/Gruppen/Institutionen innerhalb ihrer sozialen Umwelten zu betrachten. Das führt zur Berücksichtigung von biologischen, materiellen und ge-

5 sellschaftlichen Kontexten. Systemisch bedeutet in dieser Perspektive weniger eine bestimmte Technik der therapeutischen Intervention, sondern eine Art des Verstehens menschlicher Beziehungen unter vielfältigen Perspektiven der am Prozess Beteiligten […]. Systemische Ansätze gren-

10 zen sich gegen linear-kausale Interventionen ab und berücksichtigen komplexere Zusammenhänge. „Um die theoretische und praktische Grundlage zu erweitern, gehen wir von einem konzeptuellen Rahmen offener hierarchischer Systeme aus. Aus dieser Perspektive repräsentiert jedes

15 Element oder jede Einheit auf einer bestimmten Ebene der Hierarchie sowohl ein holistisches System auf dieser Ebene als auch einen Teil eines größeren Systems auf der nächst höheren Ebene. […] Das Individuum ist sowohl Selbst als auch Teil der Familie. Die Familie ist grundlegende

20 soziale Einheit und Teil der größeren Gemeinde oder des soziokulturellen Systems. […] Die Systemtheorie offener Hierarchien besagt, dass die Änderung einer Einheit auf einer Ebene sich auf anderen Ebenen auswirkt. So wirkt sich zum Beispiel eine durch Krankheit, Genuss von Alkohol

25 […] hervorgerufene Änderung auf der biologischen Ebene auf das Verhalten eines Individuums auf der individuellen Ebene aus, und dieses wiederum kann Probleme auf der Ebene größerer sozialer Systeme auslösen. Wichtige neue Erfahrungen, die die Psyche eines Individuums festigen,

30 ändern die Beziehungen zu seiner Familie" (Tomm). Mit dieser weiteren Perspektive wird auch der Gefahr einer Familientherapie begegnet, die die Familie zu sehr auf ein System von paritätischen Interaktionen reduziert – das Tun des einen ist das Tun des andern – und so z. B. gesell-

35 schaftliche Machtstrukturen übersieht. Verhaltensweisen und Muster in Familien sind auch sozial erlernt und haben eine Bedeutung innerhalb eines kulturellen Kontextes. Sie haben ihren Anlass nicht nur in innerfamiliären Beziehungsmustern. […] Aufgrund struktureller Ungleichheit

40 sind die Anteile der Einzelnen am Geschehen unterschiedlich zu bewerten, sie sind abhängig von Macht, Körperkraft, Einfluss, Alter usw.: „Es steht jedoch außer Frage, dass die Anteile des Kindes und die des misshandelnden Elternteils im Blick auf die angewandte Gewalt nicht gleich sind. Das

45 Kind ist für die Misshandlung nicht verantwortlich, es hat nicht die gleiche Macht, die gleiche Verantwortung, die gleiche Wahlfreiheit oder die gleiche Fähigkeit, aus dem Kreislauf auszubrechen. Dasselbe gilt für die geprügelte Ehefrau, das Opfer eines Inzests, das trödelnde Kind oder

50 überhaupt für jeden, welcher von einem anderen überwältigt wird, der ihm an Körpergröße, Körperkraft, Alter oder Einfluss überlegen ist" (Walters). In einer systemischen Perspektive, die die Umwelt der familiären Systeme einbezieht, müssen auch Grenzen der Möglichkeiten von

55 Systemen mitbedacht werden: „Materielle Armut, Diskriminierung, biologische Grenzen durch Behinderung und

Krankheit usw." (Schweitzer). Neuere systemische Ansätze haben die theoretische und praktische Grundlage erweitert und beziehen mehrere Denkmöglichkeiten ein. Auf welcher Ebene sind Lösungsversuche sinnvoll und effektiv, bzw. wo sind sie überhaupt möglich: auf der Ebene der Interaktions- und Kommunikationsmuster in der Familie oder ihrer materiellen Lebensbedingungen, der Veränderung eines einzelnen Individuums, der Beziehungen zwischen Familie und einem größeren System oder hauptsächlich in der sozialen Umwelt, in der Nachbarschaft, im Gemeinwesen? […] Es lassen sich durch bestimmte Techniken keine eindeutigen Effekte erzielen. Entwicklungen sind nicht grundsätzlich vorhersehbar, Ziele nicht von außen bestimmbar, Familien sind in ihrer Struktur nicht wirklich „durchschaubar", eine Kontrolle ist nicht wirklich möglich. Dennoch entwickeln sich Muster und Regelmäßigkeiten, die Wahrscheinlichkeiten zulassen und die die Basis von Hypothesenbildung sind. Hypothesen sind aber immer nur vorläufig und erlauben auch keine – in der Sprache der Systemtheoretiker – „instruktive Interaktion" in lebenden, selbst organisierenden Systemen: Diese Systeme kann man nicht zielgerichtet zu einer Veränderung bringen, sondern sie nur dazu anregen. Professionelles Verhalten ist Verhalten auf Probe – wenn auch auf der Basis von methodologisierten Erfahrungen […]. „Die Umwelt erscheint nicht mehr als interventionsmächtige Planungsinstanz; sie kann das System nur noch anstoßen, anregen, verstören, in Eigenschwingung versetzen; sie kann aber nicht mehr kontrollieren, was im System passiert; sie kann allenfalls das System zerstören" (Schweitzer). Man kann allerdings neben der Anregung des Systems auch günstigere Randbedingungen herstellen, „in denen der Hilfesuchende die für ihn notwendigen Veränderungen realisieren kann" (Ludewig 1991, S. 61). Auch materielle Hilfen verändern Situationen und Kontexte und können wünschenswerte, aber auch weniger wünschenswerte Effekte haben: Eine neue Wohnung kann vorhandene Beziehungen zerstören, eine neue Arbeitsstelle kann Auswirkungen auf das prekäre Gleichgewicht von Mutter und Vater in der Familie haben usw. […]

Wer will was von wem, wann, warum, wie, wie lange, wozu?

Systemische Denkweisen eignen sich zur Analyse komplexer Beratungsaufträge […]. Hier geht es um die Klärung von vielfältigen und oft widersprüchlichen Erwartungen und Bedeutungszuschreibungen: Wer will was von wem, wann, warum, wie, wie lange, wozu? Ein von Imber-Black dargestelltes Beispiel bezieht sich auf das oft widersprüchliche Verhältnis von größeren sozialen Systemen zu alleinerziehenden Müttern: Einelternteilfamilien werden implizit sowohl von den Müttern selber als auch von den Systemen als unvollständig angesehen, sodass Mütter oft von HelferInnen die Botschaft vermittelt bekommen, sie selber seien (eigentlich) unfähig, mit ihren Kindern fertig zu werden, das könnten nur die HelferInnen (obwohl die Hilfe die Mutter dazu befähigen soll). Das – so Imber-Black – verstärkt die Mutter in ihrer Hilflosigkeit und bringt die Kinder in eine Zwangslage: „Hier werden die Kinder leicht in Beziehungsdreiecke zwischen ihren eigenen Müttern und externen Helfern verstrickt. Eine „Besserung" mit einer derartigen Hilfe von außen, die die Mutter disqualifiziert, bedeutet, dass sich die Kinder ihrer Mutter gegenüber illoyal verhalten. Bei einer Beibehaltung der Symptome (dass die Kinder sich weiterhin schlecht betragen) wird andererseits die Kritik der externen Systeme an der Mutter fortgesetzt" (Imber-Black).

Kernfragen systemisch-konstruktivistischer Therapie und Beratung (nach von Schlippe/Schweitzer):

- Die erste Frage ist die Frage nach der Realität, im Sinne des Konstruktivismus: Was ist wirklich? Soziale Realität ist nicht unabhängig von einer aktiven Konstruktion.
- Die zweite Frage ist die nach Kausalität: Was verursacht was? Systemisches Denken geht dabei von der Rekursivität sozialer Prozesse aus, d.h., Verhaltensweisen der Individuen sind rekursiv aufeinander bezogen, sie bedingen einander, sodass eine linear kausale Sichtweise eine Verkürzung darstellt.
- Sprache und Rekursivität: Wie erzeugen wir soziale Wirklichkeit? Wir leben in einer Welt der Bedeutungen, die wir vor allem durch Sprache erzeugen: „Unsere Sprache stellt den Rahmen dar, vor dem unsere Erfahrungen Bedeutungen bekommen, ja, unsere Erfahrungen sind ohne diese Bedeutungsgebung überhaupt nicht (mehr?) denkbar. Menschliches Leben findet in einer Welt der Bedeutungen statt, in Konversation, im Gespräch und im Erzählen."

Systemisch-konstruktivistische Grundhaltungen, Annahmen und Zielsetzungen umfassen (nach von Schlippe/Schweitzer):

- Vergrößerung des Möglichkeitsraums
- Kontextorientierung. Kontext des Auftrags: Wer will was von wem, wann, warum, wie, wie lange, wozu? Kontext der Probleme in der Lebensgeschichte, im Beziehungsnetz. Das bedeutet, dass bisher Sinnloses als sinnvoll erscheinen kann.
- Ressourcenorientierung – Lösungsorientierung
- Zirkularität: Eingebundenheit von Verhalten der Elemente eines Systems in einen Kreislaufprozess
- Neugier, Respektlosigkeit gegenüber jeglichen Gewissheiten, Ideen, Theorien, dagegen Respekt gegenüber Menschen […]
- Hypothesenbildung: Erzeugung multipler Wirklichkeitsideen, d.h. unterschiedliche Zukunftsentwürfe und Lösungsmöglichkeiten durchspielen; Hypothesen sollen die vielfältigen Informationen im Familiengespräch ordnen und neue Sichtweisen anbieten.
- Verstörung und Anregung von Systemen, d.h. ergebnisoffene Interventionen. Ob eine Intervention eine Anregung oder Verstörung wird, entscheiden die KlientInnen.
- Zulassen von Ambivalenz: „Nichts ist eindeutig. Menschen und Institutionen haben meistens zwei Seelen in einer Brust – es sei denn, sie schlachten die eine. Viele scheinbare Probleme sind der Versuch, beiden Seiten gleichzeitig statt nacheinander gerecht zu werden. Andere Probleme resultieren aus dem Versuch, die eine Seite zu eliminieren" (Schweitzer).

Ein systemisches Familienmodell

Ein Modell der Verbindung von konstruktivistischer Perspektive (Beachtung der Glaubens-systeme von Familien) und systemischer Perspektive (Interaktionsmuster) könnte nach Welter-Enderlin (1993) folgendermaßen aussehen:

Natürliche Umwelt
Arbeits-/Wohnumwelt
Gesellschaftliche Sinnstrukturen
Teilhabe an sozialen Ressourcen, Einfluss von Institutionen
Verwandte, Freunde, Nachbarn

Familien-
Geschichte(n)
(familiäre Sinnstrukturen)

„Wir"
• Lebenswelt der Familie als Ganzheit
  + als Mikrokosmos der Gesellschaft:
  Versorgung mit Bildung, Arbeit,
  Wohnen, Geld, gesellschaftliche
  Teilhabemöglichkeiten
• Familien-Geschichte
• Familien-Mythen und
• Familien-Entwurf

„Ich": Frau/Mann/Kinder
• Herkunft/Lebensgeschichte
• Geschlecht als soziales Konstrukt
• Körper: Gesundheit, Behinderung,
  Krankheit, Sucht
• Individuelle Mythen, Leitmotive,
  Lebenserfahrung

Familienthemen
„Melodien"

„Wir": Integration
• Verbindlichkeit, Verbundenheit
• Lange Weile („Wurzeln")

„Ich": Selbstbehauptung
• Autonomie
• Leidenschaft („Flügel")

Interaktionsmuster („Tanz")
zwischen diesen Polen
(Zirkularität, Symmetrie, Komplementarität, Gleichgewicht, Triangulation, Spaltung, Koalition,
Grenzen, Subsysteme: Dyaden, Triaden usw.)

Sprachregelungen/Beziehungsdefinitionen
Machtverhältnisse/Rollenverteilung

Zukunfts-Szenarien

Abb. 4.8

Schon in Heft 3 haben Sie neben einem soziologisch-beschreibenden einen pädagogischen Blick auf die Familie kennengelernt, der es erlaubte, die oft intuitiven Erziehungs- und Bildungsprozesse in der Familie zu untersuchen (vgl. Winkler in Heft 3, Seite 35 f.).

In den bisherigen Texten wurde ein psychologischer bzw. psychotherapeutischer Blick auf Familien gerichtet, den Sie im Folgenden wieder mit einer pädagogischen Perspektive auf Familien vergleichen sollen, einer Perspektive, die aber weder psychologische noch soziologische Erkenntnisse ausschließt, sondern sich als interdisziplinäres Projekt mit einem pädagogischen Fokus versteht. Es handelt sich um das Forschungsprojekt „Familie als kulturelles Erziehungs-milieu. Studien zum Bildungssinn familialer Kulturerfahrungen am Beispiel des Spiels, des Fernsehens und der Familienmahlzeiten", das von Hans-Rüdiger Müller und Dominik Krinninger geleitet wird.

Aufgaben

1. Geben Sie die Ziele und Forschungsmethoden des Projekts wieder **M 10** .

2. Erklären Sie die Begriffe Erziehungsgestus, Familienstil und Bildungskonfiguration.

3. Referieren Sie die Analyse der Familie Antonow mithilfe der zuvor erklärten Begriffe **M 11** .

4. Erläutern Sie die spezifisch pädagogische Perspektive des Projekts auf die Beispielfamilie und stellen Sie diese Perspektive einer systemischen Betrachtung gegenüber. Beachten Sie hierzu auch **M 12** .

M 10 Erziehung und Bildung in der Familie (Hans-Rüdiger Müller, Dominik Krinninger u. a.)

Die Familie stellt mit ihren Erziehungs- und Bildungsleistungen ein interdisziplinäres Forschungsfeld dar, das gegenwärtig besondere Aufmerksamkeit auf sich zieht. Der vielfach nachgewiesene enge Zusammenhang zwischen
5 institutionellem Bildungserfolg und sozialer Herkunft hat das Interesse am „Bildungsort" Familie neu belebt […].

1. Beschreibung des Projekthintergrundes
Das Projekt „Familie als kulturelles Erziehungsmilieu" verfolgt die Absicht, die Lebenswelt der Familie nach ihrem
10 inhärenten Bildungssinn zu befragen. Dabei ist unter „Bildungssinn" mehr zu verstehen als nur der Erwerb von Fähigkeiten und Kulturtechniken, die den Eintritt in das Schulsystem erleichtern. Als bildend werden auch diejenigen Erfahrungen angesehen, die die Kinder in ihrer per-
15 sonalen Entwicklung insgesamt fördern und in weit über die Schul- und Berufslaufbahn hinaus sich erstreckende Fragen und Praktiken der Lebensführung einführen. Die Heterogenität kultureller Umwelten und biografischer Verlaufsformen lässt es dabei angemessen erscheinen,
20 die familialen Bildungsmilieus weniger vertikal (hohes vs. niedriges Bildungspotenzial) als vielmehr horizontal (nach der Art des Bildungspotenzials) zu differenzieren. Daraus folgt zugleich eine Verschiebung der Blickrichtung von der Defizitanalyse (sog. bildungsferner Milieus) auf die Res-
25 sourcen, die im Binnenmilieu einer Familie bestehen. In der Untersuchung der jeweiligen Alltagspraxen soll so dem kulturellen Eigensinn und den darin enthaltenen Anregungen für die Bildungstätigkeit der Kinder (und der Erwachsenen) nachgegangen werden. Besondere Aufmerksamkeit
30 liegt dabei auf den aktiven Strategien und Praktiken, mit denen die Mitglieder der Familie ihre je spezifische soziale Situation bewältigen und die darin auftretenden Differenzerfahrungen (Generationendifferenz, Entwicklungsdifferenz, kulturelle Differenz, Geschlechterdifferenz etc.)
35 bearbeiten. […]
Das untersuchte Sample besteht aus acht Familien unterschiedlicher Zusammensetzung (Differenzierung nach Familienformen) und aus verschiedenen sozialen Milieus (Differenzierung nach sozialstruktureller Platzierung), die
40 über die Verteilung von Projektflyern in Kindertagesstätten in einer Großstadt und deren Umgebung im Nordwesten Deutschlands gewonnen wurden. Ein gemeinsames Merkmal der Familien ist, dass in ihnen mindestens ein Kind im Vorschulalter (5–6 Jahre) lebt, sodass sich in allen Familien
45 ein Kind kurz vor dem Schuleintritt befindet und überdies ein entwickelter gemeinsamer Familienalltag besteht, den das Kind in diesem Alter bereits aktiv mit gestaltet. Die Erhebung der Daten fand während je fünf Besuchen in den Familien statt. Darüber hinaus haben die Familien selbst in
50 unserem Auftrag Alltagsszenen mit Videoaufzeichnungen und Fotos dokumentiert. Um die Vergleichbarkeit zu erhöhen und das auszuwertende Material zu begrenzen, wurden drei Untersuchungsbereiche in den Vordergrund gestellt, von denen angenommen werden konnte, dass sie in allen
55 Familien eine Rolle spielen: die Familienmahlzeit, das Spiel und das gemeinsame Fernsehen. […] Die Datenbasis zum Familienalltag und zu den drei Untersuchungsbereichen setzt sich, neben dem von den Familien selbst erhobenen Video- und Fotomaterial, aus aufgezeichneten Leitfadenin-
60 terviews mit den Eltern und den Kindern (insbesondere mit dem Vorschulkind), einem Gruppengespräch mit der gesamten Familie und Beobachtungsnotizen der Forscherinnen zusammen. Außerdem füllen die Familien einen kurzen Fragebogen zu den deskriptiven Familiendaten aus. […]

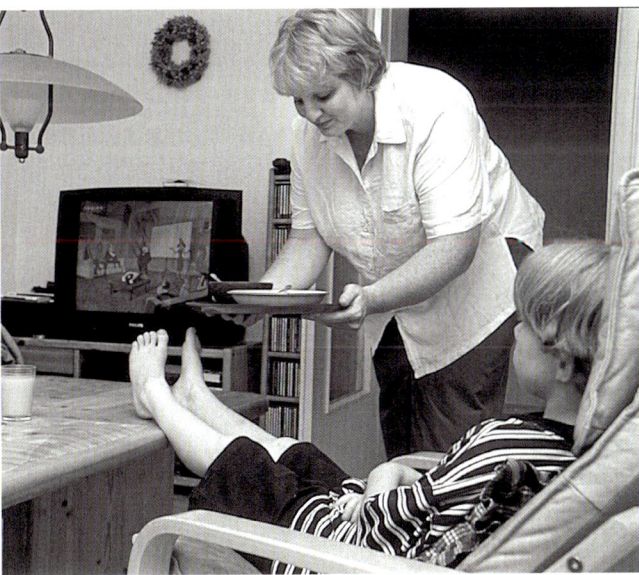

Abb. 4.9

65 2. Erziehungsgestus, Familienstil und Bildungskonfiguration
Eine zentrale Aufmerksamkeitsspur unseres pädagogischen Forschungsinteresses gilt der Frage, wie die Familie mit den Differenzen umgeht, die sich aus den unterschied-
70 lichen Entwicklungsständen ihrer Mitglieder ergeben, und mit welchen Praxisformen sie in diese Entwicklungsdynamik (z. B. im Sinne der Anregung und Unterstützung) steuernd eingreift. Dazu bieten entwicklungspsychologische Ansätze zunächst eine wichtige Orientierung. […]
75 Entwicklung lässt sich demzufolge als ein kultureller Prozess begreifen, der mit den Strukturen sozialen Lernens

und intersubjektiven Verstehens (Tomasello) konstitutiv verbunden ist. Entwicklungstheoretische Konzepte dieser Art geben einer pädagogischen Rekonstruktion familialer
80 Erziehungs- und Bildungsprozesse wichtige Impulse. Speziell die Aspekte der Differenzerfahrungen, der Mitgestaltung von Entwicklungskontexten und -prozessen durch die Subjekte und die Auffassung von Entwicklung als Prozess kulturellen Lernens bieten hier zentrale Anschlussstellen.
85 Was durch diese Bezüge jedoch kaum beschreibbar wird, das sind die Formen der Reaktion der Familie auf die Tatsache der Entwicklung, also das, was mit Siegfried Bernfeld im allgemeinen Sinne als „Erziehung" bezeichnet werden kann. Genau diese Frage aber zielt auf den pädagogischen
90 Sinn der entwicklungspsychologischen Erkenntnisse. Hier ist ein Perspektivenwechsel erforderlich, mit dem sich systematisch verfolgen lässt, wie die Familie mit unterschiedlich entwickelten Zugangsweisen zur Welt praktisch umgeht. Als Erziehung gelten dabei nicht nur pädagogisch
95 intendierte Handlungsweisen der Eltern, sondern die Reaktionen der Familie als Gemeinschaft insgesamt. […] Soll es um die pädagogische Relevanz individueller und zugleich sozial und kulturell konstituierter Entwicklungsdynamiken gehen, dann sind die diesbezüglichen Differenzerfah-
100 rungen zwischen Eltern und Kindern wie auch unter den Geschwistern im Hinblick darauf von Bedeutung, wie die Familie diese Differenzkonstellationen praktisch integriert und auf welche Weise sie versucht, in der Reaktion auf diese Differenzen Dynamiken der Entwicklung zu gestalten.
105 Unter diesem Gesichtspunkt verwenden wir zur Interpretation der familialen Praxisformen den Begriff des familialen **Erziehungsgestus**.
Eine zweite Spur führt zu dem Versuch, die in den Binnenraum der Familie gerichteten pädagogischen Handlungsfor-
110 men zu den Handlungsaufforderungen und Erwartungen in Beziehung zu setzen, die sich aus ihrem kulturellen Umfeld und ihrer sozialstrukturellen Lage ergeben. Unsere These ist, dass die untersuchten Familien einen kohärenten Vorrat an Verhaltens-, Ausdrucks- und Gestaltungsformen sowie
115 spezifische Muster der Verteilung ihrer Aufmerksamkeit entwickeln, mit dem sie sowohl auf die innere Struktur des Familienmilieus als auch auf die sozialen und kulturellen Kontexte reagieren. […] [D]as Interesse [müsste sich] nicht primär auf die Mechanismen der Verstetigung des sozialen
120 und kulturellen Erbes richten, sondern darauf, wie Familien zur konstruktiven Bearbeitung ihrer Lage auf die ihnen zur Verfügung stehenden Handlungsmuster zurückgreifen und wie sie diese Handlungsmuster auch den Erfordernissen aktueller Situationen anpassen. Von diesen Überlegungen
125 aus haben wir in der Analyse des erhobenen Materials die Kategorie des **Familienstils** entwickelt, um zu erfassen, wie die Familien die ihnen eigenen Praxisformen reflexiv gebrauchen. Damit wird einerseits die soziale und kulturelle Bedingtheit des familialen Alltags aufgenommen, ande-
130 rerseits hält der Begriff des Stils den Blick dafür offen, dass die spezifische Art, wie Familien ihren Alltag und ihre Lage bearbeiten, über unilaterale Effekte sozialer und kultureller Voraussetzungen hinausgeht und konstruktive Dimensionen aufweist. […] Aus pädagogischer Sicht ist deshalb besonders
135 interessant, wie kultureller und sozialer Sinn im differenzier-

Abb. 4.10

ten Erfahrungsfeld der Familie nicht nur präformiert zutage tritt, sondern auch erzeugt, angeeignet und modifiziert wird. Der Familienstil und der Erziehungsgestus der Familie beschreiben in mikroperspektivischer Sicht, mit welchen
140 Praktiken und Strategien das Binnenmilieu der Familie aktiv als Erfahrungs- und Handlungsraum hergestellt und strukturiert wird. Die Einflüsse der äußeren Lebenssituation der Familie (die berufliche und gesellschaftliche Position der Eltern, die Verankerung der Familie in der Nachbarschaft, die
145 Bezüge zu den Einrichtungen des Bildungssystems und zu anderen gesellschaftlichen Institutionen und Erfahrungsbereichen) finden dabei zwar als Rahmung dieser inneren Prozesse der Familie Berücksichtigung, stehen aber nicht systematisch im Zentrum der Betrachtungen. In einer drit-
150 ten Spur unseres Zugangs zum Forschungsfeld der Familie soll es nun darum gehen, den strukturellen Zusammenhang des familialen Erziehungsmilieus mit seinem gesellschaftlichen und kulturellen Umfeld genauer zu verfolgen. […] Pädagogisch gesehen kommt es [dabei] darauf an, zwi-
155 schen der Familie und den unterschiedlichen Ebenen der sozialen Strukturierung dieser Gemeinschaft eine kategoriale Verbindung zu schaffen. Hier zeigt der von Norbert Elias (1970) in die Soziologie eingeführte figurations-theoretische Ansatz in eine produktive Richtung. Elias verwendet den
160 Begriff der Figuration, um die wechselseitigen Verflechtungen, oder wie er es nennt: die Interdependenzen zwischen den Individuen, in einem sozialen Gefüge zu beschreiben. Das heißt, „[…] dass […] der Begriff ‚Individuum' sich auf interdependente Menschen in der Einzahl, der Begriff der
165 ‚Gesellschaft' sich auf interdependente Menschen in der Mehrzahl bezieht." Dabei leugnet Elias nicht die Machtdimension sozialer Beziehungen, verweist aber auch darauf, dass es sich dabei stets – graduell unterschiedlich – um Beziehungen relativer Autonomie handelt. So hebt sich
170 zum Beispiel in einem Kartenspiel der Spielverlauf nach und nach in relativer Autonomie gegenüber den einzelnen Spielern ab; gleichzeitig können diese selbst aber auch relativ autonom entscheiden, wie sie im Fortgang des Spiels ihre Spielzüge durchführen. Entsprechend können sich (in
175 unterschiedlichem Ausmaß) Individuen autonom zu den Figurationen verhalten, in die sie verflochten sind, wie umgekehrt die Figurationen sich in relativer Autonomie von

den Individuen entwickeln, die sie hervorbringen [...]. Der
von Elias unternommene Versuch, schon in der Wahl der
180 Begriffe die Entgegensetzung von Person und sozialem System zu lockern und nach den konkreten Überschneidungen
von sozialen Subjekten und objektiven sozialen Gebilden zu
fragen, begründet die pädagogische Relevanz des Figurati-
onsmodells. Zur Bezeichnung dieses komplexen relationa-
185 len Geflechts, in das die Familie mit der Herausbildung ihres
spezifischen Familienstils wie auch mit ihrem besonderen
Erziehungsgestus eingebunden ist, verwenden wir den
Begriff der **Bildungskonfiguration**. Er ermöglicht es, bei der
Rekonstruktion der Familie als konkretem Erziehungs- und
190 Bildungsmilieu die Frage mit einzubeziehen, inwiefern das
praktisch aufeinander bezogene Tun der Familienmitglieder
in figurative Muster eingeflochten ist, die die Familie als
mikrosoziales Gefüge mit den meso- oder makrosozialen
Strukturen ihres Umfeldes verbindet.

M11 Familie Antonow (Hans-Rüdiger Müller, Dominik Krinninger u.a.)

Familie Antonow ist aus Russland eingewandert, wo auch
ihr Sohn Alex als ältestes von vier Kindern geboren wurde. Anna, die Mutter, stammt aus einer großstädtischen
Mittelschichtsfamilie (der früh verstorbene Vater war
5 Unternehmer, die Mutter Lehrerin), sie hat in Russland als
Gartenbauingenieurin mit Hochschulabschluss gearbeitet.
Ihr Mann Artur kommt aus einem eher kleinbürgerlich-
proletarischen Milieu (der Vater war erst beim Militär, dann
Polizist; die Mutter Fabrikarbeiterin), hat eine Kfz-Mecha-
10 niker-Ausbildung absolviert und in Russland als Lkw-Fahrer
gearbeitet. Etwa zur Zeit des Forschungskontaktes hat die
Familie (nach zehn Jahren Aufenthalt) die deutsche Staats-
bürgerschaft erhalten. Allerdings müssen die Eltern wegen
der verweigerten Anerkennung ihrer Abschlüsse in beruf-
15 licher Hinsicht quasi von vorne beginnen: Anna, indem sie
ein Studium der Ökotrophologie an der Fachhochschule
aufnimmt, intensiv ihre Deutschkenntnisse erweitert und
sich um einen Zuverdienst als Tagesmutter bemüht; Artur
als Taxifahrer, was eine häufige und unregelmäßige Abwe-
20 senheit aus dem Familienalltag nach sich zieht und kaum
eine berufliche Aufstiegsperspektive bietet. Während sich
die Familie insbesondere auf Initiative der Mutter aktiv
um eine nachbarschaftliche, schulische und berufliche Integration in das neue sozialkulturelle Umfeld bemüht und
25 sich dabei unverdrossen gegen erhebliche bürokratische
Hindernisse und auch soziale Diskriminierungen mit relativ
gutem Erfolg behauptet, hält sie bewusst über regelmä-
ßige Besuche in der Heimat und die zweisprachige Erziehung der Kinder wie auch Bücher, DVDs und die heimische
30 Kochkultur Kontakt zur russischen Tradition. Die Familie Antonow lebt somit in einem komplexen Geflecht kultureller,
sozialer, politisch-bürokratischer und familienbiografischer
Interdependenzen und Handlungsfelder, die ihren Alltag
einerseits spürbar vorstrukturieren, die sie aber anderer-
35 seits auch in ihrem alltäglichen Tun – als „interdependete
Individuen" – als Herausforderung annehmen, bearbeiten,
modifizieren und gewissermaßen (auf der Ebene konkreter

Praktiken, Strategien und Interaktionen) auch herstellen.
Damit repräsentiert der Familienalltag eine übergreifende
40 Bildungskonfiguration, die das Aufwachsen der Kinder entscheidend rahmt. In der aktiven Auseinandersetzung mit
dieser sozialkulturellen Situierung hat die Familie einen
spezifischen Familienstil entwickelt, den wir in Abgrenzung
zu den Stilen anderer Familien den „performativen Famili-
45 enstil" nennen. Den performativen Stil zeichnet aus, dass
der Ebene einer handlungspraktischen, eher am Vollzug als
an der expliziten Reflexion orientierten Strukturierung des
Alltags (die weniger markant auch in anderen Familien be-
obachtbar ist) eine ganz besondere Bedeutung und auch
50 Produktivität bzw. Funktionalität zukommt. Führt man sich
die Komplexität und Dynamik des von vielen heterogenen
Ansprüchen gekennzeichneten Alltags der Familie Antonow vor Augen, dann erscheint der performative Familienstil mit seiner selbstverständlichen Grundorientierung und
55 zugleich flexiblen Ausrichtung auf wechselnde Situationen
in besonderer Weise geeignet, das Feld der familialen Interaktion produktiv zu gestalten. Die spezifische Bildungskonfiguration und der performative Familienstil bilden zudem einen Rahmen, in den die mehr oder weniger explizit
60 pädagogischen Regulierungen eingebettet sind, die sich zu
einem familientypischen Erziehungsgestus bündeln lassen.
Diese Verschränkung von Konfiguration, Stil und Gestus
zeigt sich exemplarisch in einer Familienmahlzeit.
Für Aaron (10 Monate) und Anastasia (5) hat Anna Grießbrei
65 aus der Küche mitgenommen, Andre (8) hat seinen Teller
selbst mitgebracht und gleich mit dem Essen begonnen.
Anastasia lässt sich etwas Zeit und wird zu Tisch gerufen.
Obwohl es keinen gemeinsamen Beginn der Mahlzeit gibt,
wirkt die Situation auch in ihrer sukzessiven Herstellung
70 deutlich als ‚Familienmahlzeit' markiert. Jeder weiß, was zu
tun ist; das Tischdecken und Platznehmen, der individuelle
Beginn mit dem Essen und der kommunikative Bezug aufeinander verlaufen routiniert. Anna ist hauptsächlich mit
dem Füttern von Aaron beschäftigt. Nebenbei sorgt sie mit
75 kleinen Gesten oder Bemerkungen dafür, dass der situative
Rahmen erhalten bleibt [...]. In beiden Funktionen wird sie
von Andre unterstützt. Er versucht, seinen kleinen Bruder
bei Laune zu halten, der des Öfteren den Löffel verweigert
und quengelt. Anastasia ist mehr mit ihrem Essen und den
80 Ideen beschäftigt, die ihr dabei in den Kopf kommen.
Bei Familie Antonow wird ein Modus der pädagogischen
Regulierung sichtbar, der v. a. durch den Vollzug des gemeinsamen Handelns geprägt ist. Häufig wird dies ge-
stützt durch kleine mimische oder gestische Signale oder
85 knappe verbale Äußerungen, durch die auf die von den
Erwachsenen vertretene und von allen im Prinzip geteilte,
aus sich selbst heraus verständliche Ordnung der Familie
verwiesen wird. Dieser Modus verlangt nicht nach explizi-
ter Begründung; er vermittelt spontan zwischen den indivi-
90 duellen Entwicklungsvoraussetzungen der Kinder und den
praktischen Erfordernissen der Situation und strukturiert
so die gemeinsame Interaktion unter Wahrung individueller Spielräume. Reguliert wird sparsam: so wenig wie möglich, aber so viel wie nötig. Dieser Erziehungsgestus baut
95 auf dem ‚performativen' Familienstil (und dadurch auch auf
der in ihrer Interkulturalität und durch die sozialstrukturel-

len Erschwernisse komplexen Bildungskonfiguration) auf, indem er sich aus einer Achtsamkeit für das gemeinsame Tun speist, dem die komplexe symbolische Ordnung bei
100 Familie Antonow inhärent ist und das zu seinem Gelingen kaum einer expliziten Thematisierung bedarf.

M12 Ausblick auf Bildungs- und Erziehungsforschung

Pädagogische Forschung, die grenzüberschreitend zwischen den Disziplinen operiert, bedarf einer Transformation des im Kontext anderer Disziplinen erarbeiteten Wissens in den speziellen Theoriediskurs, der sich die
5 Bildung und Erziehung des Menschen als ein Problem der

Pädagogik zum Gegenstand macht. In diesem Sinne unternimmt auch das hier vorgestellte Projekt zu familialen Erziehungs- und Bildungsprozessen den Versuch, einerseits die disziplinären Grenzen zu überschreiten, um die Bei-
10 träge anderer Disziplinen zur Erforschung dieses Feldes zu nutzen, andererseits die disziplinäre Perspektive zu stärken, indem anhand der theoretischen Konstrukte des Familienstils, des Erziehungsgestus und der Bildungskonfiguration die begriffliche Verknüpfung zu pädagogischen
15 Problemhorizonten hergestellt wird. So kann die familiale Erziehungspraxis als konstruktive Tätigkeit der Akteure einerseits an der Schnittstelle zu ihrer gesellschaftlich-kulturellen Einbettung und andererseits in ihren Bezügen zu den jeweils altersspezifischen Entwicklungsvorausset-
20 zungen verortet werden.

4.2 Pädagogische Gestaltung des sich ändernden Umgangs der Kinder und Jugendlichen mit Medien

Die Internetnutzung über Smartphone, Laptop oder Computer und der Umgang mit Computern oder Laptops, vor allem aber Handys oder Smartphones bestimmen den Alltag von vielen Kindern und Jugendlichen. Die sich wandelnde Beschäftigung der Kinder und Jugendlichen mit modernen elektronischen Medien stellen somit eine Bedingung von Erziehung dar, die nicht nur Eltern und Lehrern häufig problematisch erscheint: Die Befürchtungen reichen von Tabubrüchen im Bereich von Gewalt und Pornografie, über Verdummung, Suchtgefahr bis zum Verlust der Realität und der Identität zugunsten eines nurmehr virtuellen Lebens.

Die ersten drei Texte zeugen von den Gedanken, die sich Eltern, Lehrer, Sozialpädagogen über den Umgang ihrer Schutzbefohlenen mit den neuen Medien machen, aber auch von den bildungstheoretisch ausgerichteten Überlegungen eines Literaten gegenüber Studenten. Die nächsten Materialien geben dann Hinweise auf die empirisch erhobene Nutzung der Medien durch Kinder und Jugendliche und das Ausmaß der elterlichen Sorgen. Die abschließenden Texte aus der wissenschaftlichen Reflexion über Mediennutzung und der Bedeutung ihres Wandels sollen Ihr eigenes Nachdenken zur Einschätzung des Medienwandels und des pädagogischen Umgangs mit diesem Wandel anregen.

M13 Computer und Spiele (Jan-Uwe Rogge)

Auch wenn Fernsehen und das Handy manchen Erziehungsstress mit sich bringen, bedeutet der Computer für viele Eltern eine noch größere Herausforderung. „Für mich", so Elsa Müller, Mutter von Martin, 11, und Lukas,
5 13 Jahre, „hat der Computer doch nur Nachteile. Meine beiden Söhne hängen nur noch an diesem Ding, vergessen

alles um sich herum. Sie spielen doch nur noch damit. In der Schule sind sie leistungsmäßig wesentlich schlechter geworden. Die Hausaufgaben werden nur noch flüchtig
10 gemacht, weil sie diese Spiele im Kopf haben. Neulich habe ich ihnen das Spiel mal für zwei Tage verboten. Aber das gab einen Riesenkrach. Dann sind sie zu Freunden. Haben dort gespielt. Also, das lässt sich wohl nicht verhindern. Das ist irgendwie so eine Regel: Entweder du machst da
15 mit, wenn nicht, bist du außen vor. Vogel friss oder stirb! Ich bin da machtlos, und die Kinder haben die Macht. Und das gibt ständig Kämpfe."
Hier konkretisiert sich eine ablehnend-abwehrende Haltung gegen Computer, in der auch durchscheint, dass man
20 die technologische Entwicklung nicht aufhalten kann. Diese Einstellung birgt viel Resignation in sich. Eltern haben das Gefühl, dem Computer und den neuen Medien ausgeliefert zu sein. In diesen Familien wird der Computer nicht selten zu einem Instrument, an dem sich Macht-
25 kämpfe zwischen Eltern und den pubertierenden Kindern entzünden – Machtkämpfe, die die Heranwachsenden meist gewinnen und die Ohnmachtsgefühle bei den Eltern zurücklassen.
Günter Behrens, Vater des 11-jährigen Leon und des 15-jäh-
30 rigen Matthias, umschreibt seine Position so: „Also, ich glaub', der Computer ist schon ein Segen. Er macht vieles leichter. Ich verstehe nicht viel davon, ich brauche dieses Ding auch nicht mehr. Aber für meine Jungens ist das wichtig. Ohne die Technik haben sie keine Chance im Ar-
35 beitsleben. Deshalb sollen sie das Ding bedienen können. Ich lasse sie auch. Irgendwie glaube ich, das reguliert sich doch. Bei uns war's früher das Fernsehen, heute ist es eben der Computer. Du musst dich damit arrangieren. Dagegen anzukämpfen, hat überhaupt keinen Sinn. Und irgendwie
40 finden die Jungens schon ihre Grenzen."
Der resignativ-abwehrenden Haltung entgegengesetzt ist diese eher angepasst-pragmatische Einstellung zum Com-

puter. Diese Eltern sehen in der Technologie einen
45 Fortschritt. Deshalb unterbleibt nicht selten eine differenzierte Abwägung von Vor- und Nachteilen. Eltern kontrollieren den Com-
50 puterzugang ihrer Kinder kaum oder nur unregelmäßig. Zu dieser Haltung neigen oft Eltern, die generell nur wenig gemeinsame Zeit
55 mit den Pubertierenden verbringen. Die Konsequenz dieser Einstellung zeigt sich häufig in der Art, wie die Heranwachsenden den
60 Computer gebrauchen. Im Vordergrund steht die Nutzung von Spielen, während die Anwendung kreativer Möglichkeiten des Computers hintansteht. Auffällig ist weiterhin, dass diese Gruppe von Heranwachsenden sehr viel Zeit mit dem Gerät verbringt.
65 Die Mutter von Julia, 12, und Maren, 14 Jahre, meint: „Ich denke, man kann diese technische Entwicklung nicht gänzlich verhindern. Warum sollte man das auch? Da gibt es sicherlich eine ganze Menge Vorteile. Aber wenn ich mir die Computer in der Arbeitswelt ansehe, dann haben die
70 doch Nachteile. Wenn ich nur an das Wegrationalisieren von Arbeitsstellen denke. Aber auch bei meinen Kindern! Oder in der Familie! Meinen Mann sehe ich manchmal stundenlang nicht, weil der am Computer hängt. Gut, er verdient sein Geld damit. Aber irgendwie geht alles auf
75 Kosten der Familie! Bei meinen Kindern setze ich deshalb klare zeitliche Grenzen, was den Umgang mit dem Computer anbetrifft. Das kostet manchmal Nerven, aber es lohnt sich. Aber ich lasse mir auch vieles von meinen Kindern erklären, rede mit ihnen. Über den Computer. Ich glaube,
80 das tut uns allen gut!"
Diese kritisch-abwägende Haltung betrachtet Vor- und Nachteile des Computers unter dem Blickwinkel der intellektuellen, sozialen und gefühlsmäßigen Entwicklung von Heranwachsenden. Hinzu kommen die Auswirkungen
85 des Computers auf das familiäre Zusammenleben. Dieser Gesichtspunkt wird insbesondere von Müttern vertreten. Eltern, die sich die Argumente dieser dritten Haltung zu eigen machen, nehmen sich viel Zeit für ihre Kinder, setzen sich intensiv mit dem Computergebrauch auseinander.
90 Aufgrund der verschiedenen Gespräche, die ich mit Eltern über den Computergebrauch geführt habe, kann man eine Faustregel formulieren: Je stärker die Computernutzung in ein kommunikatives Umfeld (Familie, Geschwister oder Gleichaltrige) eingebunden ist, umso anspruchsvoller und
95 ergänzender stellt sich die Nutzung des Computers dar. Dabei darf nicht übersehen werden: Der Umgang mit Lernprogrammen oder kreativen Möglichkeiten des Computers ist altersbedingt: Je älter die Kinder sind, umso differenzierter die Computer.
100 Befragt man Jugendliche, so sind diese vom Computer fasziniert, ihm aber nicht verfallen. Befürchtungen und Hor-

Jan-Uwe Rogge

ro ro ro

PUBERTÄT
Loslassen und Haltgeben

Aktualisierte und erweiterte Ausgabe

Abb. 4.11

rorprognosen aus den Achtzigerjahren, wonach der Computergebrauch zwangsläufig zu einer Verringerung sozialer Kontakte bei Pubertierenden führen muss, lassen sich für
105 die Mehrzahl der Heranwachsenden nicht bestätigen. Im Gegenteil: Die Computer-Kids sind zumeist eingebunden in die Gruppe Gleichaltriger, pflegen enge Freundschaften, tauschen sich aus und sind vielseitig interessiert. Heranwachsende nehmen Computerspiele nicht wahl- und
110 kritiklos an. Sie verfügen über fundierte Beurteilungskriterien bei den Spielgeräten. Die listige Weise, wie Computerspielprogramme verändert und kopiert, wie Codes geknackt werden oder in Datenbanken eingedrungen wird, weist zudem darauf hin, dass sich bei einem Teil der ju-
115 gendlichen Computerspezialisten der Umgang mit Technik und die Entfaltung von sozialer Kreativität nicht ausschließen müssen.
Die Computerkultur von Jugendlichen hat aber noch eine weitere Funktion. Computerspiele bieten – wie Kleidung,
120 Haarschnitt, Musikvorlieben oder sprachliche Rituale – eine Chance, sich nach außen, d.h. von Erwachsenen, abzusetzen, um sich damit gleichzeitig nach innen, bezogen auf die Gruppe der Gleichaltrigen, zu finden. Gute Computerspiele stellen eine Möglichkeit dar, sich eigener Quali-
125 fikationen zu versichern und sich einen Platz im System der Gleichaltrigen zu verschaffen. Darüber hinaus zeigen sich im Umgang mit den Computerspielen auch Spuren eines „neuen" Alltags. Heranwachsende beherrschen das Spielangebot besser und routinierter als Erwachsene, sie
130 wissen um Vor- und Nachteile eines Produkts und setzen es entsprechend ein. Das gilt ebenso für das Verhältnis der Generationen untereinander. Die Macht-Ohnmacht-Relation, die manches Eltern-Kind-Verhältnis prägt, erhält beim Umgang mit dem Computerspiel Risse. So werden die
135 Spiele seitens der Heranwachsenden nicht selten genutzt, um eine eigene Identität zu finden oder sich pädagogischer Bevormundung zu entziehen. […]
Freilich: Es gibt keine einflusslosen Medien. Dies gilt auch für den Computer. Doch in welcher Weise sich dies genau
140 auf Pubertierende auswirkt, hängt entscheidend davon ab, mit welchen intellektuellen, emotionalen und sozialen Vorerfahrungen Heranwachsende an das Computern herangehen.
Viele Eltern befürchten, ihre Pubertierenden würden vom
145 Computer abhängig. „Mein Kind ist computersüchtig", sagte ein Vater neulich in einem Telefongespräch. „Er sitzt nur noch vor diesem Gerät, hat kein Interesse mehr an anderen Dingen."
Die intensive Zuwendung zum Computer, die über Monate
150 hin sich erstreckende zeitintensive Nutzung, ja die damit verbundene Selbstisolierung, kann durchaus auch ein Hilfeschrei des Pubertierenden sein, mit dem er sich Aufmerksamkeit verschaffen und auf unbewältigte Probleme in seiner Nahwelt hinweisen will. Wenn Pubertierenden
155 keine anderen Freizeitaktivitäten offenstehen, insbesondere außerhäusliche Aktivitäten, wenn sie sich von Eltern, Geschwistern und Freunden isolieren, wenn sie entmutigt sind, über wenig Selbstwertgefühl und -vertrauen verfügen, wenn der Computer zum Fluchtort wird, sollte
160 es Eltern nachdenklich stimmen. Dann gilt es, die Rah-

73

menbedingungen der Nah- und Umwelt des Jugendlichen zu überprüfen. Die nachstehende Checkliste kann dabei behilflich sein. Eine übermäßige und zeitintensive Nutzung des Computers kann als Reaktion des Heranwachsenden
165 gedeutet werden, um auf
- schulische Probleme (Überlastung, Überforderung, Versagensängste etc.),
- Probleme mit Freunden,
- fehlendes Urvertrauen, nicht vorhandenes Selbstwert-
170   gefühl, Entmutigung,
- starke Spannungszustände bei gleichzeitig fehlendem Stressabbau,
- unbefriedigende Eltern-Kind-Beziehungen, Gleichgültigkeit in zwischenmenschlichen Beziehungen sowie nicht
175   vorhandene alternative Freizeitangebote hinzuweisen.

Aufgaben

1. Stellen Sie die im Text genannten Sichtweisen von einerseits Kindern und Jugendlichen und andererseits Eltern auf den Umgang der Kinder und Jugendlichen mit digitalen Medien tabellarisch gegenüber.
Beachten Sie dabei, dass Rogge drei Typen der Elternreaktion bzw. -haltung unterscheidet.

2. Fassen Sie die vermittelnde Position Rogges zum elterlichen Umgang mit der Mediennutzung ihrer Kinder mit eigenen Worten zusammen.

3. Welche erzieherischen Konsequenzen erwachsen aus der von Rogge angestellten Betrachtung des medialen Umgangs der Jugendlichen mit Computern und Handys und der von ihm ausgemachten Ursachen für eine übermäßige Nutzung der Geräte?

M14 Computerspiel- und Internetsucht vorbeugen (Gordon Schmid/Andreas Niggestich)

Mediennutzung sollte niemals Überhand nehmen. Das aufsuchende Präventionsprojekt „DIGITAL – voll normal?!" klärt über die Suchtgefahr auf und bildet Lehrer/-innen und Eltern fort. Für Schulklassen bietet das Team Projekt-
5 tage an.
Eine Studie über das Internetsuchtverhalten von europäischen Jugendlichen (Dreier et al. 2013) kam zu dem Ergebnis, dass bereits 1,2 Prozent der befragten Jugendlichen im Alter von 14–19 Jahren eine Internetsucht aufzeigten
10 und weitere 12,5 Prozent der Probanden ein erhöhtes Risiko aufwies. Vergleicht man diese mit anderen Studien, in denen auch junge Erwachsene befragt wurden, ergibt sich eine Prävalenzschätzung von 3–5 Prozent, die dieses Ergebnis bestätigt (Wölfling 2012). Es gilt daher zu reagieren
15 und neben Intervention mit Präventionsangeboten die gesamte Zielgruppe zu erreichen. Die problemlos Konsumie-

renden müssen sensibilisiert, die Risikokonsument/-innen frühzeitig erkannt und zur Konsumreduzierung motiviert werden. Risikofreies Aufwachsen in dieser digitalen Welt
20 bedeutet, Kinder und Jugendliche für einen verantwortungsbewussten Konsum zu stärken und ihre persönlichen Ressourcen in Bezug auf den Umgang mit den modernen Medien zu steigern. Gleichzeitig gilt es, Eltern und pädagogische Fachkräfte über den Nutzen zu informieren und
25 für die Gefahren zu sensibilisieren sowie Unterstützung anzubieten.
Dies ist das Ziel des Projektes „DIGITAL – voll normal?!" […] In Kooperation mit
30 den katholischen Schulen im Erzbistum Berlin richtet sich „DIGITAL – voll normal?!" an Kinder und Jugendliche der Klassen-
35 stufen fünf bis zehn, an deren Eltern sowie an Lehrer/-innen und Fachkräfte aller Schularten. […] Auf der Grundlage der
40 tagtäglichen Erfahrungen in der Arbeit mit den be-

Abb. 4.12

troffenen Computerspiel- und Internetsüchtigen und deren Angehörigen konnte ein passendes präventives Angebot entwickelt werden. Bereits erfolgreich erprobte Methoden
45 aus der Beratung und Gruppenarbeit wurden dabei an den präventiven Bereich angepasst.

Schüler/-innen

Die Projekttage finden meist im Rahmen eines Schultages statt, sodass die Veranstaltung alle Schüler/-innen einer
50 Klassenstufe erreichen kann. Inhaltlich können die Projekttage bzw. Projektstunden die Vorteile und Gefahren der Medienwelt aufzeigen, das eigene Mediennutzungsverhalten reflektieren und die Entstehung sowie die Folgen einer Abhängigkeitserkrankung darstellen. Ein vertrauensvolles
55 Verhältnis zu den Schüler/-innen aufzubauen, ist für diese Arbeit von grundsätzlicher Bedeutung. Das heißt, von Beginn an jungen Menschen in ihrer Lebenswelt zu begegnen und wertfrei über Medienerfahrungen zu sprechen. Wissen, Ideen und Thesen werden gesammelt, visualisiert und
60 in der Gruppe diskutiert. Jugendliche verfügen meist über ein breites Grundwissen zum Thema Computerspielsucht, können dies aber kaum auf ihr eigenes Verhalten übertragen. Am PC „zu suchten" ist schon bei Sechstklässler/-innen allgemeiner Sprachgebrauch. Im weiteren Verlauf der Pro-
65 jektarbeit wird das eigene (Medien-)Freizeitverhalten hinterfragt und ausgewertet. Zudem ist es notwendig, auch Entstehung und Folgen einer Computerspiel-/Internetsucht mit der Klasse zu thematisieren. Oberstes Ziel ist dabei, die Ressourcen der Kinder und Jugendlichen in Bezug auf
70 einen risikoarmen Umgang mit den modernen Medien zu steigern, Hilfsmöglichkeiten für Betroffene anzubieten und das vorhandene Hilfesystem vorzustellen. Die Praxis bestätigt an dieser Stelle die Statistik. In jeder Klasse finden sich etwa zwei bis drei Schülerinnen und Schüler, die

75 einen riskanten Medienkonsum und bereits Folgen davon,
wie nachlassende Schulleistungen, Vernachlässigung der
sozialen Kontakte und Konzentrationsschwierigkeiten,
aufweisen. Sich speziell diesen jungen Menschen behut-
sam zu nähern und Risikokonsument/-innen ins ‚real life'
80 zurückzuholen, ist ein wichtiger Bestandteil der Arbeit. Die
intensiven Vorbereitungsgespräche mit den Klassenlehrer/
-innen können bereits erste Hinweise auf riskante Nut-
zungsformen innerhalb der Klasse geben und ermöglichen
einen Ablauf gezielt am Bedarf der Schüler/-innen.

Eltern

85 Ein gelungener Projekttag wird sinnvoll ergänzt, wenn die
gesammelten Erfahrungen in den Familienalltag überführt
werden können. Eine nachhaltige und somit erfolgreiche
Präventionsarbeit bezieht daher die Eltern bei einem an-
90 schließenden Elternabend aktiv mit ein. Neben der Vorstellung der Arbeitsergebnisse aus den Klassen dient dieser
dazu, sich einen Überblick über die aktuellen Trends zu
verschaffen und den Eltern die Faszination, die die Jugendlichen bei der Nutzung des Internets erleben, aufzuzeigen.
95 Der Elternabend informiert über aktuelle Gefahren im Netz
und zeigt Risiken problematischer Mediennutzung auf. Die
Veranstaltung gibt weiterhin praktische Hinweise für eine
präventive Medienerziehung im Familienalltag und dient
als Elternforum für einen Austausch untereinander. Der
100 Elternabend soll und kann Erziehungsberechtigte motivieren, sich mit den Bedürfnissen und Wünschen ihrer Kinder
auseinanderzusetzen und zeitgleich den kritischen Blick
zu schärfen. Die Erfahrungen zeigen, dass hier erhebliche
Unterschiede bestehen – von einer ablehnend-restriktiven
105 Haltung gegenüber Bildschirmmedien bis hin zu uneinge-
schränktem, wenig kontrolliertem Konsumverhalten. Die
Auseinandersetzung mit dem eigenen elterlichen Mediennutzungsverhalten und der damit verbundenen Vorbildfunk-
tion ist wichtiger Bestandteil dieses Informationsabends.
110 Der Wunsch vieler Eltern nach einer schnellen und einheitlichen Lösung ist nachvollziehbar: Antworten und Diskussionen über die Höhe von Nutzungszeiten oder über mögliche
Sicherungssoftware sollen dies befriedigen. Viel wichtiger
und gewinnbringender sind jedoch Denkanstöße, in wel-
115 chem Zusammenhang beispielsweise das elterliche Verhalten mit dem Computernutzungsverhalten der Jugendlichen
steht. Aus den gewonnen Erkenntnissen lassen sich logische
Verhaltensänderungen und Regeln ableiten, die es braucht,
um Veränderungen im Alltag einzuleiten. Fehlende, unklare
120 oder komplizierte Regelwerke gilt es, durch einfache, klare
Regeln mit eindeutigen Konsequenzen zu ersetzen.

Lehrer/-innen

Die Schule ist für Kinder und Jugendliche ein Lebensraum,
an dem sie viel Zeit verbringen. Da ist es naheliegend,
125 alle Akteure in die Präventionsarbeit einzubeziehen.
Lehrer/-innen und Schulsozialarbeiter/-innen stehen im
täglichen Kontakt mit ihren Schüler/-innen und erleben
deren Vorliebe für Smartphone und Co. Störungen im
Unterricht, mangelnde Konzentration und nachlassende
130 Schulleistungen, die u.a. von der mobilen Internetnutzung
ausgehen, beeinflussen die Schul- und Lernatmosphäre.

Demgegenüber steht der politische Bildungsauftrag, junge
Menschen für die Teilhabe an der Informationsgesellschaft
auszubilden. Schulen setzen dies sehr unterschiedlich um:
135 vom frei verfügbaren WLAN-Netzwerk bis hin zum strikten
Smartphoneverbot. Das Projekt steht den Schulen bera-
tend zur Seite und bietet für Lehrkräfte entsprechende
Fortbildungsveranstaltungen an. Auch hier gilt es, neben
der Vermittlung der jugendlichen Faszination an Compu-
140 terspielen, über die Gefahren und Folgen einer Computer-
spiel-/Internetsucht aufzuklären. Ergänzt wird das Präven-
tionsangebot durch spezielle Fortbildungsveranstaltungen
ausschließlich für Beratungslehrer/-innen. Sie sind häufig
mit den Problemen konfrontiert und können den Rahmen
145 eines Beratungsgespräches nutzen, um Schüler/-innen
nach deren Nutzungsgewohnheiten zu fragen. Ziel ist es,
jugendliche Risikokonsument/-innen frühzeitig zu erkennen, die Eltern mit in die Beobachtungen einzubeziehen,
um sie ggf. in das Hilfesystem zu überführen.
150 Die drei Zielgruppen erreicht das Projekt „DIGITAL – voll
normal?!" gleichermaßen. Wenn verantwortungsvoller
Konsum zwischen Eltern und ihren Kindern, zwischen Leh-
rer/-innen und ihren Schüler/-innen sowie von den Jugendlichen untereinander regelmäßig thematisiert wird, sichert
155 dies eine erfolgreiche Präventionsarbeit.

Aufgaben

1. Bestimmen Sie die von Schmid/Niggestich genannten
   Gefahren der Mediennutzung und die dafür genannten
   Belege.

2. Erläutern Sie, inwiefern in dem Projekt unmittelbar pädagogisch gehandelt wird und inwiefern über das Projekt
   die Bedingungen für die Erziehung durch Eltern und Leh
   rende hergestellt werden sollen.
   Welchen Aufklärungsbedarf vermuten Schmid/Niggestich
   bei Eltern und Lehrern?

3. Informieren Sie sich über vergleichbare Initiativen: Wie
   möchte etwa das EU-Projekt „klicksafe" Kinder, Jugendliche, Eltern und Lehrer über einen sicheren Gebrauch
   des Internets aufklären? Welche Chancen und welche
   Gefahren digitaler Medien machen die Initiatoren des
   EU-Projektes aus? Welche Schwächen im Umgang mit
   digitalen Medien werden befürchtet, welche Fähigkeiten
   sollen ausgebaut werden? Wie sollen die Kinder und Jugendlichen, wie Eltern und Lehrer aufgeklärt werden?

4. Einen weiteren Text zum Thema Mediennutzung finden
   Sie online (🌐 m8c4uw). In dem Text geht der US-
   amerikanische Bestsellerautor Jonathan Franzen auf die
   individuelle Identität und die Gefahren digitaler Massen-
   medien ein.

Abb. 4.13

M15 **KIM-Studie 2014 (Kinder und Medien): Basisuntersuchung zum Medienumgang 6- bis 13-Jähriger**

Freizeitaktivitäten 2014 (Teil 1)

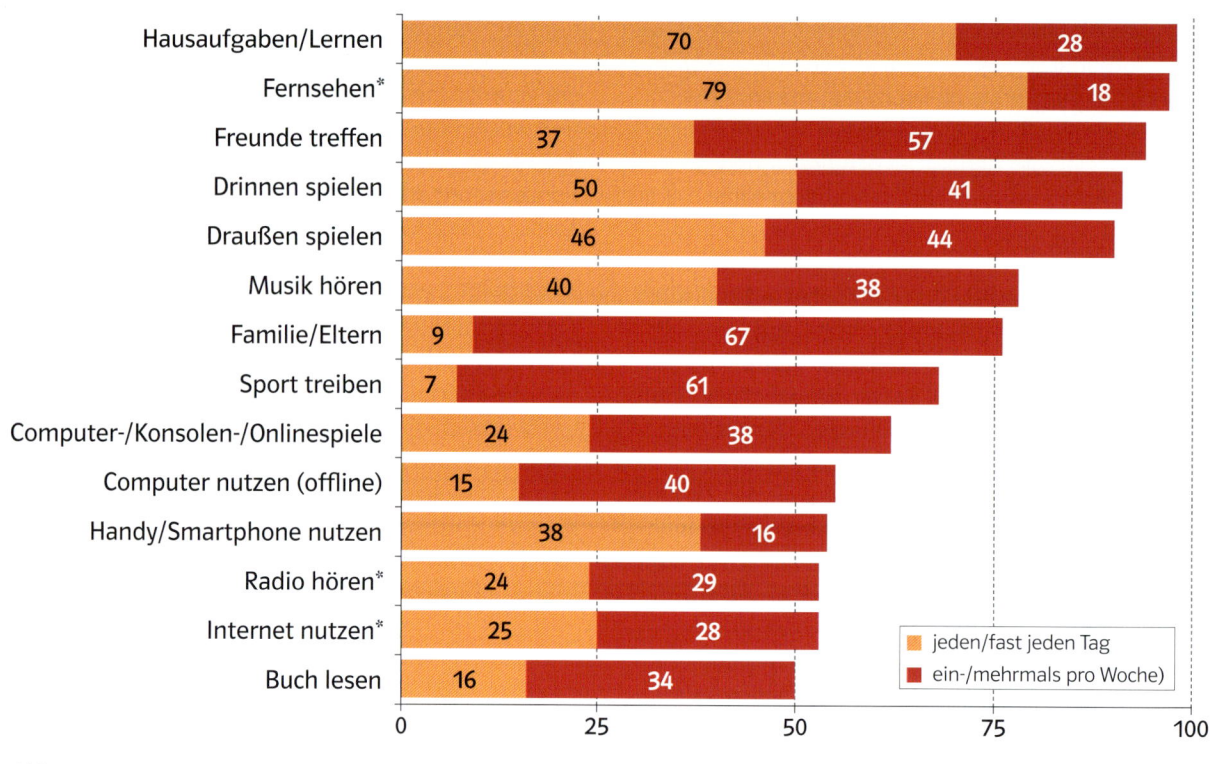

Abb. 4.14

Quelle: KIM-Studie 2014, Angaben in Prozent, *egal über welchen Verbreitungsweg; Basis: alle Kinder, n = 1.209

M16 **JIM-Studie 2014 (Jugend, Information, [Multi-]Media): Basisuntersuchung zum Medienumgang 12- bis 19-Jähriger**

Non-mediale Freizeitaktivitäten 2014
– täglich/mehrmals pro Woche –

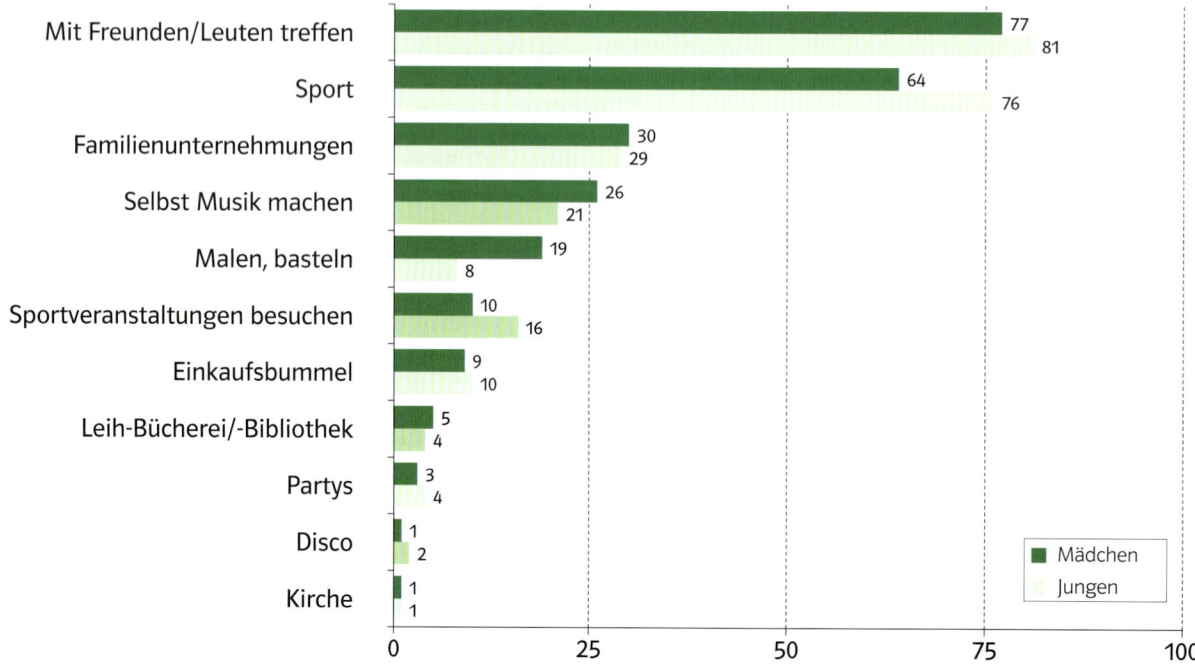

Abb. 4.15

Quelle: JIM 2014, Angaben in Prozent; Basis: alle Befragten, n = 1.200

Medienbeschäftigung in der Freizeit 2014

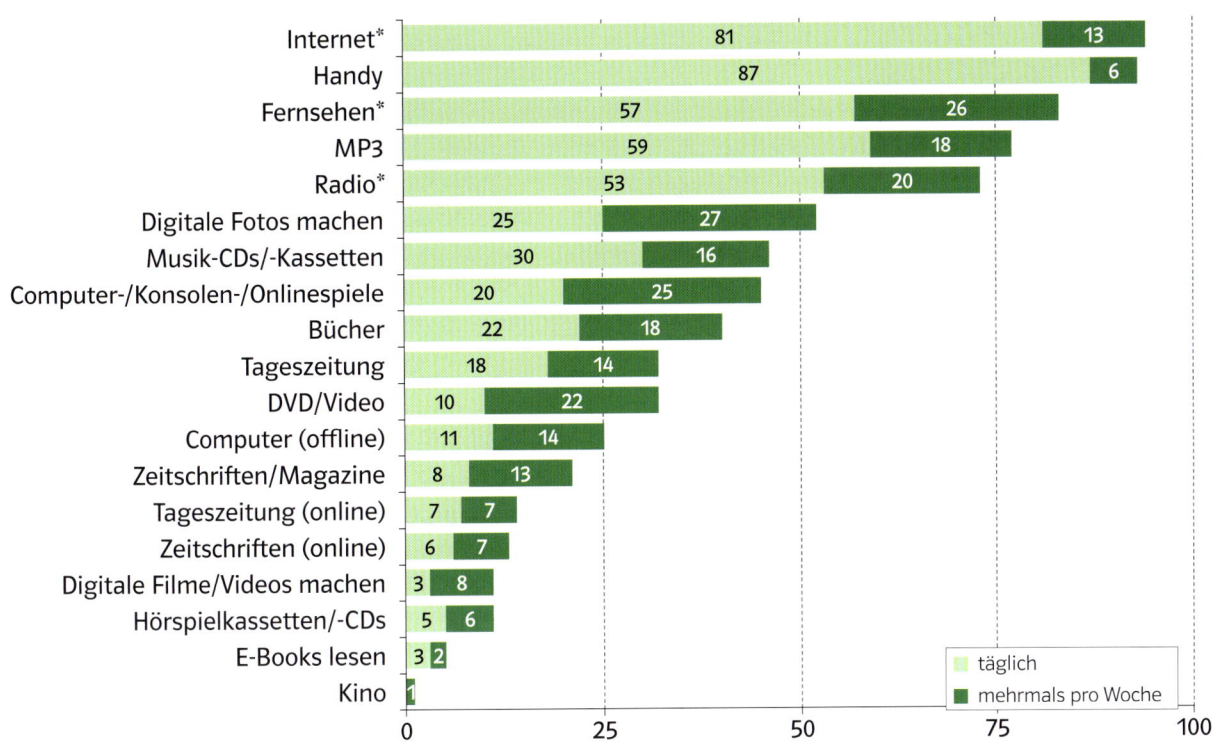

Abb. 4.16

Quelle: JIM 2014, Angaben in Prozent, *egal über welchen Verbreitungsweg; Basis: alle Befragten, n = 1.200

Nutzungshäufigkeit von WhatsApp pro Tag 2014

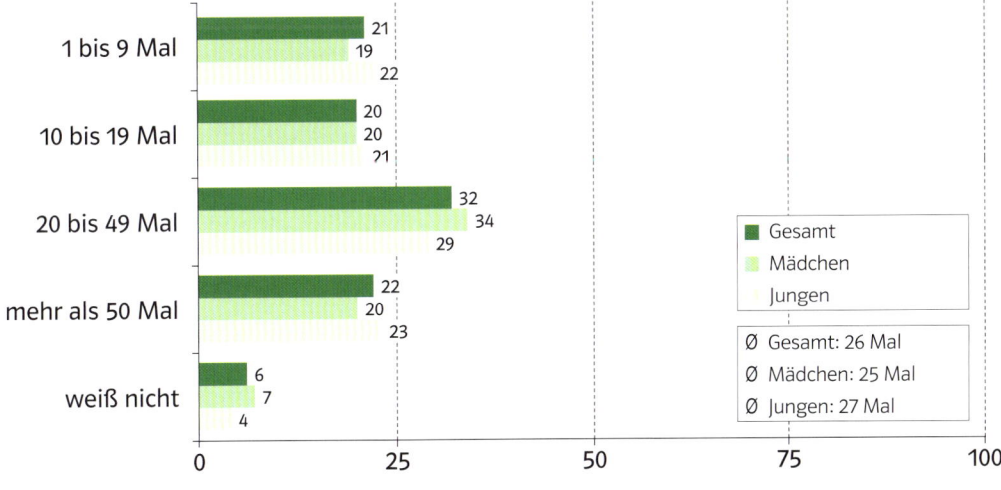

Abb. 4.17

Quelle: JIM 2014, Angaben in Prozent; Basis: Befragte, die WhatsApp täglich nutzen, n = 951

Aufgaben

1. Beschreiben Sie arbeitsteilig die Diagramme der Kinder- und Jugendstudien KIM und JIM zum Medienverhalten.

2. Vergleichen Sie das sich verändernde Verhalten von der Kindheit zur Jugendzeit.

3. Erheben Sie das Medienverhalten in Ihrem Kurs und vergleichen Sie es mit den Ergebnissen der Studien.

4. Wie verhalten sich Ihre Eltern zu Ihrer Mediennutzung? Hat sich deren Verhalten gegenüber Ihrer Mediennutzung in den letzten Jahren verändert?

5. Wie bewerten Sie Ihre eigene Mediennutzung?

M17 Mediale, simulierte, virtuelle, reale Identität? (Jörg Zirfas/Benjamin Jörissen)

Die 90er-Jahre werden im Allgemeinen als das Jahrzehnt des Internets betrachtet. Dabei ist „das Internet", entgegen der landläufigen Wahrnehmung, kein relativ homogenes Medium, sondern ein ausgesprochen heterogener Verbund
5 unterschiedlicher Technologien zum Austausch von Daten und zur Kommunikation, dessen (Vor-)Geschichte bis in die 1960er-Jahre zurückreicht. Will man die Bedeutung dieses Mediums für Identitätsbildungsprozesse auch nur ansatzweise nachvollziehen, so ist es erstens wichtig, die Unter-
10 schiedlichkeit der verschiedenen Kommunikationstechnologien im Internet zu berücksichtigen; zweitens aber, das Internet nicht etwa als bloßes (wenn auch hochpotentes) Kommunikations- und Informationswerkzeug, sondern als einen neu hinzugewonnenen Kulturraum zu erkennen – ein
15 Anspruch, dem etwa der landläufige Begriff des Nutzers (Users) in seiner instrumentalistischen Reduziertheit nicht gerecht wird. Ob Newbee, Netizen oder Nerd – jeder, der in einer Form Umgang mit anderen Personen oder Personae innerhalb dieses Mediums aufnimmt, ist de facto bereits
20 Teil bestehender, häufig mit eigenen Regeln, Ritualen und Traditionen ausgestatteter Kommunikationszusammenhänge. Und schon mit diesen Labels gehen neue Identitätszuschreibungen, gehen neue Möglichkeiten der Selbstbeschreibung und -inszenierung einher.
25 „On the Internet, nobody knows you're a dog", untertitelte der Cartoonist Peter Steiner im Jahr 1993 einer inzwischen weithin bekann-
30 ten Karikatur im Magazin „The New Yorker", die einen chattenden Hund zeigt. Damit ist eine spezifische Grunderfahrung der Inter-
35 netkommunikation angesprochen, nämlich die der grundsätzlichen Anonymität

"On the Internet, nobody knows you're a dog."

Abb. 4.18

(wie auch immer diese ungewollt bedroht oder gewollt aufgehoben werden kann). Die Anonymität befördert eine
40 Tendenz zur kommunikativen Enthemmung, die häufig zu einem Maß der Freundlichkeit führt, das sich im Vergleich zu Offline-Begegnungen auffällig ausnimmt, freilich aber auch zu entfesselten Hassausbrüchen (sog. flame-wars) führen kann. Als folglich gleichermaßen anonymisierter
45 wie enthemmter/enthemmender Kommunikationsraum ist das Internet ein prädestiniertes Medium, eher verborgene Persönlichkeitseigenschaften und Wünsche, ggf. sogar die persönliche Schamgrenze überschreitende Selbstinszenierungen auszutesten und soziale Rückmeldungen auf neue
50 Verhaltensweisen auszuprobieren. Besonders in den frühen Zeiten des Internets, in denen die Ökonomisierung, und mit ihr alle Sorten juristischer Problematiken erst in geringem Maße fortgeschritten waren, bedingten die kommunikativen Besonderheiten des Mediums, jedenfalls in ihrer akade-

55 mischen Wahrnehmung, einen ausgeprägten Hang zum Rollenspiel. Die Online-Person inszenierte sich hauptsächlich als Persona – dieser römisch-antike Terminus, hier in seiner Bedeutung der Charaktermaske, ist ein gängiger Ausdruck zur Bezeichnung der virtuellen Identitätsform im Netz.
60 Online-Personae sind, grundsätzlich betrachtet, nichts anderes als symbolische Konstrukte. Folgt man der Philosophin Sibylle Krämer […], so können Personen im Netz nur agieren, „sofern sie sich dabei in symbolische Ausdrücke verwandeln". In der Online-Kommunikation hat man daher,
65 so Krämer (ebd.), entgegen der erzeugten Illusion nicht zu Personen Kontakt, sondern nur zu symbolischen Strukturen. Unabhängig davon, ob eine andere Identität gespielt oder vorgespiegelt wird, oder ob die Person sich authentisch einzubringen versucht – es ist unmöglich, im Internet zu
70 agieren, ohne dabei seine Person in eine Persona zu transformieren. Folglich kann nur diese Persona von den anderen erfahren werden: „Die im Netz möglichen Interaktionen […] beruhen darauf, dass die Teilnehmer sich in symbolische Repräsentationen verwandelt haben, Repräsentationen aller-
75 dings, denen kein natürlicher Referent mehr entspricht bzw. entsprechen muss" (ebd., S. 109). An dieser Feststellung ist kaum zu rütteln – seien es Wörter und Sätze, seien es die sogenannten Emoticons, die grundsätzliche emotionale Gestimmtheiten signalisieren, oder seien es grafische (Re-)
80 Präsentationen von Charakteren (die sog. Avatare); all dies sind symbolische Ausdrücke, und etwas anderes (Personen, Körper etc.) würde auch schwerlich Eingang in ein symbolisches Kommunikationsmedium finden.
Es stellt sich allerdings die Frage, ob diese apodiktische
85 Feststellung – dass man es hier notwendig mit der bloßen Simulation von Personen und folglich von Interaktionen zu tun habe – dem Blick auf die medialen Handlungspraxen standhält, und ob sie nicht vielmehr an den Besonderheiten dieser neuen Kommunikations- und Kulturräume,
90 zumindest teilweise, vorbeizielt. Sowohl kulturwissenschaftlich-ethnografische und soziologische wie auch sozialpsychologische Studien zum Internet geben jedenfalls durchaus Grund zur Annahme, dass man es hier zwar mit nur virtuell präsenten, jedoch keineswegs mit bloß simu-
95 lierten Personen und Interaktionen zu tun hat. […]
Woran einige der besorgten und teilweise überdramatisierten Diskussionsbeiträge um das Schicksal der Identität im Zeitalter der Neuen Medien kranken, ist die – nicht ganz der Ironie entbehrende – Tatsache, dass der Blick des medienkri-
100 tischen (oder medienenthusiastischen) Beobachters selbst auf den medialen Rahmen in einer ähnlichen Weise fixiert ist, wie er seinerseits den Internet-Nutzern stereotyperweise unterstellt, in ihren Beziehungen und Identitätsentwicklungen auf das Netz fixiert zu sein. Und das, obwohl gerade die
105 Durchdringung des Medialen und des Außermedialen (oder auch des „Virtuellen" und des „Realen") einen inzwischen weithin anerkannten Sachverhalt darstellt. In diesem Sinne plädiert bereits Turkle dafür, „[…] dafür zu sorgen, dass das Reale und das Virtuelle füreinander durchlässig werden und
110 sich so wechselseitig befruchten und erweitern".
Dass sich das Virtuelle und das Reale aus Sicht der Philosophie ohnehin durchdringen, hat Wolfgang Welsch in einer Reihe von Aufsätzen verdeutlicht. Beide Bereiche, so

Welsch, stünden in komplexer Beziehung zueinander […].
115 Außermediale und mediale Erfahrungswelten, so Welschs These […], seien nicht wechselseitig substituierbar: So wenig die außermediale Erfahrungswelt „virtualisierbar" sei, so wenig seien ihrerseits die medialen Erfahrungsformen am Maßstab der außermedialen zu messen. Letztere seien
120 daher keineswegs minderwertige Simulationen, denn sie eröffnen Handlungs- und Erfahrungsräume sui generis. „Realität" und „Virtualität" können sich heute nicht mehr „an sich", sondern nur noch als aufeinander bezogene (relationale) Konzepte verstanden werden, die sich nur jeweils in
125 Abgrenzung von ihrem Gegenpol fassen lassen. Was Welsch auf erkenntnistheoretischer Ebene formuliert, entspricht ganz unmittelbar den alltäglichen Durchdringungserfahrungen von medialen und außermedialen Räumen, die weder als melancholische Verlustgeschichten noch als
130 posthumanistische Cyber/Cyborg-Fantasien angemessen erfasst werden. […] Aus dieser differenzierten Perspektive erscheint die Sorge, ob die in den neuen Kulturräumen des Internets entstehenden und erworbenen Identitätsformen „nur simuliert" oder echt bzw. authentisch seien, als falsch
135 gestellte Frage. Es gilt vielmehr zu beobachten, in welcher Weise sich die anthropologischen Bedingungen von Selbstverhältnissen mit den Neuen Medien transformieren. Geht man mit Welsch davon aus, dass das Reale und das Virtuelle für zwei verschiedene Erfahrungsbereiche stehen,
140 die zugleich distinkt und miteinander verwoben sind, so kann man verschiedene Durchdringungsverhältnisse voneinander unterscheiden. […]

1. „Reale" Identitäten als emergente Effekte „virtueller" Interaktionen: Die klassischen Beispiele für Online-Iden-
145 tität, wie sie etwa in Turkle (1999) angeführt werden, entstammen überwiegend Forschungen über Chat-Räume und virtuelle Rollenspiel-Umgebungen (MUDs und MOOs). Man erfährt von Individuen, die online Identitäten aus- bzw. anprobieren wie Kleidungsstücke, und die in verschiedenen
150 (Programm-)Fenstern verschiedene Personae gleichzeitig ausleben. Es ist nun kaum zu leugnen, dass solche auffälligen, auch für die öffentliche Wahrnehmung besonders attraktiven Interaktionsformen tatsächlich bestimmte Gruppen von Nutzern besonders faszinieren – wie bei-
155 spielsweise Internet-Neulinge, welche die Möglichkeiten der Anonymität zum ersten Mal auskosten können; Small-Talk-Addikten, die sich allabendlich in „ihrem" Chatraum mit Gleichgesinnten treffen, passionierte Rollenspieler, von denen einige sicherlich besonders an der Möglichkeit der
160 Identifikation mit mächtigen Archetypen (Magiern, Göttern, Helden etc.) interessiert sind. Diese Haltung wird jedoch nicht etwa von den jeweiligen Kommunikationsumgebungen, also etwa dem Internet Relay Chat (IRC) oder einer Rollenspielumgebung, erzwungen.
165 Sie entspricht vielmehr einer bestimmten Gebrauchsweise dieser Umgebungen – einer spezifischen medialen Handlungspraxis neben anderen. So können Online-Rollenspieler weniger an ihrer jeweiligen virtuellen Identität interessiert sein als vielmehr – oder sogar ausschließlich – an den stra-
170 tegischen Herausforderungen des Spiels (Bewährung), an der ästhetischen oder ludischen Freude am Gamedesign (Lustgewinn), an der Community jenseits des eigentlichen

Spiels (soziale Einbindung). Nur im speziellen Fall der erstgenann-
175 ten Handlungspraxis, die nicht ausschließlich, aber bisweilen eskapistischen Charakter aufweist, ist das oben entfaltete Modell der doppelten Imaginationsstruktur
180 wirklich von Belang, während die anderen medialen Handlungspraxen durch verschiedene Distanz

Abb. 4.19

erzeugende Rahmungen ein Medialitätsbewusstsein voraussetzen oder gar initiieren können.
185 Das muss nicht bedeuten, dass ein Spiel, bestimmte virtuelle Handlungen oder die entwickelten Personae nicht ernst genommen werden. Ganz im Gegenteil zeigen Forschungen aus dem Bereich der Online-Actionspiele, dass eine große Bandbreite der „Ernsthaftigkeit" der Spieler existiert – von
190 „fun"-orientierten über ambitionierte bis hin zu Spielern mit semiprofessionellen Ansprüchen. Der Punkt ist jedoch, dass im Fall dieser gerahmten medialen Handlungspraxen die Zurechnung der Rückmeldungen (identitätsstiftende Anerkennungshandlungen) aus medial vermittelten sozialen Si-
195 tuationen nicht in Identifikation mit der jeweiligen Persona erfolgt: Eine besondere strategische Leistung, ein Dienst an der Spieler-Gemeinschaft oder auch das Labeling als Falschspieler (Cheater) werden dem Spieler, nicht der Spielfigur, zugerechnet. Dennoch bleiben sie an die jeweilige Persona
200 als den konkreten Akteur in der virtuellen Umgebung notwendig gebunden (zumal dort, wo es nicht oder noch nicht zu Offline-Kontakten gekommen ist). Die so entstehenden Online-Identitäten sind mit dem adjektiv „virtuell" nicht mehr gut zu kennzeichnen; sie weisen
205 vielmehr einen komplexen, hybriden Charakter auf – in dem Sinne, dass Person und Persona sich verschränken, aber nicht miteinander verschmelzen. Im Rahmen solcher medialer Handlungspraxen, die besonders im Kontext von Online-Communitys relevant sind, sind neu entdeckte Per-
210 sönlichkeitsanteile, Selbstbeschreibungen, Änderungen von Selbstbildern keineswegs Simulationen oder nur imaginäre Identitäten, sondern unmittelbare Bestandteile der handelnden Person und ihres Selbstverhältnisses. Die rein „virtuelle Identität" erscheint demgegenüber als ein Derivat, das durch
215 Kollusion von Person und Persona gekennzeichnet ist.

2. Alltagsidentitäten in virtuellen Umgebungen: Die reine Online-Identität im Sinne einer angenommenen, zumeist (rollen-)spielerisch motivierten Persona ist bei Weitem nicht der einzige, und nicht einmal der vorwiegende Identi-
220 tätstypus in den Neuen Medien. In ihrer zum Standardwerk avancierten Untersuchung über Identitäten und soziale Beziehungen im Internet weist die Sozialpsychologin Nicola Döring auf, dass es, ganz im Gegenteil zu den Klischees der medienkritischen Diskussionen, „[…] letztlich auch im Netz
225 nur in wenigen Situationen und Kontexten der Fall [ist], dass die Beteiligten wirklich identitätslos auftreten können und wollen, nicht als Personen mit individuellen und kollektiven Identitäten aufeinander reagieren, sondern nur intertextuelle Bezüge herstellen, beliebiges Identitäts-Hopping betrei-
230 ben […]" (Döring 2003). Die nicht zu Unrecht häufig hervorgehobene Anonymität von Online-Kommunikationen erweist

sich bei genauerer Hinsicht als brüchig: „Wie nicht zuletzt die Sorge um den Online-Datenschutz und digitales Identitätsmanagement zeigt, ist die sozio-technische Netzumgebung
235 keineswegs automatisch frei von identifizierenden Hinweisen, sei es, dass diese bewusst übermittelt, versehentlich herausgegeben oder vom Gegenüber erschlossen werden" (ebd). Und ganz abgesehen von dieser eher technischen Frage der Anonymität, treten Personen im Internet weitaus
240 weniger maskiert auf, als es der mediale Hype um Identitätsspielereien im Internet vermuten ließe. […]

3. Online-Identitäten in der außermedialen Sphäre: Als „Spill-over"-Effekte sind solche Phänomene bekannt, in denen mediale Interaktionen nachhaltige Wirkungen in
245 außermedialen Kontexten hervorrufen. Bezogen auf Online-Identitäten bedeutet dies, dass im Internet entstandene und an Online-Communitys etc. gebundene Identitäten zu integralen Bestandteilen auch des außermedialen Selbstverhältnisses werden. Marotzki (2003) weist darauf hin, dass etwa
250 in Online-Communitys häufig strukturelle Vorkehrungen bestehen, welche die Erweiterung der Online-Beziehung auf Offline-Aktivitäten ermöglichen und häufig sogar fördern. In vielen Online-Communitys (auch Chat-Communitys) stellen solche „real-life"-Treffen ein fest institutionalisiertes Ritual
255 dar. Dabei geht es typischerweise nicht um die Erschaffung eines sozialen Raumes für alternative Beziehungen, sondern tatsächlich um die Erweiterung der jeweiligen Community in den außermedialen Raum hinein. D. h., Themen-Communitys sind auch in ihren Offline-Treffen in aller Regel um ihr jewei-
260 liges Interessenfeld herum zentriert; Spieler-Communitys treffen sich vorwiegend zu kleineren oder größeren „LAN-Partys", d. h., sie spielen ihr Online-Spiel mit verkabelten Computer-Netzwerken in leiblicher Kopräsenz; Treffen etwa lokaler Chatrooms haben eher informellen Party-Charakter.
265 Auf die Identitäten der Mitglieder bezogen bedeutet dies, dass sie in diesen „real-life"-Treffen dann nicht etwa ihre Online-Identität hinter sich lassen, sondern – das ist das besondere Potenzial der hybriden Identitätsform – ihre hybride Online-Identität nahtlos in den außermedialen so-
270 zialen Kontext einbringen können (die dann freilich um v. a. sinnliche Erfahrungsgehalte angereichert und erweitert wird, die online nicht zu vermitteln wären).

4. Die virtuelle Strukturiertheit der (außermedialen) personalen Identität: Der letzte Aspekt entfaltet sich anhand einer
275 überraschenden Form des unmittelbaren Übergriffs der medialen in die außermediale Sphäre. Für großen Aufruhr in den US-amerikanischen Printmedien sorgt seit Ende der 1990er-Jahre das Thema des Identitätsdiebstahls. Unter dem Ausdruck „Identity Theft" ist zu verstehen, dass ein Dieb die
280 komplette öffentliche Identität eines Netz-Nutzers, also dessen Name, Adresse, Kreditkarteninformationen, Personalausweis- und Sozialversicherungsnummer, Führerscheinnummer und die Bankverbindung in seinen Besitz bringt, um mit diesen gestohlenen Informationen unter falschem Namen
285 etwa Kredite aufzunehmen oder illegale Geschäfte abzuwickeln (vgl. McNamara 2003). Wie Mark Poster (2004) berichtet, wurde eine erhebliche Zahl von Individuen teilweise in ruinöser Weise finanziell, sozial oder beruflich geschädigt. Was sich mit dem Phänomen des Online-Identitätsdieb-
290 stahls ankündigt, zeigt, so Poster, nicht weniger als eine

Transformation der tradierten Identitätsverständnisse mit ihrer Orientierung am personalen Bewusstsein (Locke) und am Ich (Erikson) an: „What is stolen is not one's consciousness but one's self as it is embedded in (increasingly
295 digital) databases. The self constituted in these databases, beyond the ken of individuals, may be considered the digital unconscious" (ebd. 2004, S. 23). Die Idee eines „digitalen Unbewussten", also von Daten, welche die (öffentliche) Identität einer Person konstituieren, ohne dass sie selbst
300 oder ein anderes Individuum sich dieses Umstands bewusst ist, stellt in der Tat, wie hierzulande an den immer wieder aufkommenden Diskussionen um Datenschutzbelange im Kontext Neuer Medien ablesbar ist, ein Problem zunehmender Größenordnung dar.

305 Diese aktuelle Problematik wirft ein besonderes Licht auf die Konstitution personaler Identität, deren Relevanz sich nicht auf die vernetzte Gegenwart beschränkt, sondern an die Anfänge der Moderne zurückverweist. Am Beispiel des virtuellen Identitätsdiebstahls wird deutlich, in welchem
310 Maße die Identität der Person auch außerhalb medialer Kontexte ein rein symbolisches – und ausgesprochen fragiles – Konstrukt darstellt. Identitätsdiebstahl im Internet ist letzten Endes nur deshalb möglich, weil mediale Vermittlungen – Daten, Dokumente, Lebensläufe, Dossiers – in
315 den Prozess der sozialen Herstellung des Person-Status tief eingeschrieben sind. […]

Die virtuellen Daten begleiten und konstituieren unsere Selbstverhältnisse bereits seit einer Zeit, die der Erfindung des Computers und der Verbreitung des Internets weit
320 vorausgeht. Die Neuen Medien erscheinen aus dieser Perspektive nicht mehr ausschließlich als ein Feld der radikalen Umbrüche und Innovationen; sie schließen auch an eine spezifische historische Disposition an – und vielleicht konnte das Internet sich nur deshalb zu einem weit über die ur-
325 sprünglich angedachten militärischen, wissenschaftlichen und wirtschaftlichen Zwecke hinausgehenden Phänomen von erheblicher Relevanz für den individuellen Alltag und die Konstitution individueller Selbstverhältnisse entwickeln.

Aufgaben

1. Klären Sie die Ihnen nicht bekannten Begriffe.

2. Skizzieren Sie, wie Zirfas/Jörissen das Verhältnis von Realität und Virtualität kennzeichnen.

3. Vergleichen Sie das hier dargelegte Identitätsverständnis mit Eriksons Identitätsvorstellungen und der Kritik an Eriksons Identitätsbegriff bei Keupp (vgl. Kapitel 2).

4. Diskutieren Sie, welchen Umgang mit Smartphones, Computer(spielen) und Internet Sie auf der Grundlage der bisherigen Materialien für angemessen halten. Welche Chancen bzw. Gefahren sehen Sie?

5. Wie sollten Eltern und Lehrende auf den Umgang ihrer Kinder bzw. Schülerinnen und Schüler mit dem Internet Einfluss nehmen? Was müssen Eltern und Lehrende aus Ihrer Sicht hinsichtlich des Umgangs (ihrer Kinder bzw. Schülerinnen und Schüler) mit den Medien noch lernen?

5. Dissozialität und Jugendgewalt in sozialpsychologischer, psychoanalytischer und pädagogischer Perspektive

Psychologen untersuchen die psychischen Faktoren, die Gewalt und andere Formen dissozialen oder devianten Verhaltens begünstigen, mit denen Menschen sich und andere schädigen. Soziologen fragen nach gesellschaftlichen Einflüssen für die Entstehung von Gewalt. Aus pädagogischer Perspektive liefern beide Nachbarwissenschaften wichtige Erkenntnisse, die beim pädagogischen Urteilen und Handeln im Umgang mit Gewalt zu beachten sind. Dies beinhaltet auch die kritische Prüfung der Frage, inwieweit gesellschaftliche Bedingungen die Möglichkeiten pädagogischen Handelns begünstigen oder einschränken.

5.1 Beispiele für Gewalt von Jugendlichen und Erklärungsansätze für ihre Ursachen

M1 Drei Berichte über Jugendgewalt

Jugendliche filmen ihre Gewalt gegen Obdachlose

Sie prügelten auf wehrlose Menschen ein und übergossen sie angeblich mit Fäkalien. Dabei filmten sich die Täter, um die Misshandlungen ins Netz zu stellen. Dabei gaben sich
5 die beiden 16-jährigen Schüler in Köln klar zu erkennen. Inzwischen sind die Täter gefasst, die Polizei sucht die Opfer.

Zwei 16-jährige Schüler haben in Köln wiederholt Obdachlose misshandelt und Filme ihrer Attacken sogar noch ins
10 Internet gestellt. Die Jugendlichen hätten inzwischen fünf Übergriffe auf wehrlose Obdachlose zugegeben, berichtete die Polizei.

Auf die Spur des Duos war die Polizei durch einen anonymen Anrufer gekommen. Er hatte der Polizei berichtet,
15 dass zwei Mitschüler sich seit geraumer Zeit damit brüsteten, Obdachlose in der Kölner Innenstadt mit Urin aus Flaschen übergossen und anschließend zusammengetreten zu haben. Filmaufnahmen der Misshandlungen hätten die Jugendlichen in der Internet-Film-Plattform „YouTube" ein-
20 gestellt, sagte der Anrufer und nannte der Polizei auch den Benutzernamen und den Link zu den Aufnahmen. Tatsächlich fanden die Ermittler sieben eingestellte Filme mit Namen wie „Penner" oder „Penner 2", auf denen mehrere Fälle zu sehen waren, bei denen Obdachlose zur Nacht-
25 zeit mit einer gelben Flüssigkeit aus Flaschen oder Pappbechern übergossen wurden, während sie schliefen. In zwei Fällen wurden diese Obdachlosen währenddessen auch noch getreten. In einem Fall hantierte einer der Täter mit einer Schusswaffe herum und deutete nachher in einer
30 eingeblendeten Schrift an, er habe dem Obdachlosen ins Auge geschossen.

Die beiden handelnden Personen waren bei allen Taten klar zu erkennen. Im Video brüsteten sie sich, sie würden den Krieg gegen die Penner gewinnen. Die Beamten stell-
35 ten daraufhin Strafanzeige. Als die Ermittler die Filme am darauffolgenden Tag sichern wollten, waren sie allerdings bereits gelöscht worden. Eine Wiederherstellung der Daten über den Betreiber der Internetplattform sei aber veranlasst, berichtete die Polizei.
40 Keines der Opfer, die vermutlich aus dem Kölner Obdachlosenmilieu stammen, konnte bisher ermittelt werden. Auch Strafanzeigen der Betroffenen liegen nicht vor. Die Polizei bat deshalb die Opfer oder mögliche Zeugen der Übergriffe, sich zu melden.
45 Bei einer Durchsuchung der elterlichen Wohnungen der Schüler stellte die Polizei einen PC und Speicherkarten für Handys sowie einen Schlagring und ein defektes Klappmesser sicher. Die Taten selbst ereigneten sich nach Angaben der Polizei im Zeitraum zwischen dem 06. und
50 27. Oktober 2007 in der Kölner Innenstadt.

Frauen krankenhausreif geschlagen

[…] Am Mönchengladbacher Hauptbahnhof sind am Samstag (27.05.2012) zwei Frauen krankenhausreif geschlagen worden. Der Auslöser für den Übergriff war nichtig: Laut Po-
55 lizeiangaben hatten die beiden 35 und 39 Jahre alten Frauen die drei Jugendlichen in der Bahnhofshalle angesprochen.

Abb. 5.1

Die Tatverdächtigen spielten dort Fußball und sollen dabei die Frauen angerempelt haben. „Die 39-Jährige hat die Jungs aufgefordert, doch bitte in der Bahnhofshalle das Fußball-
60 spielen zu unterlassen", sagte Polizeisprecher Roggon. Der 15-Jährige sei auf die Frau zugegangen. „Ohne viel Worte zu machen, hat er ihr mit der Faust ins Gesicht geschlagen, hat nachgesetzt und weitergeschlagen." Die beiden anderen hätten mitgemischt. Die Freundin des Opfers
65 habe sich dazwischengeworfen, um die Frau zu schützen. Auch sie sei dann zusammengeschlagen worden.
„Ich war gerade auf dem Weg in die Halle, als ich eine harsche Stimme hörte", berichtete ein Augenzeuge WDR.de. „Als ich um die Ecke kam, sah ich einen Jugendlichen, der
70 mit der Faust mehrfach gnadenlos auf eine Frau einschlug, bis sie blutend zu Boden ging." […] Polizeibeamte, die vor der Bahnhofshalle Streife liefen, hörten ebenfalls die Hilferufe. Sie verfolgten die Jugendlichen mit dem Auto und zu Fuß. Dabei wurde der 15-jährige Mönchengladbacher
75 gefasst. […]
Bei der Festnahme habe der Jugendliche erheblichen Widerstand geleistet. Die beiden mutmaßlichen Mittäter sind noch flüchtig. Die beiden verletzten Frauen wurden blutüberströmt von Rettungssanitätern in ein Krankenhaus
80 gebracht. Die 39-jährige Kölnerin erlitt eine Gesichtsschädelfraktur, einen Nasenbruch und Würgemale im Halsbereich. Ihrer 35-jährige Begleiterin aus Mönchengladbach brachen die Täter ebenfalls die Nase. Zudem trug sie mehrere Prellungen davon.

85 **Eine Tote meldet sich zu Wort**
Janine Meier geht in die Klasse 8 des Gymnasiums. Sie ist magersüchtig. Jeden Morgen schreit ihr Klassenkamerad Kevin laut über den Schulhof: *„Da kommt wieder unser lebender Kleiderbügel!"* Oder er bezeichnet sie als *dürre Boh-*
90 *nenstange, Klappergerüst* und benutzt manchmal noch heftigere Ausdrücke. Alle lachen. Keiner hilft Janine. Niemand ergreift Partei für sie. Auch kein Lehrer. *Wie feige. Dabei sind einige doch ganz nett.* Janine sucht immer wieder Kontakt. Sie möchte eigentlich gerne zur Clique um Kevin gehö-
95 ren. Da sind auch einige nette Mädchen drin. Warum sagt niemand, dass Kevin endlich damit aufhören soll?
Jeden Morgen spürt Janine die Schmerzen im Bauch. Sie hat Angst, zur Schule zu gehen, schwänzt immer öfter den Unterricht. Ihrer Mutter möchte sie nichts von ihrer Angst
100 erzählen. Sie will Mama nicht noch mehr belasten. Denn Mama hat auch Angst. Viel größere Angst als Janine. Mama hat Krebs. Sie wird bald sterben.
Mama ist jetzt schon vier Wochen tot. […] Dann der erste Schultag nach der Beerdigung. Erste Pause. Janine geht
105 wie immer mit einigen aus der Klasse an den Kastanienbaum. Nur Judith umarmt sie. Die anderen wissen nicht, was sie machen sollen. Sind peinlich berührt. Kevin grinst sie blöd an. Wie immer. Dann klingelt sein Handy.
„Hallo?", meldet sich Kevin und schaut nach oben in den
110 strahlend blauen Himmel.
„Guten Tag, Frau Meier", schreit Kevin in das Handy, Janine wird schwindlig. Nur noch verschwommen dringt Kevins grelle Stimme in ihren Ohren.

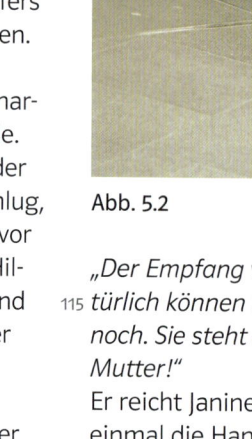

Abb. 5.2

„Der Empfang von oben ist aber hervorragend. Ja, klar. Na-
115 *türlich können Sie mit Ihrer Tochter reden. Einen Moment noch. Sie steht direkt neben mir!"* Kevin grinst. *„Hier, deine Mutter!"*
Er reicht Janine sein Handy. Bis heute hat er ihr noch nicht einmal die Hand gegeben, sie kein einziges Mal berührt
120 und dennoch immer schwer verletzt.
Janine blickt in die entsetzten Gesichter der anderen. Die starren Kevin nur an. Aber es fällt kein einziges Wort. Wenn Blicke töten könnten, würde Kevin tot umfallen. Am liebsten wäre sie tot. Sie rennt vom Schulhof. Ob sie es noch
125 einmal mit Tabletten versuchen soll?

Aufgaben

1. Beschreiben Sie die jeweiligen Handlungen und erläutern Sie, inwieweit Sie diese Handlungen für „Gewalt" halten.

2. Setzen Sie sich mit der Frage nach möglichen Motiven der jeweiligen Jugendlichen für ihr jeweiliges Tun auseinander. Berücksichtigen Sie in diesem Kontext die folgende Grafik.

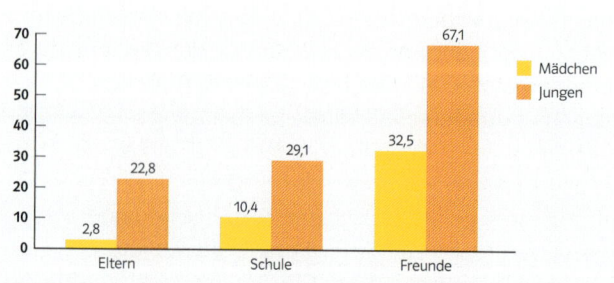

Abb. 5.3: Die vermutete Akzeptanz eigener Gewalt

M2 Unterschiedliche Auffassungen über die Ursachen der Aggression (Dieter E. Zimmer)

Die Frage nach den Ursachen aggressiven menschlichen Verhaltens ist auch in den Wissenschaften weitreichend umstritten. Der Wissenschaftsjournalist Dieter E. Zimmer hat einmal einen fiktiven Dialog entworfen, in welchem sich Vertreter unterschiedlicher wissenschaftlicher Erklärungen um die Fragen nach den Ursachen der Aggression streiten. Der folgende Text ist ein Auszug aus diesem Dialog, in welchem die (fiktiven) Wissenschaftler ihre jeweilige Auffassung vorstellen und begründen. Ausgangspunkt der Diskussion ist die Frage, warum Kain Abel erschlagen hat.

Freud: […] Wir sprechen dann auch von der „Anziehung", die das lustspendende Objekt ausübt, und sagen, dass wir das Objekt „lieben". Umgekehrt, wenn das Objekt Quelle von Unlustempfindungen ist, bestrebt sich eine Tendenz,
5 die Distanz zwischen ihm und dem Ich zu vergrößern […] Wir empfinden die „Abstoßung" des Objekts und hassen es; dieser Hass kann sich dann zur Aggressionsneigung gegen das Objekt, zur Absicht, es zu vernichten, steigern. […] Das war aber nur unsere erste Theorie der Aggression. Um 1920
10 haben wir unsere Ansicht geändert. […] In unserer Theorie nehmen wir an, dass es ein Bestreben des seelischen Apparates […], also dass es ein Bestreben der Seele sei, die in ihr vorhandene Quantität von Erregung möglichst niedrig oder konstant zu halten. Diese zumeist aus dem Innern
15 kommenden Nervenerregungen heißen wir Triebe. Sie treiben uns zu ihrer Beseitigung. Die Beseitigung erzeugt Lust. Doch Lust ist nichts anderes als die Beseitigung solcher Erregungsspannungen. Die Triebe sind also immer darauf gerichtet, einen früheren Zustand wiederherzustellen,
20 den Zustand, der herrschte, bevor die Erregungsspannung ihn störte. […] Es war doch gewiss das Leblose früher da als das Lebende, das Anorganische früher als das Organische. So darf man von dem Organismus erwarten, dass er auch einen Trieb besitzt, in den früheren Zustand der
25 Leblosigkeit zurückzukehren. Wir wollen ihn den Todestrieb nennen. Somit haben wir Veranlassung, zwei Gruppen von Trieben im Menschen anzunehmen: jene, welche die Schicksale der das Einzelwesen überlebenden Keimzellen in Acht nehmen, also die Fortpflanzung sichern. Es sind
30 dies die Sexual- oder Lebenstriebe. Und jene anderen, die die Unbelebtheit wiederherstellen wollen – die Todestriebe. Eros und Thanatos in ewigem Widerstreit. […]
Vorsitzender: Kain wollte eigentlich Selbstmord begehen, hat dann aber versehentlich stattdessen seinen Bruder
35 erschlagen? […]
Dollard: […] Aggression ist immer die Folge einer Frustration. Sie haben sich nicht verhört: immer, immer! Auftreten von aggressivem Verhalten setzt immer die Existenz einer Frustration voraus, und umgekehrt führt die Existenz einer
40 Frustration immer zu irgendeiner Form der Aggression. […] Geht man von alltäglichen Beobachtungen aus, erscheint es plausibel, anzunehmen, dass die gewöhnlich beobachteten Formen aggressiven Verhaltens immer rückführbar

sind auf […] irgendeine Art von Frustration. Jedoch ist es
45 keinesfalls so offensichtlich, dass Aggression in irgendeiner Form und von einem gewissen Intensitätsgrad unausweichlich auftritt, wann immer eine Frustration vorausgeht. Häufig beobachtet man bei Erwachsenen und selbst bei Kindern, dass sie sich unmittelbar nach einer Frustra-
50 tion anscheinend mit der Situation abfinden und sich ihr anpassen […]. Man darf jedoch nicht vergessen, dass eine der ersten Lektionen, die der Mensch aufgrund des sozialen Zusammenlebens lernt, darin besteht, seine offenen aggressiven Reaktionen unter Kontrolle zu bringen. Dies
55 bedeutet jedoch nicht, dass solche Reaktionstendenzen dadurch beseitigt werden; vielmehr findet man, dass diese Reaktionen nicht zerstört werden, obgleich sie vorübergehend komprimiert, verzögert, entstellt, verschoben oder sonst irgendwie von ihrem unmittelbaren und logischen
60 Ziel abgelenkt werden. Unsere Frustrations-Aggressions-Theorie – wir nennen sie kurz F-A-Theorie – erlaubt es uns im Prinzip, genau vorherzusagen, wie stark die Bereitschaft zur Aggression sein wird. Nämlich: je größer die Frustration, desto stärker die Aggressionstendenz. Und die Größe
65 der Frustration hängt von dreierlei ab: wie sehr mir daran gelegen war, wir sagen: wie sehr ich dazu instigiert war, das zu tun, woran ich gehindert wurde; wie stark die Verhinderung war; und ob mehrere solcher Verhinderungen zusammenkamen, denn Frustrationen summieren sich. […]
70 *Lorenz:* Bisher haben wir die Ansichten von Philosophen und Psychologen gehört. Ich möchte das Phänomen der Aggression nun aber einmal aus der Sicht des Biologen angehen. […] Hätte Aggression keine sinnvolle Funktion, so hätte der Artenwandel sie ausgemerzt oder gar nicht erst
75 entstehen lassen. Wir müssen immer nach den Zwecken fragen. Was sind die Zwecke der innerartlichen Aggression, über die wir hier sprechen? Gegenseitige Abstoßung verteilt die Tiere über den Lebensraum. Wir dürfen als sicher annehmen, dass die gleichmäßige Verteilung gleichartiger
80 Tiere im Raum die wichtigste Leistung der intraspezifischen Aggression ist. Hierher gehören alle Formen der territorialen Aggression: Jedes Tier verteidigt sein Revier, also den Teil des Lebensraums, den es zu seinem Überleben benötigt; die Konkurrenten müssen andere Reviere aufsu-
85 chen. Die Rangordnung aber sorgt wiederum dafür, dass die Stärkeren die meisten Nachkommen haben, dass also die natürliche Zuchtwahl zu besonders großen und wehrhaften Familien- und Herdenverteidigern führt und dass die größte Bedeutung innerhalb der Gruppe den erfahrens-
90 ten Tieren zukommt. […] Es haben sich vielfältige Tötungshemmungen entwickelt, die die Folgen der Aggressivität abmildern. Auch sind die innerartlichen Kämpfe zumeist so ritualisiert, dass sie nicht tödlich ausgehen. Niemals haben wir gefunden, dass das Ziel der Aggression die Vernichtung
95 der Artgenossen sei, wenn auch durch einen unglücklichen Zufall gelegentlich im Revier- oder Rivalenkampf ein Horn ins Auge oder ein Zahn in die Halsschlagader dringen kann und wenn auch unter unnatürlichen Umständen – […] zum Beispiel in Gefangenschaft – aggressives Verhalten ver-
100 nichtende Wirkungen entfalten kann. […] Das Furchtbare ist, dass den Menschen eben keine instinktive oder moralische Hemmung daran hindert, Waffen, Fernwaffen zu ge-

Abb. 5.4: Dürer (1511): Kain erschlägt Abel

brauchen. Seine natürlichen Hemmungen waren und sind auf den körperlichen Kampf, auf die natürliche Bewaffnung
105 abgestimmt. Mit der kulturellen Entwicklung der Waffen haben sie nicht Schritt gehalten. Schon auf die Wirkung des Faustkeils waren sie nicht zugeschnitten. Ob Kain betreten war, als der […] Bruder tot vor ihm lag? Wir dürfen es mit Sicherheit annehmen. […] Aggression aber ist keine
110 bloße Reaktion, sie ist ein Trieb. Gerade die Einsicht, dass der Aggressionstrieb ein echter, primär arterhaltender Instinkt ist, lässt uns seine volle Gefährlichkeit erkennen: Die Spontaneität des Instinktes ist es, die ihn so gefährlich macht. Wäre er nur eine Reaktion auf bestimmte Außen-
115 bedingungen […], dann könnte man grundsätzlich die reaktionsauslösenden Faktoren erforschen und ausschalten. Aber wie viele andere Instinkte quillt auch der Aggressionstrieb „spontan" aus dem Inneren des Menschen. […] Wenn ein Organismus längere Zeit nicht aggressiv war,
120 staut sich sein Aggressionstrieb und erzeugt eine wachsende Appetenz auf aggressive Akte. Sein Schwellenwert für aggressionsauslösende Reize sinkt. Eventuell kommt es sogar zu dem, was wir in der Verhaltensforschung Leerlaufhandlungen nennen. Das Tier verhält sich ohne Anlass
125 aggressiv. […] In der Kriegsgefangenschaft habe auch ich manchmal einen Koller gekriegt. In einer Situation nämlich, in der man sich nicht mit Menschen auseinandersetzen kann, die nicht zum eigenen Freundeskreis gehören, kommt es so weit, dass man seinen besten Freund ohrfei-
130 gen könnte. Dagegen hilft nur, dass man still aus der Bara-

cke schleicht und einen nicht zu teuren, aber mit möglichst sinnfälligem Krach in Stücke springenden Gegenstand zuschanden haut.
Bandura: […] Die Aggression hat ihren Ursprung gar nicht
135 im Innern. Aggression stammt von außen, aus der Gesellschaft. Aggression wird gelernt. Welche Arten des sozialen Lernens gibt es?
Es gibt einmal das Lernen durch eigene Erfahrung. Das wird reguliert durch die unterschiedliche Belohnung oder
140 Bestrafung bestimmter Handlungen. Wenn Kinder für Aggressionen gelobt und belohnt werden, werden sie darin bestärkt. In der Sprache der Lerntheorie: Ihr aggressives Verhalten wird verstärkt. So zieht man aggressive Menschen heran. Und es gibt das Lernen durch Nachahmung
145 eines Modells. Das Modell – das Vorbild, wenn Sie so wollen – lehrt neue Verhaltensweisen, und es stärkt oder schwächt bestehende Hemmungen. Wenn das Kind andere bei Akten der Aggression beobachtet, Eltern, Mitschüler, Film- und Fernsehhelden, gehen diese Formen der Aggres-
150 sion potenziell in sein eigenes Verhaltensrepertoire über, und die Wahrscheinlichkeit, dass sie auch angewendet werden, ist dann besonders hoch, wenn die beobachteten Aggressionen unbestraft blieben oder sogar gerechtfertigt oder verherrlicht wurden. Im Falle der Aggression
155 spielt das soziale Lernen am Modell die größere Rolle. Der Mensch aber ist ein kognitiv so begabtes Wesen, dass bei ihm auch die im Geist vorweggenommene Belohnung eine große Rolle spielt. Das heißt, er ist aggressiv oft, weil er sich Vorteile von seinem Verhalten verspricht und sich gute
160 Erfolgschancen ausrechnen kann. […] Zahlreiche Kollegen, ich selber auch, haben in den letzten Jahrzehnten eine Vielzahl von Studien im Labor und im Feld durchgeführt, die alle zeigten, wie sehr Modellimitation und Verstärkung das aggressive Verhalten formen. Bei einem typischen Versuch
165 wurden Kindern Filme gezeigt, in denen sie ein „Modell" bei einer für sie neuartigen Aggression beobachten konnten. Wenn das „Modell" belohnt worden war, waren auch die Kinder im Anschluss aggressiver. Am aggressivsten aber waren sie, wenn sie selber ebenfalls zur Aggression
170 ermutigt wurden. […] Wer Aggression eindämmen will, muss verhindern, dass die Menschen aggressive Verhaltensmuster durch soziales Lernen erwerben. Kinder dürfen keine Gelegenheit bekommen, Aggressionen zu beobachten, vor allem keine erfolgreichen. Sie dürfen nicht belo-
175 bigt oder sonstwie belohnt werden, wenn sie sich selber aggressiv verhalten. Aggression darf sich niemals lohnen.

Aufgaben

1. Erarbeiten Sie die unterschiedlichen Standpunkte zu den Ursachen der Aggression.

2. Vergleichen Sie die Auffassungen, indem Sie Gemeinsamkeiten und Unterschiede herausstellen.

3. Erörtern Sie Leistungen und Grenzen der vorgestellten Auffassungen aus pädagogischer Perspektive.

5.2 Wilhelm Heitmeyers soziologischer Erklärungsansatz für Gewalt und Menschenfeindlichkeit

Seit Langem findet der soziologische Erklärungsansatz Wilhelm Heitmeyers zur Analyse der Problematik von Gewalt und Menschenfeindlichkeit große Beachtung und Anerkennung. Heitmeyer fragt nach den gesellschaftlichen Bedingungen, wenn er Gewaltverhalten von Individuen oder Gruppen in den Blick nimmt.

M3 Gewalt als komplexes Phänomen (Wilhelm Heitmeyer)

Zur Bearbeitung von möglichen Problemen im Individualisierungsprozess zur Platzierung und Präsentation zwecks Aufstieg, Sicherung von Statuspositionen oder Anschluss zum Erwerb solcher Positionen, also im Kampf um An-
5 erkennung (Honneth 1993) und Akzeptanz, stehen Jugendlichen prinzipiell vielfältige Wege zur Verfügung. Keine Wahl haben sie allerdings in grundlegender Hinsicht. Da die Individualisierung in einer kapitalistischen Marktgesellschaft eine ständig zunehmende individuelle Konkurrenz erzeugt,
10 müssen Jugendliche die Entwicklung von eigenständigen Lebensplanungskonzepten betreiben, die sich aus den biografischen Erfahrungen, aktuellen Eindrücken und zukünftigen Erfahrungen zusammensetzen. Die objektiven Chancenstrukturen zur Realisierung der im milieuspezifi-
15 schen Sozialisationsverlauf erworbenen Wertvorstellungen und solche individuellen Lebensplanungskonzepte werden wesentlich über die Varianten mitentscheiden, die zur Bearbeitung unterschiedlicher Anforderungen, Probleme, Lagen und Lebensabschnitte situativ, kurzfristig oder
20 dauerhaft verfolgt werden.
So lassen sich sozialverträgliche Vorgehensweisen über erhöhte Leistungs- und Anpassungsanstrengungen an tatsächliche oder vermutete Anforderungen aktivieren, um Verunsicherung aktiv zu begegnen, etwa mithilfe eines
25 entscheidungsorientierten Lebensplanungskonzeptes. Eine zweite idealtypische Variante lässt sich als verschiebende Bearbeitungsweise vorstellen. Damit sind eher passiv hinnehmendes bzw. ausweichendes, also eher apathisches Geschehenlassen bzw. fatalistisches Hinnehmen
30 gemeint. Und die dritte Variante betrifft schließlich gewaltförmige Handlungsweisen, die zwar der individuellen oder kollektiven Durchsetzung dienen, aber um den Preis zerstörerischer Folgen für die Unversehrtheit von Personen und ein sozialverträgliches Zusammenleben.
35 Im Kontext dieses Konzeptes wird davon ausgegangen, dass der mit hoher Geschwindigkeit ablaufende, asynchrone Wandel (Hoffmann-Nowotny 1988) von Kultur und Struktur, also von ambivalenten Individualisierungsprozessen und sozialen Ungleichheitsstrukturen, dazu beiträgt, dass
40 Desintegrations- und Verunsicherungspotenziale zunehmen, die sowohl Gewalterfahrungen hinterlassen als auch gewaltförmiges Verhalten zu einer wichtigen Option der Bearbeitung solcher Problemlagen werden lassen. Dies basiert auf der schon angeführten zentralen Annahme, dass

45 dort, wo sich das Soziale auflöst, die Folgen des eigenen Handelns für andere nicht mehr sonderlich berücksichtigt werden müssen: Die Gleichgültigkeit greift um sich, die Gewaltschwellen sinken und die Gewalt-Optionen steigen.

Abb. 5.5

Analytische Sortierungen

50 Nun ist insbesondere die Gewaltfrage immer mit dem Problem konfrontiert, was denn nun Gewalt sei. [...] Da Gewaltkriterien immer auch Produkt der gesellschaftlich durchgesetzten Definitionsmerkmale und -grenzen sind, ergibt sich eine weitverbreitete Zweiteilung: Die psychi-
55 schen Formen werden in solche Begriffe gekleidet, die tolerabel erscheinen, weil sie einem „Normalitätsstandard" entsprechen, die physischen dagegen werden sanktioniert. Dies liegt darin begründet, dass die psychischen Formen zur Grundausstattung dieser Gesellschaft gehören, die
60 umso eher durchgesetzt werden und ungestört wuchern können, desto intensiver sich die Diskussion auf die physischen Formen konzentriert. Wenn man aber bedenkt, wie eng beispielsweise Selbstwertverletzungen und gewaltförmiges Handeln zusammenhängen, dann wird die
65 Bedeutung für die Einleitung des Prozesses erst richtig klar: Selbstwertverletzungen verlaufen in der Regel über psychische Formen. [...]
Von daher liegt es nahe, jenen Positionen zu folgen, die auch „institutionelle Gewalt" (Lenk 1982) einbeziehen. Die-
70 se Gewaltform kann Lebenskontexten eingelagert sein und die Möglichkeit des Aufwachsens in relativer Angstfreiheit als wesentliches Element psychischer Unversehrtheit beeinträchtigen oder zerstören, und zwar durch Formen von Verunsicherung und Unberechenbarkeit von Lebens-
75 perspektiven, durch Ausgrenzung von sozialen Lebenszusammenhängen bis hin zur gezielten Bereitstellung von Gewaltlegitimationen zur Instrumentalisierung zwecks Anwendung von politischer Gewalt. Eine solche Begriffsannäherung schafft Voraussetzungen zur Erläuterung
80 der Grundfigur zur Analyse von Gewaltursachen. In der Forschung hat sich ganz deutlich das Grundmuster eines Interaktionsmodells (Remschmidt u. a. 1990, Mummendey 1982) durchgesetzt. Besonders strittig sind Ansätze, die Gewalt vorrangig auf biologische Faktoren zurückführen,
85 denn Gewalt kann nicht als Eigenschaft von Personen verstanden werden, selbst wenn man unterschiedliche

Temperamente wie Reizbarkeit berücksichtigen muss. Es dominiert eher die Auffassung, dass Gewalt das Ergebnis von Auseinandersetzungen mit den Bedingungen und
90 Situationen der gesellschaftlichen Umwelt ist. Daher ist es notwendig, nicht zuallererst und allein auf das individuelle Verhalten zu verweisen, sondern Gewalt als Ausdruck sozialer Prozesse zu fassen, in denen strukturelle Bedingungen und individuelles Handeln zusammenwirken. Dazu
95 sind dann zumindest drei Aspekte zu betrachten (Neidhardt 1987):
- Das Auftreten von Gewalt hängt zusammen mit Gewaltbilligung und Gewaltbereitschaft. Sie sind ein Ergebnis von individueller Sozialisation, die in Abhängigkeit von
100 biografischen Erfahrungen zu sehen ist, also gewissermaßen erlernt sind.
- Dass Gewaltbilligung und -bereitschaft in bestimmten Situationen zu Gewalttätigkeit wird, hängt vom Interaktionskontext ab. […]
105 - Auch wenn Gewalthandeln für Außenstehende zumeist sinnlos erscheint, verbinden diejenigen, die so handeln, damit einen subjektiven Sinn. Dies liegt darin begründet, dass jedes Individuum nach Legitimationen für sein Handeln sucht, denn es müssen Gewalthemmungen überwunden
110 den werden. Dieser subjektive Sinn wird nun von mehreren Seiten geliefert oder selbst konstruiert; sei es die leidvolle Erfahrung in der Opfer-Rolle als Kind, aus der heraus Gewalt als ‚erfolgreiches‘ Handlungsmodell interpretiert wird; sei es durch die massenmediale Botschaft, dass sich
115 Gewalt „lohnt"; sei es durch politische Legitimationen der „gerechtfertigten" Überlegenheit; sei es die Vermeidung von Desintegration in der Gruppe durch Überkonformität gegenüber herrschenden Gruppennormen. […]

Eine erste Variante ist die expressive Gewalt. Sie gewinnt
120 an Bedeutung im Zuge der Präsentation von Einzigartigkeit, über die das Individuum wahrgenommen werden will. Dazu ist das Medium Gewalt besonders geeignet, weil es zur Tabuverletzung dienen kann, die erhöhte Aufmerksamkeit sichert, damit die angebliche Einzigartigkeit unterstreicht
125 und die Suche nach immer neuen Spannungszuständen befriedigt. Diese Variante ist auf die Person selbst zugeschnitten, die Opfer sind zweitrangig und beliebig. Deshalb wird diese Form zunehmend gefährlich, weil sie unkalkulierbar wird, nur dem Situationsgefühl ausgeliefert. Kalkulierbarer
130 ist die instrumentelle Gewalt, weil sie nach antizipierbaren Kalkülen ausgerichtet ist und vor allem auf die individuell definierten tatsächlichen oder angeblichen „Problemlösungen" zielt. Sie ist gewissermaßen die soziale Variante, weil es um Anschluss, Sicherung von Positionen und Aufstieg
135 geht, die diese Gewalt stützen sollen. Diese Gewaltform ist eine Radikalisierung und Ausnutzung von Freiheitsräumen. Eine kollektive Variante ist die regressive Gewalt, die so genannt wird, weil sie hinter den erreichten Stand der demokratischen Entwicklung zurückfällt. Ihr liegen politi-
140 sche Motive zugrunde, um unsicherheitsfördernde soziale, berufliche oder politische Desintegrationsprozesse durch eine kollektiv einbindende Gewalt aufzuheben, die an nationalen und ethnischen Kategorien ausgerichtet ist. Es ist gewissermaßen die kollektive „Furcht vor der Freiheit"

145 (Fromm 1987). Die negative Individualisierung im Ungleichheitskorsett erzeugt Anfälligkeiten
- für expressive Gewalt, wenn die Standardisierung, also Nicht-Unterscheidbarkeit und Langeweile, als bedrängend wahrgenommen wird,
150 - für instrumentelle Gewalt, wenn die Durchsetzungschancen sinken,
- für regressive Gewalt, wenn „stabilisierende" Feindbilder lanciert werden,
- für autoaggressive Gewalt, wenn sich Auswege verknap-
155 pen. […]

Funktionen, subjektiver Sinn und Regulation
[…] Insofern muss heute aufgrund dieser kulturellen und strukturellen Veränderung nach den Prinzipien der Gewinnmaximierung mit Entsicherungen und Entgrenzungen
160 des Verhaltens gerechnet werden, wenn also gemeinsam geteilte soziale Werte und Normen in Auflösung begriffen sind, was u. a. mit der Ausbreitung gewaltaffiner autoritärer und machiavellistischer Einstellungen einhergeht. Vor diesem Hintergrund können Gewaltsituationen entste-
165 hen, wenn sich eine wachsende Kluft zwischen Gleichgültigkeit anderen und *Überempfindlichkeit* sich selbst gegenüber auftut. Die Gleichgültigkeit entwickelt sich aus den

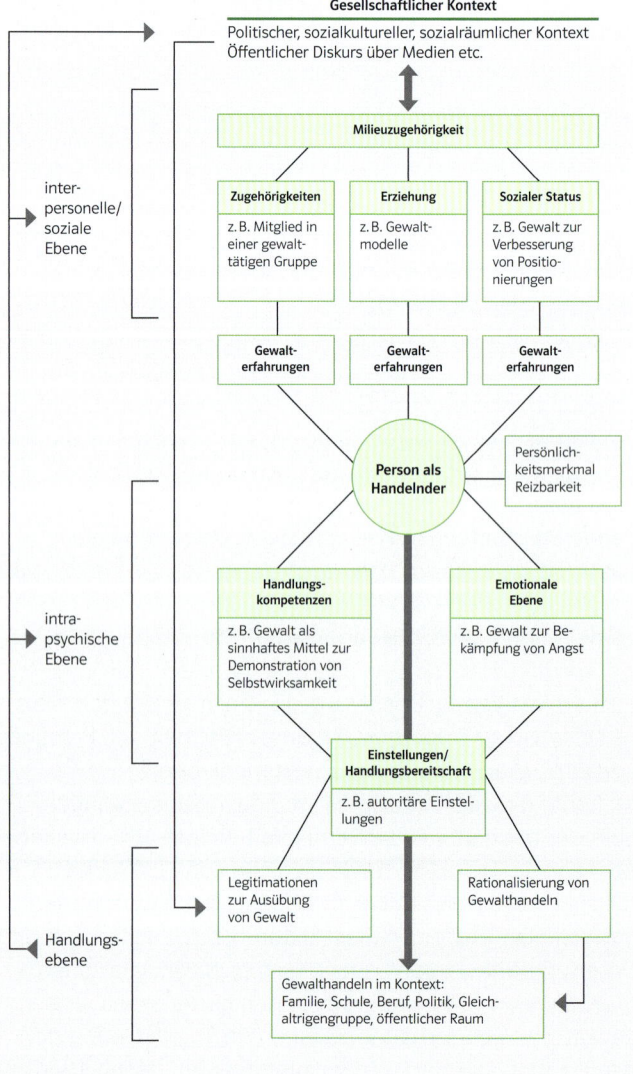

Abb. 5.6: Gewalt

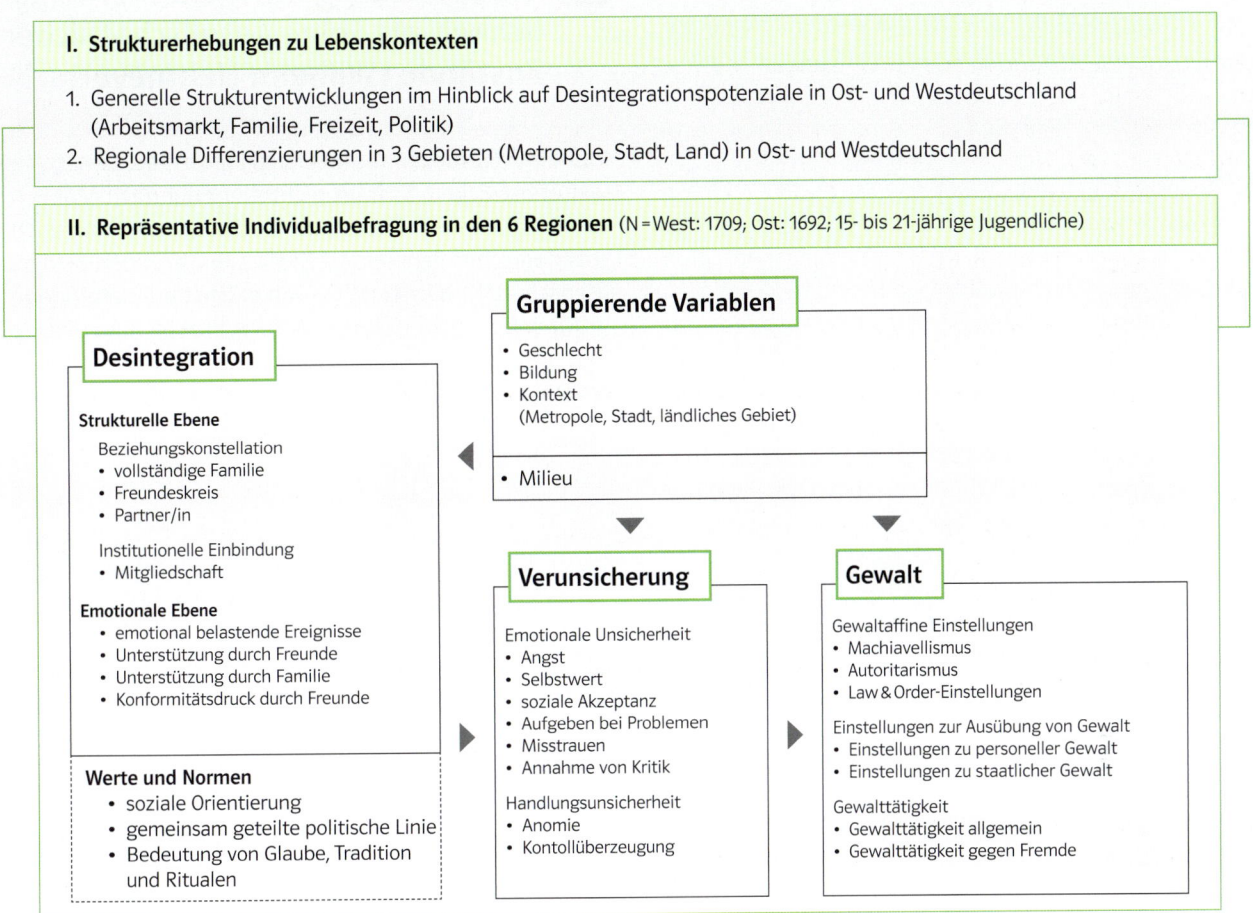

I. Strukturerhebungen zu Lebenskontexten

1. Generelle Strukturentwicklungen im Hinblick auf Desintegrationspotenziale in Ost- und Westdeutschland (Arbeitsmarkt, Familie, Freizeit, Politik)
2. Regionale Differenzierungen in 3 Gebieten (Metropole, Stadt, Land) in Ost- und Westdeutschland

II. Repräsentative Individualbefragung in den 6 Regionen (N = West: 1709; Ost: 1692; 15- bis 21-jährige Jugendliche)

Gruppierende Variablen
- Geschlecht
- Bildung
- Kontext (Metropole, Stadt, ländliches Gebiet)
- Milieu

Desintegration

Strukturelle Ebene
Beziehungskonstellation
- vollständige Familie
- Freundeskreis
- Partner/in

Institutionelle Einbindung
- Mitgliedschaft

Emotionale Ebene
- emotional belastende Ereignisse
- Unterstützung durch Freunde
- Unterstützung durch Familie
- Konformitätsdruck durch Freunde

Werte und Normen
- soziale Orientierung
- gemeinsam geteilte politische Linie
- Bedeutung von Glaube, Tradition und Ritualen

Verunsicherung

Emotionale Unsicherheit
- Angst
- Selbstwert
- soziale Akzeptanz
- Aufgeben bei Problemen
- Misstrauen
- Annahme von Kritik

Handlungsunsicherheit
- Anomie
- Kontollüberzeugung

Gewalt

Gewaltaffine Einstellungen
- Machiavellismus
- Autoritarismus
- Law & Order-Einstellungen

Einstellungen zur Ausübung von Gewalt
- Einstellungen zu personeller Gewalt
- Einstellungen zu staatlicher Gewalt

Gewalttätigkeit
- Gewalttätigkeit allgemein
- Gewalttätigkeit gegen Fremde

Abb. 5.7: Untersuchungsschema

strukturellen Zwängen des Handelns nach zweckrationalen Nützlichkeitserwägungen. Aufgrund dessen werden Indi-
170 viduen zu Gefangenen eines Opfer- und Täter-Zirkels, wodurch sie vielfältige soziale Enttäuschungen u. a. in Form fehlender Verlässlichkeit erfahren, die sie vielfach selbst im Gegenzug auch weitergeben. Die Überempfindlichkeit sich selbst gegenüber entsteht aus dem kulturellen Druck
175 zur Demonstration von Einzigartigkeit und dem Nachweiszwang sich selbst und anderen gegenüber, „wahrgenommen" zu werden. [...]

Sozialisationsmodell und Gewalt
a) Vorformen auf der Einstellungsebene
180 So ist die *Gewaltlatenz* zu berücksichtigen, die sich in *gewaltaffinen Einstellungen* zeigt. Wir verstehen darunter solche Formen, die gewissermaßen die gedanklichen Vorbereitungen auf die Verletzung der Integrität anderer beinhalten, also Rücksichtslosigkeiten, Ausgrenzungsforde-
185 rungen etc. [...]. Näher an der Destruktivität durch psychische Formen sind *manifeste Gewalteinstellungen*, [...]:
- die *Gewaltakzeptanz* als *Normalität* zur Regelung von Beziehungen und
- die *Gewaltbilligung* („Ich mache das nicht, aber wenn an-
190 dere Gewalt anwenden, so finde ich dieses in Ordnung"),
- die *Gewaltbereitschaft*, in der bestimmte Bedingungen kalkulierend betont werden, unter denen Handeln möglich wird („Ich würde Gewalt anwenden, wenn ...").

b) Katalysatoren: Legitimationen
195 Diese aufgezeigten Varianten werden in ihren Wirkungen wesentlich davon beeinflusst, welche *Legitimationen* zur Verfügung stehen, um dem Denken auch Sinn zu verschaffen. [...] Dazu gehören z. B.
- Gewalt als Gegengewalt: Die subjektiv sinnhafte Begrün-
200 dung entspricht der Selbstdefinition als Opfer.
- Gewalt als „Ultima Ratio": Die subjektiv sinnhafte Begründung entsteht z. B. aus der Erfahrung, dass nur so die Fremdwahrnehmung für die eigenen Ziele und Probleme gewährleistet ist, und die so agierenden Personen
205 als ernst zu nehmende Konfliktpartner auftreten können.
- Gewalt als Ordnungsfaktor: Hier dominiert die subjektiv sinnhafte Begründung, dass Konflikte über (staatliche) Gewalt wieder in eine Ordnung überführt werden können.
- Gewalt als normales Handlungsmuster: Die subjektiv
210 sinnhafte Begründung entsteht aus der Wahrnehmung, dass Gewalt alltäglich ist und von daher die Handlungsweisen von Jugendlichen nicht als besonders auffällig und problematisch zu gelten haben, sondern im Gegenteil nur eine ganz normale Anpassung an dominierende
215 Verhaltensweisen darstellen.
- Gewalt als Klärung und Vollstreckung: Die subjektiv sinnhafte Begründung liegt darin, dass Jugendliche sich als furchtlose Avantgarde darstellen, im Gegensatz zu Erwachsenen, die nur reden.

87

220 c) Psychische und physische Gewalt

Die Gewalttätigkeit bildet gewissermaßen den eskalierenden Endpunkt der Verletzung der Integrität anderer. Sie schafft Opfer durch Erniedrigung und Bedrohung, durch Raub und Körperverletzung.

225 d) Rationalisierungen der Gewalt

Welche Ausmaße die Gewaltformen annehmen, hängt individuell auch davon ab, welche Rationalisierungsstrategien zur Neutralisierung der Gewaltfolgen bereitstehen oder konstruiert werden, um diese für sich selbst aushaltbar zu
230 machen. Verunsicherung, Schuldgefühle und Selbstvorwürfe können nicht zugelassen werden, denn sowohl in Gruppen als auch als Einzelperson muss ständig Stärke demonstriert werden. Diese Neutralisierung vermittelt sich nun wieder über einen gesellschaftlich sehr hoch gehandelten
235 Wert: Es ist das Cool-Sein als jugendspezifische Interpretation eben solcher öffentlich gefeierter Eigenschaften in Wirtschaft, Politik und Sport. Es dokumentiert sich darin die Verachtung von Unsicherheit. [...] Die Neutralisierung relativiert beim Gewalthandelnden neben den Schuldge-
240 fühlen sowohl die Opferperspektive als auch die Angst vor Sanktionen.

Aufgaben

1. Erarbeiten Sie Heitmeyers Erklärungsansatz, indem Sie zunächst nach allgemeinen gesellschaftlichen Entwicklungen, welche Gewaltorientierungen begünstigen, suchen. Untersuchen Sie in einem zweiten Schritt, welche besonderen Faktoren in der Entwicklung und Sozialisation von einzelnen Menschen zu Gewaltakzeptanz oder Gewalthandeln beitragen können.

2. Erläutern Sie die Schaubilder in Abb. 5.6 und 5.7.

3. Skizzieren Sie die unterschiedlichen Formen von Gewalt, die Heitmeyer vorstellt.

4. Setzen Sie sich mit den von Heitmeyer benannten Möglichkeiten einer Rechtfertigung von Gewalt auseinander.

5. Erläutern Sie Grundzüge des Erklärungsansatzes Heitmeyers an konkreten Beispielen, indem Sie nach Fallgeschichten in unterschiedlichen Medien suchen oder sie selbst konstruieren.

M4 Gruppenbezogene Menschenfeindlichkeit als Folge gesellschaftlicher Zustände (Wilhelm Heitmeyer)

Wilhelm Heitmeyer hat im letzten Jahrzehnt seinen Ansatz weiterentwickelt. Er fragt nicht mehr nur nach Motiven und Ursachen von Gewalt, sondern analysiert nun auch in soziologischer Perspektive Motive für „gruppenbezogene Menschenfeindlichkeit". Gewalt wächst auf dem Boden gruppenbezogener Menschenfeindlichkeit, und diese wirkt sich problematisch auf das soziale und politische Leben einer Gesellschaft aus.

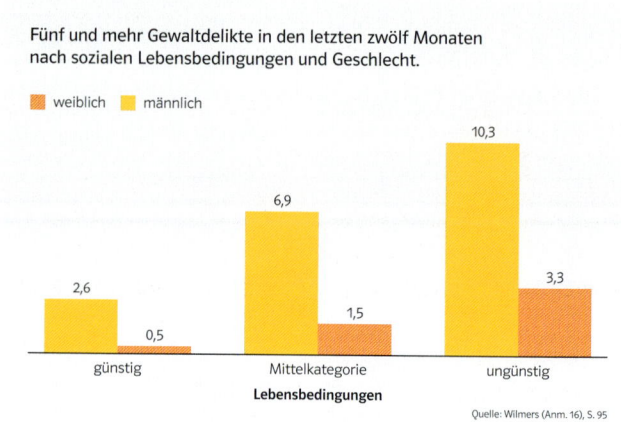

Fünf und mehr Gewaltdelikte in den letzten zwölf Monaten nach sozialen Lebensbedingungen und Geschlecht.

Quelle: Wilmers (Anm. 16), S. 95

Abb. 5.8: Raten der Mehrfachtäter von Gewalt, Schülerbefragung 2000 (in %; gewichtete Daten)

Das Paradoxe scheint zu sein, dass über Ungleichheit und Ungleichwertigkeit von sozialen Gruppen mit unterschiedlichen Fähigkeiten, Glaubensrichtungen, Lebensgewohnheiten etc. immer wieder Desintegration und Ausgrenzung
5 erfolgt *zwecks* Stabilisierung von Gesellschaft. [...] Die soziale Erniedrigung wird auch noch mit einer moralischen „Unterwertigkeit" verbunden. Eine solche Ungleichwertigkeitserfahrung oder Ungleichwertigkeitsbedrohung setzt Prozesse in Gang, sodass weitere Gruppen entweder neu
10 „entdeckt" oder die Abwehr bzw. Distanzierung über die kommunizierten Ungleichwertigkeitsmerkmale verstärkt werden. So können immer wieder neue Konstellationen der Ungleichwertigkeit entstehen, wenn z. B. sozial abgehängte Gruppen sich ebenfalls der Ungleichwertigkeit
15 „bedienen".

Insofern gibt es *Umwandlungsprozesse*. Die Umwandlung der eigenen Ungleichheit in die Bewertung anderer mithilfe von spezifischen Kriterien der Ungleichwertigkeit ist ein Instrument von Ohnmächtigen. Es gilt, die eigene Unterle-
20 genheit in Überlegenheit zu transformieren, also surrogathafte Macht und Abstand zu gewinnen. [...]

Die Bewertungsstandards gegenüber jenen Gruppen, die mit Ungleichwertigkeit belegt werden, variierten, und im Kampf um die symbolische Ordnung können sich graduelle
25 in kategoriale Ungleichwertigkeitssemantiken transferieren. Sie treten dann auf, wenn z. B. mehr oder weniger Intelligenz mit ethnischer Gruppenzugehörigkeit verbunden wird oder wenn lange Arbeitslosigkeit ein solches Ausmaß angenommen hat, dass Personen oder Gruppen dann den

30 Makel des „Unvermit-
telbaren" erhalten. Hier
kommen *Verschleie-*
rungs- bzw. Verschie-
bungsideologien zum
35 Zuge. Diese gelten auch
für jene Gruppen, die im
Syndrom der *Gruppen-*
bezogenen Menschen-
feindlichkeit zusammen-
40 gefasst sind.

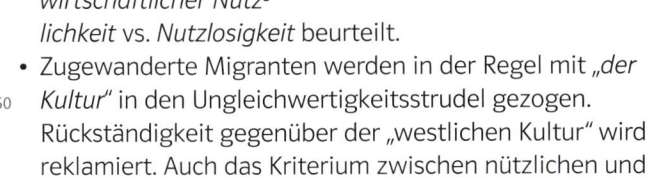

Abb. 5.9

Eine Durchmusterung
ergibt folgendes Bild:
• Obdachlose und Be-
hinderte werden im
45 Fokus gesellschaft-
licher und vor allem
wirtschaftlicher Nütz-
lichkeit vs. *Nutzlosigkeit* beurteilt.
• Zugewanderte Migranten werden in der Regel mit *„der*
50 *Kultur"* in den Ungleichwertigkeitsstrudel gezogen.
Rückständigkeit gegenüber der „westlichen Kultur" wird
reklamiert. Auch das Kriterium zwischen nützlichen und
nutzlosen Ausländern wird hinzugezogen.
• Gegenüber Juden werden weder geringe Kognition noch
55 die Frage der wirtschaftlichen Nützlichkeit herangezo-
gen, sondern beides negativ gewendet in eine *„verlogene*
Moral". Sie werden mit „naturalisierter" Ungleichwertigkeit überzogen, indem wirtschaftlich ausbeuterisch raffi-
niertes Verhalten in Stellung gebracht wird.
60 • Zur Ungleichwertigkeit von Menschen werden sowohl
kulturelle als auch *religiöse* Überzeugungen vorgebracht.
Dies gilt insbesondere dann, wenn die eigene Religion
als einzig *wahre* auf den Schild gehoben wird. Das Fun-
damentale tritt hervor und trifft auf ähnliche Vorstellun-
65 gen im Islam, in dem die Überlegenheit des Mannes definiert ist (Koran Sure 4,34) und für Frauen zwar gleiche
Würde, aber nicht gleiche Rechte postuliert werden. Die
Ungleichwertigkeit in reklamierten Etabliertenvorrech-
ten werden über zeitliche Vorrangstellungen im geteilten
70 Sozialraum etabliert.
• Homosexuelle werden über *„die Natur"* in die Ungleichwertigkeit hineingezogen. Die Unnatürlichkeit des
sexuellen Verhaltens wird aufgerufen, z.T. auch religiös
begründet.
75 • Zum Rassismus wird vielfach die *Kognition* herangezo-
gen, gewissermaßen als angeborene Unterlegenheit.
Intellektuelle Unterlegenheit, also geringe Intelligenz
gegenüber dem „Weißen Mann" (Pohl 2007) dient als
Überzeugungsgrundlage.
80 • Im Sexismus reüssiert auch die *Natürlichkeit* der Ge-
schlechter und die Überlegenheit des „Weißen Mannes",
dem der Fortschritt in der geistes- und naturwissenschaftlichen Welt zu verdanken ist. Diese geht zu Ende.
„Schuld" daran ist die Einbindung der Frau in die geistige
85 Entwicklung und in die Bildungssysteme.
• Begriffe von *Nützlichkeit, Kultur, Moral, das Wahre, zeitli-*
che Verweildauer im Raum, Natur und *Kognition* gehören
also zum Arsenal der Etablierung von Ungleichwertig-

keiten und machen anfällig für *Eskalationsprozesse*.
90 Diese Prozesse beginnen mit Anerkennungsverlusten,
d.h. *Missachtungen*. Eine weitere Stufe zeigt sich in *Ver-*
achtungen, deren manifester Ausdruck sich in *Diskrimi-*
nierungen findet. Die Machtdemonstration in Form von
Unterdrückungen schließt sich an bis hin zum Extremfall
95 der *Vernichtung* durch Gewalt.

Aufgaben

1. Erarbeiten Sie, wie und warum nach Heitmeyer in unserer
Gesellschaft über Ungleichheit auch Ungleichwertigkeit
erzeugt wird. Beziehen Sie dazu auch einen weiteren Teil
des Textes von Heitmeyer sowie ein weiteres Diagramm
mit ein (vgl. 🌐 ym763e).

2. Setzen Sie sich kritisch mit der Entstehung von menschlichen Bewertungsstandards auseinander und prüfen Sie,
ob bzw. inwieweit die Ausbildung von Bewertungsstandards bei Menschen über pädagogische Maßnahmen
weitreichend beeinflusst werden könnte oder müsste.

3. Einen weiteren Text zum Thema „Gewaltkarrieren" von
Ferdinand Sutterlüty finden Sie online (vgl. 🌐 fb86na).
In dem Text berichtet Sutterlüty von Gewalt durch Schüler
an der Rütli-Hauptschule in Berlin-Neukölln.

Frage und Anregung zum Abschluss

Erläutern Sie, inwiefern pädagogisches Handeln immer
angesichts von gegebenen gesellschaftlichen Bedingungen
und vorherrschenden Wertorientierungen stattfindet, und
erörtern Sie, welche Folgerungen für pädagogisches Handeln daraus gezogen werden müssen.

5.3 Der Ansatz Udo Rauchfleischs zur Diagnose und Therapie bei Dissozialität und Jugendgewalt

Udo Rauchfleisch hat viele Jahrzehnte Strafgegangene therapeutisch begleitet und zugleich seine Erfahrungen wissenschaftlich aufgearbeitet. Rauchfleisch hat die überarbeitete Auflage seines Buches „Dissozialität" neu mit „Außenseiter der Gesellschaft" überschrieben. Die Auseinandersetzung mit Gewalttätern hat in diesem Rahmen einen großen Stellenwert eingenommen. Nach Rauchfleisch machen sich Menschen zu gesellschaftlichen „Außenseitern", wenn es ihnen nicht gelingt, sich konstruktiv in Beziehungen oder Gemeinschaften zu integrieren. Sie fallen so durch problematisches – zumeist aggressives, bedrohendes oder gewalttätiges – Auftreten in Schulen oder an Arbeitsplätzen, aber auch in informellen Gruppen auf. Rauchfleisch orientiert sich an einem weiten Verständnis von „Gewalt". In seiner psychoanalytisch fundierten Arbeit fragt er nach Mechanismen, welche Menschen zu „dissozialem" Verhalten bewegen können. Sein Ansatz für einen Umgang mit diesen Menschen kann zeigen, dass Menschen in schweren Krisen therapeutisch geholfen werden kann. Welche Gemeinsamkeiten und Unterschiede gibt es zwischen therapeutischem und pädagogischem Vorgehen? Gibt es Situationen, in denen pädagogisches Handeln auf Therapie angewiesen ist?

M5 Das Verhalten von „Außenseitern" (Udo Rauchfleisch)

Hans-Peter, ein strafentlassener junger Mann, brachte in die Therapiestunde einen Bescheid mit, den er von der Finanzbehörde erhalten hatte. Hochgradig erregt wies er darauf hin, dass er mit diesem vorgedruckten Formular
5 gerügt werde, weil er seine Steuer noch nicht bezahlt habe; es sei unverschämt, dass man ihm als Termin für die Zahlung ein Datum angebe, das bereits eine Woche zurückliege. Sein wütender Kommentar gipfelte in den Worten: „Die meinen natürlich, mit mir als Verbrecher könnten sie
10 so umgehen. Aber die sollen was erleben! Ich gehe da hin und schlage denen alles kurz und klein." Tatsächlich fand sich auf dem Steuerbescheid ein fett gedrucktes Datum der vergangenen Woche. Der Text lautete jedoch nicht, wie Hans-Peter angenommen hatte, er hätte seine Steuern bis
15 zu diesem Zeitpunkt bezahlen sollen, sondern es hieß, in der Abrechnung seien Zahlungen bis zum angegebenen Datum berücksichtigt.

Aufgaben

1. Geben Sie die auffällige Verhaltensweise von Hans-Peter wieder. Ein weiteres Beispiel für ein Verhalten von „Außenseitern" finden Sie online (vgl. 🌐 649x63).

2. Erläutern Sie die Verhaltensweisen, indem Sie psychoanalytisches Wissen und Kenntnisse über Bindungsforschung heranziehen.

3. Erörtern Sie, ob bzw. wie Hans-Peter und Ruth geholfen werden könnte, ihre spontanen und heftigen Reaktionen mehr kontrollieren zu können.

M6 Menschen in psychosozialer Not (Udo Rauchfleisch)

Untersuchen wir die Bedingungen, unter denen Menschen mit schwerwiegenden psychosozialen Problemen aufgewachsen sind, so fällt auf, dass sie in der frühen Kindheit ebenso wie im weiteren Verlauf ihres Lebens zum Teil
5 schwerste Verlust- und Mangelerfahrungen durchgemacht haben […], die vor allem aus der sozialen Instabilität der Herkunftsfamilie resultieren (mit zum Teil gravierenden ökonomischen Problemen und intrafamiliären Spannungen) und aus den vielfältigen Beziehungsabbrüchen, de
10 nen diese Kinder ausgesetzt waren. […] Die psychischen Verletzungen haben tiefe Spuren in ihrer Persönlichkeit hinterlassen, vor allem in Form eines zum Teil extremen Misstrauens. […] Viele unserer psychodynamischen Theorien sehen – zumindest in ihren populären Verkürzungen –
15 den Ursprung insbesondere bei den Müttern. Eine solche Sicht ist indes aus zwei Gründen fatal: Zum einen zeigen uns die modernen psychoanalytischen, wie gerade bei der Gewaltproblematik die Väter von großer Bedeutung sind und insofern „Abschied von der Schuld der Mütter" zu neh
20 men ist […]. Außerdem ist zu berücksichtigen, dass Eltern mit ihren Kindern ja nicht in einem sozialen Vakuum leben,

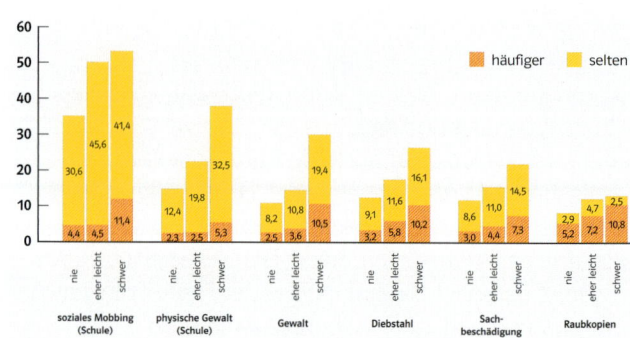

Abb. 5.10: Delinquentes Verhalten nach erlebter elterlicher Gewalt, 9. Jahrgangsstufe (in %; gewichtete Daten; fett: signifikant bei p < .05)

sondern in ihren Erziehungsaufgaben von der weiteren Sozietät unterstützt oder (leider vielfach) im Stich gelassen werden. Zum anderen ist eine Kulpabilisierung der Eltern
25 insofern auch verhängnisvoll, als wir ihnen damit nicht nur unrecht tun, sondern in unseren eigenen Gefühlen, in der Gegenübertragung, den Eltern gegenüber voreingenommen werden und, ob reflektiert oder nicht, ihnen gegenüber leicht eine feindselige Haltung einnehmen. […]

30 Frühkindliche Mangelerfahrungen und ihre sozialen Konsequenzen

Aufgrund der beschriebenen Mangelerfahrungen haben sich in diesen Menschen im Verlaufe der Zeit ungeheure Wünsche und Ansprüche angestaut, und sie sind von ei-
35 nem unstillbaren Hunger nach Zuwendung und Bestätigung erfüllt. Zugleich bestehen bei ihnen aber auch große Ängste vor jeder intensiveren mitmenschlichen Nähe und Verbindlichkeit, sodass sie gerade das fürchten und vermeiden, was sie eigentlich am meisten ersehnen. Verständ-
40 licherweise weichen sie deshalb vielfach auf „Ersatzgebiete" aus, indem sie sich Alkohol und andere Suchtmittel einverleiben, sich Gegenstände aneignen oder Menschen ihrer Umgebung zu beherrschen und zu „benutzen" suchen, in der allerdings irrigen Hoffnung, dadurch die innere Lee-
45 re ausfüllen zu können.

Ein weiterer Störungsbereich ist der der Autonomieentwicklung. Die in diesem Buch geschilderten Menschen haben in ihrer Kindheit häufig keine konstruktiven Formen von Abgrenzungs- und Unabhängigkeitsstrebungen ent-
50 wickeln können […]

Die Beziehungen, die die hier geschilderten Klientinnen und Klienten aufnehmen, sind zumeist überladen mit unrealistischen Erwartungen, und andere Menschen sind für sie in der Regel nur „Mittel zum Zweck". Ihre Beziehungen
55 sind nach der psychoanalytischen Theorie nicht objektaler Art, bei der die Bezugspersonen als Individuen mit eigenen Gefühlen und Wünschen wahrgenommen und respektiert würden. Es sind vielmehr stark funktionalisierte Beziehungen, die einem narzisstischen Muster folgen. Die Bezugs-
60 personen sind nur insofern von Interesse, als sie für diese Menschen eine bestimmte Funktion erfüllen. Sobald sie dies nicht mehr tun, werden sie gegen andere „ausgewechselt". […] Das heißt: Ihr fragiles Selbstwertsystem bedarf der permanenten Bestätigung und Stärkung von außen.
65 Können die Bezugspersonen dies nicht mehr, so werden sie „uninteressant". Nicht selten richtet sich gegen sie nun aber auch – aus Enttäuschung – ungeheurer Hass, da sie die in sie gesetzten Erwartungen nicht erfüllen.

Die frühkindlichen Entwicklungsbedingungen von Men-
70 schen mit schwerwiegenden psychosozialen Problemen führen bei ihnen zu spezifischen ich-strukturellen Störungen in der Wahrnehmung und Steuerung ihrer Gefühle sowie zu Beeinträchtigungen in den Funktionen, die sie benötigen, um sich in der Sozietät bewegen zu können.

75 Ich-Störungen und Abwehrmechanismen

Vieles von ihrer inneren Befindlichkeit und von der sozialen Realität nehmen sie nicht oder durch ihre Ängste und Hoffnungen verzerrt wahr. Betroffen sind insbesondere

Abb. 5.11

die nach psychoanalytischer Theorie dem Ich zuzuordnen-
80 den Funktionen der Realitätsprüfung sowie der Fähigkeit, realistische Zukunftsentwürfe zu entwickeln und sich vor einer Überflutung durch innere und äußere Reize zu schützen. Im Bereich der sogenannten Abwehrmechanismen herrschen archaische (vor allem aus der frühen Kindheit
85 stammende) Formationen vor: Wir finden insbesondere die Mechanismen der Spaltung (der betreffende Mensch vermag die „guten" und „bösen" Teilqualitäten einer anderen oder auch der eigenen Person nicht gleichzeitig – ambivalent – wahrzunehmen, sondern erlebt diese je absolut als
90 unvereinbare Gegensätze, wobei es charakteristischerweise immer wieder zu einem abrupten Umschlag in das gegenteilige Gefühl kommt), der Projektion (eigene, bei sich selber aber nicht akzeptierte Gefühle und Impulse werden in anderen Menschen gesehen und dort oft heftig
95 bekämpft), Verleugnung von Aspekten der sozialen Realität und der inneren Befindlichkeit sowie Idealisierungen und Entwertungen von Bezugspersonen.

Diese Mechanismen dienen zwar ursprünglich dem Schutz der Persönlichkeit vor dem Gewahrwerden der inneren
100 Konflikte, vor der daran gebundenen unerträglichen Angst und vor dem Überflutetwerden durch Aggression. Sie sind insofern „Erhaltungsmechanismen". Zugleich wirken sie sich aber auch unheilvoll aus, weil sie die weitere Entwicklung dieser Menschen erheblich beeinträchtigen, indem sie
105 beispielsweise Reifungsschritte stören, den Realitätsbezug behindern und dazu beitragen, dass diese Menschen viele für ihre soziale Integration wichtige Erfahrungen nicht oder in nur ungenügendem Maße machen (z. B. mangelnde Schul- und Berufsausbildung und Schwierigkeiten beim
110 Erlangen der verschiedensten sozialen Kompetenzen). […]

Über-Ich-Störungen, Selbst(un)wertgefühle und soziale Konsequenzen

Eine weitere Störungskomponente betrifft die Gewissensbildung dieser Menschen (in der psychoanalytischen Theo-
115 rie das Über-Ich). […] Die hier geschilderten Menschen haben sehr wohl eine Gewissensinstanz aufgebaut, nur weist sie in ihrer Entwicklung und Struktur häufig spezifische Störungen auf: Ein Teil ihres Über-Ich, das Über-Ich im engeren Sinne, besteht aus geradezu grausamen, sie

120 stets entwertenden Stimmen, die sich von frühkindlichen traumatischen Beziehungserfahrungen herleiten. Gegen die von diesem Teil ihrer Gewissensinstanz ausgehende Verurteilung und Selbstentwertung suchen sich diese Menschen vor allem durch eine Projektion der selbstquä-

125 lerischen Impulse auf Menschen in der Umgebung zu schützen. Gegen solche „Über-Ich-Träger" führen sie dann oft einen geradezu verzweifelten Kampf, in der allerdings irrigen Hoffnung, damit die sie verurteilenden Stimmen im eigenen Innern zum Schweigen bringen zu können. Eine

130 weitere Auffälligkeit dieser Menschen liegt im Bereich ihres Über-Ich darin, dass ihre Vorstellungen von dem, was sie als Leitlinie und

135 Idealentwurf vor Augen haben, ihr Ich-Ideal, zum Teil enorm überhöht und so hochgeschraubt sind, dass sie diese Ziele in Realität

140 nie erreichen können.

Abb. 5.12

Die Folge dieser Über-Ich-Probleme sind einerseits extreme Selbstentwertungen und Selbstverurteilun-

145 gen und andererseits so hochgesteckte Ziele, dass ein Versagen von vornherein programmiert ist. Außerdem kommt es zu einem oft abrupten Umschlagen von zentralen Selbstunwertgefühlen zu völlig unrealistischen Größenvorstellungen. […]

150 Aufgrund ihrer frühkindlichen Entwicklungsbedingungen ist es bei den hier geschilderten Menschen im Verlaufe des Lebens ferner zu schwerwiegenden Störungen im narzisstischen Bereich, in ihrem Selbstwerterleben, gekommen. Zentrale Ohnmachts- und Selbstunwertgefühle stehen un-

155 vermittelt neben grandiosen, völlig irrealen Vorstellungen von den eigenen Möglichkeiten. […]
Die narzisstische Störung prägt wesentlich die Beziehungen dieser Menschen. Partnerinnen und Partner ebenso wie Betreuer und Therapeutinnen sind für sie vor allem

160 insofern von Bedeutung, als sie ihnen Befriedigung ihrer Wünsche nach Anerkennung und Geltung garantieren und als idealisierte Menschen zur Aufwertung der eigenen, sich insuffizient fühlenden Person benutzt werden können […]. Auch ihre starke Neigung, sich durch Manipulation

165 anderer Menschen das Gefühl eigener Macht und Größe zu verschaffen, sowie ihre erhöhte Kränkbarkeit und ihre geringe Frustrationstoleranz sind unter anderem Ausdruck der Selbstwertstörung. […]

Fazit für den Umgang mit Menschen in psychosozialer Not

170 Als Fazit der hier skizzierten Theorie zur Entwicklung von Menschen mit gravierenden psychosozialen Problemen können wir festhalten: Wir haben es vielfach mit Menschen zu tun, die bereits in frühester Kindheit schwere reale Mangel- und Verlusterfahrungen erlebt haben. Die

175 Folge sind schwerwiegende Beziehungsstörungen, die Ausbildung eines erheblichen Aggressionspotenzials sowie Beeinträchtigungen in verschiedenen Ich-Funktionen und

im Aufbau der Über-Ich-Instanz. Ferner leiden viele dieser Menschen unter einer zentralen Selbstwertstörung, die

180 sich einerseits in Insuffizienz- und Ohnmachtsgefühlen, andererseits in einem grandiosen Gebaren und starken manipulativen Tendenzen äußert. […]
Es sei an dieser Stelle noch ausdrücklich darauf hingewiesen, dass eine derartige Charakterisierung eine große

185 Gefahr in sich birgt: Sie erscheint wie eine Summierung von „Defiziten". Eine solche Sicht wäre jedoch aus drei Gründen verhängnisvoll: Zum einen würde sie der realen Situation unserer Klienten nicht gerecht, denn selbst bei schwersten psychopathologischen Zuständen haben wir nie Menschen

190 vor uns, die nur aus „Defiziten" bestehen. Zum anderen müssten wir, wenn wir eine derartige Haltung einnähmen, den Klienten völlig hilflos und resigniert gegenüberstehen und eine wie auch immer geartete Betreuung und Behandlung als „aussichtslos" ablehnen. Zum dritten könnten wir

195 gar nicht mit Menschen arbeiten, bei denen wir uns nicht auf intakte Persönlichkeitsanteile stützen und Ressourcen erschließen könnten. Mehr noch als andere Klienten fordern uns deshalb Menschen mit schwerwiegenden psychosozialen Problemen zu einem radikalen Umdenken heraus, gera-

200 dezu zu einem Paradigmenwechsel, indem wir nicht mehr in erster Linie von der psychischen und sozialen Pathologie ausgehen dürfen, sondern im Sinne der Salutogenese unser Augenmerk insbesondere auf die intakten Bereiche und Funktionen und auf die positiven Entwicklungsmöglichkei-

205 ten der Klientinnen und Klienten richten müssen.

Aufgaben

1. Erläutern Sie – mithilfe von Fachlexika – zunächst die Bedeutung der Ihnen bislang nicht bekannten fachlichen Begriffe in den Ausführungen Rauchfleischs.

2. Erarbeiten Sie die von Rauchfleisch (auch in den beiden Beispielen) behaupteten Bedingungen bzw. Ursachen dissozialen oder gewalttätigen Verhaltens.

3. Erläutern Sie die von Rauchfleisch angeführten psychischen Störungen dissozialer Menschen auf dem Hintergrund Ihrer psychoanalytischen Kenntnisse – etwa über den psychischen Apparat und die psychischen Instanzen sowie die psychosexuelle Entwicklung.

4. Nehmen Sie zu Rauchfleischs Forderung Stellung, dissoziale Menschen nicht als eine „Summierung von ,Defiziten'" zu betrachten.

5. Erörtern Sie, ob bzw. inwieweit Menschen mit diesen Schwierigkeiten pädagogisch unterstützt werden können.

6. Weitere Texte von Udo Rauchfleisch zur Begleitung straffälliger Menschen sowie zum „bifokalen" Behandlungskonzept finden Sie online (vgl. 🌐 97ax4k und 🌐 r3j2ex).

5.4 Zum Verhältnis von therapeutischem und pädagogischem Handeln

Sie haben sich in diesem Abschnitt mit psychologischen oder psychologisch orientierten Erklärungen für Gewalt und Dissozialität auseinandergesetzt. Der folgende Text fragt nach dem Stellenwert der psychologischen bzw. psychoanalytischen Erklärungen für pädagogisches Handeln.

M7 Differenz und Interdependenz therapeutischen und pädagogischen Handelns (Hans-Rüdiger Müller)

Therapie hat es allemal […] mit vergangenen lebensgeschichtlichen Erfahrungen zu tun, genauer genommen mit den Spuren, die diese Erfahrungen in der Erinnerung der Klienten hinterlassen haben, und die nun auch deren aktuelle
5 Selbst- und Welterfahrung (sowohl im aktiv-tätigen als auch im passiv-leidenden Verhältnis zu ihrer Umwelt und ihrer Person) nachhaltig mit beeinflussen. Ausgangspunkt therapeutischer Bemühungen ist das geschichtliche Gewordensein des Menschen […] und ihr Ziel ist es, dem Menschen
10 eine *Überschreitung* dieses geschichtlichen Gewordenseins zu ermöglichen […]. Das geschichtliche Werden des Einzelnen bezeichnet indessen zugleich das, was in der Pädagogik unter dem Begriff der „Bildung" zu beschreiben und zu analysieren versucht wird. – Ließe sich also die Schlussfol-
15 gerung ziehen, dass die Bildung des Menschen der gemeinsame Gegenstand von Therapie und Pädagogik ist? […] Es wurde herausgestellt, dass die menschliche Existenz im Unterschied zu der Existenz anderer Lebewesen auf der Möglichkeit und Notwendigkeit einer Lebenspraxis
20 beruht. Die dem Menschen eigene Fähigkeit, sich gleichsam über den Vollzug seiner Existenz stellen zu können und (der Möglichkeit nach) frei zwischen Handlungsalternativen wählen zu können, sowie die damit gegebene Geschichtlichkeit und Sprachlichkeit seines Daseins (der
25 Mensch als Gattungswesen schafft sich eine sprachlich objektivierte Welt, die ihn als Einzelwesen überdauert und in die er als Einzelwesen eintritt, eine Welt die vor und außer ihm existiert, auch wenn er in sie verändernd eingreift) ermöglicht ihm und nötigt ihn zugleich, sich als ver-
30 nunftbegabtes Wesen in seinem Tun hervorzubringen, sich zu bestimmen. Sofern sich der Mensch als Gattungswesen bestimmt, sprechen wir von *Kultur*, sofern er sich als Einzelwesen bestimmt von Bildung.
Da der Mensch beides zugleich ist, d.h. als Einzelwesen
35 immer schon auf die Kultur des Gattungswesens trifft, sich in ihr entfaltet, und als Gattungswesen sich nur erhalten kann, indem er sich in jedem Einzelwesen (und dessen Bildungsprozess) immer wieder neu hervorbringt, sind Bildung und Kultur wechselseitig aufeinander bezogen. […]
40 Die zentralen Komponenten des Bildungsproblems[1] sind (1) die „Präsentation" einer Lebensform und (2) die systematische „Repräsentation" einer sinnhaften kulturellen Ordnung durch die Erwachsenen sowie die Frage nach der „Bildsamkeit" (3) und der „Selbsttätigkeit" (4) aufseiten der
45 Heranwachsenden. […] Wie auch immer der Zugang des Heranwachsenden zu den verschiedenen Bereichen der Kultur durch Vorkehrungen der Erwachsenen gefiltert oder gebremst sein mag (nicht alles wird Kindern und Heranwachsenden unabhängig von ihrem Alter zugemutet), der
50 sich bildende Mensch eignet sich (als tätiges Wesen) die Struktur einer Lebensform an, in der er *sich* auszudrücken und zu bestimmen sucht. Mit dem Grad der Ausdifferenzierung und Komplexität unserer Lebensformen wäre es jedoch zu riskant, sich allein auf die bildende Wirkung der
55 unmittelbar präsentierten Ausschnitte aus der Welt der Erwachsenen zu verlassen, die kulturelle Ordnung verliert (im Vergleich zu historisch früheren Lebensformen) an Transparenz (auch an Konsistenz), und so kommt als zweite Komponente der Bildung die Frage ins Spiel, wie neben
60 dem, was direkt im alltäglichen Zusammenleben von Heranwachsenden und Erwachsenen unmittelbar erfahrbar ist, auch das vermittelt werden kann, was sonst noch wichtig ist, und wie ein derartiger Vermittlungsprozess organisiert sein muss, sodass dieses für die Bildung des
65 Heranwachsenden als wichtig Ausgewählte als Teil eines Ganzen, eines Sinnzusammenhangs, erkannt wird. Dieses Problem […] führt zur Konstruktion einer „pädagogischen Sphäre", deren Einrichtung von der Überlegung angeleitet wird, auf welche Weise kulturell bedeutsame Erfahrungen,
70 zu denen dem Heranwachsenden der unmittelbare Zugang fehlt, angemessen repräsentiert werden können. Zu der „Frage nach der rechten Lebensform" gesellt sich die „Frage nach der richtigen Repräsentation dieser Lebensform in den pädagogisch-didaktischen Arsenalen" eines institutio-
75 nalisierten Bildungs- und Erziehungswesens.
Wie es nun möglich sein kann, dass der sich bildende junge Mensch in der Auseinandersetzung mit einer derart repräsentierten, vor-strukturierten kulturellen Interpretation der Wirklichkeit sich bestimmt, führt zu den beiden weiteren
80 Komponenten des Bildungsproblems: der Bildsamkeit als Voraussetzung aufseiten des Heranwachsenden und der Bedeutung der Selbsttätigkeit im Prozess der Aneignung einer kulturellen Lebensform. Diese beiden Komponenten stellen zugleich auch Ansatzpunkte für die Frage nach der
85 möglichen Bedeutung psychotherapeutischer Maßnahmen dar, denn sie lenken die Aufmerksamkeit auf die individuelle Seite des Bildungsprozesses.
Mit „Bildsamkeit" wird der dem Menschen unterstellte Antrieb bezeichnet, von seiner Lernfähigkeit Gebrauch
90 zu machen, sich zu bilden. […] Während die Lern- und Erfahrungsfähigkeit des Menschen als seiner natürlichen Grundausstattung zurechenbar betrachtet werden kann, „(ist) Bildsamkeit dagegen nur beschreibbar als Reaktion auf die Herausforderung durch die Kultur. Sie wird ‚aktuell'
95 in Bezug auf die Ordnung der Welt" […]. Die unauflösbare Paradoxie dieses Artikulationsversuches liegt darin, dass der Mensch so, um sich kraft seiner Subjektivität eine Bestimmung zu geben, sich zugleich von sich, seiner Subjektivität, entfernen muss, dass aber andererseits gerade
100 seine Subjektivität es ist, die (herausgefordert durch die Zumutungen der Kultur) ihn dazu treibt, sich selbst eine Bestimmung zu geben, sich selbst hervorzubringen, sich

nicht einfach dem Spiel zwischen inneren und äußeren Bedingungen zu überlassen.

105 Von diesem Widerspruch lebt die Bildungsbewegung eines Menschen; nicht die Lösung, sondern die Aufrechterhaltung dieses Widerspruchs hält die Bildung in Gang. […] Sowohl Pädagogik als auch Therapie sind darauf gerichtet, diesen Widerspruch lebendig zu halten (und nicht ihn aufzulösen!),

110 allerdings unter einem je besonderen Akzent. Pädagogische Maßnahmen rechtfertigen sich dadurch, dass sie die subjektiven Kräfte des sich bildenden Menschen durch die geeignete, sowohl dem jeweiligen Gegenstand als auch den je individuellen Voraussetzungen angemessene Reprä-

115 sentation zu konstruktiver Tätigkeit herausfordern, therapeutische Maßnahmen legitimieren sich dadurch, dass sie lebensgeschichtlich entstandene, ohne besondere Hilfen nicht oder nur unzureichend überwindbare (psychische) Blockaden aufzulösen versuchen, die einer Entfaltung dieser

120 subjektiven Kräfte im Wege stehen. Der Zusammenhang beider Aspekte liegt darin, dass für den Fall solcher, durch die bisherige Bildungsgeschichte des Individuums erzeugten Blockierungen einerseits die Möglichkeit des Individuums, auf die kulturellen Herausforderungen konstruktiv zu reagie-

125 ren, wesentlich eingeschränkt wird und sich in dem Maße erweitert, wie diese Blockierungen verschwinden, dass aber andererseits die subjektiven Kräfte des Individuums sich nur insoweit von derartigen Blockaden befreien können, wie sie durch das kulturelle Milieu (sei es pädagogisch konstruiert

130 oder nicht) geweckt und zu konstruktiver Aktivität angeregt werden; beides ist wechselseitig aufeinander angewiesen. Pädagogik allein stößt dort an Grenzen, wo verfestigte psychische Blockaden es dem Subjekt verwehren, auf Herausforderungen einer kulturellen Ordnung mit Bildsamkeit zu

135 antworten; und Therapie allein kann dort nichts ausrichten, wo nicht zugleich Bildsamkeit als eine Reaktion des Subjekts auf derartige kulturelle Herausforderungen „gestiftet" wird.

1 Mollenhauer, Klaus: Vergessene Zusammenhänge. Über Kultur und Erziehung. Juventa, Weinheim und München 1983.

Aufgaben

1. Stellen Sie tabellarisch die Unterschiede zwischen Pädagogik und Therapie gegenüber, die Müller benennt. Nutzen Sie dabei auch Winklers Hinweis auf die unterschiedlichen Zugriffe von Therapie und Pädagogik auf Vergangenheit, Gegenwart und Zukunft (vgl. 🌐 5iu4xc).

2. Fassen Sie Müllers Verständnis von Bildung zusammen.

3. Prüfen Sie auf dieser Grundlage, welche Aufgabe bei der Förderung junger Menschen Therapie und Pädagogik jeweils übernehmen können. Prüfen Sie auch, welche Aufgaben sie nicht übernehmen können.

4. Erläutern Sie Ihre Überlegungen mit Bezug zu Rauchfleischs bifokalem Konzept (vgl. 🌐 r3j2ex).

5.5 Konzepte der Sozialpädagogik und Sozialen Arbeit

Überlegungen der Psychologie wie der Soziologie sind für eine fundierte Analyse des Verhaltens von deviantem (abweichendem) Verhalten unverzichtbar. Sie sind notwendige Hilfen für pädagogisches Denken und Handeln, können dies aber nicht ersetzen. In der Geschichte der Pädagogik hat sich in den letzten 200 Jahren ein besonderer pädagogischer Bereich entwickelt, der sich mit den verarmten, exkludierten, dissozialen, notleidenden, überforderten Menschen beschäftigt, die die moderne Gesellschaft hervorbringt.

Aufgaben

Das Bild „Selbstbildnis mit fiedelndem Tod" aus dem Jahre 1872 wurde von Arnold Böcklin (1827–1901) gemalt.

1. Informieren Sie sich über den Maler.

2. Interpretieren Sie das Gemälde.

3. Sehen Sie irgendwelche pädagogischen Bezüge? Erörtern Sie Ihre Antworten.

Abb. 5.13: „Selbstbildnis mit fiedelndem Tod" von Arnold Böcklin aus dem
Jahre 1872

5.5.1 Historische Positionen der Sozial-
pädagogik

Als einer der Begründer der Sozialpädagogik gilt Johann
Heinrich Pestalozzi (1746–1827). Pestalozzis Schriften entstehen im Kontext eigener praktischer pädagogischer Erfahrungen. Wiederholt hat er über Jahre mit seinen „Zöglingen"
an besonderen Orten, welche die Kinder und Jugendlichen
zumindest zeitweise von ihrem gewohnten Umfeld trennte,
zusammengelebt. Er war davon überzeugt, dass er auf diese
Weise besondere pädagogische Möglichkeiten entwickeln
könnte. Sein bekanntester Versuch in dieser Hinsicht ist
der gemeinsame Aufenthalt mit Kindern in einer Anstalt
in Stans in der Nähe von Luzern (Schweiz). Dieser Versuch
konnte nur begrenzte Zeit realisiert werden. Materielle und
politische Bedingungen führten dazu, dass Pestalozzi seine
pädagogische Arbeit nicht fortsetzen konnte.

M8 Pädagogische Förderung (Pestalozzi)

Die meisten dieser Kinder waren, da sie eintraten, in dem
Zustand, den die äußerste Zurücksetzung der Menschen-
natur allgemein zu seiner notwendigen Folge haben muss.
Viele traten mit eingewurzelter Krätze ein, dass sie kaum
5 gehen konnten, viele mit aufgebrochenen Köpfen, viele mit
Hudeln, die mit Ungeziefer beladen waren, viele hager wie
ausgezehrte Gerippe, gelb, grinsend, mit Augen voll Angst
und Stirnen voll Runzeln des Misstrauens und der Sorge,
einige voll kühner Frechheit, des Bettelns, des Heuchelns
10 und aller Falschheit gewöhnt; andere vom Elend erdrückt,
duldsam, aber misstrauisch, lieblos und furchtsam. Zwischen hinein einige Zärtlinge, die zum Teil ehemals in
einem gemächlichen Zustand lebten; diese waren voll
Ansprüche, hielten zusammen, warfen auf die Bettel- und
15 Hausarmenkinder Verachtung, fanden sich in dieser neuen
Gleichheit nicht wohl, und die Besorgung der Armen, wie
sie war, war mit ihren alten Genießungen nicht überein-
stimmend, folglich ihren Wünschen nicht entsprechend.
Träge Untätigkeit, Mangel an Übung der Geistesanlagen
20 und wesentlicher körperlicher Fertigkeiten waren allge-

mein. Unter zehn Kindern konnte kaum eins das Abc. Von anderem Schulunterricht oder wesentlichen Bildungsmitteln der Erziehung war noch weniger die Rede.

Der gänzliche Mangel an Schulbildung war indessen gera-
25 de das, was mich am wenigsten beunruhigte; den Kräften der menschlichen Natur, die Gott auch in die ärmsten und vernachlässigtesten Kinder legte, vertrauend, hatte mich nicht nur frühere Erfahrung schon längst belehrt, dass diese Natur mitten im Schlamm der Rohheit, der Verwil-
30 derung und der Zerrüttung die herrlichsten Anlagen und Fähigkeiten entfaltet, sondern ich sah auch bei meinen Kindern mitten in ihrer Rohheit diese lebendige Naturkraft allenthalben hervorbrechen. Ich wusste, wie sehr die Not und die Bedürfnisse des Lebens selbst dazu beitragen,
35 die wesentlichsten Verhältnisse der Dinge dem Menschen anschaulich zu machen, gesunden Sinn und Mutterwitz zu entwickeln und Kräfte anzuregen, die zwar in dieser Tiefe des Daseins mit Unrat bedeckt zu sein scheinen, die aber, vom Schlamme dieser Umgebungen gereinigt, in hellem
40 Glanz strahlen. Das wollte ich tun. Aus diesem Schlamm wollte ich sie herausheben und in einfache, aber reine häusliche Umgebungen und Verhältnisse versetzen. […]
Ich wollte eigentlich durch meinen Versuch beweisen, dass die Vorzüge, die die häusliche Erziehung hat, von der
45 öffentlichen müsse nachgeahmt werden, und dass die letztere nur durch die Nachahmung der ersteren für das Menschengeschlecht einen Wert hat. Schulunterricht ohne Umfassung des ganzen Geistes, den die Menschenerziehung bedarf, und ohne auf das ganze Leben der häuslichen
50 Verhältnisse gebaut, führt in meinen Augen nicht weiter als zu einer künstlichen Verschrumpfungsmethode unseres Geschlechts. […]
Der Mensch will so gerne das Gute, das Kind hat so gerne ein offenes Ohr dafür; aber es will es nicht für dich, Lehrer,
55 es will es nicht für dich, Erzieher, es will es für sich selber. Das Gute, zu dem du es hinführen sollst, darf kein Einfall deiner Laune und deiner Leidenschaft, es muss der Natur der Sache nach an sich gut sein und dem Kind als gut in die Augen fallen. Es muss die Notwendigkeit deines Wil-
60 lens nach seiner Lage und seinen Bedürfnissen fühlen, ehe es dasselbe will. Alles, was es lieb macht, das will es. Alles, was ihm Ehre bringt, das will es. Alles, was große Erwartungen in ihm rege macht, das will es. Alles, was in ihm Kräfte erzeugt, was es aussprechen macht „ich kann
65 es", das will es. Aber dieser Wille wird nicht durch Worte, sondern durch die allseitige Besorgung des Kindes und durch die Gefühle und Kräfte, die durch diese allseitige Besorgung in ihm rege gemacht werden, erzeugt. Die Worte geben nicht die Sache selbst, sondern nur eine deutliche
70 Einsicht, das Bewusstsein von ihr.
[…] Ich war von Morgen bis Abend soviel als allein in ihrer Mitte. Alles, was ihnen an Leib und Seele Gutes geschah, ging aus meiner Hand. Jede Hilfe, jede Handbietung in der Not, jede Lehre, die sie erhielten, ging unmittelbar von mir
75 aus. Meine Hand lag in ihrer Hand, mein Aug' ruhte auf ihrem Aug'. Meine Tränen flossen mit den ihrigen, und mein Lächeln begleitete das ihrige. Sie waren außer der Welt, sie waren außer Stans, sie waren bei mir, und ich war bei ihnen. Ihre Suppe war die meinige, ihr Trank war der mei-

80 nige. Ich hatte nichts, ich hatte keine Haushaltung, keine Freunde, keine Dienste um mich, ich hatte nur sie. Waren sie gesund, ich stand in ihrer Mitte, waren sie krank, ich war an ihrer Seite. […] Dadurch aber war es denn freilich auch allein möglich, dass sich die Kinder allmählich und einige
85 innigst und so weit an mich anschlossen, dass sie dem, was sie Dummes und Verächtliches selbst von ihren Eltern und Freunden gegen mich hörten, widersprachen. […]
„Du gutes Kind, wie elend siehst du aus, ich vermag dich noch immer so gut zu erhalten, als du's hier hast, komm du
90 heim." So sprachen viele Mütter, die mit ihren Kindern von Haus zu Haus bettelnd herumzogen, laut vor allen Kindern, sobald sie in die Stube kamen. Der Sonntag war mir über diesen Zeitpunkt ein schrecklicher Tag. Da kamen solche Mütter, Väter, Bruder, Schwester zu ganzen Haufen, zogen
95 meine Kinder auf der Straße und in dem Haus in alle Winkel, redeten meistens mit nassen Augen mit ihnen, dann weinten meine Kinder auch und wurden heimwehig. […] Einige hingegen, nicht wenige, sahen bald, dass sie bei mir etwas lernen und etwas werden könnten, und blieben in
100 der Anhänglichkeit und dem Eifer, den sie von Anfang zeigten, standhaft. […]
Ich konnte nicht anders, ich musste auf den erhabenen Grundsatz Jesu Christi bau-
105 en: „Macht erst das Inwendige rein, damit auch das Äußere rein werde" – und wenn je, so hat sich dieser Grundsatz in meinem Gang
110 unwidersprechlich erprobt. Mein wesentlicher Gesichtspunkt ging jetzt zuallererst darauf, die Kinder durch die ersten Gefühle ihres Bei-
115 sammenseins und bei der ersten Entwicklung ihrer Kräfte zu Geschwistern zu machen. […] Suche deine Kinder zuerst weitherzig
120 zu machen und Liebe und

Abb. 5.14: Statue von Johann Heinrich Pestalozzi in Yverdon-les-Bains

Wohltätigkeit ihnen durch die Befriedigung ihrer täglichen Bedürfnisse ihren Empfindungen, ihrer Erfahrung und ihrem Tun nahezulegen, sie dadurch in ihrem Inneren zu gründen und zu sichern, dann ihnen viele Fertigkeiten an-
125 zugewöhnen, um dieses Wohlwollen in ihrem Kreise sicher und ausgebreitet ausüben zu können. Endlich und zuletzt komme mit den gefährlichen Zeichen des Guten und Bösen, mit den Wörtern: Knüpfe diese an die täglichen häuslichen Auftritte und Umgebungen an und sorge dafür, dass
130 sie gänzlich darauf gegründet seien, um deinen Kindern klarer zu machen, was in ihnen und um sie vorgeht, um eine rechtliche und sittliche Ansicht ihres Lebens und ihrer Verhältnisse mit ihnen zu erzeugen. […]
Ich habe meinen Kindern unendlich wenig erklärt; ich habe
135 sie weder Moral noch Religion gelehrt; aber wenn sie still waren, dass man eines jeden Atemzug hörte, dann fragte ich sie: „Werdet ihr nicht vernünftiger und braver, wenn ihr so seid, als wenn ihr lärmt?" Wenn sie mir an meinen Hals

fielen und mich Vater hießen, fragte ich sie: „Kinder, dürft
140 ihr eurem Vater heucheln? Ist es recht, mich zu küssen und
hinter meinem Rücken zu tun, was mich kränkt?" Wenn von
dem Elend des Landes die Rede war und sie froh waren
und sich glücklich fühlten, dann sagte ich zu ihnen: „Ist
Gott nicht gut, der das Menschenherz mitleidig erschaf-
145 fen?" Auch fragte ich sie zu Zeiten: „Ist es nicht ein Unterschied zwischen einer Obrigkeit, die die Armen erzieht,
dass sie sich für ihr ganzes Leben selber helfen können,
und einer, die sie entweder sich selbst überlässt oder sie
mit Bettelbrot und in Spitälern erhält, ohne ihrem Elend
150 wirklich abzuhelfen und ihrem Laster und Müßiggang ein
wirkliches Ende zu machen?" […] Über alles erhob sie die
Aussicht, nicht ewig elend zu bleiben, sondern einst unter
ihren Mitmenschen mit gebildeten Kenntnissen und Fertigkeiten zu erscheinen, ihnen nützlich werden zu können
155 und ihre Achtung zu genießen. Sie fühlten, dass ich sie
weiterbringe als andere Kinder; sie erkannten den inneren
Zusammenhang meiner Führung mit ihrem künftigen Leben lebhaft, und eine glückliche Zukunft stellte sich ihrer
Einbildung als erreichbar und sicher dar. Darum ward ihnen
160 die Anstrengung bald leicht. […]
Wenn sich indessen Härte und Rohheit bei den Kindern
zeigte, so war ich streng und gebrauchte körperliche Züch-
tigungen. Lieber Freund, der pädagogische Grundsatz, mit
bloßen Worten sich des Geistes und Herzens einer Schar
165 Kinder zu bemächtigen und so den Eindruck körperlicher
Strafen nicht zu bedürfen, ist freilich ausführbar bei glücklichen Kindern und in glücklichen Lagen; aber im Gemisch
meiner ungleichen Bettelkinder, bei ihrem Alter, bei ihren
eingewurzelten Gewohnheiten und bei dem Bedürfnis,
170 durch einfache Mittel sicher und schnell auf alle zu wirken, bei allem zu einem Ziel zu kommen, war der Eindruck
körperlicher Strafen wesentlich, und die Sorge, dadurch
das Vertrauen der Kinder zu verlieren, ist ganz unrichtig.
[…] Vater- und Mutterstrafen machen daher selten einen
175 schlimmen Eindruck. Ganz anders ist es mit den Strafen
der Schul- und anderen Lehrer, die nicht Tag und Nacht in
ganz reinen Verhältnissen mit den Kindern leben und eine
Haushaltung mit ihnen ausmachen. Diesen mangelt das
Fundament von tausend das Herz der Kinder anziehenden
180 und festhaltenden Umständen, deren Mangel sie den Kindern fremd und für sie zu ganz anderen Menschen macht,
als ihnen diejenigen sind, die durch den ganzen reinen Umfang dieses Verhältnisses mit ihnen verknüpft sind.
Keine meiner Strafen erregte Starrsinn; ach, sie freuten
185 sich, wenn ich ihnen einen Augenblick darauf die Hand bot
und sie wieder küsste. Wonnevoll zeigten sie mir, dass sie
zufrieden und über meine Ohrfeigen froh waren. […]
Der Umfang der sittlichen Elementarbildung beruht überhaupt auf den drei Gesichtspunkten, der Erzielung einer
190 sittlichen Gemütsstimmung durch reine Gefühle, sittlicher
Übungen durch Selbstüberwindung und Anstrengung in
dem, was recht und gut ist, und endlich der Bewirkung einer
sittlichen Ansicht durch das Nachdenken und Vergleichen
der Rechts- und Sittlichkeitsverhältnisse, in denen das Kind
195 schon durch sein Dasein und seine Umgebungen steht. […]
Auch die Vorstellung lebhafter Bilder von dem Zustand, in
den sie in späteren Tagen kommen mussten, machte gro-

ßen Eindruck. Ich zeigte ihnen bei jeder Art Fehler, wohin
sie führen, fragte sie selber: „Kennst du nicht Menschen,
200 die wegen ihrer bösen Zunge, wegen ihren frechen, ehr-
abschneiderischen Reden allen Menschen zum Abscheu
sind? Möchtest du dich in deinen alten Tagen, deinen
Nachbarn, deinen Hausgenossen und selbst den Kindern
so zum Abscheu und zum Ekel machen?" So führte ich ihre
205 eigenen Erfahrungen an zum sinnlichen Anschauen des
äußersten Verderbens, wohin Fehler uns führen, ebenso
auch zu lebhaften Vorstellungen von den Folgen alles Guten, hauptsächlich aber zum deutlichen Bewusstsein der
so ungleichen Folgen einer guten und einer verwahrlosten
210 Erziehung. „Kennst du nicht Menschen, die nur darum
unglücklich sind, weil sie in der Jugend nicht zum Nachdenken und Überlegen gewöhnt worden sind? Kennst du nicht
Leute, die drei- und viermal mehr verdienen könnten, wenn
sie nur schreiben und lesen könnten, und kommt dir's nicht
215 übers Herz, durch deine Schuld im Alter ohne einen Not-
pfennig zu sein und vielleicht deinen eigenen Kindern oder
den Almosen zur Last zu fallen, wenn du jetzt etwas zu
lernen versäumtest?"
Vorzüglich glaube ich, dass die erste Epoche des Nachden-
220 kens bei den Kindern durch einen wortreichen und mit der
Geistesbeschaffenheit des Lernenden und seinen äußeren
Verhältnissen unpassenden Unterricht verwirrt werde.
Nach meiner Erfahrung hängt alles davon ab, dass jeder
Lehrsatz ihnen durch das Bewusstsein intuitiver, an Real-
225 verhältnisse angeketteter Erfahrung sich selber als wahr
darstelle. Die Wahrheit ohne einen solchen Hintergrund ist
für sie ein bloßes, ihnen meistens noch unangemessenes
und für sie lästiges Spielwerk.

Aufgaben

1. Beschreiben Sie die Kinder in der Anstalt von Stans und
   Pestalozzis Umgangs mit ihnen.

2. Erarbeiten Sie die pädagogischen Prinzipien, die Pestalozzi im Kontext seiner Arbeit in Stans entwickelt bzw.
   berücksichtigt.

3. Setzen Sie sich differenziert mit Pestalozzis Legitimie-
   rung von Strafen – sogar „Ohrfeigen" – auseinander.

4. Pestalozzi entwickelte und erprobte seine Ideen für eine
   pädagogische Förderung „verwahrloster" Kinder, ohne
   sich weitreichend auf psychologisches oder soziologi-
   sches Wissen beziehen zu können. Prüfen Sie, inwieweit
   Pestalozzi Einsichten der Psychologie und Soziologie
   schon indirekt berücksichtigte.

5. Prüfen Sie, ob und inwieweit eine Orientierung an Pestalozzi auch in der Gegenwart im Hinblick auf eine pädagogische Förderung dissozialer Kinder und Jugendlicher
   noch sinnvoll oder realisierbar wäre. Prüfen Sie in diesem
   Kontext, welche Voraussetzungen aus der Zeit Pestalozzis
   in der Gegenwart nicht mehr gegeben sind.

M9 Aufgaben und Schwierigkeiten der Sozialpädagogik (Klaus Mollenhauer)

Dass es innerhalb unserer Kultur „normal" ist, wenn erwartet wird, jeder Bürger solle lesen, schreiben und rechnen können, solle mit den wichtigsten Inhalten der Kultur bekannt geworden sein, solle schließlich auch arbeits- und
5 berufsfähig werden – das ist derart selbstverständlich, dass es uns kaum einfällt, solche Erwartungen in Zweifel zu ziehen. Auch wenn einzelne Bildungsinhalte der Schulen gelegentlich ein wenig verändert werden, akzeptieren wir doch im Ganzen den „Normalitätsentwurf", den die
10 Schulen repräsentieren. Und wir glauben, uns darauf verlassen zu können, dass im Regelfall jedes Kind, jeder Jugendliche bereit und in der Lage ist, dieser Vorstellung eines normalen Lebens, normaler Sozialbeziehungen, normaler Wissensbestände und Fähigkeiten zu folgen.
15 Das ist in der Sozialpädagogik anders. Sozialpädagogische Einrichtungen haben es gleichsam mit der anderen Seite jenes kulturellen Normalitätsentwurfs zu tun. Mit Ausnahme vielleicht des Kindergartens ist jede sozialpädagogische Einrichtung mit einer doppelten Schwierigkeit
20 konfrontiert: Sie hat es einerseits in der größten Zahl der Fälle mit einer Klientel zu tun, der es schwerfällt, sich in die Normalitätserwartungen einzufädeln, freilich aus ganz verschiedenen Gründen; diese können in der psychosomatischen Charakteristik des Individuums liegen, in gesell-
25 schaftlichen Bedingungen (z. B. Jugendarbeitslosigkeit, Kindesmisshandlung), in normativen Konflikten zwischen den kulturell-allgemeinen Normalitätserwartungen und dem Wunsch oder Willen nach irgendwie andersartigen Formen der Lebensführung oder gar im offenen Widerspruch zu
30 den gesellschaftlich herrschenden Normen; sie hat eben dadurch andererseits sich beständig mit der Frage auseinanderzusetzen, ob der kulturell-allgemeine Normalitätsentwurf weiterhin Geltung beanspruchen darf. Die Klienten sozialpädagogischer Einrichtungen sind ja zum großen Teil
35 solche, deren Lebensschwierigkeiten aus dem Konflikt mit den Standard-Erwartungen entstehen. Die Einrichtungen, ihre Mitarbeiter müssen deshalb diesen Konflikt sich zum Thema machen; sie können nicht – wenn sie ihre Klientel wirklich verstehen wollen – naiv die Partei der einen oder
40 der anderen Seite nehmen.

Das zeigt sich an sehr verschiedenen, mehr oder weniger dramatischen Lebenssituationen: Einrichtungen der Familienberatung, -bildung und -therapie, aber auch die sozialpolitischen Strategien der Familienhilfe sind mit der Frage
45 konfrontiert, ob der „Normalitätsentwurf" der bürgerlichen Kleinfamilie nicht modifiziert werden muss, besonders angesichts des steigenden Anteils sogenannter alleinerziehender Elternteile. […] Angesichts steigender Drogenabhängigkeit entstehen Zweifel im Hinblick auf den traditio-
50 nellen Umgang unserer Kultur mit Drogen jederlei Art. Die (schleichende) Verlängerung des Jugendalters stellt unsere Erwartungen im Hinblick auf die Normen altersgemäßen Verhaltens infrage, damit auch die Standardformen gelungener Bildungs- und Berufskarrieren. Angesichts der Un-
55 fähigkeit des Rechtssystems, mit den vielfältigen Formen von Wirtschaftskriminalität in der Erwachsenen-Generation fertig zu werden, mag man sich fragen, wo noch der Geltungsgrund liegt für eine strenge strafrechtliche Verfolgung von Eigentumsdelikten Jugendlicher.
60 Sozialpädagogische Einrichtungen haben es letzten Endes also immer nicht nur mit den alltäglichen Erziehungs-, Bildungs- und Behandlungsproblemen zu tun, sondern auch mit derart fundamentalen Rückfragen an die normativen Geltungsgründe unserer kulturellen Lebensform, unserer
65 kollektiven Normalitätsentwürfe.

Aufgaben

1. Erläutern Sie, warum nach Mollenhauer sozialpädagogisches Engagement nie einfach sein kann. Beziehen Sie dazu auch folgenden Online-Text von Mollenhauer ein 🌐 **dj6r2k**.

2. Setzen Sie diese Überlegungen Mollenhauers in Beziehung zu den grundlegenden Gedanken Rauchfleischs und Heitmeyers.

3. Beziehen sie Stellung zu dieser Bestimmung der Aufgabe der Sozialpädagogik bei Mollenhauer.

4. Erläutern und diskutieren Sie Mollenhauers pädagogisch-kritisches Verständnis von „Verwahrlosung" (🌐 **w39cv3**).

Abb. 5.15

5.5.2 Soziale Arbeit heute: Begriff, Handlungsfelder, Professionalität

In den letzten Jahrzehnten ist der Bereich der Sozialpädagogik immer weiter ausdifferenziert worden. Angesichts der vielfältigen Aufgaben ist strittig, ob diese überhaupt noch dem Bereich der Pädagogik zuzuordnen sind. Sollte man nicht eher von Sozialarbeit sprechen? Der folgende Text schafft im Hinblick auf den Gegenstandsbereich und den Sprachgebrauch Klarheit.

M10 Die Soziale Arbeit – Begriffe und Gegenstand (Werner Thole)

Die Soziale Arbeit ist ein ebenso komplexer wie unübersichtlicher Gegenstand. Studierende erfahren dies schon in den ersten Wochen ihres Studiums. Die in der Sozialen Arbeit beruflich Engagierten erleben die Komplexität tagtäg-
5 lich. Und auch den Lehrenden an Fachschulen, Fachhochschulen und Universitäten sowie denjenigen, die sich mit ihr theoretisch und publizistisch beschäftigen, gelingt es nicht immer, den Gegenstand der Sozialpädagogik präzise und verständlich zu erklären. Die Schwierigkeiten fangen
10 schon beim Begriff selbst an. Wo die einen von Sozialpädagogik reden und schreiben, meinen andere, Soziale Arbeit oder Sozialarbeit wäre begrifflich zutreffender. Dem sozialpädagogischen Projekt fehlt es demnach an einem einheitlichen, von allen akzeptierten Begriff. Neben
15 den gegenwärtig gängigen Vokabeln Sozialpädagogik, Sozialarbeit und Soziale Arbeit wird vereinzelt immer noch auf die älteren Begriffe Wohlfahrtspflege, Soziale Pädagogik, Fürsorgeerziehung, Soziale Erziehung oder Soziale Therapie zurückgegriffen oder aber mit neuen Begrifflich-
20 keiten wie beispielsweise „Soziale Hilfe als System" oder aber „Soziales Dienstleistungssystem" jongliert. Für jeden der genannten Begriffe finden sich historische, theoretische, systematische oder aber berufspraktische Argumente für seine Verwendung. Die historischen Begriffe
25 Wohlfahrtspflege, Soziale Pädagogik und Soziale Therapie charakterisieren jedoch nur einen Teilbereich, verengen inhaltlich das Aufgaben- und Handlungsspektrum der Sozialen Arbeit oder reduzieren es beispielsweise auf den Aspekt der Therapie. Die neueren Vorschläge sind demge-
30 genüber systematischer und versuchen, das gesamte Feld der Sozialen Arbeit begrifflich zu rahmen und als einheitliches Funktionssystem gegenüber anderen, beispielsweise dem Gesundheits- und Rechtssystem, abzugrenzen. Diese Ausdrücke wiederum transportieren jeweils auch eine
35 konkrete theoretische Perspektive mit, sind also ihrem Grundgedanken nach nicht theorieoffen. Im Kern konzentriert sich damit der „Begriffsstreit" auf die drei Ausdrücke Sozialpädagogik, Soziale Arbeit und Sozialarbeit.

Im Sinne einer begrifflichen Klarheit spricht aus histori-
40 scher Perspektive einiges dafür, auch weiterhin zwischen Sozialarbeit und Sozialpädagogik zu differenzieren. Die Wurzeln der Sozialarbeit finden sich in der Herausbildung der Sozialhilfe und der klassischen Wohlfahrtspflege. Demgegenüber steht Sozialpädagogik für die Tradition der Ju-
45 gendhilfe und – noch konkreter – der Jugendpflege und der Pädagogik der Frühen Kindheit. Heute kann jedoch weder von einer derartigen Trennung der sozialpädagogischen von sozialarbeiterischen Aufgaben ausgegangen noch davon gesprochen werden, dass sich hinter den Begriffen
50 auch unterschiedliche, scharf parzellierte theoretische Perspektiven verbergen – deutlicher: Ein grundsätzlicher Unterschied zwischen Sozialpädagogik und Sozialarbeit kann gegenwärtig nicht mehr beobachtet werden […]. Obwohl an einigen Ausbildungsinstitutionen an einer scharfen
55 Trennung auch weiterhin festgehalten wird, codieren die Begriffe Sozialpädagogik und Sozialarbeit zu Beginn des 21. Jahrhunderts keine verschiedenartigen wissenschaftlichen Fächer, keine deutlich differenzierten Praxisfelder, keine unterschiedlichen Berufsgruppen und auch keine
60 divergenten Ausbildungswege und -inhalte mehr. Der Begriff Soziale Arbeit spiegelt diese Entwicklung wider und steht in der Regel für die Einheit von Sozialpädagogik und Sozialarbeit. Soziale Arbeit meint heute fast durchgängig […] jeweils Sozialarbeit und Sozialpädagogik. Eine inhalt-
65 lich und strukturell ausweisbare Differenz zwischen den Handlungspraxen und wissenschaftlichen Zugängen existiert nicht.

Aufgaben

1. Geben Sie genau wieder, wie Thole die Begriffe „Sozialpädagogik", „Sozialarbeit", „Soziale Arbeit" bestimmt.

2. Erläutern Sie, wie das Feld der „Sozialen Arbeit" konzipiert wird.

3. Diskutieren Sie die Verwendung des Begriffs „Sozialpädagogik" auf dem Hintergrund
a) der Aufgabenbestimmung Sozialer Arbeit und
b) der Unterscheidung von Pädagogik und Therapie in Kapitel 5.4.

Weiterführende Aufgaben

1. Sie können in der Fachliteratur und im Internet Recherchen vornehmen und einige der Aufgaben und Institutionen der Sozialen Arbeit genauer kennenlernen.

2. Sie können auch in der einen oder anderen Einrichtung der Sozialen Arbeit, die in Ihrer Nähe existiert, Erkundungen anstellen.

3. Sie können Expertinnen und Experten aus dem Bereich der Sozialen Arbeit über ihre Arbeit und Ausbildung befragen.

   Beachten Sie, dass solche Erkundungen und Befragungen sorgfältig vorbereitet werden müssen. In den ersten Kursen haben Sie dazu Hinweise erhalten.

Die folgende Tabelle ist ein Versuch, das unübersichtliche Feld der Sozialen Arbeit zu strukturieren. Sie werden wahrscheinlich mit vielen Begriffen keine klaren Vorstellungen verbinden.

M11 Handlungsfelder der Sozialen Arbeit (Wilhelm Klüsche/Herbert Effinger)

Arbeitsfelder	Zielgruppen und Problemlagen	Handlungsorte/Handlungsbereiche
Soziale Arbeit mit Kindern	– Kleinkinder; schulpflichtige Kinder; Kinder, die in ihrer Sozialisation begleitet oder gefördert werden; Kinder mit Sozialisationsdefiziten – entwicklungsverzögerte Kinder – körperlich behinderte Kinder – Kinder mit Missbrauchserfahrungen	– Tageseinrichtungen; Kindertagesstätten; Kindergärten; Horte; Erziehungsberatungsstellen; Kinderwohngruppen; Kinderhäuser; Kinderheime; Spielplätze; Spielmobile – soziale Dienste der Früherkennung; Frühförderung (z. B. bei Lernbehinderten) – Sondereinrichtungen (für Behinderte etc.); Heime für Behinderte – Kinderschutzzentren; Telefon-Notruf; Anlauf- und Beratungsstellen; telefonischer Notruf für sexuell missbrauchte Mädchen und Jungen; Mädchenhäuser
Soziale Arbeit mit Jugendlichen (Jugendarbeit und Jugendkulturarbeit, Jugendsozialarbeit, Jugend- und Erziehungshilfe, Jugendhilfe für suchtgefährdete und suchtkranke Jugendliche)	– Jugendliche; SchülerInnen; Auszubildende; berufstätige Jugendliche, deren soziale und persönliche Kompetenz gefördert wird; Jugendliche mit Sozialisations- und Entwicklungsdefiziten; Jugendliche mit familiären und/oder schulischen Schwierigkeiten; sozial benachteiligte Jugendliche – ausländische Jugendliche mit Ausgrenzungserfahrungen/Integrations-/Inklusionsproblemen – gefährdete Jugendliche (Sucht-, Gewaltgefährdung) – Jugendliche mit Sozialisations- und Entwicklungsdefiziten; Jugendliche mit (Aus-)Bildungsdefiziten; sozial benachteiligte Jugendliche; Jugendliche mit Armutsproblematik – ausländische desintegrierte/exkludierte Jugendliche – Jugendliche mit Entwicklungsschwierigkeiten; Jugendliche mit familiären Schwierigkeiten; benachteiligte und gefährdete Jugendliche; Jugendliche mit abweichendem Verhalten – Wohnungslose und von Wohnungslosigkeit bedrohte Jugendliche – Suchtgefährdete und suchtkranke Jugendliche	– offene Jugendarbeit in Jugendzentren; Jugendclubs; Jugendbegegnungsstätten; Jugendkulturarbeit; Jugendverbandsarbeit; Jugendfreizeit/Jugendferienmaßnahmen; Stadtteilarbeit/Gemeinwesenarbeit; Schulsozialarbeit; Erlebnispädagogik; Jugendpflege und Jugendschutz; mobile Jugendarbeit – interkulturelle/multikulturelle Jugendarbeit – Suchtprävention; Gewaltprävention; Gesundheitserziehung/Gesundheitsförderung; Aidsprävention; Sexualpädagogik – Jugendwohnheime/Jugendwohngemeinschaften; Jugendberufshilfe; Berufsbildung; Berufsförderung; Berufsberatung; Beschäftigungs- und Arbeitslosenprojekte und Initiativen – Eingliederungshilfen für junge Ausländer und Aussiedler – soziale Gruppenarbeit; betreute Wohnformen; sozialpädagogische Familienhilfe; Jugendberatung/Erziehungsberatung; Erziehungsbeistandschaft; Heimerziehung; intensive sozialpädagogische Einzelhilfe; Jugendgerichtshilfe; Jugendstrafanstalt – Tagesgruppen; Aufnahmeheime; Übergangseinrichtungen; Notschlafstellen; Tages- und Vollzeitpflege; Trebegängerhilfe; Streetwork; Anlaufstellen – Streetwork; Kontakt- und Anlaufstellen; Sucht- und Drogenberatungsstellen; Drogentherapieeinrichtungen; Rehabilitationseinrichtungen; betreute Wohngruppen; Werkstätten; Methadonprogramme
Soziale Arbeit mit Frauen	– Frauen mit Bildungsdefiziten – Frauen mit Suchtproblematik oder psychosomatischen Störungsbildern – Frauen mit Schwierigkeiten von Lebensbewältigungsaufgaben; Frauen in persönlichen und sozialen Konfliktsituationen	– Frauenbildungsstellen – Beratungsstellen für Frauen mit Essstörungen; Suchtkliniken; psychosomatische Kliniken – Frauenberatungsstellen; Schwangerschaftskonfliktberatung; Mutter-Kind-Heime

Soziale Arbeit mit Familien	– Familien, Familienangehörige, Partner in materiellen, psychischen und sozialen Notlagen, wie:
	  – Lebensbewältigungsprobleme;
	  – Partnerschaftsprobleme;
	  – Familienprobleme;
	  – Trennungs-/Scheidungserfahrungen;
	  – Fremdplatzierung von Kindern;
	  – fehlende soziale Ressourcen/soziale Isolation;
	  – Armut;
	  – Stigmatisierungserfahrungen und Ausgrenzung
		– Allgemeiner Sozialer Dienst (ASD) in Jugend-, Sozial- oder Gesundheitsämtern; Pflegekinderwesen/Adoptionswesen; sozialpädagogische Familienhilfe; Erziehungsberatungsstellen; Ehe-, Familien- und Lebensberatungsstellen; Schwangerschaftskonfliktberatung; Trennungs- und Scheidungsberatung/Mediation; Mutter-Kind-Heime/Vater-Kind-Heime; Muttererholungsheime; Familienferienwerke; Familienbildungsstätten; Elternschulen; Familienarbeit in sozialen Brennpunkten; Schuldnerberatung; Selbsthilfegruppen

Arbeitsfelder	Zielgruppen und Problemlagen	Handlungsorte/Handlungsbereiche
Soziale Arbeit mit alten Menschen	Alte Menschen, die – das Bedürfnis nach gesellschaftlicher Teilhabe haben; – die Hilfe zur Bewältigung altersphasenspezifischer Entwicklungsaufgaben brauchen; Alte Menschen mit Konflikt-, Problem- und Notlagen, wie – soziale Isolation; – Verarmung; – Pflegebedürftigkeit; – geriatrisch/gerontopsychiatrische Erkrankungen	– offene Altenhilfe wie Altenclubs, Altentagesstätten; Freizeitarbeit; Beratungsstellen – Sozialstationen; Alteneinrichtungen; Altenwohnheime; Altenheime; Altenpflegeheime; alternative Wohnformen; geriatrische Kliniken; Nachsorgeeinrichtungen; gerontopsychiatrische Kliniken; Sterbebegleitung/Hospize
Soziale Arbeit mit sozial und wirtschaftlich Benachteiligten und mit Randgruppen	– Aussiedler; Asylbewerber; Ausländer – Arbeitslose; Langzeitarbeitslose; von Arbeitslosigkeit Bedrohte – Wohnungslose und von Wohnungslosigkeit Bedrohte – Straffällige, inhaftierte und haftentlassene Menschen – Prostituierte	– Sozialberatungsstellen; Wohnheime; Gemeinschaftsunterkünfte; Durchgangswohnheime; multikulturelle Arbeit – Arbeits- und Beschäftigungsinitiativen; Berufsförderung; Schuldnerberatung – Streetwork; Anlauf- und Kontaktstellen; Notschlafstellen; Wohnheime; Übergangseinrichtungen, Gemeinwesenarbeit in sozialen Brennpunkten; Schuldnerberatung – Straffälligenhilfe; Bewährungshilfe; Sozialdienste in Justizanstalten; Schuldnerberatung; Wohngemeinschaften; Heime – Streetwork; Anlaufstellen; berufliche Eingliederung; Aidsprävention
Soziale Arbeit mit Kranken und Behinderten	– Körperbehinderte; Lernbehinderte; geistig Behinderte; Seh-, Hör- und Sprachbehinderte; Mehrfachbehinderte; Langzeitkranke; Sterbende; Aidskranke	– Tageseinrichtungen; Wohnheime; Wohngemeinschaften; Werkstätten; Rehabilitationseinrichtungen; betriebliche Sozialarbeit; soziale Dienste bei Krankenkassen und Rentenversicherungträger; Hospize; Sozialstationen; Krankenhaussozialdienst
Soziale Arbeit mit psychisch Kranken	– psychisch Kranke; Suchtgefährdete, Suchtkranke	– psychiatrische Ambulanzen; Beratungsstellen; Tageskliniken; gemeindepsychiatrische Verbundsysteme; Wohnheime; betreute Wohngruppen; Werkstätten; psychosomatische Kliniken; Therapieeinrichtungen; sozialpsychiatrischer Dienst; psychosozialer Dienst bei den Gesundheitsämtern; Gesundheitsförderung, Gesundheitserziehung; Gesundheits- und Selbsthilfegruppen
Soziale Arbeit als Sozialplanung	– politische Entscheidungsträger	– Gebietskörperschaften; feldspezifische Bedarfserhebungen
Soziale Arbeit als Bildungsplanung	– Familien; Frauen; ältere Mitbürger; kulturelle Zielgruppen; Schüler, Studenten; Fachkräfte der Sozialen Arbeit; Ehrenamtler; Arbeitslose; Umschüler	– Familienbildungsstätten; Akademien; Volkshochschulen; Fachschulen; Fachhochschulen; Fortbildungseinrichtungen; Berufsbildungswerke
Sonstiges	– Soldaten – Armutsbevölkerungen (in unterschiedlichen Regionen der Weltgesellschaft) – ArbeiternehmerInnen/MitarbeiterInnen	– Bundeswehr – Entwicklungshilfe – Betriebssozialarbeit

M12 Professionalität von Fachkräften der Sozialen Arbeit (Ulrich Deller/Roland Brake)

Beruf und Profession

Um die Begriffe „Beruf" und „Profession" voneinander abzugrenzen, ist davon auszugehen, dass Professionen im Allgemeinen eine besondere Form der Berufe darstellen.
5 Profession setzt die Entwicklung der Berufsidee voraus, die gekennzeichnet ist durch die Wählbarkeit des Berufs und die Erreichbarkeit sozialer Attribute durch einen Beruf […].
Der besondere Unterschied liegt für Stichweh in der Fähigkeit der Professionen, sich selbst zum Thema zu machen:
10 „Professionen sind dann Berufe eines besonderen Typs. Sie unterscheiden sich dadurch, dass sie die Berufsidee reflexiv handhaben, also das Wissen und das Ethos eines Berufs bewusst kultivieren, kodifizieren, vertexten und damit in die Form einer akademischen Lehrbarkeit überführen"
15 (Stichweh 1996: 51). […]
In dem Moment, in dem sich für die Bewältigung gesellschaftlicher Aufgaben die „Routine-Exekutionen" als nicht mehr hilfreich und ausreichend erweisen, entstehen Professionen. […]
20 Mithilfe folgender Kennzeichen lässt sich eine Profession identifizieren:
- öffentliches Interesse oder Relevanz der zu bearbeitenden Aufgabe/des Problems,
- besondere Fertigkeiten sind zur Ausübung notwendig,
25 • Bezug der Fertigkeiten zu von Hochschulen verwalteten Wissensbeständen,
- ethischer Kodex, auf welchen die professionellen Kräfte verpflichtet werden,
- Ausbildung, die den Erwerb der Fertigkeiten voraussetzt,
30 • Examen, mit dem der erfolgreiche Kompetenzerwerb nachgewiesen wird,
- Begrenzung der Zuständigkeit gegenüber anderen Professionen, Berufsverband, der die Belange der Profession verbindlich regelt, relative Autonomie von staatlicher
35 Aufsicht und Einflussnahme, Begrenzung des Zugangs zur Profession,
- Verantwortung gegenüber dem Nutznießer/Kundin/Klientin,
- Privilegien der professionellen Fachkräfte und
40 • Sachorientierung vor Eigeninteresse.

Die Verbindung zu bestimmten Wissenskorpora ist für die sich professionalisierenden Berufe von zentraler Bedeutung. […] Dabei kommt es darauf an, dass dieses Wissen sowohl wissenschaftlich überprüft als auch gleichzeitig
45 pragmatisch relevant ist. […]
Stichweh beschreibt den Prozess der Verbindung zwischen wissenschaftlich generiertem Wissen und der Professionspraxis als „Applikation" […]. Dieses Verständnis der Anwendung trifft auf technisches Wissen im engeren
50 Sinn zu. Für die eher geisteswissenschaftlich orientierten Disziplinen muss es bezogen auf den „Anwendungsfall" um kritische Urteilskraft gehen, welche die professionelle Fachkraft ausgebildet haben muss, um vor dem Hintergrund des erworbenen Wissens angemessene Entschei-
55 dungen über die zu ergreifenden Maßnahmen treffen zu können. […]

Anforderungen an die professionellen Fachkräfte Sozialer Arbeit

Um die Anforderungen an die professionellen Fachkräfte
60 der Sozialen Arbeit herausstellen zu können, müssen zunächst drei Grundprobleme der sozialpädagogischen Kompetenzdebatte unterschieden werden […]:
- Das Zusammenleben im Alltag mit Klientinnen: SozialarbeiterInnen/SozialpädagogInnen mit Erziehungsaufgaben müssen in der außerschulischen Sozialisation (wie
65 z. B. in Kindergärten, Heimgruppen oder Wohngemeinschaften) das Zusammenleben mit ihren Klientinnen in einem gemeinsamen Alltag bewältigen.
- Die Entwicklung von Angeboten, die von den Klientinnen freiwillig angenommen werden: In Beratungs- und
70 Dienstleistungsinstitutionen müssen SozialarbeiterInnen/SozialpädagogInnen imstande sein, spezielle Angebote für bestimmte Klientengruppen zu entwickeln und auszuführen. In der offenen Jugendarbeit und in gemeinwesenorientierten Tätigkeiten müssen zudem Angebote
75 entwickelt und vorgestellt werden, die in Zusammenarbeit mit der Klientel entstanden sind.
- Die Ausführung und Verwaltung von gesetzlich vorgeschriebenen Eingriffen und Leistungen mit Sicherung der
80 Kooperation aller Beteiligten: Wo SozialarbeiterInnen/SozialpädagogInnen ausführende Organe staatlicher Einwirkung sind, durch welche die Klientinnen unmittelbar betroffen sein können, stellt der Umgang mit Gesetzes- und Verwaltungsmacht das Grundproblem dar. Hier
85 kollidiert der Anspruch der Freiwilligkeit von Beratung mit dem Zwang durch Verwaltungsvorschriften, Verordnungen und Gesetze.

Diese Ansprüche müssen in unterschiedlicher Gewichtung in den verschiedenen Praxisfeldern der Sozialen Arbeit be-
90 wältigt werden und führen zu der Qualitätsfrage: Es geht nicht darum, *ob* diese Probleme bewältigt werden, sondern darum, *wie* sie bewältigt werden. […]
Von Sozialer Arbeit kann man sprechen,
„wenn das Problem und die Notlage eines Menschen nicht
95 bloß jeweils als eine psychologische, medizinische, rechtliche, monetäre Angelegenheit begriffen und behandelt wird (dann wäre sie am besten bei den entsprechenden Fachkräften aufgehoben), sondern als eine zugleich persönliche und gesellschaftliche Angelegenheit" (Wendt
100 2000: 43).
Anders ausgedrückt hat die Soziale Arbeit einen doppelten Auftrag zu erfüllen, indem sie zwischen den individuellen Voraussetzungen und Bedürfnissen ihrer Klientinnen einerseits und den gesellschaftlichen Ansprüchen, Möglichkei-
105 ten und Grenzen andererseits vermitteln soll. Qualifikationen für diesen Bereich werden durch Methoden im Sinne von geregelten Verfahren vermittelt. So kann die professionelle Fachkraft der Sozialen Arbeit Rechtskenntnisse anwenden und Akten führen. Diese unbestritten wichtigen
110 Tätigkeiten können den Blick auf den Umgang mit Men-

schen in Notlagen oder mit schwierigen Alltagssituationen jedoch verdecken. Die Soziale Arbeit verlangt primär eine andere Qualifikation, eine ganzheitlich (im Sinne der Integration von formaler, sozialer Kompetenz, Beziehungskom-
115 petenz sowie emotionaler Kompetenz) angelegte Kompetenz, die den SozialarbeiterInnen/SozialpädagogInnen innerhalb ihres Beschäftigungssystems Möglichkeiten zur Bewältigung von problematischen Alltagssituationen gibt. […]
120 Im Folgenden soll die bereits erwähnte ganzheitliche Kompetenz (Integration von formaler, sozialer Kompetenz, Beziehungskompetenz sowie emotionaler Kompetenz) in ihren Inhalten kurz vorgestellt werden […].

1. Formale Kompetenz

125 Die formale Kompetenz der Sozialarbeiterinnen umfasst wissenschaftlich fundierte Grundkenntnisse und ein vertieftes Verständnis des schwerpunktmäßig studierten Arbeitsfeldes, verbunden mit praktischen Erfahrungen in diesem Bereich. Um sich mit der Sozialen Arbeit auseinan-
130 dersetzen zu können, beinhaltet die formale Kompetenz als Grundlagenwissen Recht, Soziologie, Pädagogik, Psychologie, Ethik, Politik usw. Diese formalen Bildungsinhalte sind kognitiv erlernbar. Zur formalen Kompetenz lassen sich ebenfalls die Kenntnis der Lebensbedingungen von
135 Klientinnen sowie der wissenschaftlichen Erklärungsmodelle individueller und gesellschaftlicher Sozialisation zählen. Zugleich gehören dazu die Kenntnis der gesellschaftlichen Bedingungen, die zur Aussonderung führen sowie die Kenntnis der rechtlichen Rahmenbedingungen des
140 jeweiligen Praxisfeldes. Folglich ist die formale Kompetenz auf Wissen, Techniken und normative Orientierungen hin ausgerichtet, welche für den Bereich der Administration und Sozialbürokratie unabdingbar sind.
Allerdings ist dabei zu beachten, dass es nicht darum ge-
145 hen kann, einen sozialtechnisch, ingenieurhaft orientierten Professionalisierungstypen durch die Ausbildung hervorzubringen. Professionelle Kräfte der Sozialen Arbeit, die ausschließlich wissenschaftlich ausgebildet sind, können den Anforderungen der Praxisfelder nicht ausreichend gerecht
150 werden.

2. Soziale Kompetenz/Beziehungskompetenz

Unter sozialer Kompetenz wird die Fähigkeit zur Beziehungsaufnahme und zur Beziehungsgestaltung verstanden. Soziale Kompetenz qualifiziert die SozialarbeiterIn-
155 nen/SozialpädagogInnen zum Umgang mit den Klientinnen unter der Berücksichtigung ihres psychosozialen Umfeldes. Gleichzeitig befähigt die soziale Kompetenz die Fachkräfte zum Umgang mit der eigenen Persönlichkeit. […]
160 Das primäre Aufgabenfeld der Sozialen Arbeit liegt in der Mittlerfunktion zwischen dem/der Klientin und seinem/ihrem gesellschaftlichen Umfeld bzw. anderen sozialen Berufsgruppen. Die SozialarbeiterInnen/SozialpädagogInnen arbeiten direkt mit Einzelnen, Familien, Paaren oder
165 Gruppen. Sie erziehen, bilden, informieren und beraten, sie vermitteln, vertreten, organisieren und kooperieren. Diese vielfältigen Aufgaben verlangen ein Kompetenzprofil, das

der unmittelbaren Sozialen Arbeit mit Klientinnen angemessen ist. Soziale Arbeit findet folglich im direkten Um-
170 gang mit Personen statt, die Hilfe benötigen oder suchen. Somit ist Soziale Arbeit auch immer eine interaktionelle Arbeit. Auch ist die professionelle Fachkraft der Sozialen Arbeit in Handlungsgeschehen immer zugleich Objekt und Subjekt. Infolgedessen erfordert dies sowohl in der
175 Interaktion mit Klientinnen, als auch in Institutionen und im Praxisfeld allgemein neben dem theoretischen Wissen immer eine angemessene Kommunikations- bzw. soziale Kompetenz. […]

3. Emotionale Kompetenz

180 Emotionale Kompetenz ist wohl der am schwierigsten fassbare Bereich in der Auseinandersetzung mit sozialpädagogischen Kompetenzen. Bei der selbstreflexiven oder emotionalen Kompetenz geht es um die Fähigkeit zur Selbstreflexion auf die eigenen Motive und Kompetenzka-
185 pazitäten hin, also um Kompetenzen, die auf emotionale und motivationale Komponenten der Identität Einfluss haben können. Die emotionale (selbstreflexive) Kompetenz ist das zentrale Unterscheidungskriterium zwischen dem Alltagshandeln und professioneller Sozialer Arbeit. […] Die
190 technische Seite der Professionalisierung (methodisch-praktische Skills) gibt der Sozialen Arbeit eine von anderen Berufen abgrenzbare Eigenständigkeit und geht über das Alltagshandeln hinaus. Hinzu kommt die hermeneutische Seite, die auf das Verstehen und auf die helfende Bezie-
195 hung der professionellen Fachkräfte und ihren Klientinnen gerichtet ist.
Hier wird die emotionale Kompetenz zu einer der grundlegenden Kompetenzen in der helfenden Beziehung. Zum einen ermöglicht sie die Analyse wissenschaftlicher Kon-
200 zepte und deren Überprüfung auf die praktische Soziale Arbeit hin, andererseits erlaubt die emotionale Kompetenz auch die Überprüfung eigener emotionaler und motivationaler Gegebenheiten.

Aufgaben

1. Erklären Sie das Verhältnis von Beruf und Profession.

2. Geben Sie wieder, welchen Anforderungen die Fachkräfte Sozialer Arbeit genügen müssen, und erläutern sie diese mithilfe eigener Beispiele.

3. Erläutern Sie die Kompetenzen, die Fachkräfte Sozialer Arbeit erwerben sollten.

4. Informieren Sie sich über die Ausbildung von Fachkräften Sozialer Arbeit.

5. Erörtern Sie, welche Art von Ausbildung geeignet ist, den Erwerb der geforderten Kompetenzen zu unterstützen.

5.5.3 Erlebnispädagogik als Weg, Gewaltorientierungen und Dissozialität konstruktiv zu begegnen?

Die sog. Erlebnispädagogik wird als ein besonderer pädagogischer Weg angesehen, auf solche Jugendliche pädagogisch Einfluss zu nehmen, die sich gegen die üblichen Verfahren in Schulen, Heimen oder anderen pädagogischen Institutionen sperren. Dieser Bereich der Pädagogik bzw. Sozialen Arbeit ist in den letzten Jahren stark expandiert. Inzwischen sind die Adressaten der Erlebnispädagogik nicht nur delinquente Jugendliche, sondern auch Schülerinnen und Schüler oder Mitarbeiter von Unternehmen in leitenden Funktionen. Erlebnispädagogik wird auch wissenschaftlich begleitet und erforscht. Sie geht auf Ideen des Reformpädagogen Kurt Hahn zurück.

Hahn (1886–1974) war der wohl wirkungsvollste Vertreter der Erlebnispädagogik im letzten Jahrhundert. Seine Ideen und Konzepte, aber auch seine Schulgründungen und praktischen Initiativen üben auch heute noch eine prägende Wirkung aus:
- das Internat Salem (bei Überlingen am Bodensee);
- das Internat Gordonstown (in Schottland);
- die Kurzschulen (Outward Bound Schools);
- der Duke-of-Edinburgh's-Award;
- die United World Colleges.

Weiterführende Aufgaben

Recherchieren Sie im Internet und in Büchereien. Finden Sie weitere Details über den interessanten Lebenslauf von Kurt Hahn und über seine pädagogischen Initiativen und Schulgründungen heraus.

Hahn ist oft vorgeworfen worden, dass er ein elitäres Konzept verfolgt (besonders durch die Internatsschulen Salem und Gordonstown). Für die Outward-Bound-Kurzschulen und den Duke-of-Edinburgh's-Award gilt dies nicht. Recherchieren Sie, warum das so ist. Welche Verbindung hatte Hahn zum Duke of Edinburgh (dem Ehemann der britischen Königin)?

M 13 Die Erlebnistherapie (Kurt Hahn)

Hahns erlebnispädagogisches Konzept: die Erlebnistherapie

In der folgenden Rede aus dem Jahre 1962 stellt Hahn sein erlebnispädagogisches Konzept vor. Er beginnt mit einem kritischen Blick auf die „gegenwärtige" (1962) Kultur.

Wir müssen uns darüber klar sein, dass die heranwachsende Jugend von heute von einem verführerischen Verfall umgeben ist. Ich nenne den Verfall der körperlichen Tauglichkeit, den Verfall der Unternehmungslust, der Selbst-
5 zucht, des Gedächtnisses und der Fantasie, den Verfall der Sorgsamkeit und den schlimmsten Verfall, den Verfall des Erbarmens. […]
Ich glaube mit Plato an die Macht der Erziehung. Die lockenden Versuchungen sind unvermeidlich. Wir können
10 sie nicht ausschalten – weder die Methoden der mechanischen Fortbewegung noch die Beruhigungs- und Anregungsmittel, noch die unziemliche Hast und die verwirrende Rastlosigkeit der modernen Umwelt. Aber wir können der heranwachsenden Generation zu Gewohnheiten ver-
15 helfen, die sie widerstandsfähig machen und verhindern, dass sie zum hilflosen Opfer unserer kranken Gesittung wird. Schulen haben heute die Pflicht, ihre Verantwortung zu erweitern und zu vertiefen. Es ist an ihnen, zu heilen und zu schützen. Das gilt nicht nur für Internate, sondern
20 auch für Tagesschulen. Es handelt sich darum, eine Umgebung zu schaffen, die heilsame Antriebe vermittelt, Antriebe, die früher unentrinnbare Elemente des täglichen Lebens waren und in der heutigen Umgebung beinahe erloschen sind. Antriebe zur gesunden Bewegung. Antriebe zu
25 „Unternehmungen von Mark und Nachdruck". Antriebe zur Sorgsamkeit, Antriebe zurückzublicken und vorauszuschauen und auch vorauszuträumen. Antriebe zur Selbstzucht, Antriebe zur Selbsthilfe und zum Dienst am Nächsten. Ich empfehle die Einführung einer vorbeugenden Kur, der
30 Erlebnistherapie. Gegen den Verfall der körperlichen Tauglichkeit fordern wir die Einführung einer Trainingspause mindestens viermal die Woche. Wir können heute diese Forderung erheben, nicht nur als Erzieher, sondern auch im Namen der Ärzte. Es steht heute fest, dass die „Unterbe-
35 wegung" nicht minder gefährlich ist als es vor dem Kriege die Unterernährung war. Eine erschreckende Anzahl von Frauen und Männern sterben an Herzinfarkt zwischen 40 und 60, und der Mangel an körperlicher Bewegung trägt eine wesentliche Schuld daran. Wie kann man von reifen
40 Menschen erwarten, dass sie die körperliche Betätigung in ihren Tagesplan einfügen, wenn die kindliche Freude an der Bewegung bereits in der Pubertätszeit erloschen ist? In der Trainingspause sollen Körperbeherrschung, Schnellkraft und Sprungkraft geübt werden, und zwar mit der Hil-
45 fe von Leistungszielen, einmal von solchen, die im Bereich eines jeden Jungen oder Mädchens sind, und dann auch von anderen, die genügend hochgesteckt sind, um den gut begabten Leichtathleten zu ermutigen, danach zu streben. Keinem Schüler soll erlaubt werden, nur die angeborene
50 Stärke zu entwickeln; er muss auch dazu gebracht werden, der meist angeborenen Schwäche Herr zu werden. Es ist

daher nötig, die verschiedenen Leistungsziele in einem Abzeichen miteinander zu verbinden. Die vorbeugende Kur verlangt von dem durchschnittlich begabten Leichtathle-
55 ten die ihm erreichbare Höchstleistung, d. h. weit weniger an Leistung, aber ebenso viel an Anstrengung als im Allgemeinen von dem hervorragenden Sportler gefordert wird. So ist es möglich, mit dem anstrengenden Training einleuchtende Trainingsbedingungen zu verbinden, wie z. B.
60 ein Rauchverbot. […]
Körperliche Tauglichkeit ist eine notwendige, aber keineswegs hinreichende Basis für die Expedition – das zweite, wichtige Element der Erlebnistherapie. Manche hervorragende Leichtathleten sind keine Freunde von
65 Wind und Wetter. Ihr Leben gleicht zuweilen einer Rastkur, unterbrochen von Höchstleistungen. Die Expeditionen zu Wasser und zu Lande sollten Voraussicht in der Planung und Sorgsamkeit, Umsicht, Entschlusskraft und Zähigkeit in der Durchführung fordern. Der Dichter Joseph Conrad
70 hat erleuchtende Worte über den Wert solcher Erfahrungen gefunden: Er schildert in seinem Roman „Lord Jim" das tragische Versagen seines edlen und wohlerzogenen jungen Helden. Er diente als Offizier auf einem Pilgerschiff. Als es zu sinken drohte, verließ er es heimlich des Nachts,
75 in einem Anfall von Verblendung. Und Joseph Conrad erklärt das rätselhafte Verhalten folgendermaßen: Er war nie erprobt worden durch Erfahrungen, die seine Widerstandsfähigkeit und Nervenkraft auf die Probe stellten, ebenso wie die Echtheit seiner Pose vor anderen und vor sich sel-
80 ber. […]
Das dritte Element ist das Projekt. Es kann ein künstlerisches oder dichterisches Projekt sein oder ein Unternehmen des Forschens oder die Konstruktion eines komplizierten wissenschaftlichen Apparates oder die Errichtung
85 eines kleinen Bauwerkes – aber alle diese verschiedenartigen Vorhaben sollten das eine gemeinsam haben, dass sie einem klar definierten Ziel zustreben und Vertiefung und Ausdauer verlangen. Die Projekte sind nicht als Ersatz für Examina gedacht, wohl aber als Ergänzung. Examina
90 prüfen die Willenskraft und die „surface intelligence" – die Oberflächen-Intelligenz: Projekte entdecken nicht selten verborgene Reserven des Verstandes.
Das vierte Element ist das wichtigste: Der Dienst am Nächsten. William James hat gegen Ende des vorigen
95 Jahrhunderts die Herausforderung an Erzieher und Staatsmänner gerichtet: Entdeckt das moralische Äquivalent für den Krieg: Wenn Behagen und Gewinn, so sagt James, die beherrschenden Ziele im Frieden werden, dann bleibt ein elementares Verlangen unbefriedigt und liegt auf der
100 Lauer: Die Sehnsucht, einer Sache zu dienen, an die man sich verlieren kann: Dann besteht die Gefahr, dass in einer internationalen Krise der Krieg zum Verführer wird und als Befreier von einem flügellahmen Frieden begrüßt wird. Das moralische Äquivalent ist entdeckt worden. Die Leiden-
105 schaft des Rettens entbindet eine Dynamik der menschlichen Seele, die noch gewaltiger ist als die Dynamik des Krieges. Das ist eine ermutigende Erfahrung, die immer wieder bestätigt worden ist. […]
Ich erwarte viel von einer Konvention, die im Mai 1963
110 in London zusammentritt, um über Unfallverhütung und

Lebensrettung zu diskutieren, gerade auch über die wiederentdeckte Methode der Beatmung bewusstloser Menschen. Das Royal College of Surgeons, beunruhigt über die allgemeine Gleichgültigkeit gegenüber dem sinnlosen Tod,
115 hat diese Konvention zusammengerufen. Die Regierung, Rettungsorganisationen und Schulen werden vertreten sein. Bedeutende Ärzte werden die öffentlichen Verhandlungen leiten. Es besteht die Absicht, einen dreifachen Ruf erklingen zu lassen:
120 • den Ruf an Schulen, der Ersten Hilfe und dem Rettungsschwimmen einen gebührenden Raum im Wochenplan einzuräumen.
• den Ruf an die Rettungsorganisationen, ihre Tore der heranwachsenden Generation zu öffnen und Vertrauen
125 zu haben in die Kompetenz und Hingabe sorgsam geschulter junger Menschen.
• den Ruf an die Jugend, sich einzusetzen im Kampf gegen den unnötigen Tod.

Ich glaube nicht, dass dieser Ruf wirkungslos verhallen
130 wird. Ich hoffe, dass sich ein Corps des Rettens und Helfens zusammenfinden wird, dem auch junge Freiwillige angehören. Das Corps sollte mannigfaltig gegliedert sein: in Helfer der Feuerwehr, der Küstenwache, in Brandungsschwimmer, in Bergwacht, in Helfer der Verkehrspolizei, Helfer der Blin-
135 den und Helfer in Krankenhäusern.
Jeder Zweig dieses Corps würde eine besondere Aufnahmeprüfung verlangen, zu der niemand zugelassen würde, der nicht vorher eine allgemeine Bereitschaftsprüfung abgelegt hätte, in Erster Hilfe, Rettungsschwimmen und
140 körperlicher Tauglichkeit.
Ich erwarte keine Massenbewegung der Freiwilligkeit. Aber eine achtunggebietende Minorität würde sich nicht versagen. Wir brauchen weithin sichtbare Beispiele, die Schule machen, ja, eine Mode der freiwilligen Dienstleistung kre-
145 ieren. Wir brauchen die Aristokratie der Hingabe.

Aufgaben

1. Erläutern Sie die von Kurt Hahn benannten „grundlegenden Probleme" oder auch Verfallserscheinungen und die von ihm benannten vier Elemente der Erlebnistherapie. Setzen Sie sich mit der Frage auseinander, ob und warum diese vier benannten Elemente helfen können, solchen „Verfallserscheinungen" erfolgreich zu begegnen.

2. Kurt Hahn hat von Erlebnistherapie und nicht von Erlebnispädagogik gesprochen. Prüfen Sie die unterschiedlichen Ansprüche einer Erlebnistherapie und einer Erlebnispädagogik (indem Sie auch Überlegungen Mollenhauers heranziehen M 9).

3. Erörtern Sie, ob diese Elemente einer „Therapie" nach Kurt Hahn oder auch eine an diesen Elementen orientierte Pädagogik dissoziale oder gewaltbereite Jugendliche wirksam unterstützen könnten.

M14 Erlebnispädagogik gegen Gewalt (Ulrich Lakemann)

Anomie

Einer der ältesten Ansätze ist die Anomietheorie von Émile Durkheim (1897). Der
5 Begriff Anomie kennzeichnet dabei einen Verfall von zuvor weitestgehend allgemein akzeptierten gesellschaftlichen Werten und
10 Normen in einem Prozess starken sozialen Wandels. Solche Situationen sind durch Orientierungslosigkeit und abnehmende so-
15 ziale Kontrolle gekennzeichnet. Sie eröffnen demnach einen Freiraum für Gewalttaten und andere Formen abweichenden Verhaltens.

Abb. 5.16

20 Arbeitet Erlebnispädagogik, wie bereits angesprochen, mit Metaphern für alltägliche Situationen, so kann sie im Rahmen ihrer Aktionen die alltägliche Orientierungslosigkeit wahrnehmbar machen. Eine Orientierung mit verbundenen Augen oder in ungewohntem Gelände, aber auch die
25 Orientierungslosigkeit im Sozialen, wenn sich zuvor fest gefügte Gruppenstrukturen unter dem Einfluss von völlig ungewohnten Aufgaben verändern, sind erlebnispädagogische Metaphern für die gesellschaftliche und individuelle Orientierungslosigkeit.
30 Auch Robert K. Merton (1938) verwendet den Begriff Anomie und bezieht ihn auf Diskrepanzen zwischen einem angestrebten Wohlstandsniveau und anerkannten Mitteln, dieses Niveau zu erreichen. Er versucht damit, insbesondere in der wirtschaftlich prosperierenden amerikanischen
35 Gesellschaft des 20. Jahrhunderts, normabweichende, vor allem auch gewalttätige Verhaltensweisen zu erklären. Die Erlebnispädagogik kritisiert in vielerlei Facetten gerade diese Fixierung auf materiellen Wohlstand und die zum Teil fanatischen, bis zur Gewalt reichenden Bestrebungen,
40 daran zu partizipieren. […] Andererseits könnte man der Erlebnispädagogik in diesem Kontext unterstellen, dass sie versucht, Personen, die von gesellschaftlicher Exklusion betroffen sind, in ihren verständlichen, aggressiven und gegebenenfalls auch gewaltbereiten Frustrationen zu be-
45 sänftigen. Es wäre aber mit den ethischen Prinzipien vieler Praktiker im sozialen Bereich nicht vereinbar, wenn Erlebnispädagogik eine die bestehenden gesellschaftlichen Benachteiligungen verschleiernde Funktion erhalten würde. Gerade das Gegenteil ist Ziel der Erlebnispädagogik: in
50 benachteiligenden Situationen Transparenz zu erzeugen und neue Lösungswege aufzuzeigen.

Soziale Desintegration

Auch für Wilhelm Heitmeyer ist Exklusion in Form gesellschaftlicher Desintegration mit der Entstehung von Gewalt
55 verbunden. Der Grundgedanke seiner Desintegrations-

theorie ist, dass sich soziale Desintegration in einer wahrgenommenen Gefährdung der eigenen materiellen Existenz äußert und die Zugangsmöglichkeiten zu wichtigen gesellschaftlichen Funktionssystemen wie beispielsweise
60 Arbeits- und Wohnungsmärkten zunehmend schwieriger werden. Diese Erfahrungen sind in der Regel verbunden mit Gefühlen politischer Ohnmacht und dem subjektiven Eindruck, keinem stabilen sozialen Milieu zugehörig zu sein. Durch zahlreiche Erfahrungen gesellschaftlicher
65 Abwertung fühlen sich die Betroffenen den Normen der Gleichwertigkeit und Unversehrtheit von anderen Menschen nicht mehr verpflichtet. Die Gewalt gegenüber anderen, schwächeren sozialen Gruppen dient dann der eigenen Aufwertung. Insbesondere in homogenen sozialen
70 Milieus, in denen Gewalthandlungen keinen Widerspruch hervorrufen, sind solche Entwicklungen typisch. Betrachtet man vor diesem Hintergrund die Erlebnispädagogik, so ist es vorab noch einmal wichtig festzustellen, dass Erlebnispädagogik als eine mikrosoziale Methode
75 nicht makrogesellschaftliche Zustände beseitigen kann, die zu Desintegration führen. Allenfalls kann sie als eine Methode verstanden werden, die dazu beiträgt, sich auch in einer geschwächten gesellschaftlichen Position Lebensperspektiven zu eröffnen. Eine damit verbundene neue
80 Perspektive könnte zum Beispiel die oben bereits beschriebene Erfahrung der Selbstwirksamkeit sein. Erfahrungen von politischer Apathie und Ausgrenzung aus relevanten gesellschaftlichen Bereichen können durch erlebnispädagogische Erfahrungen der Selbstwirksamkeit und Integ-
85 ration zumindest kontrastiert werden. Wenn aus den von Heitmeyer beschriebenen Desintegrationsfaktoren Gewalt resultiert, so sind erlebnispädagogische Aktionen, die Auswirkungen solcher Faktoren zu verhindern oder abzumildern helfen, durchaus gewaltpräventiv. Dies gilt nicht nur
90 für Individuen, sondern gerade auch für Gruppen.

Gruppendynamik und Subkulturen

[…] Die Schwierigkeit für erlebnispädagogische Aktionen mit gewaltbereiten Gruppen besteht darin, eine Gegen-Gegenkultur zu erzeugen. Das heißt, mit Blick auf die
95 Interaktionsstrukturen in der Gruppe müssen erlebnispädagogische Aktionen eine Strukturungleichheit zur gewohnten, gewaltgeprägten Gruppensituation
100 ermöglichen. Dies lässt sich zum einen erreichen, indem gewohnte Rollenstrukturen durch Intervention der Trainer gezielt neu strukturiert
105 werden. Andere als die üblichen Personen übernehmen Führungsrollen, Außenseiter- oder Beobachterrollen. Die Gruppe wird dadurch
110 gezielt „verstört". Auch eine stärkere Hinwendung zu individuenzentrierten, vor allem auf Selbstreflexion

Abb. 5.17

ausgerichteten Übungen, kann Gegen-Gegenkulturen
115 bilden. Außerdem kann man versuchen, erlebnispädagogische Aktionen zu wählen, die weit entfernt sind von den
Fähigkeiten, die eine gewaltbereite Gruppe im Allgemeinen für gewalttätige Aktionen benötigt. Übungen mit starker Ausrichtung auf körperliche Kraftanwendung wären in
120 diesem Sinne also nicht geeignet.

Stigmatisierung

[…] Auch bei Gewalthandlungen innerhalb von Gruppen
kann Stigmatisierung mit der Neubestimmung von Rollenstrukturen bekämpft werden. In einer Schulklasse über-
125 nimmt der sonst immer ausgegrenzte Schüler nun das
Steuer und Kommando auf dem Schlauchboot. Beim Klet-
tern trauen sich diejenigen mit der „größten Klappe" plötzlich am wenigsten zu, während die „Stillen" längst oben
auf dem Felsen sind. Dies können Impulse sein, von denen
130 nachhaltige Veränderungen ausgehen.

Sprachlosigkeit und Reflexion

Die von Heitmeyer als ein Desintegrationsfaktor beschriebene Erfahrung politischer Apathie kennzeichnet auf einer
mikrosoziologischen Ebene auch den Zusammenhang von
135 Gewalt und Sprachlosigkeit. Sozial akzeptierte Formen
verbaler Konfliktregulation sind außer Kraft gesetzt und an
ihre Stelle treten Formen manifester physischer Gewalt. In
solchen Situationen sind Vernunft und Reflexionsvermögen
weit herabgesetzt – der Gewaltausübende ist triebgesteu-
140 ert.
Betrachtet man vor diesem Hintergrund mögliche gewalt-
präventive Potenziale der Erlebnispädagogik, so lässt sich
Folgendes feststellen: Wie bereits erwähnt, arbeiten erlebnispädagogische Transfermodelle mit Reflexion und Me-
145 taphern, um einen Bezug zum Alltag herzustellen. Damit
ein solcher Bezug erkannt werden kann, müssen Gefühle,
Wahrnehmungen und Störungen reflektiert und dabei in
der Regel auch verbalisiert werden. Erlebnispädagogik
setzt sich eine Stärkung dieser Reflexionsfähigkeiten zum
150 Ziel. Voraussetzung für die Zielerreichung ist allerdings, wie
bei vielen anderen Methoden auch, dass (potenzielle) Ge-
walttäter den festen Entschluss gefasst haben, ihr gewalt-
bereites Verhalten aufzugeben. […]

Strukturelle Gewalt

155 […] Erlebnispädagogische Aktionen finden im Regelfall
„outdoor" in der Natur statt und diese setzt einen strukturellen Rahmen, aus dem es kaum möglich ist auszubrechen. Die Gewalt der Natur mit Regen, Schnee, Wind oder
starker Sonne ist also durchaus eine strukturelle Gewalt,
160 denn wir können sie kaum beeinflussen und uns ihr in
manchen Situationen einfach nicht entziehen. Wenn ein
solcher Rückzug nicht möglich ist, ergeben sich daraus
wichtige pädagogische Effekte, denn in der Gewalt der
Natur ist die Natur der Gewalt besser zu erkennen. Ein Be-
165 wusstsein dafür zu entwickeln, dass es benachteiligende
strukturelle Bedingungen gibt, die durchaus als Gewalt
zu bezeichnen sind, sich aus individueller Perspektive
aber nicht oder wenig beeinflussen lassen, kann eine sehr
wichtige Kontrasterfahrung sein in einer Zeit, in der dem

170 Menschen eine hohe und allseitige Handlungsfreiheit sug-
geriert wird. Dadurch werden auch die Grenzen der oben
angesprochenen Selbstwirksamkeit deutlich.
Gleichzeitig begrenzen die strukturellen Bedingungen der
Natur zwar stark den individuellen Handlungsspielraum,
175 in der Klarheit dieser Grenzen eröffnet sich aber auf der
anderen Seite eine stärkere Transparenz hinsichtlich der
beeinflussbaren und der nicht beeinflussbaren Bedingungen. Erst das Bewusstsein dafür, dass es strukturelle Bedingungen gibt, die zumindest in einer aktuellen Situation
180 nicht beeinflussbar sind, kann die Lösungssuche auf die
Bereiche lenken, die einer Beeinflussbarkeit unterliegen.

Aufgaben

1. Erläutern Sie Lakemanns Bestimmung der „Erlebnispädagogik als eine mikrosoziale Methode" (Zeile 74).

2. Erarbeiten Sie, inwieweit nach Lakemann Erlebnispädagogik eine Antwort auf Problemsichten auf Gewalt aus
verschiedenen Perspektiven anbieten kann. Ziehen Sie
dazu auch den Text von Sutterlüty (⊕ fb86na) als zu-
sätzlichen Ansatz heran.

3. Diskutieren Sie, ob Sie Lakemanns Einschätzung der
Möglichkeiten von Erlebnispädagogik im Umgang mit gewaltbereiten Jugendlichen (jeweils) zustimmen können.

M15 Das Outward-Bound-Konzept der „Thor Heyerdahl" (Torsten Fischer/ Jens Lehmann)

Bereits 1974 wurde im Evangelischen Jugenddorf Rends-
burg mit handlungs- und erlebnisorientierten Segelakti-
vitäten begonnen. Diese Aktivitäten weiteten sich später
zu Auslandsexpeditionen über Land und zu sozialthera-
5 peutischen Reiseprojekten für schwierige Kinder und
Jugendliche bis nach Indien und Südamerika aus. Die pädagogische Intention basierte hierbei auf der Einsicht, *„dass
Menschen sich langfristig nicht durch Zwang, sondern nur
durch eigene Motivation, die es anzuregen und zu erhalten
10 gilt, verändern. Somit machen wir den uns anvertrauten
Kindern und Jugendlichen Veränderungsangebote, die ihr
Umfeld und ihre bisherigen Erfahrungen – insbesondere
im zwischenmenschlichen Bereich – betreffen"*. Weitere
segelpädagogische Initiativen löste das Projekt ‚Outlaw' in
15 den 80er-Jahren aus. Die Verbindungen zwischen nützlicher
Arbeit an Bord und den Therapieangeboten für junge Menschen in psycho-sozialen Notlagen wurden konzipiert. […]
Seit 1983 werden auf der ‚Thor Heyerdahl' in enger Anlehnung an die Outward-Bound-Konzeption für Jugendliche
20 und junge Erwachsene Kursprogramme angeboten. Diese
Programme orientieren sich konsequent an den Elementen der Erlebnistherapie von Hahn. […] Die spezifischen
Zielgruppen, die in der ganzen Bandbreite zwischen sozial-

benachteiligten Jugendlichen, Schulklassen und auch Aus-
25 zubildenden variieren, werden in einer Zieloptik erfasst, die
die ganzheitliche Anlage dieser segelpädagogischen Aktivitäten unterstreicht: *„Im Gegensatz zu theoriebildenden
Lernsituationen werden auf dem Segelschiff Fertigkeiten
und Kenntnisse praktisch vermittelt. Nicht das Lernen über*
30 *den Kopf ist Trumpf […], sondern das Lernen über die Hand
und die Beobachtung wird angebahnt …"*
Die inhaltliche Ausrichtung dieser Segelpädagogik, der
‚Bühnenwechsel' mit seinen neuen Erfahrungsmomenten
und die gruppendynamischen Beziehungen, reicht weit
35 über den Anspruch einer praktisch-aktionalen Sozialisa-
tionspädagogik hinaus:

1. Abstand von den täglichen Routinen des Lebens und
   Lernens kann gewonnen werden.
2. Routinetätigkeiten im Denken und Handeln werden auf
40 den Prüfstand der Bewährung in ungewohnten Hand-
   lungszusammenhängen gestellt.
3. Aufgaben- und Rollenverteilungen müssen verhandelt
   werden, die sich in den konkreten Verantwortungen an
   Bord spezifisch vollziehen.
45 4. Teamerfahrungen können praktisch und auf erweiter-
   tem Niveau angebahnt werden.
5. Ein vertrauensvolles Gruppenklima kann dafür sorgen,
   dass reflexiver Rücklauf zu individuellem Verhalten und
   Tätigkeit offen erfolgt.
50 6. Reflexion und Selbstbestimmung in den konkreten Auf-
   gabenfeldern bleiben auf hohem Niveau miteinander
   verbunden.
7. Bewältigung von Herausforderungen natursportlicher
   und sozialer Natur können zu Risiko- und Eigenpoten-
55 zialerfahrungen beitragen.
8. Die Kompensation von Bewegungsarmut findet in
   handwerklichen und sportlichen Betätigungen statt.
9. Körperbewusstsein und sinnliche Wahrnehmung können im natursportlichen Zusammenhang aufeinander
60 bezogen werden.
10. Selbstwirksamkeit kann in der handlungsechten Situation überprüft und verändert werden.

Abb. 5.18: Thor Heyerdahls Kon-Tiki

Auf der Basis dieser Lernvorstellungen innerhalb des Konzepts des Erfahrungslernens lassen sich Ansätze beschrei-
65 ben, die in der Erlebnispädagogik ihre weite Verbreitung
gefunden haben.
Diese segelpädagogische Variante des handlungs- und
erlebnisorientierten Erfahrungslernens richtet sich auch an
übergeordnete Lernziele: „Die angeführten Lernziele sind
70 in einem übergreifenden Sinn komplex aufeinander bezogen. Sie sind weder isoliert zu betrachten, noch einzeln,
getrennt voneinander erlernbar. Von daher sollten sie nicht
dogmatisch verfolgt, sondern von den Teilnehmern relativiert offengelegt und diskutiert werden." Bei all diesen
75 erlebnispädagogischen Initiativen unter dem Slogan – Erziehung durch die See – bleibt eine Grundposition oberstes
Gebot: Die angestrebten Lernerfolge sollen sich nicht nur
aus einem Diskurs zwischen Erziehern und zu Erziehen-
den ergeben, also durch den kommunikativen Austausch
80 schlechthin. Sie sollen sich durch die praktisch vollzogene
Tätigkeit in einem natursportlichen sowie sozialtherapeu-
tischen Prozess einstellen. Im sozial-kognitiven Kontext
gruppendynamischer Veränderungen sollen gemeinsame

Kognitiv ausgerichtete Lernziele	Seemännische Fertigkeiten (Segelmanöver); handwerkliche Kenntnisse; hauswirtschaftliche Kenntnisse (Küchenarbeiten); allgemeine Umwelt- und Lebenskunde; Freizeitvorbereitung und -gestaltung; Knotenkunde; Navigation; Schiffspflege und Wetterkunde.
Affektiv-emotional ausgerichtete Lernziele	Förderung der eigenen Identität, Steigerung des Selbstwertgefühls; Freude an einer Reihe von Tätigkeiten haben, intrinsische Motivation entwickeln; Versagenserlebnisse ohne Resignation ertragen lernen, Frustrationstoleranz entwickeln; mit eigenen inneren Impulsen (z. B. Angst) umzugehen lernen; Konfliktbewältigung im Sinne verschiedenartiger Interessen verstehen lernen, Kooperations-/Kompromissbewusstsein bilden; Achtung vor der Intimität und Autonomie des anderen haben; sensibel werden für die Empfindlichkeiten des anderen, Einfühlung lernen.
Soziale Lernziele	Verantwortung für sich und andere übernehmen und tragen lernen; Zuverlässigkeit, Hilfsbereitschaft und Freundlichkeit als Bedingungen des gemeinsamen Lebens erfahren und schätzen lernen; Regeln als vereinfachend für das Zusammenspiel vieler erkennen; gemeinsame Arbeit erkennen und Aufgaben deligieren können; Kooperation und Verantwortungsbewusstsein.
Motorische Lernziele	Durch Schiffsbewegungen im Seegang, das Steigen in die Masten, durch Segelsetzen … werden Grob- und Feinmotorik gleichermaßen geschult.

Abb. 5.19: Pädagogischer Zielkomplex in der Outward-Bound-Konzeption der ‚Thor Heyerdahl'

Erfahrungen und in der emotional-affektiven Ebene indivi-
85 duelle Erlebnisse gefördert werden. […]
Intensive sozialpädagogische Einzelbetreuung durch erlebnispädagogische Projektarbeit im Ausland wurde seit dieser Zeit systematisch auf- und ausgebaut. Delinquente und
deprivierte Heranwachsende in psycho-sozialen Notlagen,
90 wie Schulverweigerer oder hyperaktive Kinder, bekamen
zunehmend Angebote. Resozialisation und Rehabilitation
auf der Grundlage handlungs- und erlebnisorientierter
Lernprojekte konnten im Ausland verwirklicht werden. Diese projektorientierten Lernformen im Ausland […] sollten
95 dazu dienen, zwischenmenschliche Beziehungsprobleme
schrittweise abzubauen und damit erfolgreiches Erfahrungslernen in anderen Zusammenhängen anzubahnen:
„Mit diesen Projekten bieten wir ihnen (den Jugendlichen)
unter einem Betreuungsschlüssel von 1:1 bis 1:2 ein neu-
100 es Lernfeld, in dem sie ihre Fähigkeiten – ohne massive
Sanktionen befürchten zu müssen – ausprobieren können.
Insbesondere die damit verbundenen neuen Erfahrungen
im emotional-sozialen Bereich mit ihren Bezugspersonen
führen zu anderen Einstellungen, Haltungen und Werten,
105 die dann nach ihrer Rückkehr im engeren und weiteren
Lebensumfeld bzw. in der Herkunftsfamilie zu neuen Inte-
grationsmöglichkeiten führen."

Abb. 5.20

Aufgaben

1. Erläutern Sie die pädagogischen Ziele und Wege des Outward-Bound-Konzepts der „Thor Heyerdahl".

2. Prüfen bzw. erörtern Sie, ob und inwieweit diese Ziele über die Realisierung dieses Konzepts tatsächlich erreichbar sein können. Setzen Sie sich in diesem Kontext auch mit dem Praxisbericht über ein Kajak-projekt im Altmühltal auseinander (vgl. ⊕ qp9z5a).

3. Erörtern Sie, ob das Outward-Bound-Konzept als gelungener Versuch betrachtet werden kann, sozial-pädagogische Ziele im Sinne Klaus Mollenhauers zu verfolgen.

6. Erwachsenenbildung und Beruf

In diesem Kapitel lernen Sie den Bereich der Pädagogik jenseits von Kindheit und Jugend kennen. Dieser Bereich ist in den letzten Jahrzehnten stetig gewachsen. Heute existiert ein ausdifferenziertes, unübersichtliches, dynamisch sich veränderndes Feld der Erwachsenenbildung. Dass dabei der Beruf und die berufliche Weiterbildung eine besondere Rolle spielen, liegt auf der Hand.

Was sind die Ziele von Erwachsenenbildung und Weiterbildung? Was die Institutionen und Orte? Wer sind die Träger? Wer die Teilnehmer? Dieses Kapitel bietet Antworten und weist auf Probleme hin.

6.1 Beruf und Lebenslauf

In naher Zukunft werden Sie Entscheidungen treffen müssen, die bedeutende Folgen für Ihr weiteres Leben haben werden. Es geht darum, was Sie nach dem Abitur vorhaben. Ein Studium beginnen? Eine Berufsausbildung aufnehmen? Eine Auszeit nehmen? Ein soziales Jahr einschieben? Das sind nur einige der Fragen, auf die Sie Antworten finden müssen.

Die folgenden Fragen können Ihnen dabei helfen, sich Klarheit über die notwendigen Entscheidungen zu verschaffen. Die Fragen sind „indiskret", also sehr „persönlich". Beantworten Sie deshalb diese Fragen ausschließlich für sich! Lassen Sie sich auf keinen Fall darauf ein, Ihre Antworten auf diese Fragen Menschen gegenüber öffentlich zu machen, wenn Sie das nicht möchten!

M1 Fragen

Indiskrete Fragen

- Haben Sie sich schon für ein Studium oder eine Berufsausbildung entschieden?
- Wenn ja: Wie sicher sind Sie sich?
- Wenn nein: Warum nicht? Wovor haben Sie Angst?
- Wie lange wollen Sie die Entscheidung hinausschieben?
- Ab welchem Lebensjahr wird es Ihnen peinlich sein, vom Geld Ihrer Eltern zu leben?
- Welche Berufe kommen für Sie auf keinen Fall infrage? Warum?
- Können Sie selber entscheiden, welches Studium oder welchen Beruf Sie wählen wollen? Oder gibt es Wünsche oder Druck von außen? Wenn ja: Wie gehen Sie damit um?
- Möchten Sie die Berufe Ihrer Eltern ausüben? Warum (nicht)?
- Stellen Sie sich vor: Sie gewinnen mehrere Millionen Euro, sodass Sie ein luxuriöses Leben führen könnten, ohne berufstätig zu sein. Würden Sie dennoch studieren oder eine Berufsausbildung aufnehmen und einen Beruf ausüben? Warum (nicht)?

- Stellen Sie sich vor: Sie haben 10 Jahre, 20 Jahre 40 Jahre im Beruf Ihrer Wahl gearbeitet. Was macht das aus Ihnen? Wie verändert Sie Ihr Wahlberuf?
- Können Sie sich vorstellen, nach einigen Jahren auch etwas ganz anderes zu machen? Warum wäre das gut für Sie?
- Was müsste geschehen, damit Sie den Beruf wechseln?
- Möchten Sie Karriere machen? Was versprechen Sie sich davon?
- Was würden Sie dafür investieren?
- Was ist für Sie wichtiger: ein Beruf, in dem Sie viel Geld verdienen können, oder ein Beruf, der Ihnen für Sie sinnvolle Tätigkeiten ermöglicht, aber nicht gut bezahlt wird?
- Soll für Sie demnächst der Beruf im Mittelpunkt Ihres Lebens stehen? Wenn nein: Was sonst?
- Was würde dies bringen, was der Beruf nicht bringt?
- Stellen Sie sich vor: Sie sind am Ende Ihrer Berufslaufbahn, gehen in den Ruhestand und blicken zurück. Was möchten Sie, dass bei diesem Rückblick herauskommt?

Aufgaben

1. Formulieren Sie die Fragen um, indem Sie die Personalpronomen „Sie", „Ihre" etc. durch das Indefinitpronomen „man" austauschen.

2. Wählen Sie einige Fragen aus, die Sie besonders interessant finden.

3. Erörtern Sie mögliche Antworten auf diese Fragen. (Veröffentlichen Sie auch jetzt Ihre persönlichen Antworten nur dann, wenn Sie das wirklich möchten!)

Der US-amerikanische Soziologe Richard Sennett (geb. 1943) beschreibt und analysiert in seinem Buch „Der flexible Mensch" die Veränderungen, die die heute vorherrschende globalisierte, flexible kapitalistische Wirtschaftsordnung auf die Biografien der Menschen hat. Was das für das Verhältnis von Beruf und Lebenslauf bedeutet, zeigt Sennett am Beispiel eines Hausmeisters („Enrico") und seines Sohnes („Rico").

M2 Drift (Richard Sennett)

Abb. 6.1: Prof. Richard Sennett (geb. 1943)

Vor Kurzem traf ich jemanden auf dem Flughafen, den ich seit fünfzehn Jahren nicht gesehen hatte. Ich hatte den Vater von Rico (wie ich ihn im Folgenden nennen werde) vor einem Vierteljahrhundert für mein Buch über ameri-
5 kanische Arbeiter, The Hidden Injuries of Class, interviewt. Enrico arbeitete damals als Hausmeister und setzte große Hoffnungen in seinen Sohn, einen aufgeweckten, sportlichen Jungen, der gerade in die Pubertät kam. Als mein Kontakt zu seinem Vater [Enrico] zehn Jahre später abbrach,
10 hatte Rico gerade das Studium abgeschlossen. In der Flughafenlounge sah Rico aus, als habe er die Träume seines Vaters verwirklicht. Er hatte einen Computer in einem eleganten Lederköfferchen dabei, trug einen Anzug, den ich mir nicht hätte leisten können, und an seinem Finger
15 steckte ein dicker Siegelring mit Wappen.
Bei unserer ersten Begegnung hatte Enrico seit zwanzig Jahren in einem innerstädtischen Bürogebäude Toiletten geputzt und Fußböden gewischt. Er tat es ohne Murren, aber er machte sich auch keine Illusionen, den amerikani-
20 schen Traum auszuleben. Seine Arbeit hatte ein einziges und dauerhaftes Ziel, den Dienst an seiner Familie. Er hatte fünfzehn Jahre gebraucht, um das Geld für ein Haus zusammenzusparen, das er in einem Vorort von Boston kaufte, und löste dadurch die Bindungen an seine alte italienische
25 Umgebung, denn ein Haus in den Vororten war besser für die Kinder. Dann nahm seine Frau Flavia eine Stelle in einer chemischen Reinigung an; als ich Enrico 1970 begegnete, sparten beide für das Studium ihrer zwei Söhne.
Am stärksten war mir an Enrico und seiner Generation auf-
30 gefallen, wie linear die Zeit in ihrem Leben verlief: Jahr um Jahr gingen sie Arbeiten nach, die sich von Tag zu Tag kaum unterschieden. Entlang dieser Zeitlinie war der Erfolg kumulativ: Enrico und Flavia überprüften jede Woche das Anwachsen ihrer Ersparnisse und maßen ihr häusliches

35 Leben an den verschiedenen Verbesserungen und Anschaffungen für ihr Holzhaus im Ranchstil. Schließlich war auch die Zeit, in der sie lebten, berechenbar. Die Umwälzungen der Weltwirtschaftskrise und des Zweiten Weltkriegs waren vorüber und ihre Arbeitsplätze durch Gewerkschaften ge-
40 schützt; obwohl Enrico erst vierzig Jahre alt war, als ich ihn traf, wusste er schon genau, wann er in Rente gehen und über wie viel Geld er dann verfügen würde.
[…] Er formte sich eine klare Lebensgeschichte, innerhalb derer sich seine Erfahrung materiell und psychisch ansam-
45 melte; so wurde ihm sein Leben als lineare Erzählung verständlich. Obwohl ein Snob Enrico als uninteressant abtun könnte, erlebte dieser die Jahre als dramatische Geschichte, die von Reparatur zu Reparatur, von Ratenzahlung zu Ratenzahlung verlief. Der Hausmeister hatte das Gefühl,
50 zum Autor seines Lebens zu werden, und obwohl er der Unterschicht angehörte, gab ihm dieser Erzählrahmen eine hohe Selbstachtung.
Trotz ihrer Klarheit war Enricos Lebensgeschichte nicht simpel. Für mich war besonders erstaunlich, wie Enrico die
55 Welten seiner alten Einwanderergemeinschaft und seines neuen, neutralen Lebens in den Vororten verband. Unter seinen Vorortnachbarn in ihren Holzhäusern lebte er als ruhiger, unauffälliger Bürger, kam er jedoch in seine alte Umgebung zurück, so genoss er als jemand, der es draußen zu
60 etwas gebracht hatte, sehr viel mehr Aufmerksamkeit. Er war ein angesehener, erfolgreicher Familienvater, der jeden Sonntag zur Messe zurückkam und danach zum Lunch und zum Kaffeeklatsch blieb. Von denen, die ihn lange genug kannten, um seine Geschichte zu verstehen, wurde er als
65 unverwechselbarer Mensch anerkannt; von seinen neuen Nachbarn wurde er auf anonymere Weise als jemand respektiert, der wie alle anderen auch sein Haus und seinen Garten pflegte und ein unauffälliges Leben führte. Das dichte Gewebe von Enricos
70 persönlicher Erfahrung kam dadurch zustande, dass er auf beide Arten anerkannt war, je nachdem, in welcher Gemeinschaft er sich
75 befand: Er gewann zwei Identitäten aus einem Zeitablauf. […]
Enrico mochte keine Schwarzen, obwohl er über
80 viele Jahre friedlich Seite an Seite mit schwarzen Hausmeistern gearbeitet hatte; er mochte keine Ausländer, die nicht aus Italien stamm-
85 ten, etwa die Iren, obwohl sein eigener Vater kaum ein Wort Englisch sprach. Er erkannte keine Existenzkämpfe von Menschen anderer Nationalität an, er hatte keine Klassenverbündeten. Am meis-
90 ten waren Enrico jedoch Menschen aus der Mittelschicht zuwider. Er sagte, wir behandelten ihn, als wäre er unsichtbar, „wie eine Null". Das Ressentiment des Hausmeisters wurde durch die Befürchtung kompliziert, seine mangelnde

Richard Sennett
Der flexible Mensch
Die Kultur des neuen Kapitalismus

Abb. 6.2

Bildung und sein niedriger Status gäben uns insgeheim das
95 Recht dazu. Seine eigene stete Beharrlichkeit, seinen Stolz
entwickelte er aus dem Gegensatz zum klagenden Selbst-
mitleid der Schwarzen, dem unfairen Eindringen von Ausländern und den unverdienten Privilegien der Bourgeoisie.
Obwohl Enrico das Gefühl hatte, ein gewisses Maß an
100 gesellschaftlichem Ansehen erreicht zu haben, wollte er
nicht, dass sein Sohn Rico sein eigenes Leben wiederholte.
Der amerikanische Traum vom sozialen Aufstieg der Kinder war für meinen Freund ein machtvoller Antrieb. „Ich
versteh' kein Wort von dem, was er sagt", prahlte Enrico
105 mehrere Male vor mir, wenn Rico nach der Schule seine
Mathematikaufgaben machte. […]
Dank der Zufallsbegegnung auf dem Flughafen hatte ich
nun nach vielen Jahren die Gelegenheit zu sehen, was aus
Enricos Sohn geworden war. Ich muss gestehen, dass er
110 mir in der Flughafenlounge nicht besonders gefiel. Ricos
teurer Anzug war vielleicht bloß eine Geschäftsuniform,
aber der Siegelring mit Wappen – ein Abzeichen privile-
gierter Herkunft – schien zugleich eine Lüge und eine Verleugnung seines Vaters zu
115 sein. Die Umstände führten
Rico und mich jedoch auf
einem langen Flug zusam-
men. Ich sollte dazu sagen,
dass es keine dieser ameri-
120 kanischen Reisen war, auf
der ein Fremder einem sein
Herz ausschüttet, dann bei
der Landung sein Gepäck
zusammenrafft und für
125 immer verschwindet. In der
Maschine setzte ich mich
ohne Aufforderung neben
Rico und musste in der
ersten Stunde des langen
130 Fluges von New York nach
Wien jede Antwort gerade-
zu aus ihm herausziehen.
Ich erfuhr, dass Rico den Wunsch seines Vaters nach sozialem Aufstieg zwar erfüllt, aber sich zugleich von dessen
135 Prinzipien abgewandt hat. Rico verachtet Leute, die „Dienst
nach Vorschrift" machen und den Schutz einer Bürokratie
suchen; stattdessen ist er der Überzeugung, man müsse
offen für Veränderungen sein und Risiken eingehen. Und er
hat Erfolg gehabt. Während Enricos Lohn im unteren Vier-
140 tel der Einkommensskala lag, kletterte Rico in die oberen
fünf Prozent.
Dennoch hat diese Geschichte für ihn kein wirkliches
Happy End.
Nachdem er in Boston Elektrotechnik studiert hatte, ging
145 Rico an eine Business School in New York. Dort heiratete er
eine Kommilitonin, eine junge Protestantin aus einer bes-
sergestellten Familie. Das Studium bereitete das junge Paar
darauf vor, häufig umzuziehen und ihre Stellen zu wechseln,
und das haben sie getan. Seit dem Abschluss ist Rico inner-
150 halb von vierzehn Arbeitsjahren viermal umgezogen. […]
Rico begann in den frühen, berauschenden Tagen der Com-
puterindustrie im Silicon Valley als technischer Berater

Ulrich Bröckling
Das
unternehmerische
Selbst

Soziologie einer
Subjektivierungsform
suhrkamp taschenbuch
wissenschaft

Abb. 6.3

einer High-Tech-Firma, die mit „Venture capital" aufgebaut
worden war, und ging dann nach Chicago, wo er ebenfalls
155 erfolgreich war. Der nächste Umzug diente dann der Karriere seiner Frau Jeannette. […] Sein Vater Enrico hatte sich
noch ein wenig geschämt, als Flavia arbeiten ging; Rico
sieht Jeannette als gleichberechtigt arbeitende Partnerin an
und hat sich ihr angepasst. Zu diesem Zeitpunkt, als Jean-
160 nettes Karriere nach oben wies, bekam das Paar ihre Kinder.
In dem Büropark in Missouri holten die Ungewissheiten
der neuen Ökonomie den jungen Mann ein. Während seine
Frau befördert wurde, fiel Ricos Stelle einer Umstrukturie-
rung zum Opfer – seine Firma wurde von einer größeren
165 geschluckt, die ihre eigenen Analysten besaß. Also zog das
Paar zum vierten Mal um, zurück in die Nähe von New York.
Jeannette leitet jetzt ein großes Team von Buchhaltern,
Rico hat eine eigene kleine Consultingfirma gegründet.
Trotz ihres relativen Wohlstands und obwohl sie das Mo-
170 dell eines anpassungsfähigen, einander unterstützenden
Ehepaares zu sein scheinen, leiden beide, Mann und Frau,
unter der Angst, die Kontrolle über ihr Leben zu verlieren.
Diese Angst ist sozusagen in ihre Arbeitsgeschichte einge-
baut.
175 In Ricos Fall geht es bei dieser Angst zunächst um etwas
ganz Einfaches. Er musste sich auf eine fremdbestimmte
Zeiteinteilung einlassen. Als er seinen Kollegen und Bekannten erzählte, er werde eine Consultingfirma eröffnen,
wurde er von den meisten bestärkt; Consulting gilt als Weg
180 zur Unabhängigkeit. Am Anfang war er jedoch zu vielen
einfachen Tätigkeiten gezwungen, die früher andere für
ihn erledigt hatten, zum Beispiel dem Fotokopieren. Er
sah sich nun einem sich ständig wandelnden Netz von
Geschäftsbeziehungen unterworfen: Jeder Anruf musste
185 beantwortet, noch die flüchtigste Bekanntschaft ausgebaut werden. Um Aufträge zu bekommen, ist er von der
Tagesordnung von Personen abhängig geworden, die in
keiner Weise gezwungen sind, auf ihn einzugehen. Wie
andere Berater möchte er nach Verträgen arbeiten, welche
190 seine Aufgaben präzise festlegen; diese Verträge sind nach
seinen Worten jedoch weitgehend fiktiv. Ein Berater muss
sich gewöhnlich den wechselnden Launen oder Ideen seiner Kunden anpassen; Rico hat keine feste Rolle in einer Institution, die es ihm erlauben würde, zu anderen zu sagen:
195 „Dies ist meine Aufgabe, hierfür bin ich verantwortlich."
Jeannettes Mangel an Kontrolle ist subtiler. Die Buchhalter-
gruppe unter ihrer Leitung setzt sich aus Menschen zusammen, die zu Hause arbeiten, anderen, die gewöhnlich im
Büro sitzen, und einer Phalanx kleiner Angestellter, die 1500
200 Kilometer entfernt und mit ihr durch das Computerkabel
verbunden sind. In ihrer Firma werden die Buchhalter, die
zu Hause arbeiten, durch strikte Regeln sowie durch Tele-
fon- und E-Mail-Überwachung kontrolliert. Um die Arbeit
der 1500 Kilometer entfernten Angestellten zu leiten, kann
205 sie keine direkten, persönlichen Entscheidungen treffen,
vielmehr muss sie ihnen schriftlich festgelegte Richtlinien
geben. Diese scheinbar flexible Arbeitsweise hat nicht zu
weniger, sondern zu mehr Bürokratie geführt, und ihre
Anweisungen haben weniger Autorität als zu der Zeit, da
210 sie Arbeitskräfte beaufsichtigte, die alle zur selben Zeit in
einem Büro saßen. […]

Abb. 6.4

Rico sagte mir, dass er und Jeannette meist unter ihren Arbeitskollegen Freunde gefunden und viele dieser Freundschaften sich während der Ortswechsel der letzten zwölf
215 Jahre wieder aufgelöst hätten, „obwohl wir ‚in Verbindung' bleiben". Rico versucht über elektronische Kommunikationsmittel jenes Gemeinschaftsgefühl herzustellen, das Enrico an den Versammlungen der Hausmeistergewerkschaft so schätzte, doch der Sohn findet die Online-Kom
220 munikation kurz und gehetzt. „Es ist wie mit den Kindern: Wenn man nicht da ist, kriegt man alles, was passiert, nur erzählt, man ist nicht wirklich dabei."
Bei jedem seiner vier Umzüge haben Ricos neue Nachbarn sein Kommen als eine Ankunft betrachtet, die frühere Ka
225 pitel seines Lebens abschloss. Sie fragen ihn Dinge über Silicon Valley oder den Büropark in Missouri, aber nach Ricos Worten „sehen sie keine anderen Orte", ihre Vorstellungskraft ist nicht in Anspruch genommen. Dies ist eine spezifisch amerikanische Furcht. Die klassische amerikani
230 sche „Suburbia" war eine Schlafstadt. Aber in der letzten Generation ist eine andere Art der Vorstadt entstanden, die vom Stadtkern ökonomisch unabhängig ist. Dies sind aber auch nicht wirklich Kleinstädte oder Dörfer, sondern Neubausiedlungen, die der Zauberstab eines Bauträgers
235 ins Leben gerufen hat. Sie blühen auf und beginnen noch in der Lebensspanne einer Generation wieder zu verfallen. Diese Gemeinden sind nicht ohne Geselligkeit oder gutnachbarliches Verhalten, aber niemand in ihnen wird auf längere Zeit zum Zeugen des Lebens seiner Nachbarn.
240 Die Flüchtigkeit von Freundschaft und örtlicher Gemeinschaft ist der Hintergrund für die tiefste von Ricos Sorgen, seine Familie. Wie sein Vater Enrico betrachtet Rico die Arbeit als Dienst an seiner Familie. Im Gegensatz zu diesem kollidieren aber die Ansprüche seiner Arbeit mit die
245 sem Ziel. Zuerst meinte ich, er spreche über den nur allzu bekannten Konflikt zwischen Arbeitsanspruch und Zeit für die Familie. „Wir kommen um sieben nach Hause, essen zusammen, versuchen eine Stunde Zeit für die Hausaufgaben der Kinder zu haben und machen dann unseren eigenen
250 Papierkram." Als seine Consultingfirma einmal mehrere Monate lang auf der Kippe stand, „war es, als würde ich meine Kinder nicht mehr kennen". Er macht sich Sorgen wegen der Anarchie, in die seine Familie regelmäßig versinkt, und darüber, dass er seine Kinder vernachlässige, deren Be

255 dürfnisse sich nicht in die Ansprüche, die der Beruf an ihn stellt, hineinprogrammieren lassen. […]
Ich wusste bereits, dass Rico als Junge unter Enricos Autorität gelitten hatte; er hatte mir erzählt, er habe sich von den kleinkarierten Regeln erdrückt gefühlt, die das Leben
260 des Hausmeisters bestimmten. Nun, da er selber Vater ist, verfolgen ihn modernere Schrecken des Kontrollverlustes, besonders die Furcht, seine Kinder könnten „Mall-Ratten" werden, die nachmittags ziellos auf den Parkplätzen von Einkaufszentren herumhängen, während die Eltern un
265 erreichbar in ihren Büros sitzen.
Aus diesem Grund will er seinem Sohn und seinen Töchtern ein Beispiel an Entschlusskraft und Rechtschaffenheit geben, „aber man kann Kindern nicht einfach sagen, sie sollen so sein", er muss ihnen ein Beispiel sein. Das objek
270 tive Beispiel, das er geben könnte, sein sozialer Aufstieg, ist etwas, das sie als selbstverständlich ansehen, eine Geschichte aus einer Vergangenheit, die nicht die ihre ist, ein abgeschlossenes Kapitel. Seine tiefste Befürchtung ist aber, der Inhalt seiner Arbeit könne für seine Kinder kein
275 Beispiel moralischen Verhaltens abgeben. Die Qualitäten guter Arbeit haben mit den Eigenschaften guten Charakters nichts zu tun.
Wie mir später klar wurde, ist der Grund für die Intensität dieser Furcht ein Bruch zwischen Enricos und Ricos Gene
280 rationen. Ökonomen, Manager und Wirtschaftsjournalisten betrachten den globalen Markt und den Gebrauch neuer Technologien als die Merkmale des neuen Kapitalismus. Das ist sicher richtig, unterschlägt aber eine andere Dimension des Wandels: die neuen Formen der Zeit-, besonders
285 der Arbeitszeitorganisation.
Das sichtbarste Zeichen dieses Wandels könnte das Motto „nichts Langfristiges" sein. In der Arbeitswelt ist die traditionelle Laufbahn, die Schritt für Schritt die Korridore von ein oder zwei Institutionen durchläuft, im Niedergang
290 begriffen. Dasselbe gilt für das Hinreichen einer einzigen Ausbildung für ein ganzes Berufsleben. Heute muss ein junger Amerikaner mit mindestens zweijährigem Studium damit rechnen, in vierzig Arbeitsjahren wenigstens elfmal die Stelle zu wechseln und dabei seine Kenntnisbasis we
295 nigstens dreimal auszutauschen.

Aufgaben

1. Arbeiten Sie heraus, welche Merkmale das Berufs- und Familienleben von Enrico und Rico besitzen. Beachten Sie dabei, welche gesellschaftlichen und wirtschaftlichen Einflüsse beteiligt sind. Visualisieren Sie Ihre Arbeitsergebnisse (z. B. In Tabellenform).

2. Erörtern Sie, welche Möglichkeiten, ein selbstbestimmtes Leben zu führen, beide Lebensformen bieten.

3. Entwickeln Sie Hypothesen zum Zusammenhang von Beruf und Lebenslauf.

4. Was haben Ihre bislang gewonnenen Einsichten zum Zusammenhang von Beruf und Lebenslauf mit Pädagogik zu tun?

Die drei folgenden Texte bieten Ihnen wissenschaftliche Erkenntnisse zum Zusammenhang von Beruf und Lebenslauf an. Zunächst geht es um den Beruf im Hinblick auf seine persönlichkeitsformenden Wirkungen. Der zweite Text erweitert diese Perspektive, indem er die sozialen und kulturellen Veränderungen bei dieser Funktion von Berufen darstellt. Im dritten Text werden Erkenntnisse der sozialwissenschaftlichen und pädagogischen Lebenslaufforschung vorgestellt, die aktuelle Entwicklungen des Verhältnisses von Beruf und Lebenslauf zusammenfassen. Nach der Erarbeitung dieser können Sie wieder auf Ihr Vorwissen und Ihre Hypothesen zurückgreifen.

M3 Die Bedeutung des Berufs für Entwicklung und Persönlichkeit des Einzelnen (Ulrich Beck/Michael Brater/Hans-Jürgen Daheim)

1. Das Berufsbild des Einzelhandelskaufmanns als Persönlichkeitsbild und subjektive Entwicklungsschablone

Die zentrale These dieses Kapitels – dass nämlich Berufe nicht nur als Elemente von Produktionsprozessen, sondern
5 auch als „Subjektvorgaben" gesehen werden können, d.h. als Entwicklungs- und Äußerungsschablonen subjektiver Fähigkeiten, Orientierungen und Interessen – soll zunächst ausführlich anhand
10 eines Beispiels erläutert und veranschaulicht werden. Wir greifen zu diesem Zweck ein konkretes Berufsbild heraus, und zwar
15 den Ausbildungsberuf des Verkäufers bzw. Einzelhandelskaufmanns.

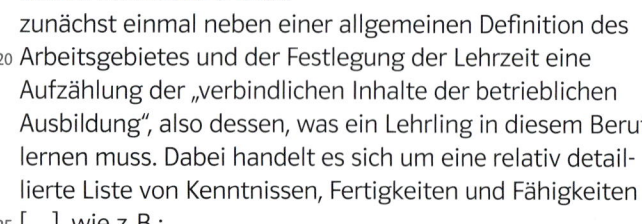

Abb. 6.5: Prof. Dr. Ulrich Beck (1944–2015)

Dieses Berufsbild enthält zunächst einmal neben einer allgemeinen Definition des
20 Arbeitsgebietes und der Festlegung der Lehrzeit eine Aufzählung der „verbindlichen Inhalte der betrieblichen Ausbildung", also dessen, was ein Lehrling in diesem Beruf lernen muss. Dabei handelt es sich um eine relativ detaillierte Liste von Kenntnissen, Fertigkeiten und Fähigkeiten
25 […], wie z.B.:
„1. Einführung in die Betriebszusammenhänge sowie in Aufgaben, Gliederung und Vertriebsformen des Einzelhandels […]."
Auf den ersten Blick scheint es sich dabei ganz einfach um
30 das notwendige Fachkönnen zu handeln, das ein Einzelhandelskaufmann eben braucht, um seine Berufsaufgaben erfüllen zu können. Dass diese funktionellen Qualifikationen aber keineswegs nur den Stellenwert von technischen Instrumenten haben, sondern durchaus „persönlichkeits-
35 bildende" Bedeutung, wird besonders drastisch etwa dann erkennbar, wenn man sich Pos. 7 ansieht:
„7. Verkaufs- und Beratungsgespräch, Warenvorlage, Wortschatz und Sprechfertigkeit, Verkaufspsychologie, organisatorische Abwicklung des Verkaufsvorgangs."

40 Sie wird folgendermaßen erläutert:
„Das persönliche Verhalten des Verkäufers, Umgangsformen, äußere Erscheinung, Sprache, Menschenkenntis, Einfühlungs- und Überzeugungsvermögen, Dienstbereitschaft und Warenkenntisse als wesentliche Voraussetzungen für
45 den Verkaufserfolg. Gepflegtes deutliches Sprechen, klare sichere Auskünfte (keine Belehrungen), guter verkaufsbezogener Wortschatz (verkaufsnotwendiges Allgemeinwissen, Warenkunde, Verkaufskunde). Grundlagen der Verkaufspsychologie. Die Begrüßung und Anrede des Kunden … Erken-
50 nen der persönlichen Eigenart und Geschmacksrichtung. Einschätzen der Kaufkraft … Nennen des Preises im Verkaufsgespräch. Verhalten bei Käufereinwänden."
Hier wird anschaulich deutlich, wie wenig sich im Grunde genommen zwischen „fachlichen" und „persönlichen"
55 Qualifikationen trennen lässt, wie durchaus persönliche Eigenschaften und Fähigkeiten direkt „funktional" für den Arbeitsprozess sind und deshalb systematisch zum Berufsbild gehören und in der Ausbildung mitgeschult werden. Die Berufsausbildung ist hier offenkundig faktisch „Persön-
60 lichkeitsbildung" im Sinne von Formung der Person, ihrer Eigenschaften und Fähigkeiten.
[…] Hieran wird klar, dass ein Berufsbild nicht nur irgendwelche „technischen" Spezialkenntnisse umfasst, dass es also in diesem Sinn nicht an der „Oberfläche" der Persön-
65 lichkeit bleibt, sondern dass es zumindest Teile dieser Persönlichkeit selbst erfasst und als Schablone ihrer Entwicklung dient, indem es ihre Denkweisen, Beobachtungsgabe, Ausdrucksfähigkeit, innere Haltung und äußere Gesten und Erscheinungsformen nach dem ihm eigenen Muster prägt
70 bzw. auszubilden vorschreibt. Verschiedenen Berufen wohnen offenbar in dieser Hinsicht ganz verschiedene „Persönlichkeitsmodelle" inne (womit sie ganz unterschiedliche „Kanäle" der persönlichen Entwicklung darstellen). Ferner wird bereits deutlich, wie die Berufe die persönliche Ent-
75 wicklung für bestimmte arbeitseinsatzbezogene Zwecke „funktionalisieren", also diejenigen Aspekte und Orientierungen betonen, die dem jeweiligen Berufszweck dienen: „Menschenkenntnis" umschließt in unserem Beispiel die Fähigkeit, „die Kaufkraft einzuschätzen", und die Form der
80 Anrede, die gelernt werden soll, dient selbstverständlich primär nicht der Einleitung einer persönlichen Beziehung, sondern dazu, den Kunden zum Bleiben und Kaufen zu motivieren.

Abb. 6.6

Die „persönlichkeitskonstituierende" Bedeutung des Be-
85 rufsbilds wird auch dadurch nochmals unterstrichen, dass
nicht nur festgelegt ist, was einer in diesem Beruf können
muss, sondern bei genauerem Hinsehen auch das, was
einer nicht lernen soll, welche Fähigkeiten er nicht zu entwickeln braucht. Diese Negativbestimmungen finden sich
90 in unserem Beispiel des Einzelhandelskaufmanns indirekt
in der auffälligen Häufung der Begriffe „Einführung" und
„Grundkenntnisse", für die es in der ganzen Ausbildung
keine „Weiterführung" oder „Vertiefung" gibt. Für das, was
an den betreffenden Qualifikationsbereichen nicht Grund-
95 kenntnisse sind, wird hier damit also auch die Inkompe-
tenz des betreffenden Berufs festgeschrieben, hier liegt
der „Schnittpunkt" zu einem Nachbarberuf:
Wo der Einzelhandelskaufmann etwa lediglich eine „Einführung in die wichtigsten rechtlichen Bestimmungen für
100 die Verkaufspraxis" erhält, dort wird er in seinem eigenen
Arbeitsgebiet bei schwierigen Rechtsfragen von den dafür
zuständigen Experten, den Rechtsanwälten usw., abhängig, deren Kompetenzmonopol dadurch zugleich gesichert
wird. [...]
105 Solche Nahtstellen zu anderen Berufen finden sich in unserem Beispiel „Einzelhandelskaufmann" noch viele, so etwa
zu Dekorateuren und Werbefachleuten, zu Buchhaltern und
Organisationsberufen und vor allem zu den vielen anderen
kaufmännischen Spezialberufen, also etwa Bankkaufmann,
110 Werbekaufmann, Bürokaufmann usw., die gegenüber dem
Einzelhandelskaufmann alle ihre Besonderheiten wahren
sollen und von denen er sich seinerseits deutlich abheben
muss. Das hat zur Folge, dass der Einzelhandelskaufmann
in eine Vielzahl einzelner Wissens- und Qualifikationsberei-
115 che kurz hineinschaut, um dann schnell die Finger wieder
davon zu lassen. Seine Ausbildung ist mit lauter Stoppschil-
dern und Sperren versehen. Sein Beruf dient angesichts
dieser vielfältigen „Einkastelungen" nicht nur als Schablone
der Entwicklung seiner persönlichen Fähigkeiten, Hand-
120 lungs-, Orientierungs- und Denkweisen, sondern zugleich
auch als Medium ihrer Vereinseitigung, Einschränkung,
Spezialisierung, wirkt also auch zugleich entwicklungs-
hemmend oder -verhindernd, indem er Lernprozesse an
bestimmten Punkten abzubrechen vorschreibt bzw. kom-
125 plexe Qualifikationsbereiche in für sich unselbstständige
Teile zerteilt.
Praktisch heißt das aber, dass hier überall Abhängigkeiten
und Kooperationszwänge zu anderen Berufen entstehen,
sodass deutlich wird, wie der Beruf kraft seines Qualifikati-
130 onsprofils den Einzelnen in eine Vielfalt strukturell notwen-
diger sozialer Beziehungen einspannt: Arbeitsfähigkeiten
bzw. „Kompetenzen" lassen sich inhaltlich gar nicht auf unterschiedliche Berufe aufteilen, ohne dass damit zugleich
soziale Beziehungen, Abhängigkeiten und Kooperations-
135 bezüge zwischen den jeweiligen Spezialisten begründet
würden. Über diesen Weg wird der Einzelhandelskaufmann
auch strukturell in die Hierarchie der Berufe eingebunden:
Sehr deutlich tritt in der Betonung der „Grundlagen" und
ihrer vordergründig-praktischen Interpretation die Trennli-
140 nie gegenüber den „höherqualifizierten" kaufmännischen
Berufen hervor, also insbesondere den graduierten oder
diplomierten Betriebswirten, denen das entsprechende

Abb. 6.7

theoretische Wissen, ebenso alle jene Qualifikationen
vorbehalten bleiben, die mit Dispositions-, Leitungs- und
145 Planungskompetenzen zu tun haben. Es fehlen in der
Aufzählung der verbindlichen Ausbildungsinhalte des
Einzelhandelskaufmanns demgegenüber gerade solche
Gesichtspunkte, die mit dem wirtschaftlichen Aufbau eines
Gesamtbetriebs, mit der Organisation der Kooperations-
150 struktur oder mit unterschiedlichen Betriebsformen zu tun
haben, und dies, obwohl hinter der Ausbildung zum Einzelhandelskaufmann offensichtlich als „Leitbild" durchaus
der selbstständige Fachhändler steht. Betrachtet man nur
den Ausbildungsabschnitt, der zum „Verkäufer" führt, wird
155 diese hierarchische Schneidung der Berufsinhalte noch
deutlicher: Weder befähigt diese Ausbildung, selbstständig
die wirtschaftlichen und rechtlichen Aspekte des Einzelhandels zu bearbeiten, noch führt sie auch nur annähernd
dazu, die unmittelbaren betrieblichen und kaufmännischen
160 Hintergründe der eigenen Tätigkeit zu überblicken. [...]
Wir kommen hier also zu dem Ergebnis, da die berufliche
Modellierung der Persönlichkeit offenbar „hierarchiekon-
form" erfolgt, dass die Person von ihrer gesellschaftlichen
Entwicklung und Formung her bereits für bestimmte Positi-
165 onen in der gesellschaftlichen Macht- und Herrschaftsord-
nung prädisponiert wird. Gesellschaftliche und betriebliche
Hierarchien werden hier über die Berufsschablone tief
in die Fähigkeits- und Handlungsstruktur der Individuen
hineingesenkt und damit in gewisser Weise „selbstbestä-
170 tigend", weil nun eben den Verkäufern beispielsweise tatsächlich die Fähigkeiten fehlen, den Betrieb wirtschaftlich
durchzukalkulieren (wenn auch nicht, weil sie zu dumm
dazu wären, sondern einfach deshalb, weil sie ihnen im
Berufsbild vorenthalten wurden). Es wird deutlich, wie die
175 berufliche Formung der Persönlichkeit bestehende Abhän-
gigkeits- und Machtverhältnisse stabilisiert und egalitäre
oder partizipative Tendenzen und Forderungen schon von
der Qualifikationsverteilung her blockiert. [...]
Mit anderen Worten: Jedes Berufsbild enthält als „Innen-
180 und Subjektseite" ein sozial standardisiertes Persönlichkeitsbild, und die Verwirklichung eines Berufsbilds in Ausbildung und Arbeit kann und muss verstanden werden als
die Verwandlung und Verfestigung von Strukturmerkmalen
von Berufen in Standardeigenschaften von Personen. Beru-
185 fe als institutionalisierte Kombinationen von Arbeitsfähigkeiten bleiben der Person des Berufstätigen keineswegs

Abb. 6.8

äußerlich, sondern sie stellen faktisch personenbezogene Entwicklungs- oder Sozialisationsschablonen dar, nach denen nicht nur „Fachwissen", sondern auch fundamenta-
190 lere Persönlichkeitseigenschaften und -fähigkeiten vermittelt bzw. ausgebildet werden. Damit eröffnet sich uns ein Zugang zur grundlegenden persönlichkeits- bzw. subjekt-konstituierenden Bedeutung der Berufe: Sie sind nicht nur gesellschaftliche Organisationsformen des arbeitsrelevan-
195 ten Wissens und Könnens, sondern darüber hinaus Organisationsformen der menschlichen Subjektivität selbst. […]

2. Der Beruf als Medium der persönlichen Entwicklung

[…] Jede Berufsausbildung, wie auch die zuvor dargestellte zum Einzelhandelskaufmann, richtet sich zunächst einmal
200 auf die Entwicklung derjenigen persönlichen Fähigkeiten, Kenntnisse und Spezialqualifikationen, die subjektiv erforderlich sind, um die dem Berufsbild entsprechenden Arbeitstätigkeiten übernehmen und erfolgreich ausführen zu können. Genau darin besteht ja der „Gebrauchswert" eines
205 Arbeitsvermögens für die potenziellen Käufer, dass sie es zweckvoll (wertbildend) in Arbeitsabläufe einsetzen können. Ein weiteres Spezifikum der Berufsausbildung liegt darin, dass das „Arbeitenkönnen" auch in besonderen Lehrwerkstätten dadurch gelernt wird, dass der Auszubildende
210 unter Anleitung und in kleinen Schritten selbst schon probehalber arbeitet (im Unterschied zum rein theoretisch-rezeptiven schulmäßigen Lernen). Berufsausbildung ist in dieser Hinsicht also ein Lernprozess, der auf konkrete Arbeit, also auf die Umgestaltung, Verwandlung des als Ge-
215 geben Vorgefundenen durch den Menschen abzielt gemäß seinen eigenen Anforderungen und Erfahrungen […], und der zugleich auf dem praktischen Einüben eben solcher Arbeit beruht. […]
Ganz grundsätzlich kann man feststellen, dass jemand, der
220 seine arbeitsrelevanten Fähigkeiten „beruflich" entwickelt, sie also als marktgängige „Ware" formt, damit immer nur einen relativ schmalen Ausschnitt seiner insgesamt vorhandenen Anlagen, persönlichen Möglichkeiten oder bereits vorhandenen Grundfähigkeiten aufgreift und ausformt. Die
225 in die Berufe eingelassene Persönlichkeitsentwicklung ist also hochgradig selektiv, und zwar – nach Gesichtspunkten der beruflichen Spezialisierung, nach Herkunftsgesichtspunkten und nach Kriterien der Verkaufbarkeit.

Arbeitsfähigkeiten zu verberuflichen, heißt ja gerade, sie
230 aus dem Gesamtkreis von Arbeitsvermögen „herauszuschneiden" und als spezialisiertes Bündel dauerhaft gegen andere „Arbeitskräftemuster" abzugrenzen. Da Berufe grundsätzlich nur solche Fähigkeiten einschließen können, die zumindest ihrer Anlage nach im Bereich der persönli-
235 chen Möglichkeiten jedes Menschen liegen […], bedeutet dies, dass jeder Beruf als „Entwicklungsschablone" nur einen sehr kleinen Ausschnitt dessen überhaupt aufgreift und entfaltet, wozu der Einzelne im Prinzip fähig wäre. Berufe sind also, in pädagogischer Hinsicht, Medien der
240 Vereinseitigung, die mehr latente Fähigkeiten unterdrücken bzw. nicht entwickeln, als sie wirklich zu einer besonderen Ausprägung führen. Hier wird das Doppelgesicht der beruflichen Persönlichkeitsschablonen wieder unmittelbar sichtbar, einerseits Entwicklung überhaupt zu ermöglichen
245 und z. T. sogar zu einer ganz außerordentlichen Verfeinerung und Differenziertheit zu führen, andererseits aber genauso die Entwicklung sehr vieler Fähigkeitsbereiche gerade zu verhindern. Unser Einzelhandelskaufmann lernt zwar vieles, was andere Menschen nicht lernen, aber dafür
250 hört er in seiner Ausbildung weder etwas von Naturwissenschaften, Politik und Geografie noch von Holzbearbeitung oder Nachrichtentechnik. […]
Der Beruf als Entwicklungsschablone fördert nur solche Fähigkeiten und Talente, die irgendwie einen aktuellen
255 ökonomischen Nutzen haben. Hier wird der oben genannte Grundsachverhalt besonders deutlich, dass im Beruf als „Persönlichkeitsmodell" ökonomische alle anderen Maßstäbe und Zielpunkte der persönlichen Entwicklung – etwa pädagogische, philosophische, religiöse usw. – überlagern:
260 Indem nur solche Fähigkeiten Bestandteil eines Berufs werden können, die „verkaufbar" sind, bleiben weite und unter anderen Gesichtspunkten zweifellos wichtige Fähigkeitsbereiche aus den Berufsbildern und damit aus dem Entwicklungsmodell der „Berufspersönlichkeit"
265 grundsätzlich ausgeklammert. Dazu gehören mindestens alle musischen Fähigkeiten (sofern sie nicht in einer Sonderform selbst verberuflicht werden können), bestimmte soziale und kommunikative Fähigkeiten wie Empathie, Mitleid, soziale Sensibilität, ferner emotionale Qualitäten,
270 Spontaneität und Kreativität, philosophische oder religiöse Erkenntniskräfte, überhaupt alle Fähigkeiten, die mit einer Vertiefung des menschlichen Seinsverständnisses, mit der Beantwortung existenzieller Fragen zu tun haben. Für all

Abb. 6.9

diese ökonomisch unfruchtbaren Fähigkeiten und Quali-
275 täten bestehen durchaus spezielle berufliche Versionen,
in denen sie in eigenartiger Weise durchaus als „Ware" genutzt werden, so die Kreativität z. B. bei Werbetextern, So-
zialfähigkeiten bei allen, die etwas verkaufen wollen (man
erinnere sich an den Einzelhandelskaufmann), existenzielle
280 Erkenntnisse bei Psychoanalytikern oder allen möglichen
„Beraterberufen". Hieran wird aber im Grunde gerade die
Unvereinbarkeit dieser Fähigkeiten mit der Warenform
sichtbar: „Verkäuflich" sind sie immer erst dann, wenn sie
gerade nicht mehr dem Selbstausdruck, der Lebensbewäl-
285 tigung oder Selbstklärung des Einzelnen dienen, sondern
in irgendeiner Weise von anderen nutzbar sind (bzw. anderen als für sie nützlich angepriesen werden können). Oder
umgekehrt formuliert: Mit der Berufsform grundsätzlich
unvereinbar und damit in ihr auch nicht lernbar sind alle
290 jene Fähigkeiten, die sich auf den Umgang des Einzelnen
mit sich selbst beziehen.

Aufgaben

Die Autoren Beck/Brater/Daheim formulieren gleich zu Beginn die These ihres Konzepts, „dass nämlich Berufe nicht
nur als Elemente von Produktionsprozessen, sondern auch
als ‚Subjektvorgaben' gesehen werden können, d. h. als Ent-
wicklungs- und Äußerungsschablonen subjektiver Fähigkeiten, Orientierungen und Interessen".
Später bieten sie eine andere Formulierungsvariante ihrer
These an: „Berufe als institutionalisierte Kombinationen von
Arbeitsfähigkeiten bleiben der Person des Berufstätigen
keineswegs äußerlich, sondern sie stellen faktisch personenbezogene Entwicklungs- oder Sozialisationsschablonen dar,
nach denen nicht nur ‚Fachwissen', sondern auch fundamentalere Persönlichkeitseigenschaften und -fähigkeiten vermittelt bzw. ausgebildet werden."

1. Erklären Sie, was die Autoren unter Beruf verstehen.

2. Erläutern Sie die These der Autoren, indem Sie ihr Beispiel des „Verkäufers" bzw. „Einzelhandelskaufmanns"
aufgreifen.

3. Erläutern Sie die These der Autoren an einem selbst gewählten Beispiel eines Berufes. Dazu können Sie auch
Recherchen zu einem aktuellen Berufsbild vornehmen.

4. Erläutern Sie mithilfe selbst gewählter Beispiele die These der Autoren, dass „jeder Beruf als ‚Entwicklungsschablone' nur einen sehr kleinen Ausschnitt dessen überhaupt
aufgreift und entfaltet, wozu der Einzelne im Prinzip
fähig wäre".

5. Erörtern Sie diese These.

6. Eine weitere These der Autoren lautet: „Der Beruf als
Entwicklungsschablone fördert nur solche Fähigkeiten
und Talente, die irgendwie einen aktuellen ökonomischen
Nutzen haben."
Erläutern Sie diese These und nehmen Sie kritisch Stel-
lung dazu.

M4 Beruf und Biografie (Michael Brater)

Im Mittelalter gab der Beruf für die zünftigen Stadtbürger
einen festen Rahmen für deren ganzes Leben ab, begleitete er alle wichtigen Lebensstationen und prägte deren
Formen. Die Zunft war eine vollständige Lebenswelt, die
5 das Leben des Einzelnen bis in die Details regelte; man
denke nur an die Kleiderordnung oder an die genauen Regeln darüber, was eine „standesgemäße" Lebensführung
war. In diese Lebenswelt wurde man hineingeboren, und
ihr gehörte man lebenslang an; sie organisierte das Leben
10 des Einzelnen in allen Einzelheiten und bot ihm dafür relativen Schutz und ein überschaubares, geordnetes Leben
ohne viele Entscheidungen. Im Vergleich dazu ist das Berufsleben heute eine riskante Abenteuerreise geworden,
faktisch unplanbar und unberechenbar. Zwar ist das Erler-
15 nen eine Berufs – also das Absolvieren einer geregelten
Ausbildung – immer noch für die Mehrheit der jungen
Menschen der Anfang dieses Prozesses, und ihr Leben wird
immer noch wesentlich durch seine enge Verbindung mit
der Berufswelt bestimmt. Aber diese Berufswelt hat ihre
20 Stabilität und Kontinuität verloren, sie ist für die Biografie
ein höchst unsicherer Partner geworden. Für viele Absol-
venten einer Ausbildung oder eines Studiums ist es schon
fraglich, ob sie nach Abschluss der Ausbildung überhaupt
in dem gerade gelernten Beruf einen Arbeitsplatz finden
25 oder ob sie gleich „berufsfremd" arbeiten müssen (wenn
sie überhaupt eine Stelle finden).

Abb. 6.10

Für alle bleibt es eine offene Frage, wie lange es ihren
Beruf noch geben wird, und ob sie ihn nicht mindestens
ein-, wenn nicht mehrmals wechseln müssen im Laufe
30 ihres Lebens. Und so gut wie sicher ist es, dass das, was
man am Beginn seines Berufslebens gelernt hat, in keiner
Weise ausreichen wird, um damit das ganze Berufsleben
zu bestreiten, sondern dass immer wieder um- und dazu-
gelernt werden muss. Berufslebensläufe sind heute durch
35 Dynamik, vielfache Wechsel, Brüche, Neuanfänge gekennzeichnet. Der Beruf hat aufgehört, ein tendenziell lebenslang tragfähiges Vehikel für die Biografie zu sein, für das
Veränderungen allenfalls in schön regelmäßigen Karriere-

stufen bestanden. Damit führt gerade die enge Verbindung
40 von Beruf und Biografie dazu, dass mit dem beschriebenen
Wandel der Berufswelt auch die Biografien in hohem Maße
diskontinuierlich, reich an Wendungen und Brüchen werden und immer wieder neue Gestaltungsaufgaben stellen.
Der Beruf als tragende Grundlage der Biografie bricht heu-
45 te weg und wird selbst ein im Rahmen der Biografie individuell zu ergreifendes Gestaltungsfeld. Diese neue Situation
ist außerordentlich folgenreich. War der Beruf früher – z. B.
auch mit seiner traditionellen Stufung von Lehrlings-,
Gesellen- und Meisterjahren, die ein kontinuierliches bio-
50 grafisches Entwicklungsprinzip darstellten – ein fester
Rahmen für die Entfaltung der Biografie, gewissermaßen
eine Krücke, ein äußeres Hilfsmittel des Lebenslaufs, das
diesen überpersönlich gestaltete, so ist nach dem Zusam-
menbruch dieser biografischen Trägerschaft des Berufs
55 die Biografie als aus sich selbst gestaltete Aufgabe übrig
geblieben. Die biografischen Berufsmuster gingen wohl
letztlich auf alte Einweihungsgesetzlichkeiten zurück. Diese später säkularisierte Klammer eines vorgezeichneten
Entwicklungs- und Schulungswegs ist heute kraftlos. Soll
60 das Leben damit nicht einfach nur in disparate Teile ohne
innere Ordnung, ohne inneren Sinn zerfallen, müssen diese
Ordnung, dieser Sinn von woanders her kommen, nämlich
von der Individualität, die sich in dieser Biografie manifestiert. An der jüngeren Geschichte des Berufs können wir
65 im Detail studieren, wie die Konstitution der Biografie von
außen zerbröckelt, die Biografie sich von ihrer alten Start-
rampe emanzipiert und nun aus eigener Kraft des Menschen von „innen" gestaltet werden muss – und kann. Das
Zerbrechen des Berufs als Lebenswelt ist ein emanzipatori-
70 sches Geschehen, es setzt den einzelnen Menschen frei zur
Selbstverantwortung für die Gestaltung seines Lebens.
Das lässt sich gut illustrieren am Thema „Berufsidentität".
Noch bis vor wenigen Jahren war die erwartete Antwort
auf die Frage „Was bist du?" nicht Bayer oder Sachse, evan-
75 gelisch oder katholisch, sondern: Maurer oder Postassis-
tent, Chemiker oder Industriekaufmann. Der Beruf verlieh
– aufgrund seiner zentralen biografischen Stellung auch
berechtigt – seinem Inhaber eine Identität, verbunden mit
einer bestimmten sozialen Stellung, einigermaßen erwart-
80 baren Einkommenschancen und einer beschreibbaren Mi-
lieu- oder Schichtzugehörigkeit.
Das gibt es inzwischen immer weniger. Aber wenn der
Einzelne seine Identität nicht mehr aus dem Beruf ziehen
kann, dann muss er sie woanders suchen, folgerichtiger-
85 weise bei sich selbst. Je weniger er sich mit seinem Beruf
identifizieren kann, desto mehr wird er darauf verwiesen,
sich mit sich selbst zu identifizieren […]. So wie die Zünfte
ehedem als Emanzipationsmittel gegenüber den verschiedenen weltlichen und geistlichen Obrigkeiten wirkten, so
90 wird im heutigen Rückzug des Berufs von seiner biografie-
führenden Rolle der Einzelmensch auf seine individuelle
Freiheit und Verantwortung zur Biografiegestaltung verwiesen. Dabei gehen dann freilich auch lieb gewonnene
und früher zweifellos wichtige Aspekte verloren oder müs-
95 sen neu gefasst werden: Dass Beruf z. B. etwas mit „Berufung" zu tun hat, ist ja, äußerlich verstanden, heute eher
zur Karikatur geworden: Wer wollte schon behaupten, dass

Abb. 6.11

einer zum Flachglasmacher „berufen" sei oder zum Ener-
gieberater oder S-Bahn-Kontrolleur? Die Beziehung zwi-
100 schen Beruf und Biografie hat sich umgekehrt: Nicht der
Beruf führt den Menschen zu seiner Berufung, sondern der
Mensch kann und muss sich in seiner Biografie verschie-
dener beruflicher Elemente bedienen, um seine persönlich
gefühlten Impulse und Motive verwirklichen zu können
105 (und es müssen keineswegs nur berufliche Elemente sein,
die Palette biografischer Ausdrucksmöglichkeiten ist heute
sehr viel breiter geworden). […]

In gewissem Sinn ist überhaupt erst mit dem Zerbrechen
der vorgegebenen Schablone des Lebensberufs so etwas
110 wie eine individuelle Biografie möglich geworden, und
das ist keineswegs nur eine gemütliche, dem individuellen
Selbstgefühl schmeichelnde Sache, sondern das bedeutet
auch, dass der Einzelne nun erheblich direkter als vorher
den äußeren gesellschaftlichen und wirtschaftlichen Ge-
115 walten ausgesetzt ist. Der klassische Beruf verhieß auch
ein Stück Schutz, ein Stück erwartbare Normalität, und
er verkörperte einen gewissen Anspruch auf Glück und
Sicherheit. Der fortgeschrittene Individualisierungsprozess an dieser Stelle bedeutet dagegen, dass der Einzelne
120 nun ungeschützt den scharfen Winden des Marktes, der
Globalisierung, den technischen Umwälzungen, der gesellschaftlichen Atomisierung und den Attacken im Namen
des Shareholder-Value ausgesetzt ist. Davor schützen ihn
künftig weder Berufsverbände, noch Gewerkschaften, noch
125 staatliche Sozialgesetze, und er wird sehr viel Kraft und
Mut und Durchhaltevermögen brauchen, um sich gegenüber diesen Kräften, die ihn einfach nur als Spielball, als
„Humankapital", als „human ressource" behandeln und „ma-
nagen" wollen, zu behaupten. Nur die Nonkonformen, die
130 Ich-Starken werden die biografischen Chancen der oben
skizzierten Entwicklung ergreifen können.

Aufgaben

1. Der Autor Michael Brater vergleicht die Berufswelt des Mittelalters mit der heutigen Berufswelt. Stellen Sie die Merkmale beider Berufswelten übersichtlich gegenüber.

2. Erläutern Sie die Thesen:
- „Das Zerbrechen des Berufs als Lebenswelt ist ein emanzipatorisches Geschehen, es setzt den einzelnen Menschen frei zur Selbstverantwortung für die Gestaltung seines Lebens." (Z. 70 ff.)
- „Der fortgeschrittene Individualisierungsprozess […] bedeutet […], dass der Einzelne nun ungeschützt den scharfen Winden des Marktes, der Globalisierung, den technischen Umwälzungen, der gesellschaftlichen Atomisierung und den Attacken im Namen des Shareholder-Value ausgesetzt ist." (Z. 119 ff.)

3. Erörtern Sie, welche Chancen die Entwicklungen der modernen Berufswelt für die Gestaltung einer individuellen Biografie eröffnen und welche Grenzen und Gefahren sie für diese Aufgabe mit sich bringen.

M5 Beruf und Lebenslauf (Rudolf Tippelt)

Individuelle Lebensläufe werden in hohem Maße durch institutionelle Vorgaben beeinflusst. Die Be-
5 rufs- und Ausbildungswahl, die Erwerbsbiografien, der Arbeitsplatzwechsel, die Status- und Einkommensverläufe, aber auch Phasen
10 der Familienentwicklung und generell die Persönlichkeitsentwicklung sind immer auch stark abhängig vom sozialen Wandel.

Abb. 6.12: Prof. Dr. Rudolf Tippelt (geb. 1951), LMU München

15 […] Lebensverläufe, also Bildungs- und Ausbildungswege, Erwerbs- und Berufskarrieren etc. sind von einer Vielzahl von Einflüssen abhängig: ökonomisch und politisch bestimmte Strukturen, kulturelle Wertvorstellungen und -prägungen, gesetzliche Altersnor-
20 men, institutionalisierte Übergänge, normativ-kritische Lebensereignisse, individuelle Entscheidungen, Sozialisationsprozesse im frühen Lebensalter und institutionelle, oft schulische oder betriebliche Selektionsmechanismen […].

1. Lebensverlaufs- und Biografieforschung

25 […] Bei den weiteren Ausführungen zu den Phasen der Berufsvorbereitung und -einmündung, der Phase der Berufsarbeit und der Phase des beruflichen Rückzugs sowie bei der Problembeschreibung weiblicher Berufsverläufe ist von folgenden heuristischen Thesen auszugehen […]:
30 • Ein beruflicher Lebenslauf ist durch die Vorgaben gesellschaftlicher Institutionen und gesellschaftlicher Schnitt-
stellen prädisponiert; zwar prägen individuelle Motive und Intentionen stark die beruflichen Biografien, aber berufliche Lebensläufe müssen sich gleichzeitig an den
35 gegebenen berufsstrukturellen und ausbildungsbezogenen Rahmenbedingungen orientieren.
- Im Kontext der beruflichen Phasen der Vorbereitung und Einmündung, der Berufsarbeit und des Rückzugs müssen heute die reproduktiven Komplementärrollen der Fami-
40 lien- und Hausarbeit berücksichtigt werden.
- Im beruflichen Lebenslauf beeinflussen die frühen Bedingungen, Entscheidungen, Ressourcen und Erfahrungen die späteren Lebensereignisse, Zielsetzungen und Erwartungen im Erwachsenenalter zunehmend, aber sie
45 determinieren sie nicht. Der berufliche Lebenslauf ist außerdem von den Entwicklungen in anderen Lebensbereichen (z. B. der Bildung, der Familie, der Freizeit, der Wohnung) abhängig.
- Der berufliche Lebenslauf ist durch sensible Phasen cha-
50 rakterisiert. Für das Timing der sensiblen Phasen, dem Übergang vom Bildungs- in das Beschäftigungssystem, den Karrieren in Arbeitsbereichen und dem Ausstieg aus dem Beschäftigungssystem sind typische Altersnormen relevant. Die Außerachtlassung von Altersnormen bei
55 der individuellen Berufs- und Lebenslaufplanung kann zu nicht intendierten Konsequenzen für jeweils spätere Entscheidungen führen.
- Berufliche Lebensläufe können nicht unabhängig von der Situation bestimmter Bildungsabsolventenkohorten bzw.
60 Übergangskohorten gesehen werden, weil damit Konkurrenz- und Auslesemechanismen innerhalb einer Kohorte und zwischen den Kohorten einhergehen. Dies tangiert auch das Problem der Arbeitslosigkeit.
- Die Flexibilitäts- und Mobilitätsforschung macht deutlich,
65 dass heute von einer starken Dynamik und einer hohen Flexibilität auch im beruflichen Bereich ausgegangen werden kann. Die Vorstellung von der lebenslangen Zugehörigkeit zu Arbeitsplätzen, zu Berufsgruppen oder auch zu sozialen Schichten und Milieus (die mit dem Be-
70 ruf eng verbunden sind) muss aufgegeben werden. Die berufspädagogische Diskussion von Schlüsselqualifikationen ist eine notwendige Reaktion auf die gewachsene Mobilität im Beschäftigungssystem […].
- Für die Pädagogik ist besonders relevant, dass die Le-
75 benslaufperspektive den verengenden Blick auf einen Lebensabschnitt (z. B. Kindheit, Jugend) sprengt.

2. Phase der Vorbereitung und Einmündung: Berufsverlauf und Auswirkungen der Bildungsexpansion

[…] Über die Platzierung in der Sozial- und Berufsstruktur
80 einer Leistungsgesellschaft entscheidet wesentlich die individuell erbrachte und ökonomisch verwertbare Leistung und nicht – wie typischerweise in der vorindustriellen Gesellschaft – die soziale Herkunft. Die Steuerung des Ausleseprozesses obliegt nur noch bedingt der Familie,
85 vielmehr selektieren vor allem Instanzen, die eigens zum Training der individuellen Leistungsfähigkeit der Gesellschaftsmitglieder eingerichtet wurden – die Bildungs- und Ausbildungsinstitutionen […]. Dabei gehört es zu den wichtigsten Veränderungen in unserer Gesellschaft, dass

90 Mädchen an diesem Prozess heute voll teilhaben, weil sich
ihre Lebenspläne gegenüber den älteren Generationen
wandelten und beispielsweise die Erwerbsquote von Frauen stark anstieg.

Ausgangspunkt für die beruflichen Weichenstellungen
95 sind die Entscheidungen im Schulwesen und die schulischen Leistungen des Einzelnen. Erfolg und Versagen in
der Schullaufbahn werden von Eltern als entscheidende
Vorbedingungen zumindest für die Sicherung des sozialen
Status der Herkunftsfamilie, häufig auch für Prozesse des
100 erwünschten sozialen und beruflichen Aufstiegs gewertet.
Aus der Sicht von Eltern ist in den letzten zwei Jahrzehnten die lebensgeschichtliche Bedeutsamkeit der Schulzeit
stark angestiegen. In diesem Prozess projizieren Eltern in
ihre Kinder allzu oft berufliche Karrierevorstellungen und
105 Lebensplanungen hinein, die – häufig im Interesse der
Kinder gemeint – sich aber gegen die Kinder verkehren
können […].
Der Druck der Eltern basiert auf der realistischen Wahrnehmung folgender Ausgangslage: Eine gute Schulausbildung
110 mit einem hochwertigen Abschluss wird heute als eine
notwendige Voraussetzung für den Zugang zu attraktiven
Berufslaufbahnen gesehen, ist aber keinesfalls eine Garantie dafür. Niemand in unserem Bildungswesen hat heute,
trotz eines guten Abschlusszeugnisses, die Gewissheit,
115 jene Laufbahn einzuschlagen, die ursprünglich angestrebt
wurde. Als Konsequenz streben viele Eltern immer höhere
Qualifikationen und immer höhere Bildungsabschlüsse für
die eigenen Kinder an […]. Eltern wissen nämlich, dass
das eigene Kind, soll es die berufliche Position der Eltern
120 halten oder diese sogar überbieten, einen formal höheren
Schulabschluss anstreben muss, als sie es selbst in der
Elterngeneration erreicht haben. […]
Dennoch haben die höher Qualifizierten des Bildungssystems gegenüber den formal weniger Qualifizierten bessere
125 Berufschancen, weil sie in der Lage sind, immer dann,
wenn ihre angestammten Berufspositionen aufgefüllt sind,
die jeweils nächst niedrigere Qualifikations- und Bildungsgruppe aus deren angestammten Positionen zu verdrängen. Diese These soll durch einige Beispiele verdeutlicht
130 werden:
[…] Abiturienten haben seit den 70er-Jahren häufiger versucht, ohne abgeschlossenes Fachstudium eine Beschäftigung aufzunehmen. Etwa ein Viertel der Abiturienten eines
Jahrgangs haben keine Studierabsicht, viele von ihnen streben
135 in das duale Berufsbildungssystem. Ein Fünftel aller
Auszubildenden (bei steigender Tendenz) hat das Abitur.
Dort verdrängen sie Haupt- und Realschulabsolventen von
qualifizierten Ausbildungsstellen und Berufspositionen —
insbesondere in den kaufmännischen Berufen (z. B. Bank-
140 und Industriekaufleute) — und konkurrieren ihrerseits mit
den zunehmenden Fachhochschulabsolventen in planenden Funktionsbereichen um prestigereichere Positionen.
Jedoch gehen Abiturienten, die das duale Berufsausbildungssystem durchlaufen haben, anschließend meist doch
145 noch zur Hochschule. Daher verfügen seit den 90er-Jahren
immer mehr Stellenbewerber über eine derartige Doppelqualifizierung […].

Abb. 6.13

3. Phase der Berufsarbeit: Berufsverlauf und Arbeitsmarktprozesse

150 […] Die Berufschancen und die Berufswege von Individuen
sind in hohem Maße das Ergebnis von kumulativen Prozessen, so dass die in den früheren Lebensphasen gemachten
Bildungs- und Berufserfahrungen sehr prägend für die
weitere Entwicklung des Berufsverlaufs sind. Allerdings
155 würde die Fixierung der berufsbezogenen Lebenslaufforschung auf die Phase des Übergangs vom Bildungs- in das
Beschäftigungssystem zu einer verkürzten Sichtweise des
gesamten Lebenslaufs führen. Die berufsbezogene Lebenslaufforschung muss neben den Einmündungsprozessen
160 und der Phase des Berufseinstiegs Mobilitätsprozesse,
Karriereprozesse im Wandel von Arbeitsmarktstrukturen,
kohortenspezifische Erfahrungen beruflicher Karrieren und
den Zusammenhang von Karriere und Arbeitssegmentation berücksichtigen.
165 Empirische Ergebnisse zeigen, dass der Berufsverlauf von
Individuen in hohem Maße durch die berufliche Erstplatzierung vorgezeichnet ist […]. Gleichzeitig wird sichtbar,
dass sich Geburtskohorten je nach Struktur des Arbeitsmarktes hinsichtlich ihrer beruflichen Erstplatzierung
170 erheblich voneinander unterscheiden. Eine Behinderung,
die eine Kohorte beim Eintritt in das Beschäftigungssystem erleidet, kann zwar teilweise – beispielsweise durch
Weiterbildungsmaßnahmen — ausgeglichen werden, dennoch werden vorteilhafte Bedingungen bei der beruflichen
175 Erstplatzierung von Geburtskohorten eine dauerhafte Begünstigung der beruflichen Entwicklung darstellen können.
Insbesondere bei Frauen zeigt sich, dass Benachteiligungen beim Einstieg dauerhafte Probleme bei Karriere und
Aufstiegsentwicklung nach sich ziehen, denn bei Frauen
180 verstärkt sich eine Benachteiligung beim Übertritt vom
Bildungs- in das Beschäftigungssystem im späteren Berufsverlauf noch erheblich. Es kommt also auch in diesem
Sinne zu kumulativen Effekten […].
Im internationalen Vergleich ergibt sich, dass insbesondere
185 in der Bundesrepublik Deutschland die Erstplatzierung
aufgrund des wenig durchlässigen Bildungssystems von
besonders großer Bedeutung für den späteren beruflichen
Lebenslauf ist […]. In Deutschland sind darüber hinaus die
Ausbildungsabschlüsse des Berufs- und Bildungssystems
190 relativ stark an der Organisationsstruktur der Betriebe orientiert, zumindest stärker, als dies in anderen westlichen
Industrienationen ohne duales System der Fall ist […]. Dies
hat in Deutschland u. a. zur Konsequenz, dass die Berufsmobilität gegenüber anderen westlichen Industrienationen
195 schwächer ausgeprägt ist, und dass die durchschnittliche
Verweildauer auf einem Arbeitsplatz wesentlich größer ist
[…].

Selbstverständlich sind für den individuellen Berufsverlauf die Fähigkeiten und Fertigkeiten, d.h. also die individuellen Ressourcen von Bedeutung. Zwar sind die Mobilität und die Berufschance wesentlich durch die Schaffung von freien Stellen abhängig, aber besonders in Konkurrenz um diese freien Stellen ist das wichtigste Kriterium nach wie vor die formale Qualifikation einer Person. Allerdings ergeben sich berufliche Aufstiege im Lebenslauf aus einer „Interaktion zwischen dem strukturell bestimmten Auftreten von Vakanzen und der Fähigkeit bestimmter Individuen, aufgrund ihrer Qualifikation aus diesen freien Stellen einen Nutzen zu ziehen" […].

Abb. 6.14

Für den beruflichen Lebenslauf von herausragender Bedeutung ist der Wandel der Arbeitsmarktstruktur und der Wandel von Qualifikationsanforderungen in Beschäftigungssystemen. […] Folgt man einschlägigen Prognosen […] und Trends, so ist nicht nur mit einer weiteren Stärkung des tertiären Sektors, sondern langfristig auch mit einer Zunahme qualifizierter Positionen im Beschäftigungssystem sowohl auf dem Facharbeiterniveau als auch auf dem Akademikerniveau zu rechnen […]. Nicht alle Beschäftigungsbereiche in fortgeschrittenen Industrie- und Dienstleistungsgesellschaften verbessern sich qualitativ. Die Strukturen des Arbeitsmarktes zeichnen auch berufliche Abstiege und reduzierte Karrieremöglichkeiten für einen Großteil der Bevölkerung vor […]. Sogenannte Normarbeitsverhältnisse lösen sich zudem in flexibilisierte und häufig prekäre Beschäftigungen auf […]. Von herausragender Bedeutung für die Karrieremöglichkeiten im beruflichen Lebenslauf ist neben der Veränderung der Berufsstruktur das Ausmaß des Eintritts junger und das Ausscheiden alter Arbeitskräfte – die Austauschmobilität.

5. Weiblicher Berufsverlauf: Unterschiede von Frauen und Männern

Frauen und Männer haben heute hinsichtlich ihrer formalen Vorbereitung auf das spätere Berufsleben gleiche Startchancen, nicht jedoch hinsichtlich der Art der Ausbildung […]. Ausgeprägte Geschlechtsunterschiede in der Gesamtdauer schulischer Ausbildung, wie sie noch in den 50er- und 60er-Jahren typisch waren, sind so gut wie verschwunden. Aber es realisierten bis vor Kurzem weniger Mädchen als Jungen ihre Hochschulzugangsberechtigung, der Anteil der Studienverzichter war bei Frauen höher als bei Männern […]. Dies beginnt sich erst langsam anzugleichen. Auch gibt es nach wie vor große Geschlechtsdifferenzen bei der Art der beruflichen Ausbildung und des Hochschulstudiums: Zwar ist der Anteil der Frauen in frauenuntypischen Studienrichtungen gestiegen, aber nach wie vor dominieren Männer in volkswirtschaftlichen Studienrichtungen, in den Ingenieurwissenschaften, in den Naturwissenschaften.

Die Wahl der akademischen Studienfächer ist auch in der Bundesrepublik Deutschland nach wie vor hochgradig geschlechtsspezifisch. Dasselbe gilt für die berufliche Bildung. Nach wie vor ist es ein zentrales Problem bei der Berufswahl von Mädchen, besonders in den alten Bundesländern, dass sie sich sehr stark auf wenige Berufe konzentrieren. Die Mehrzahl (75 %) konzentriert sich auf 20 Berufe, überwiegend im Dienstleistungsbereich […].

Die Erwerbsbeteiligungsquoten und die Gesamtdauer der Erwerbsbeteiligung von Frauen werden jener von Männern in den letzten Jahren ähnlicher. Aber Frauen verrichten häufiger Teilzeitarbeit, unterbrechen ihre Erwerbstätigkeit für eine längere Familienphase und üben auch häufiger Gelegenheitsjobs aus. Nach wie vor sind es überwiegend die Frauen, die die Koordination von Erwerbsarbeit und Familienarbeit im Kontext ihres Lebenslaufs leisten müssen, was sich notwendigerweise auf den geschlechtsspezifischen Berufsverlauf auswirken muss. Dennoch bedeutet eine Eheschließung heute nicht mehr den selbstverständlichen Rückzug aus dem Arbeitsmarkt. Die Geburt von Kindern führt zwar überwiegend zu Arbeitsmarktunterbrechungen der Frauen, diese sind aber im Vergleich zu früheren Generationen kürzer. Familienaufgaben tangieren eindeutig die Frauen mehr als die Männer, im Vergleich zu früheren Generationen jedoch weniger stark. Auch Mütter von sehr kleinen Kindern bleiben häufiger berufstätig […]. Häufig ist es auch so, dass in Berufen mit einem hohen Frauenanteil, etwa in Büroberufen oder im Verkauf, berufliche Karrieren und die Verbesserung der beruflichen Stellung im Verlauf des Erwerbslebens nur schwer zu erreichen sind. Ähnliche Benachteiligungen zeigen die Lohn- und Gehaltsentwicklungen im Berufsverlauf. Wegen der beruflichen Zuordnung zu bestimmten Frauenberufen und den zahlreichen Erwerbsunterbrechungen haben Frauen nicht nur eine geringere Lohnentwicklung, sondern auch eine erhebliche Differenz in den später zu erwartenden Renten. In diesem Kontext kann zusammenfassend festgehalten werden, dass Frauen und Männer ihr berufliches Leben zwar immer häufiger mit ähnlichen formalen Qualifikationen beginnen, dass dann allerdings starke Diskrepanzen bei Geld und Prestige bestehen und dass im Verlauf der beruflichen Entwicklung die Ungleichheit von Männern und Frauen eher wächst […]. Ohne Zweifel ist der berufliche Lebenslauf der Frau heute noch stärker auf den des Partners ausgerichtet als umgekehrt. Zwar zeigen Einstellungs- und Wertestudien, dass Partnerschaftskonzepte sich langsam verändern […], doch ist sehr unsicher, ob diese Werte und Einstellungen auch in reale Lebensplanungen umgesetzt werden. Es ist zwar eine gewisse Konvergenz männlicher und weiblicher Vorstellungen vom Lebenslauf in Schule und Beruf in der jüngeren Vergangenheit erreicht worden, dennoch werden sozialpolitische Anreize (z. B. Erziehungsurlaub) von Männern bislang nicht sehr stark angenommen. […]

121

Abb. 6.15

6.2 Das System der Erwachsenenbildung/Weiterbildung

Im letzten Abschnitt ist bereits an vielen Stellen die steigende Bedeutung von Bildung im Erwachsenenalter herausgestellt worden. Es ist inzwischen zu einer unbestrittenen pädagogischen Einsicht geworden, dass das institutionalisierte Lehren und Lernen nicht mit dem Ende eines Studiums oder einer Ausbildung aufhören kann. Vielmehr erfordert die sich dynamisch entwickelnde, globalisierte, durch Verwissenschaftlichung bestimmte Welt kontinuierliches Weiterlernen. „Lebenslanges Lernen" ist ein Begriff, der in diesem Zusammenhang Konjunktur hat. Was genau ist damit gemeint? Kann dieser Begriff den pädagogischen Grundbegriff der Bildung ersetzen? Welche Institutionen der Erwachsenenbildung gibt es? Wer arbeitet dort? Kann man „Erwachsenenbildung" studieren?

Die folgenden Texte, Materialien und Anregungen führen Sie in den pädagogischen Bereich der „Erwachsenenbildung/Weiterbildung" ein. Wir schlagen vor, dass Sie die ersten beiden Texte gemeinsam erarbeiten. Danach können Sie arbeitsteilig vorgehen, sich einzelne Aspekte der Erwachsenenbildung erschließen und den Kurs präsentieren.

M6 Formale, non-formale und informelle Bildungsprozesse (Rudolf Tippelt/Johanna Gebrande)

1. Einführung
Gerade die aktuellen Herausforderungen in der Berufs- und Arbeitswelt, wie die Globalisierung, der technologische und arbeitsorganisatorische Wandel und die damit verbundene Verkürzung der Halbwertzeit von Wissen, erhö-
5

hen die Bedeutung von Bildung und Weiterbildung: Das einmal in der Schule oder der Ausbildung Gelernte wird nicht mehr genügen, um den sich ändernden beruflichen Anforderungen gewachsen zu sein, sodass das kontinuierliche Weiterlernen während des ganzen Lebens unersetzlich wird, um angemessen auf diese Veränderungen und Herausforderungen reagieren zu können [...]. Dadurch entstehen unterschiedliche, nicht mehr linear verlaufende (Berufs-)Biografien, die individuell flexible Lernmöglichkeiten erfordern, sodass sich Lernen und Bildung an die Lebenswelten und -lagen der Menschen anpassen müssen. Die Orientierung von Lernen und Bildung an den jeweiligen Interessen und Bedarfen der Zielgruppen ermöglicht es schließlich, dass einzelne Lebensphasen durch Bildungsmaßnahmen sinnvoll begleitet werden können [...].
Vor diesem Hintergrund haben in den letzten Jahren verschiedene Ansätze des Lernens über den Lebenslauf an Bedeutung gewonnen. In diesem Beitrag sollen bestimmte Aspekte fokussiert und im Hinblick auf ihren Einfluss auf das Bildungsverhalten diskutiert werden. Obwohl formale Bildungsprozesse immer noch den stärksten Einfluss auf spätere Berufs- und Karrierechancen haben, rücken non-formale und informelle Lernprozesse in das Blickfeld der Forschung. [...]
10 ... 15 ... 20 ... 25

2. Formale, non-formale und informelle Bildungsprozesse
30 Gerade aus pädagogischer Perspektive ist die Auseinandersetzung mit den verschiedenen Lernformen für das Konzept des lebenslangen Lernens von großer Bedeutung [...], da formale Strukturen oft nicht mehr ausreichen, um auf das Leben vorzubereiten [...]. Beim Lernen über den Lebenslauf spielen das informelle Lernen, das Erfahrungslernen und das biografische Lernen eine wichtige Rolle
35

[…], da Lernen häufig außerhalb von Institutionen in Peerbeziehungen, am Arbeitsplatz (Learning on the job) oder
40 im Rahmen eines ehrenamtlichen Engagements „nebenbei" stattfindet: Immer dann, wenn Menschen herausgefordert sind, sich neuen Situationen und Herausforderungen zu stellen, wird Lernen möglich. Informelles Lernen weist dabei folgende Merkmale auf: Es findet außerhalb organi-
45 sierter Lernsettings statt, ist nicht bewusst, zufällig, beiläufig, und die selbstständige Aneignung (auch während Arbeits- und Alltagsroutinen) spielt eine entscheidende Rolle […]. Eine umfassende Definition hat die Europäische Kommission (2001) formuliert: Informelles Lernen ist demnach
50 „Lernen, das im Alltag, am Arbeitsplatz, im Familienkreis oder in der Freizeit stattfindet. Es ist (in Bezug auf Lernziele, Lernzeit oder Lernförderung) nicht strukturiert und führt üblicherweise nicht zur Zertifizierung. Informelles Lernen kann zielgerichtet sein, ist jedoch in den meisten
55 Fällen nicht intentional (inzidentell/beiläufig)". Natürlich wird auch in Bildungsinstitutionen außerhalb des eigentlichen Lehrplans informell gelernt. Ein wichtiger Aspekt für erfolgreiches selbstgesteuertes informelles Lernen ist […] die Reflexionsfähigkeit: Diese wird für das informelle Ler-
60 nen benötigt, um sich selbst, das eigene Handeln und die eigenen Aneignungsprozesse zu hinterfragen und diese gegebenenfalls modifizieren zu können.
Die Bedeutung informellen Lernens, das verstärkt am Arbeitsplatz stattfindet, nahm in den letzten Jahren deut-
65 lich zu. Das Lernen im Beruf ist zu einem wichtigen und unersetzlichen Vorgang geworden, da gerade das Einüben von Fertigkeiten im Berufsalltag und das Ausbilden von Routinen meist direkt am Arbeitsplatz stattfindet und theoretisches Wissen in tatsächliches Können transferiert
70 wird. Dieses informelle Lernen zieht sich durch das ganze Berufsleben hindurch und ist nicht nur auf den Anfang beschränkt – Jobwechsel, neue Aufgaben oder Veränderungen in Organisation und Abläufen (aber auch Material oder Methoden) erfordern eine Anpassung der Fähigkeiten, welche
75 häufig nicht in organisierten Weiterbildungen erworben, sondern im Arbeitsalltag gelernt werden. „Die Gestaltung des Arbeitsplatzes und die mit ihm verbundenen Aufgaben geben dabei die Möglichkeiten und Grenzen des Lernens und des Aufbaus beruflicher Handlungskompetenz vor" […].
80 Baethge und Baethge-Kinsky (2004) stellen in ihrer repräsentativen Studie zum lebenslangen Lernen fest, dass auch beim Lernen am Arbeitsplatz durch Vorbildung und bestehende Lernerfahrungen Bildungsungleichheiten verstärkt werden können, da qualifiziertere Arbeitskräfte häufig auch
85 günstigere Lernbedingungen am Arbeitsplatz vorfinden. Zu den non-formalen und informellen Lernformen am Arbeitsplatz zählen unter anderem die Lektüre von Fachliteratur, das Einüben neuer Abläufe, die Handhabung von Computersoftware, die Teilnahme an Kongressen und Tagungen und
90 nicht zuletzt der (intergenerative) Austausch mit Kollegen. Der Erfolg informellen Lernens liegt vor allem darin begründet, dass Bildungsprozesse direkt in die Ausführung einer Handlung integriert sind und somit das Erlernte gleich angewendet und auf seine Brauchbarkeit hin über-
95 prüft wird. […].

Nach Abschluss der schulischen und beruflichen Erstausbildung spielt vor allem die non-formale Weiterbildung für das lebenslange Lernen eine wichtige Rolle. Das non-formale Lernen ist außerhalb des formalen Bildungssystems
100 organisiert, d. h., es ist intentional und freiwillig. Das Lehrpersonal unterstützt den Lernprozess meist anhand eines (nicht standardisierten) Curriculums und die Lernphasen sind deutlich kürzer als bei formalen Bildungsgängen; auch der Erwerb von Zertifikaten ist teilweise möglich […]. Die
105 Europäische Kommission definiert non-formales Lernen als „Lernen, das nicht in Bildungs- oder Berufsbildungseinrichtungen stattfindet und üblicherweise nicht zur Zertifizierung führt. Gleichwohl ist es systematisch (in Bezug auf Lernziele, Lerndauer und Lernmittel). Aus Sicht der Lernen-
110 den ist es zielgerichtet" (Europäische Kommission, 2001). Im Rahmen des Adult Education Survey (AES) werden regelmäßig die Lernaktivitäten, der Bildungshintergrund, die Lebens- und Erwerbssituation sowie Motive und Barrieren für die Teilnahme an Weiterbildungen der deutschen
115 Bevölkerung im internationalen Vergleich erhoben. […] Diese Daten zeigen, dass sich vor allem gut Qualifizierte in hohen beruflichen Positionen im Alter zwischen 40 und 50 Jahren weiterbilden. Dies macht wiederum deutlich, dass Bildungsdisparitäten durch Weiterbildung nur begrenzt
120 ausgeglichen werden können, da gerade Geringqualifizierte deutlich seltener in der Weiterbildung anzutreffen sind […]. Ein Grund hierfür liegt darin, dass sich die prägenden schulischen Lernerfahrungen im weiteren Lebenslauf eher potenzieren als aufweichen: So werden vor allem dann
125 Weiterbildungen besucht, wenn positive Bildungserfahrungen in der Schule gemacht wurden […].
Auch wenn die Prämissen des lebenslangen Lernens eine stärkere Anerkennung und Anrechenbarkeit von Lernergebnissen aus non-formalen und informellen Bil-
130 dungsprozessen fordern und deren Bedeutung bekannt ist, ist die formale Schul- und Ausbildung immer noch die entscheidende Selektionsinstanz und ausschlaggebend für die spätere Berufslaufbahn, Karrierechancen und das (Weiter-)Bildungsverhalten: Denn schulische Leistungen und
135 Schulabschlüsse sind notwendige, aber nicht hinreichende Bedingung für beruflichen Erfolg […]. Obwohl neue Qualifikationswege (zweiter Bildungsweg) das Nachholen von Bildungsabschlüssen ermöglichen sollen, ist diese Durchlässigkeit nicht für jeden möglich. So ist auch weiterhin die
140 berufliche Erstplatzierung meist für den späteren beruflichen Lebenslauf entscheidend […].
Im mittleren und höheren Alter zeigen sich mittlerweile die Auswirkungen der Bildungsexpansion der 1960er- und 70er-Jahre. Denn diese Altersgruppen haben häufig einen
145 besseren Schul- und Berufsabschluss als die Generationen vor ihnen. Durch ihren längeren Verbleib in der schulischen und beruflichen oder akademischen Ausbildung sind sie an Lernen gewöhnt und bilden sich daher auch während der Erwerbstätigkeit kontinuierlich weiter. Es zeigt sich eine
150 steigende Nachfrage in der Erwachsenenbildung, nicht nur im beruflichen Kontext. Hervorzuheben ist auch, dass heute Angebote der beruflichen Weiterbildung von älteren Erwerbstätigen häufiger nachgefragt werden, weil vordringlich Ältere ihre Erwerbsquote sehr stark steigerten. Gerade

123

155 auch den Frauen kam die Bildungsexpansion zu Gute. Sie erreichen seitdem immer bessere Bildungsleistungen und nehmen auch stärker an beruflicher Weiterbildung teil.

Aufgaben

1. Erläutern Sie, welche Gründe nach Ansicht der Autoren Tippelt/Gebrande dafür verantwortlich sind, dass das Lernen über den Lebenslauf an Bedeutung gewonnen hat.

2. Arbeiten Sie heraus, wie die Autoren die drei Begriffe („formale, non-formale und informelle Bildungsprozesse") definieren. Erläutern Sie diese Begriffe auch mithilfe selbst gewählter Beispiele.

3. Erklären Sie, welche Unterschiede es in der Beteiligung an den Bildungsprozessen über die Lebenszeit gibt.

M7 Strukturen der Weiterbildung in Deutschland (Jürgen Wittpoth)

Typologien: Je nach Grad der Zufriedenheit mit der entwickelten Gestalt von Erwachsenenbildung in Deutschland wird deren Struktur entweder als pluralistisch oder als unübersichtlich bezeichnet. Um eine ‚Ordnung' zu schaffen,
5 sind verschiedene Strukturierungsvorschläge gemacht worden, die man in der einschlägigen Literatur immer wieder antrifft. Die gängigste und zugleich allgemeinste Typologie unterscheidet in ihrer überlieferten Form berufliche Weiterbildung und allgemeine Erwachsenenbildung.
10 [...] Die berufliche Weiterbildung wurde und wird dann in die Bereiche Fortbildung und Umschulung unterteilt. Erstere setzt an vorhandenen Qualifikationen in einem bestehenden Beruf an, während Letztere grundständig für eine andere Berufstätigkeit qualifiziert. Die allgemeine Erwach-
15 senenbildung wird traditionell in die Grundbildung und die politische Bildung unterteilt. Grundbildung umfasst dann heute alle Angebote von Einrichtungen der allgemeinen Erwachsenenbildung mit Ausnahme der politischen Bildung. [...] Diese ursprünglichen Unterscheidungen sind mittler-
20 weile um einige Differenzierungen erweitert worden, die Abb. 6.17 zeigt. [...]
Nach einem anderen Gesichtspunkt gliedert eine ebenfalls mittlerweile klassische Typologie, die auf Paul Hamacher zurückgeht. Hier geht es nicht um die inhaltliche Aus-
25 richtung des Angebotes, sondern um die Rechtsformen der Trägerschaft, die Auswirkungen auf die Zugangsmöglichkeiten von Interessenten haben (vgl. Abb. 6.18). Die sogenannten ‚Träger' schaffen die rechtlichen, organisatorischen und finanziellen Voraussetzungen dafür, dass
30 ‚Einrichtungen' Angebote entwickeln und Veranstaltungen durchführen können. So sind z. B. die Kommunen oder Kreise Träger der Volkshochschulen; aber auch Gewerkschaften, Kirchen, Verbände, Unternehmen betreiben Bildungswerke.

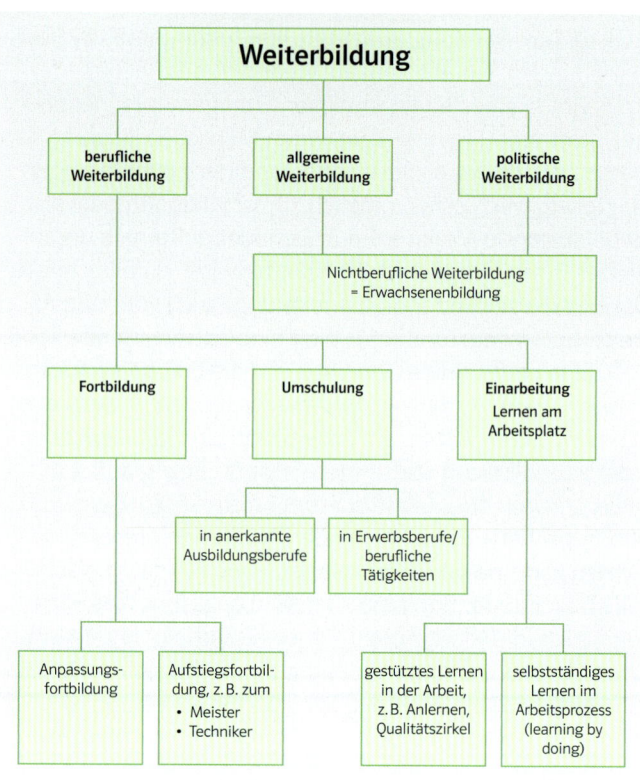

Abb. 6.16: Weiterbildung nach Inhaltsbereichen

35 Von ‚geschlossener' Weiterbildung ist hier insofern die Rede, als Angebote etwa von Unternehmen prinzipiell nicht jedem zugänglich sind. Auch in der Volkshochschule kann es im Einzelfall konkrete Ausschlussgründe geben, etwa mangelnde Vorkenntnisse, Überbelegung von Kursen
40 u. Ä. Grundsätzlich kann man aber selbst an solchen Kursen (später) teilnehmen, also etwa die erforderlichen Vorkenntnisse erwerben, sich früher anmelden usw.
Wiederum anders akzentuiert ist eine in der internationalen Literatur verbreitete Typologie; sie hebt auf den Grad
45 der Formalisierung des Lernens ab (vgl. Abb. 6.19).

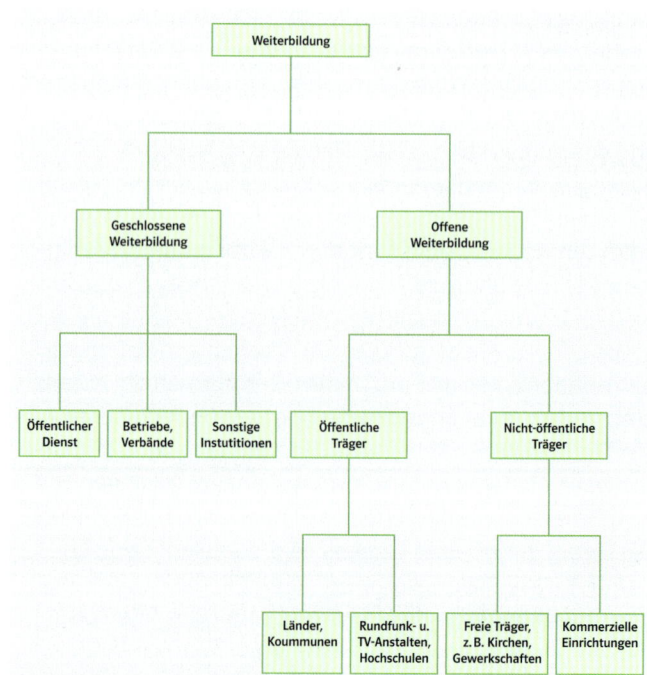

Abb. 6.17: Träger der Weiterbildung nach Rechtsformen

	formal Adult Education	non-formal Adult Education	in-formal Adult Education
Profile	abschlussbezogene Bildung, Weiterbildung, Fortbildung, Umschulung	nicht-berufliche, abschlussbezogene, soziokulturelle Bildung	alternative nicht-institutionalisierte Erwachsenenbildung
Lernorte	betriebliche und überbetriebliche Einrichtungen	öffentliche und nicht-öffentliche Einrichtungen der Erwachsenenbildung (z. B. VHS, konfessionelle Träger)	u. a. Kommunikationszentren
Inhalte	berufliche Erwachsenenbildung	allgemeine Erwachsenenbildung	Bildung durch Kommunikation

Abb. 6.18: Formen der Erwachsenenbildung im internationalen Kontext

Bei den skizzierten ‚klassischen' Typologien haben wir es also im Wesentlichen mit drei Unterscheidungskriterien zu tun, die sich bisweilen auch vermischen:
- die inhaltliche Ausrichtung von Angeboten,
50 • die Trägerschaft und damit Zugänglichkeit,
- der Grad der Formalisierung (Abschlussbezogenheit).

Aufgaben

1. Am Ende des Textes werden die drei Unterscheidungskriterien genannt, mit deren Hilfe die Strukturen und Institutionen der Erwachsenenbildung/Weiterbildung in Deutschland typisiert werden können: Inhalte, Träger, Grad der Formalisierung. Erläutern Sie die entsprechenden Schaubilder bzw. Übersichten. Recherchieren Sie selbstständig, wenn Ihnen einzelne Begriffe unbekannt sind.

2. Was interessiert Sie an dem Bereich des „lebenslangen Lernens" bzw. der „Erwachsenenbildung/Weiterbildung"? Formulieren Sie Ihre Fragen und Interessen.

Sie können die folgenden Angebote arbeitsteilig erschließen und präsentieren. Angeboten werden drei Aspekte zur Erwachsenenbildung: betriebliche Weiterbildung, Professionalisierung, Berufsbezeichnungen. Sie finden Informationen zur „Volkshochschule", die lange als Leitinstitution der Erwachsenenbildung angesehen wurde, in unserem Online-Angebot: Volkshochschule als „öffentliches Weiterbildungszentrum" (Jürgen Wittpoth).

Aufgaben

1. Erschließen Sie arbeitsteilig die angebotenen Materialien und präsentieren Sie Ihre Arbeitsergebnisse dem gesamten Kurs.

2. Es ist leicht, an weitere Informationen über Volkshochschulen zu kommen. Es gibt mit Sicherheit noch andere Institutionen der Erwachsenenbildung in Ihrer Nähe. Sie tragen häufig Bezeichnungen wie Akademie bzw. Fachakademie, Bildungsstätte, Bildungszentrum, Fortbildungszentrum, Berufsbildungswerk, Berufsförderungswerk, Institut, Lehrinstitut, Fortbildungsinstitut etc.
Erkunden Sie eine solche Institution, indem Sie vor Ort recherchieren. Bereiten Sie Ihre Recherchen sorgfältig vor, indem Sie die Fragen formulieren, die Sie stellen möchten.
Sie können Experten aus solchen Institutionen der Erwachsenenbildung in Ihren Unterricht einladen und systematisch befragen.

M8   Betriebliche Weiterbildung (Jürgen Wittpoth)

Betriebliche Weiterbildung zielt ganz allgemein darauf, das einzelne Unternehmen wettbewerbsfähig zu halten. Dazu ist es zunächst erforderlich, dass die Beschäftigten auf der Höhe der jeweiligen technologischen Entwicklung
5 einsatzfähig sind. Da relevante Produktivitäts- und Rationalisierungsreserven heute vor allem im Bereich der sogenannten Human-Ressourcen gesehen werden, sind die Mitarbeiterinnen und Mitarbeiter außerdem zu befähigen, in neuen Formen der Arbeitsorganisation eigenver
10 antwortlicher und damit effektiver als bisher zu handeln. Gleichzeitig gilt es, Bindungen an das Unternehmen, die angesichts des Wertewandels prekär geworden sind, neu herzustellen oder zumindest zu festigen. Hinzu kommt, dass im Zuge der Internationalisierung der Märkte und
15 dem damit verbundenen schärferen Konkurrenzdruck permanente Produktinnovationen und für einzelne Kunden maßgeschneiderte Lösungen immer mehr an Bedeutung gewinnen. Solchen – gegenüber der standardisierten Massenproduktion erhöhten – Anforderungen können nur noch
20 diejenigen Unternehmen gerecht werden, die für eine motivierte, flexible und qualifizierte Belegschaft Sorge tragen. Schließlich wird es schwieriger, das erforderliche Fachpersonal auf dem externen Arbeitsmarkt zu rekrutieren; auch dies verweist auf die Notwendigkeit verstärkter betriebli
25 cher Weiterbildungsbemühungen.
Über die Vermittlung je aktuellen Wissens hinaus soll Weiterbildung also „auch Neugier wecken, Altes weiterzuentwickeln und Neues zu entdecken. Sie muss den Menschen aktiv, initiativ und kreativ werden lassen" (BMBW 1990,
30 S. 6). Gleichzeitig soll Weiterbildung Handlungsnormen und Werthaltungen vermitteln: „Handlungswille, Lebensoptimismus, Zukunftsbejahung und Fortschrittshoffnung müssen – allen Risiken und Problemen zum Trotz – wie-

dergefunden werden" (ebd.). Schließlich muss sie über die
35 Förderung von Kritikfähigkeit, Verantwortungs- und Selbstbewusstsein „den Einzelnen befähigen, seinen Standort
in der Gesellschaft zu finden und sich zu behaupten, aber
auch der Gesellschaft zu dienen" (ebd.). […]
Im Blick auf Formen und Anlässe hat sich – zumindest im
40 Praxisfeld – eingebürgert, betriebliche Weiterbildungsakti-
vitäten nach sechs ‚Aktionsfeldern' […] zu unterscheiden.
Maßgeblich ist jeweils die Frage, in welchem Verhältnis die
einzelne Aktivität zum Arbeitsplatz steht. Es gibt demnach
Weiterbildung im Sinne des:
45 ‚Select-to-the-job'. Hierunter fallen alle Aktivitäten der Per-
sonalauswahl, von denen in unserem Zusammenhang das
‚Assessment-Center' am stärksten beachtet wird. In ihm
wird eine Gruppe von Kandidaten bei der Bewältigung de-
finierter Aufgaben in Form der Einzel- und Gruppenarbeit,
50 des Rollenspiels, der Fallstudie, Präsentation etc. von
mehreren Vertretern des Unternehmens beobachtet. Dies
wird dem Weiterbildungsbereich zumindest dann zu Recht
zugeordnet, wenn es um die Auswahl interner Bewerber
für (in der Regel) Aufstiegs-
55 positionen geht. Erkannte
Stärken und Schwächen
werden dabei zum Anlass
genommen, mit den Be-
troffenen Maßnahmen zu
60 verabreden, die die Stärken
weiter zu fördern und die
Schwächen auszuglei-
chen in der Lage sind. Das
Assessment-Center wird so
65 zu einem wichtigen Instrument der Personalentwick-
lung […].
‚Into-the-job'. Gemeint
sind hier alle Formen der

Abb. 6.19

70 Integration neuer Mitarbeiter in ein Unternehmen. Dies
können Einführungsseminare ebenso sein wie Trainee-Pro-
gramme. Letztere werden vor allem Hochschulabsolventen
angeboten, die in relativ aufwendigen Maßnahmen verschiedene Arbeitsplätze des Unternehmens kennenlernen,
75 bevor sie – so man Interesse an ihnen hat – eine bestimmte Position auf Dauer übernehmen können.
‚On-the-job'. Damit wird die älteste Form betrieblicher
Weiterbildung bezeichnet, bei der es um das Lernen am
Arbeitsplatz geht. Sie hat in jüngerer Zeit große Bedeutung
80 erlangt. Neben der traditionellen Unterweisung gibt es
anspruchsvollere Formen wie etwa die Übertragung einer
Stellvertreterfunktion, die Erweiterung des angestammten
Aufgabenbereiches (job-enlargement) oder die Zuweisung
größerer Verantwortung (job-enrichment). Schließlich
85 gehören Programme der job-rotation hierher, in denen
Mitarbeiter gezielt ihre Arbeitsplätze wechseln, um so einen erweiterten Ein- bzw. Überblick in oder über einzelne
Unternehmensbereiche zu gewinnen. Solche Programme
werden in der Regel zur Vorbereitung auf anspruchsvollere
90 Aufgaben durchgeführt.
‚Off-the-job'. Hier geht es um betriebliche Weiterbildung im
engeren Sinne, also um Kurse, Seminare und Workshops,

Abb. 6.20

die losgelöst vom Arbeitsplatz und unter Umständen auch
außerhalb des Betriebes stattfinden.
95 ‚Near-the-job'. Diese Form der Weiterbildung vollzieht sich
in enger Anbindung an den Arbeitsplatz etwa in Form der
Projektarbeit oder der sogenannten Lernwerkstatt. In Letz-
terer kommen Mitglieder einer Arbeitsgruppe regelmäßig
zusammen, um unter der Leitung von Moderatoren Pro-
100 bleme zu beraten, die an ihren Arbeitsplätzen bestehen,
und Lösungsansätze zu entwickeln. Über den Aspekt der
Identifizierung und Lösung einzelner Probleme hinaus wird
auf einen Lerneffekt gesetzt, der sich daraus ergeben soll,
dass die Problemanalyse, das Abwägen von Zusammen-
105 hängen und die Berücksichtigung von Entscheidungsfol-
gen eingeübt werden.
‚Out-off-the-job'. Damit werden schließlich all die Weiterbil-
dungsaktivitäten verstanden, die einer gezielten Vorbereitung auf den Ruhestand gelten.

M9 Profession – Professionalisierung – Professionalität (Jochen Kade/Dieter Nittel/Wolfgang Seitter)

Ganz generell kann das Thema „Verberuflichung in der
Erwachsenenbildung" in horizontaler und vertikaler Weise
sowie unter dem Fokus der Situation dimensionalisiert
werden, wobei diese drei Perspektiven mit den Kategorien
5 **Profession**, **Professionalisierung** und **Professionalität** korrespondieren:
• Unter **Profession** versteht man einen „besonderen", in
der Regel akademischen Beruf, in welchem die Berufsidee reflexiv gewendet wird und dessen Kernaktivitä-
10 ten auf den Strukturaufbau, die Strukturerhaltung und
Strukturveränderung von Identitäten abzielen […]. Als
komplexe, relativ abgeschlossene Sinnwelten verfügen
Professionen über ein bestimmtes Verhältnis zur Gesamtgesellschaft, zu ihrem Publikum (Klienten, Patienten),
15 zur Wissenschaft und schließlich zu sich selbst: In ihrer
Beziehung zur Gesamtgesellschaft zeichnen sich Professionen durch einen Zentralwertbezug sowie durch die
Aushandlung eines gesellschaftlichen Mandats (Auftrag)
und einer gesellschaftlich ratifizierten Lizenz (Erlaubnis)
20 aus […]. In ihrer Beziehung zum Publikum entwickeln sie

eine Klientenorientierung, welche die Aushandlung eines durch Vertrauen getragenen Arbeitsbündnisses und die Formulierung eines „objektiven", d.h. nicht ausschließlich an kommerziellen Interessen ausgerichteten Bedarfs
25 einschließt. Im Hinblick auf die Wissenschaft konstituieren die Professionen eine mehr oder weniger exklusive Beziehung zu einer akademischen Leitdisziplin, die sie mit Reflexions-, Fach- und Orientierungswissen versorgt; und im Hinblick auf die eigene Berufskultur bauen sie ein
30 eigenes Leistungsethos auf, was einen geordneten und lizenzierten Zugang zu den Berufsrollen einschließt.

• Während Profession eine Strukturkategorie darstellt, zielt der Begriff **Professionalisierung** auf kollektive und individuelle Prozesse der Verberuflichung […]. Profes-
35 sionalisierung meint im Kern den Vorgang, der u.U. dazu führt, dass sich ein „besonderer Beruf" konstituiert. Vorgänge der Professionalisierung sind in vielen Berufen zu beobachten, und längst nicht alle enden mit der Konstitution einer Profession. Sind die Protagonisten
40 einer bestimmten Profession, nämlich die Angehörigen einer akademischen Fachkultur, relativ genau zu bestimmen, so verhält es sich bei der Frage „Wer ist eigentlich das Subjekt von Professionalisierungsprozessen?" ganz anders. Rechtliche, staatliche, wissenschaftliche oder
45 andere Instanzen entscheiden in vielen Fällen viel mehr über das Schicksal der Verberuflichung als die Mitglieder einer Berufskultur selbst. Die vielfältigen Bestrebungen in Richtung Professionalisierung laufen letztlich auf den Versuch hinaus, die strategisch wichtigen Orte „Ar-
50 beitsplatz", „öffentliche Meinung" und „staatliche Instanzen" und die Medien „Macht" und „Wissenschaft" zur Durchsetzung
55 von Strategien zu nutzen, um die Entschädigungschancen der Arbeit (Geld und Prestige) zu sichern und wenn möglich zu
60 steigern. […]

Abb. 6.21

• Während Professionalisierung einen prozess- und machttheoretischen Zugriff evoziert, verlangt der Begriff **Professionalität**
65 eine durch und durch handlungstheoretische Betrachtungsweise. Professionalität ist nicht an professionelles Handeln gebunden, sondern beschreibt die besondere Qualität einer personenbezogenen Dienstleistung auch über den institutionellen Komplex der anerkannten Pro-
70 fessionen hinaus. Professionalität stellt einen flüchtigen, weil situativ konstituierten Gegenstandsbereich dar, einen Zustand von Beruflichkeit, der interaktiv hergestellt und aufrechterhalten werden muss. Die Kategorie bezeichnet einen spezifischen Modus im Arbeitsvollzug
75 selbst, der Rückschlüsse sowohl auf die Qualität der personenbezogenen Dienstleistung als auch auf die Befähigung des beruflichen Rollenträgers erlaubt. […] Für Tietgens heißt Professionalität „auf eine Kurzformel gebracht, die Fähigkeit nutzen zu können, breit gelagerte,

80 wissenschaftlich vertiefte und damit vielfältig abstrahierte Kenntnisse in konkreten Situationen angemessen anwenden zu können. Oder umgekehrt betrachtet: in eben diesen Situationen zu erkennen, welche Bestandteile aus dem Wissensfundus relevant sein können. Es geht also
85 darum, im einzelnen Fall das allgemeine Problem zu entdecken. Es wollen immer wieder Relationen hergestellt sein zwischen gelernten Generalisierungen und eintretenden Situationen, zwischen einem umfangreichen Interpretationsrepertoire und dem unmittelbar Erfahre-
90 nen" (Tietgens 1988: 37). Wissen und Können bilden die beiden – je einer anderen Logik folgenden – Quellen von Professionalität. Als Synonym für „gekonnte Beruflichkeit" stellt Professionalität die nur schwer bestimmbare Schnittmenge aus Wissen und Können dar; sie markiert
95 die widersprüchliche Einheit jener Kompetenzen und Wissensformen, die ihrerseits den Umgang mit beruflichen Widersprüchen, Paradoxien und Dilemmata erlaubt.

Explizite und implizite Bildungseinrichtungen

Als institutioneller Prototyp der Erwachsenenbildung galt
100 lange Zeit die öffentlich verantwortete Erwachsenenbildung, wobei die Volkshochschulen die Leitinstitution bildeten. […] Mit der zunehmenden Diversifikation von Trägern, Einrichtungen, Orten und Räumen der organisierten Erwachsenenbildung auf der einen und der nichtorganisier-
105 ten Bildungs- und Lernprozesse für Erwachsene auf der anderen Seite ist es jedoch auch unter professionstheoretischer Sicht notwendig, den Blick auf die Vielfalt und Pluralität von Einrichtungen zu lenken, die das Lernen im Erwachsenenalter insgesamt bedienen. Die institutionelle
110 und kulturelle Vielfalt des Lernens im Erwachsenenalter ist somit als das Spiegelbild der zunehmenden Heterogenität der erwachsenenbildnerischen Berufsfelder zu betrachten. Beschränkte sich vor circa zwanzig Jahren noch das Berufsfeld auf solche Träger und Einrichtungen, die sich von
115 ihrer institutionellen Selbstbeschreibung her als explizite Bildungseinrichtungen definieren, so müssen wir heute viel offener mit der Bestimmung des Berufsfeldes umgehen und auch solche Einrichtungen in den Blick nehmen, die aus der Beobachterperspektive faktisch Bildungsarbeit
120 betreiben, ansonsten aber eine andere gesellschaftliche Funktion erfüllen (implizite Bildungseinrichtungen). […] Einrichtungen der expliziten Erwachsenenbildung weisen dies bereits in ihrer Nomination (z.B. Evangelische Aka-

Abb. 6.22

Evangelische Akademie Loccum

Abb. 6.23

demie) aus, während man Einrichtungen der impliziten
125 Weiterbildung keineswegs auf den ersten Blick ansieht,
dass hinter ihren Türen Bildungsarbeit verrichtet wird
(Personalabteilungen von Firmen). Dass ein bestimmter
gesellschaftlich relevanter Handlungsbereich das Attribut
„Berufsfeld Erwachsenenbildung" für sich reklamieren
130 kann, machen wir primär von der vor Ort geleisteten Arbeit
abhängig, genauer: von der Beobachtung, ob makro- oder
mikrodidaktische Kernaktivitäten (Organisieren, Arrangieren, Unterrichten, Informieren und Beraten) verrichtet werden, erwachsenenbildnerisches Wissen orientierungsrele-
135 vant ist und ein objektivierbarer Bedarf an pädagogischer
Professionalität vorliegt.

M 10 Berufsbezeichnung und Berufsrollen der in der Erwachsenenbildung beruflich Tätigen (Jochen Kade/Dieter Nittel/Wolfgang Seitter)

Der Kanon von Bezeichnungen, um die in der Erwachsenenbildung tätigen Praktiker zu etikettieren, stellt einen
unmittelbaren Reflex auf die Heterogenität des Berufsfeldes und die unterschiedlichen Stadien der Professionalisie-
5 rung in den diversen Segmenten dar. Dieser Kanon umfasst
Kategorien wie: Bildungsreferent, Weiterbildungslehrer,
erziehungswissenschaftlicher Praktiker (mit dem Schwerpunkt Erwachsenenbildung), Lerninitiator, Dozent, Trainer,
Lernhelfer, Kursleiter, Studienleiter, Weiterbildungsberater,
10 Bereichsleiter, Andragoge, Erwachsenenpädagoge, Bildungsmanager, Weiterbildungsberater usw.
Hier und da zeichnen sich in diesem bunten Sammelsu-
rium von Bezeichnungen institutionelle Besonderheiten
und Profile ab […]: Bei den Gewerkschaften haben sich die
15 Begriffe Teamer und Referent, bei den Kirchen der Begriff
Bildungsreferent und in der betrieblichen Weiterbildung
die Bezeichnungen Trainer oder Bildungsmanager eingebürgert. Bei Volkshochschulen zeichnet sich die Sprachre-
gelung ab, dass zwischen Leiter/inne/n (Führungspersonal
20 einer Einrichtung), hauptberuflich tätigen pädagogischen
Mitarbeiter/inne/n (HPM) und Kursleiter/inne/n unterschieden wird. […]
Der ‚Unordnung' der Berufsbezeichnungen steht also
eine vergleichsweise klare Ordnung auf der Ebene der
25 Berufsrollen gegenüber, auf der sich folgende Systematik
abzeichnet:
• Der Berufsrolle der hauptberuflichen Leiterin einer
   Bildungseinrichtung können Kernaktivitäten zugeordnet werden, die mit der öffentlichen und politischen
30 Repräsentation der Einrichtung, dem Marketing, dem

Bildungscontrolling, der Personalführung und Perso-
nalentwicklung, der Beschaffung von finanziellen und
sonstigen Ressourcen, kurz: mit dem Weiterbildungs-
management korrespondieren. Hauptberufliche
35 Leiter/-innen einer Bildungseinrichtung, wie beispielsweise die Direktorin einer Sprachenschule oder der
Geschäftsführer eines gewerkschaftseigenen Bildungs-
werks, müssen heute dafür sorgen, dass ihre Einrichtung
auf dem durch Konkurrenz gekennzeichneten Weiterbil-
40 dungsmarkt bestehen kann.
• Die Berufsrolle der hauptberuflich tätigen pädagogischen Mitarbeiterin mit disponierendem und/oder
planendem Aufgabenprofil umfasst Aktivitäten auf der
makrodidaktischen Handlungsebene des Programm-
45 Machens. Der makrodidaktische Bereich gewährleistet
alle Bedingungen für die Möglichkeit der eigentlichen
Vermittlungsarbeit. Hier zeichnet sich ein komplexes
Geflecht von „Arbeitsbögen" (A. Strauss) ab, die auf den
Dreierschritt des Programm-Planens, des Programm-
50 Durchführens und des Programm-Evaluierens verdichtet
werden können. Auch die Anleitung, die Fortbildung und
die Beratung des lehrenden Personals gehören in ihr
Zuständigkeitsressort. Die Berufsrolleninhaber stehen in
ihrer alltäglichen Arbeit vor dem Problem, eine produkti-
55 ve Symbiose von pädagogischen und organisatorischen
Handlungsanteilen herzustellen.
• Die Berufsrolle der hauptberuflich tätigen Lehrenden, die
als Weiterbildungslehrer/-innen oder als Trainer/-innen
entweder in einer Einrichtung fest angestellt oder freibe-
60 ruflich bzw. selbstständig tätig sind, bedient die mikrodidaktische Handlungsebene. Dies geschieht in der Weise,
dass sie entweder die Arbeit der Stoff- und Wissensver-
mittlung leisten oder als Weiterbildungsberater/-innen
fungieren. Da sie in dieser Berufsrolle im vis-à-vis-Kon-
65 takt mit der Klientel stehen, d. h. mit den Teilnehmer/
inne/n die Interaktionsarbeit verrichten, prägt diese
Praktikergruppe besonders stark das öffentliche Image
der Erwachsenenbildung.
• Die vierte zentrale Berufsrolle wird durch den ehrenamt-
70 lich oder nebenberuflich tätigen Erwachsenenbildner
(Kursleiter, Dozentin) dargestellt. Obwohl diese Praktikergruppe ihre Arbeit nicht hauptberuflich verrichtet, ist ihr
Tätigkeitsprofil weitgehend identisch mit dem des zuvor
genannten Personenkreises. Ihre strategisch wichtige
75 Funktion im mikrodidaktischen Bereich als Vermittler von
Spezial- und Expertenwissen rechtfertigt die Entscheidung, auch hier von einer Berufsrolle zu sprechen.

Das Qualifikationsprofil dieser vordergründig recht unterschiedlichen elementaren Berufsrollen schöpft seine
80 einheitsstiftenden Elemente aus drei Kernkompetenzen:
dem Organisieren, dem Unterrichten und dem Beraten
[…]. Jede Praktikerin, gleichgültig welches Rollenprofil sie
repräsentiert, ist auf diese drei Kernkompetenzen angewiesen. Aufgrund der sachlich, zeitlich, räumlich und sozial
85 bedingten Komplexität und Andersartigkeit der Arbeit
werden diese Kernkompetenzen in unterschiedlichen Proportionen mobilisiert. Während die Berufsrolle des Leiters
einer Bildungseinrichtung intensiv auf die Kernkompetenz

des Organisierens hinweist, er also beispielsweise über
90 Managementwissen verfügen, Verfahren der Personalführung und administrative Routinepraktiken beherrschen
muss, trägt die objektive Anforderungsstruktur im mikrodidaktischen Bereich zu einer (notwendigen) Vereinseitigung
und zugleich Ausdifferenzierung der Kernkompetenz Un-
95 terrichten bei. Von daher erscheint es nachvollziehbar, dass
die Rollenträger in Führungsfunktionen ihre berufliche
Identität viel eher aus der Kernkompetenz Organisieren
(Bildungscontrolling) schöpfen, die Dozenten als mikrodidaktische Rollenträger demgegenüber ihr berufliches
100 Selbstbewusstsein in einem stärkeren Maße aus einem
spezifischen Unterrichtsstil, wie etwa dem projektförmigen
oder moderierenden Vorgehen der Ermöglichungsdidaktik,
ableiten. Erwachsenenbildner teilen die vielfach gemachten Erfahrungen anderer Professionals: Spezialisierung

105 sorgt für Entlastung, und vielseitige Anforderungen schaffen Belastungen. So ist die Professionalität des planend-
disponierenden Personals (z. B. Fachbereichsleiter an Volkshochschulen oder Bildungsmanager in Betrieben) mit dem
notorischen Problem einer diffusen Anforderungsstruktur
110 bzw. einer nur schwer fassbaren Tätigkeitsmixtur belastet.
Das hängt im Wesentlichen damit zusammen, dass die
jeweiligen Themen und Anforderungen sich gleichsam
doppelt stellen, nämlich unter einem professionell-päd-
agogischen und einem organisatorischen Fokus: Aus der
115 Sicht der Organisation sind der individuelle Eigensinn und
das Überengagement einzelner Kursleiter ein Problem,
weil sie die Routineabläufe stören, viel Arbeit machen usw.
Aus der Sicht der Profession können sie ein Potenzial für
Virtuosität, Könnerschaft und Beliebtheit (bei den Teilneh-
120 mern) sein.

6.3 Employability und/oder Bildung

Nun ist Ihr Urteil gefragt. Es geht um ein zur Zeit pädagogische kontrovers diskutiertes Thema. Dazu wird zunächst
der Begriff der „Employability" eingeführt, der den Arbeitsmarkt als Maßstab für die Ausbildung einer umfassenden
Persönlichkeitseigenschaft nimmt – nämlich beschäfti-
gungsfähig zu werden und zu bleiben. Der zweite Text
widerspricht einer solchen Ausrichtung des Menschen auf
marktkonforme Eigenschaften im Namen von „Bildung"
vehement.

Aufgaben

1. Arbeiten Sie im folgenden Text die Thesen und die sie
   stützenden Argumente heraus.

2. Stellen Sie Bezüge zu Ihnen bekannten Konzepten her.

3. Nehmen Sie kritisch zu der Position Stellung.

4. Entwickeln Sie Ihren eigenen Standpunkt und begründen
   Sie ihn.

M11 Employability – ein neuer Schlüssel-begriff (Katrin Kraus)

Employability bezeichnet die Fähigkeit und Bereitschaft,
verschiedene Phasen eines Anstellungsverhältnisses zu
meistern und dazu seine gesamten Kompetenzen und
seine Arbeitskraft laufend den Anforderungen des Arbeits-
5 marktes anzupassen. Im deutschen Sprachraum übersetzt
man den Begriff oft mit „Beschäftigungsfähigkeit". Ihre
Entwicklung und ihr Erhalt stellen hohe Anforderungen an
Berufsberatung und Berufsbildung.
Oft bereiten Begriffe, die auf den ersten Blick eindeutig
10 erscheinen, besondere Schwierigkeiten beim Versuch, sie

zu definieren. Dies gilt auch für „Employability". Dieser Begriff bezeichnet zunächst mal all das, was es den Einzelnen
ermöglicht, in Beschäftigungsverhältnissen zu bestehen.
Schwierig wird es, sobald man dieses „all das" bestimmen
15 will.
Betrachten wir die aktuelle Diskussion, dann sind es vor
allem drei Aspekte, die das Verständnis von Employability
näher eingrenzen lassen: die Phasen eines Beschäftigungsverhältnisses, der Arbeitsmarkt als Maßstab und
20 eine umfassende inhaltliche Bestimmung als individuelle
Eigenschaft.

Phasen des Beschäftigungsverhältnisses
Einen Ausweg aus der oben angesprochenen Problematik suchen die meisten Definitionen von Employability
25 darin, zunächst zwischen verschiedenen Phasen eines
Beschäftigungsverhältnisses zu unterscheiden, die auf der
Grundlage dieser „Fähigkeit" jeweils erfolgreich bewältigt
werden können: das Suchen einer Anstellung, der Eintritt,
das Halten und die erfolgreiche Entwicklung im Beschäfti-
30 gungsverhältnis sowie der Wechsel zu einer anderen bzw.
besseren Stelle. Diese Differenzierung hat daher auch Eingang in folgende Definition gefunden, die in der Auseinandersetzung mit dem deutschsprachigen Employability-
Diskurs der 90er-Jahre entwickelt wurde […]: Employability
35 bezeichnet die Gesamtheit individueller Fähigkeiten und
Bereitschaften, die es den Einzelnen ermöglichen, Beschäf-
tigungsverhältnisse einzugehen, sich wertschöpfend in
Arbeitsprozesse einzubringen und über eine beständige
Anpassung der eigenen Arbeitskraft in Beschäftigung zu
40 bleiben. […]

Der Arbeitsmarkt als Maßstab
Anhand der oben vorgestellten Definitionen wird ein weiterer Aspekt von Employability ebenfalls deutlich: der Maßstab zur Bestimmung von Employability wird durch den
45 Arbeitsmarkt gesetzt. Es gibt keinen „Bildungsplan Emplo-

129

yability", der die Ziele und Inhalte regelt. […] Das Anliegen des Begriffs Employability ist es gerade, solche Festlegungen zu vermeiden bzw. sie zu dynamisieren und darüber eine beständige Anpassung an die jeweiligen Anforderun-
50 gen des unternehmensinternen oder -externen Arbeitsmarktes zu erreichen. Damit hat Employability als individuelle Eigenschaft sozusagen ein bewegliches Ziel, dessen Erreichen letztlich erst durch das Beschäftigungsverhältnis selbst dokumentiert wird. Employability ist somit für den
55 Einzelnen sowohl in konkret inhaltlicher als auch in zeitlicher Hinsicht nicht auf Dauer gestellt, denn die Anforderungen des Arbeitsmarktes können sich jederzeit ändern und Employability muss unter veränderten Bedingungen immer wieder neu hergestellt werden. Deshalb liegt in der
60 aktuellen Debatte der Akzent bei Employability weniger auf der fachlichen Qualifizierung als vielmehr auf den persönlichen Einstellungen, die der permanenten Anpassung an sich wandelnden Anforderungen zugrunde liegen.

Employability als umfassende individuelle Eigenschaft

65 Den von den internen und externen Arbeitsmärkten geforderten Qualifikationen und Kompetenzen stellt das umfassende Konstrukt Employability zum einen das Vorhandensein der entsprechenden individuellen Qualifikationen und Kompetenzen sowie zum anderen die dauerhafte
70 Bereitschaft zur Anpassung des individuell Vorhandenen an das arbeitsmarktseitig Geforderte gegenüber. Auf der inhaltlichen Ebene umfasst Employability damit fachliche, soziale und persönliche Kompetenzen, schließt aber die individuellen Einstellungen als Grundlage eines Beschäfti-
75 gungsverhältnisses ebenfalls ein. Flexibilität, Mobilität und unternehmerisches Denken sind Begriffe, die in diesem Zusammenhang häufig verwendet werden. In der aktuellen Employability-Diskussion liegt der Hauptakzent sogar auf der individuellen Einstellung. Mit dieser inhaltlichen
80 Bestimmung geht auch die Fokussierung auf die bzw. den Einzelnen einher. Diese Hinwendung zum Individuum, seinen Fähigkeiten und Bereitschaften, zeigt nicht nur eine Veränderung im Verständnis der Arbeitsmarktqualifizierung, sondern zieht auch eine Veränderung im Beratungs-
85 bedarf nach sich. Dieser geht im Zusammenhang mit Employability weit über die herkömmlichen Aufgaben einer Berufsberatung hinaus. Er zeigt sich auch in der aktuellen Ratgeberliteratur, die sich mit Themen wie „Work-Life-Balance", „Zeitmanagement", „Small Talk" und „Business-Knig-
90 ge" weit in den Bereich der Persönlichkeit hineinbewegt.

Chance für Unternehmen und Individuum

[…] Die aktuelle Aufmerksamkeit für Employability steht aber auch in kritischer Auseinandersetzung mit dem Beruf und der Berufsbildung traditionellen Zuschnitts. Diese
95 Kritik hat ihren Hintergrund im Übergang von der national geprägten Industriegesellschaft zu einer post-industriellen Dienstleistungsgesellschaft mit globaler Dimension. Diese Veränderung führt zum einen auf der Ebene des Arbeitsmarktes und der Betriebe zu neuen Anforderungen an die
100 Beschäftigten. Das „unternehmerische Handeln" wird dabei zum Leitmotiv und der „Unternehmer in eigene Sache" zur Leitfigur. Auf der anderen Seite steht Beschäftigungsfähigkeit aber auch im Kontext der Sozialpolitik. Deutlich zeigt sich der Wandel hin zu einer „aktivierenden Sozialpolitik"
105 und damit auch zu Strategien, welche die Beschäftigungsfähigkeit fördern wollen. […]

Kompetenzcheck

Hier finden Sie eine Übersicht über die Kompetenzen, die Sie vor allem in den Kapiteln 4, 5 und 6 erwerben konnten. Schätzen Sie selbst ein, wie gut Sie sie beherrschen.

Sachkompetenz

Ich …	… sicher	… noch nicht sicher genug	Hier kann ich nachschlagen:
… erkläre die systemische Sicht auf Familie.			
… erläutere die Funktion von Medien aus pädagogischer Perspektive.			
… erläutere beispielhaft Möglichkeiten und Grenzen von Maßnahmen der Sozialen Arbeit im Hinblick auf Jugendliche.			
… erkläre abweichende (deviante) Formen von Entwicklung und Sozialisation am Beispiel von Gewalt mit Bezug auf das Konzept von Rauchfleisch aus psychoanalytischer Sicht.			
… erkläre abweichende (deviante) Formen von Entwicklung und Sozialisation mit Bezug auf sozialpsychologische Konzepte von Heitmeyer aus sozialpsychologischer Sicht.			
… erkläre die Unterschiede zwischen nicht professionellem und professionellem pädagogischen Handeln an Beispielen aus der Sozialen Arbeit.			

Ich ...	... sicher	... noch nicht sicher genug	Hier kann ich nachschlagen:
... beschreibe Anforderungen an pädagogische Institutionen der Sozialen Arbeit.			
... beschreibe pädagogische Berufsfelder der Sozialen Arbeit.			
... erläutere beispielhaft Möglichkeiten und Grenzen von Maßnahmen der Erwachsenenbildung.			
... erläutere die Rolle von Emanzipation und Mündigkeit bei der Identitätsentwicklung im Erwachsenenalter.			
... beschreibe Möglichkeiten und Grenzen persönlicher Lebensgestaltung mit Bezug auf den Beruf im Lebenslauf.			
... beschreibe Möglichkeiten und Grenzen persönlicher Lebensgestaltung aus geschlechtergerechter Perspektive am Beispiel von Lebenslauf und Beruf.			
... erläutere den Zusammenhang von Identität und Bildung im Erwachsenenalter.			
... erkläre die Unterschiede zwischen nicht professionellem und professionellem pädagogischen Handeln an Beispielen aus der Erwachsenenbildung.			
... beschreibe Anforderungen an pädagogische Institutionen der Erwachsenenbildung.			
... beschreibe pädagogische Berufsfelder der Erwachsenenbildung.			
... stelle exemplarisch die wachsende Bedeutung professioneller pädagogischer Kompetenz dar.			

Urteilskompetenz

Ich ...	... sicher	... noch nicht sicher genug	Hier kann ich nachschlagen:
... beurteile erzieherische Maßnahmen zur Ermöglichung von Bildung im Jugendalter.			
... beurteile mögliche Gefährdungen von Menschen im Jugendalter im Hinblick auf ihre Entwicklung zu Selbstbestimmung in sozialer Verantwortung.			
... erörtere Chancen und Grenzen von Maßnahmen der psychoanalytisch orientierten, therapeutischen Prävention und Intervention im Jugendalter im Hinblick auf Gewalt.			
... erörtere Chancen und Grenzen von Maßnahmen der pädagogischen Prävention und Intervention am Beispiel der Erlebnispädagogik.			
... erörtere die Chancen und Grenzen der Sozialen Arbeit mit Jugendlichen in durch Professionalisierung geprägten Institutionen.			
... erörtere pädagogische Vorstellungen zu Bildung, Entwicklung und Sozialisation im Erwachsenenalter.			
... beurteile pädagogische Maßnahmen zur Ermöglichung von Bildung im Erwachsenenalter.			
... beurteile die Reichweite und pädagogische Relevanz von Erkenntnissen der Lebenslauf- und Biografieforschung für die Erwachsenenbildung.			
... beurteile medienpädagogische Maßnahmen zur Nutzung analoger und digitaler Medien.			
... beurteile Maßnahmen zur Förderung der Geschlechtergerechtigkeit im Hinblick auf Lebenslauf und Beruf.			
... erörtere die Chancen und Grenzen der Erwachsenenbildung in durch Professionalisierung geprägten Institutionen.			

Ich …	… sicher	… noch nicht sicher genug	Hier kann ich nachschlagen:
… beurteile aus pädagogischer Perspektive Institutionen der Erwachsenenbildung.			
… beurteile die sich aus pädagogischen Kompetenzen ergebenden beruflichen Chancen.			

Methodenkompetenz

Ich …	… sicher	… noch nicht sicher genug	Hier kann ich nachschlagen:
… beschreibe komplexe Situationen aus pädagogischer Perspektive unter Verwendung der Fachsprache.			
… ermittle pädagogisch relevante Informationen aus Fachliteratur oder im Internet.			
… ermittle aus erziehungswissenschaftlich relevanten Materialsorten wissenschaftliche Positionen.			
… ermittle aus erziehungswissenschaftlich relevanten Materialsorten explizit oder implizit verfolgte Interessen und Zielsetzungen.			
… analysiere differenziert Texte (u. a. Fallbeispiele) mithilfe hermeneutischer Methoden der Erkenntnisgewinnung.			
… analysiere die erziehungswissenschaftliche Relevanz von Erkenntnissen aus Psychologie und Sozialwissenschaft am Beispiel der Jugendforschung.			
… stelle Arbeitsergebnisse in geeigneter Präsentationstechnik dar.			
… wende den Kompetenzcheck als Verfahren der Selbstevaluation im Hinblick auf die eigene pädagogische Erkenntnisgewinnung und Urteilsfindung an.			

Handlungskompetenz

Ich …	… sicher	… noch nicht sicher genug	Hier kann ich nachschlagen:
… entwickle unter Nutzung des Modells der produktiven Realitätsverarbeitung pädagogische Handlungsoptionen zum Jugendalter.			
… entwickle erziehungs- und bildungstheoretisch begründete Handlungsoptionen zum Jugendalter.			
… entwickle erziehungs- und bildungstheoretisch begründete Handlungsoptionen zum Erwachsenenalter.			
… vertrete pädagogische Handlungsoptionen argumentativ.			
… entwickle Handlungsoptionen unter Berücksichtigung der Perspektiven der beteiligten Akteure.			

7. Zwischenbilanz zur pädagogischen Perspektive

7.1 Pädagogische Interpretation von Filmen

Projektvorschlag

Es gibt viele Spielfilme, die Menschen in entscheidenden Situationen ihres Lebens darstellen. So gibt es z. B. das Genre der „Coming-of-age-Filme", die sich mit den Problemen im Jugendalter beschäftigen. Zu ihnen werden z. B. gezählt: Billy Elliott, Crazy, Das fliegende Klassenzimmer, Das weiße Band, Der Vorleser, Die Brücke, Die Reifeprüfung, Dogtown Boys, Elephant, Good Will Hunting, Knallhart, Same Same But Different, Sie küssten und sie schlugen ihn, Stand By Me …

Natürlich gibt es darüber hinaus auch Filme, die sich mit den existenziellen Entscheidungen von erwachsenen Menschen beschäftigen.

Untersuchen Sie einen solchen Film aus pädagogischer Perspektive.

Abb. 7.1: Boyhood

Abb. 7.2: Finding Forrester

Abb. 7.3: Good Will Hunting

7.2 Die pädagogischen Grundbegriffe

Sie haben inzwischen ein umfangreiches Wissen und Können zur Pädagogik erworben. Zeit für eine Zwischenbilanz.

In den folgenden Texten geht es um pädagogische Grundbegriffe und ihre Beziehungen zueinander. Alle Texte sind abstrakt – und nicht leicht zugänglich. Genau deshalb sind diese Texte für diese Zwischenbilanz geeignet. Sie fordern dazu auf, ihre Aussagen zu konkretisieren, zu erläutern, zu veranschaulichen. Mit Ihrem pädagogischen Wissen und Können sind Sie dazu in der Lage.

Methode

Pädagogische Textinterpretation

Eine pädagogische Interpretation von (schriftlichen und filmischen) Texten orientiert sich an methodischen Grundsätzen, die Einsichten der philosophischen Hermeneutik aufgreifen:

1. Bewusstmachen von Vorverständnis und Fragestellung

„Textinterpretation erfolgt immer unter bestimmten Fragestellungen, und in der Fragestellung drückt sich ein bestimmtes Vorverständnis des zu untersuchenden Zusammenhanges aus. Der Interpret verfährt unreflektiert, wenn er sich das in seiner Fragestellung steckende Vorverständnis nicht bewusst macht. Dieses Vorverständnis ist jedoch nicht etwa ein bedauerlicher Störfaktor für das Auslegungsverfahren, so wäre das voraussetzungslose Herangehen an einen Text die anzustrebende Idealform; vielmehr ist die Fragestellung und das darin eingeschlossene Vorverständnis die Voraussetzung dafür, dass ein Text überhaupt interpretiert werden kann. Damit die Aussagen des Interpreten aber von anderen überprüft werden können, muss der Interpret seine Fragestellung und sein Vorverständnis formulieren!" (Klafki 2001)

Von entscheidender Bedeutung für eine pädagogische Interpretation von Texten sind pädagogische Fragestellungen an den Text. Solche Fragestellungen können sich z. B. auf das Verhältnis der Generationen, die Erziehungsziele, die Formen der pädagogischen Interaktion oder des Unterrichts, den Umgang der Personen bzw. Figuren mit den Anforderungen, Entwicklungsaufgaben und Einflüssen der natürlichen und gesellschaftlichen Umwelt oder die Gestalt von pädagogischen Institutionen beziehen. Die pädagogische Perspektive verfolgt damit ein spezifisches, eben eingeschränktes thematisches Interesse.

2. „Hermeneutischer Zirkel": andauernde Überprüfung des Vorverständnisses am Text

„Es kann sein, dass die Analyse des Textes auf die anfängliche Fragestellung und das darin steckende Vorverständnis verändernd zurückwirkt. Vielleicht stellt sich heraus, dass die anfängliche Frage an den Text zu undifferenziert war und dass das in der Frage steckende Vorverständnis modifiziert werden muss. Nehmen wir einmal an, unser Interpret hätte bei seiner Fragestellung zunächst nicht bedacht, dass es für die Interpretation von Bedeutung sein kann, an welche Empfängergruppe, an welche Leser der Autor vor allem gedacht hat, als er seinen Text verfasste. Im Vorverständnis des Interpreten hätte der Faktor „Wer ist der Adres-

sat?" also keine Rolle gespielt. Nun stößt er im Text vielleicht auf Passagen, die ohne Berücksichtigung dieses Faktors nicht verstanden werden können. […] Die vorgängige Fragestellung und das darin sich ausdrückende Vorverständnis müssen am Text bzw. an den Texten selbst immer wieder überprüft und ggf. geändert werden." […]

3. Genaue (immanente) Textanalyse

Zu einer solchen Analyse gehören u. a. bei argumentierenden Sachtexten: die Untersuchung der Zielsetzungen des Textes, der Bedeutung von wichtigen Begriffen, Untersuchung des Aufbaus der Argumentation (Unterscheidung von Thesen, Begründungen, Erläuterungen, Beispielen, Exkursen, Gegenargumenten); bei erzählenden (schriftlichen und filmischen) Texten: Untersuchung vor allem von Erzählperspektive, Aufbau, Figuren.

4. Heranziehen weiterer Quellen

Die Texte sind in ihren historischen Zusammenhängen zu untersuchen. Dazu gehören weitere Äußerungen der Autoren/-innen und andere Quellen zur Entstehungszeit, zu den Adressaten, zu den Diskursen der Zeit, auf die der Text Bezug nimmt und die ihn beeinflussen, zum Verwendungszweck des Textes, zur zeitgenössischen Rezeption. Einen besonderen Stellenwert erhält die Analyse der (pädagogischen, politischen, wirtschaftlichen etc.) Interessen, die der Text verfolgen soll.

Das Vorverständnis und die Fragestellungen sind im Lichte der neuen Erkenntnisse immer wieder zu überprüfen.

„Das Ergebnis einer Interpretation hat den wissenschaftslogischen Status einer Hypothese. Unter keinen Umständen kann mit zweifelsfreier Gewissheit und hinreichenden Gründen behauptet werden, dass eine vorgelegte Deutung gültig ist […]. Prinzipiell bleibt sie immer korrigierbar. […] Daraus folgt, dass die Interpretation (wie jede andere wissenschaftliche Behauptung auch) wenigstens so vorgenommen und vorgetragen werden muss, dass sie falsifizierbar ist, d. h. dass unzutreffende Interpretationen erkannt und verworfen werden können. Das ist nur möglich, wenn das Interpretationsverfahren durchsichtig, die einzelnen Interpretationsschritte von anderen potenziellen Interpreten nachvollziehbar, die verwendeten Begriffe also auch nicht nur selbst deutlich bestimmt sind, sondern auch eindeutig auf die einzelnen Textbestandteile (Worte, Sätze, Körpergesten, Handlungssequenzen) beziehbar sind – nicht anders als bei Forschungsoperationen überhaupt." (Mollenhauer/Rittelmeyer, 1977)

Aufgaben

Wählen Sie einen der folgenden Texte aus. Achten Sie darauf, dass in Ihrem Kurs möglichst mehrere Texte (arbeitsteilig) erschlossen werden.

1. Arbeiten Sie heraus, wie die Autoren die pädagogischen Grundbegriffe bestimmen. Stellen Sie dazu zunächst die entsprechenden Textstellen zusammen.

2. Geben Sie wieder, wie die Autoren das Verhältnis der Grundbegriffe zueinander beschreiben.

3. Visualisieren Sie Ihre Analyseergebnisse.

4. Erklären, erläutern und veranschaulichen Sie das Verständnis der Grundbegriffe in den Texten, indem Sie Ihr Wissen aus den bisherigen Kursen heranziehen.

5. Präsentieren Sie Ihre Ergebnisse.

6. Ergänzen Sie Ihr Glossar.

Abb. 7.4

M1 Entwicklung und Erziehung (Martin Pinquart/Rainer K. Silbereisen)

Entwicklung und Begriffsbestimmung

In der Psychologie versteht man unter Entwicklung eine gerichtete, relativ dauerhafte altersassoziierte Veränderung des Erlebens und Verhaltens über die Lebensspanne
5 […]. Mit der Betonung auf Gerichtetheit und relative Dauerhaftigkeit erfolgt eine Abgrenzung von zufälligen, ungeordneten, schnell vorübergehenden Veränderungen von Merkmalen (wie z. B. Stimmungsschwankungen), die nicht als Entwicklung angesehen werden. Im Rahmen von
10 Entwicklung auftretende Veränderungen können sowohl quantitativer Art (z. B. Wissenszuwachs) als auch qualitativer Art (z. B. der Übergang vom anschaulich-konkreten zum abstrakten Denken; Piaget …) sein. So werden z. B. viele qualitative Veränderungen als Voranschreiten von einem
15 Zustand relativer Globalität zu wachsender Differenziertheit beschrieben, die Gliederung und hierarchische Integration einschließt. […]

Entwicklung und Pädagogik

Weinert (2001) unterscheidet drei wissenschaftliche Po-
20 sitionen über den Zusammenhang von Entwicklung und Erziehung:
Der bisher erreichte Entwicklungsstand ist einerseits eine wichtige Bedingung für die Erziehung. Der kognitive Entwicklungsstand hat z. B. Einfluss darauf, welche Lern-
25 vorgänge das Kind vollziehen kann […] und welche Erziehungsziele und -mittel angemessen sind. So werden z. B. mit zunehmendem Alter der Kinder argumentative Begründungen von Geboten und Verboten wirksamer und eine Kontrolle über Strafe und Strafandrohung unwirksamer
30 […]. Notwendig ist also, dass die Erziehung an den vorhandenen Entwicklungsstand der Kinder und Jugendlichen an-

gepasst wird (gewissermaßen eine entwicklungsgemäße Erziehung erfolgt, die nicht überfordert oder unterfordert). Da sich gleichaltrige Kinder z. B. oft beträchtlich in ihrer
35 allgemeinen Intelligenz, ihrem Vorwissen über konkrete Themen und ihrer Motivation unterscheiden, müssen Erziehungsziele und -mittel auch innerhalb einer Schulklasse bis zu einem gewissen Grade individualisiert werden.
Zum zweiten ist Erziehung bzw. Sozialisation ein wichtiger
40 Einflussfaktor auf die Entwicklung, wobei aber zu beachten ist, dass Entwicklung als biopsychosozialer Prozess auch von anderen Umwelteinflüssen, genetischen/biologischen Faktoren und der Eigenaktivität des Individuums beeinflusst wird. Neben der schon genannten Berücksichtigung
45 der individuellen Leistungsvoraussetzungen bedeutet dies auch, Erziehungsprozesse so zu gestalten, dass diese motivierend wirken und z. B. die Eigenaktivität bei der Aneignung des Lernstoffes fördern.
Drittens schließlich kann die Förderung der Entwicklung
50 auch als ein Erziehungsziel aufgefasst werden, wobei hier nicht nur die Anregung der kognitiven Entwicklung, sondern auch die Stärkung allgemeiner Kompetenzen zur Bewältigung künftiger Anforderungen wichtig ist (z. B. Selbstvertrauen, Eigenverantwortlichkeit). […] Das Verständnis
55 von Entwicklung als lebenslanger Prozess macht auch deutlich, dass nicht nur kurzfristige Effekte der Erziehung auf die psychische Entwicklung betrachtet werden müssen, sondern dass auch langfristige Effekte anzustreben und

Abb. 7.5

empirisch zu überprüfen sind. Zudem darf Bildung nicht
60 auf die Förderung der Entwicklung in Kindheit und Jugend
beschränkt werden, sondern es sind Bildungsangebote über
die gesamte Lebensspanne nötig (lebenslanges Lernen).

M2 Bildungsbiografisches Gestalten als Ergebnis von (Bildungs-)Ereignissen und (Bildungs-)Entscheidungen (Jochen Kade/Sigrid Nolda)

In modernen Gesellschaf-
ten, in denen die Vorstellungen des Selbst als eines
Wählenden und die Idee,
5 dass Bildungsprozesse das
Resultat der bestmöglichen
Wahl sein sollten, radika-
lisiert worden sind, sind
(individuelle) Lebensläufe
10 mehr als bisher entschei-
dungsabhängig. Ihr Ablauf
ist nicht länger normativ
durch das Modell eines Nor-
mallebenslaufs für jeden
15 Einzelnen verbindlich festgelegt und zugleich quasi

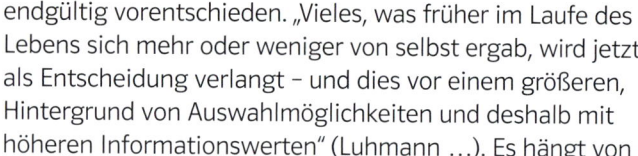

Abb. 7.6: Prof. Dr. Jochen Kade (Universität Frankfurt)

endgültig vorentschieden. „Vieles, was früher im Laufe des
Lebens sich mehr oder weniger von selbst ergab, wird jetzt
als Entscheidung verlangt – und dies vor einem größeren,
20 Hintergrund von Auswahlmöglichkeiten und deshalb mit
höheren Informationswerten" (Luhmann …). Es hängt von
Entscheidungen ab, welche Phasen wann und wie lange
individuell durchlaufen werden. Verbunden damit ist eine
Prozessierung und Verzeitlichung, die Revisionen einmal
25 getroffener Entscheidungen in späteren (individuell oder
historisch nicht vorhersehbaren) Lebensphasen ermöglicht. Dabei hängt die erhöhte Diversität und Variabilität
von individuellen Lebensläufen in hohem Maße von gegen-
wartsbezogenen Entscheidungen ab. Und zwar insbeson-
30 dere von Entscheidungen, institutionell bereitgestellte,
insofern individuell immer als Entscheidungskontext vorge-
fundene Bildungs- und Lernangebote zur Strukturbildung
des Lebens zu nutzen. […]
Auf der einen Seite stehen durch Entscheidungen struktu-
35 rierte zielgerichtete Bildungsprozesse. Bildung ist danach
das unmittelbare oder vermittelte, direkte oder indirekte,
grundsätzlich intendierte Resultat von Bildungsentschei-
dungen und daraus folgenden Bildungshandlungen, z. B.
durch die Teilnahme an Kursen, mit der bestimmte Bil-
40 dungsresultate verknüpft werden. Auf der anderen Seite
stehen […] unerwartete Bildungsprozesse. In diesem Sinne
ereignen sie sich, sie geschehen mit dem Einzelnen, er steht
ihnen weder als Subjekt noch autonom gegenüber. […]
Bezogen auf Lebensläufe hat Rüdiger Sackmann in der
45 Kritik an der neueren Theorie die Lebensläufe als eine
„Folge von Handlungen und Entscheidungen" rekonstruiert
[…], betont, dass „einige Ereignisse des Lebenslaufs […]

nicht dieser Logik [folgen],
sie ‚stoßen zu‘, sie ereignen
50 sich ohne unser Zutun, wir
sind ihnen schicksalhaft
ausgeliefert" […]. Bezogen
auf (Bildungs-)Biografien
als Formen der Beobach-
55 tung, der Beschreibung
oder auch der Erzählung
von Lebensläufen ist die
Hervorhebung der Ereig-
nishaftigkeit oder der Ent-
60 scheidungsabhängigkeit
des Lebensgeschehens
immer das Resultat von
(nachträglichen) bildungs-
biografischen Deutungspro-
65 zessen gelebten Lebens.

Abb. 7.7

M3 Bildung und Erziehung als Perspektiven auf Personwerdung (Alfred Schäfer)

Beide Konzepte, ‚Bildung‘
und ‚Sozialisation‘, stellen
ebenso wie dasjenige der
‚Erziehung‘ theoretisch
5 anspruchsvolle Sichtweisen dar, unter denen die
Wirklichkeit der ‚Personwerdung‘ thematisiert werden
kann. Sie haben mit dem,
10 was hier ganz allgemein
‚Personwerdung‘ genannt
wird, einen gemeinsamen
Bezugspunkt: die Entwick-
lung des Menschen im
15 Spannungsfeld von Autonomisierung und gesellschaft-

Abb. 7.8: Prof. Dr. Alfred Schäfer (Universität Halle-Wittenberg)

licher Eingliederung. Sie sind also nur als unterschiedliche
Sichtweisen zu begreifen, unter denen auch durchaus die
gleiche alltägliche Situationsbeschreibung (wie die Ermah-
20 nung durch die Kindergärtnerin, die Benotung durch den
Lehrer) in einem anderen Licht erscheinen kann. Insofern
schaffen sie eine jeweils eigene Sicht auf ‚Wirklichkeit‘. […]
Der Ausgangspunkt der neuhumanistischen Bildungstheorie, die wohl bis heute das Verständnis von ‚Bildung‘
25 dominiert, war eine Abgrenzung gegenüber den philanth-
ropischen Ansätzen des 18. Jahrhunderts. Dort hatte man
die Auffassung vertreten, dass individuelles Glück und gesellschaftliche Brauchbarkeit keinen Gegensatz bilden würden. Eine gute Ausbildung bzw. eine Qualifikation für den
30 Arbeitsmarkt soll also die Voraussetzung für persönliches
Wohlbefinden sein, da erst diese Qualifikation die (auch
materielle) Möglichkeit eröffnet, den eigenen Interessen
und Wünschen nachzugehen. In der Terminologie Rous-
seaus könnte man also sagen, dass für die Philanthropen

Abb. 7.9

35 ‚Bürger' und ‚Mensch' keine Gegensätze darstellten, sondern eine Einheit. Der ‚Mensch' kann seine Bestimmung als ‚Bürger' in sozialen Funktionen finden: Nicht jenseits und in Distanz zur Gesellschaft, in seiner Natur oder einer reinen Vernunft, erreicht er das eigene Glück, sondern wenn er im 40 vorgegebenen Rahmen gesellschaftlicher Möglichkeiten mithilfe einer guten Ausbildung eine gute Position und damit soziale Anerkennung und eine gute Entlohnung erhält. Zugleich gestattet ihm eine solche Ausbildung auch einen vernünftigen Umgang mit seinen Wünschen und eine ratio- 45 nale Lebensbewältigung. Die neuhumanistische Bildungstheorie, die mit den Namen Schiller, Niethammer und vor allem Humboldt verbunden ist, machte gegen den Philanthropismus wiederum den Gegensatz von ‚Mensch' und ‚Bürger' stark. Dieser Gegensatz wird in der Tradition des 50 Neuhumanismus auch als derjenige von Bildung (‚Mensch') und Ausbildung (‚Bürger') dargestellt – zwei Begriffe, die man seitdem häufig in Gegensatz zueinander verwendet. Mit Ausbildung wird dann die Unterwerfung unter gesellschaftlich definierte Qualifikationsanforderungen gemeint; 55 Bildung handelt demgegenüber von der Personwerdung des ‚Menschen' jenseits gesellschaftlicher Imperative und in Freiheit.
Dabei hat die Bildung Vorrang vor der Ausbildung: Dies gilt nicht nur aus grundsätzlichen Erwägungen, sondern auch 60 ontogenetisch. Damit die Menschen ihren Grund in sich selbst finden können, muss ihnen zunächst im Rahmen der Bildung die Möglichkeit gegeben werden, ihre individuelle Persönlichkeit auszuformen. Anschließend kann dann die Gesellschaft mit ihren Forderungen nach Ausbildung und 65 Qualifikation zu ihrem Recht kommen. Diese Forderungen treffen dann allerdings auf eine in sich ruhende Persönlichkeit, die sich zu ihnen selbstbestimmt zu verhalten vermag. Mit diesem Zugang hat die Bildungstheorie den gleichen Orientierungspunkt wie die moderne pädagogische Theo- 70 rie. Beide orientieren sich an der ‚Persönlichkeit', an der Vorstellung eines autonomen und selbstverantwortlichen Subjekts. Die Bildungstheorie zeichnet sich allerdings gegenüber der pädagogischen Denkweise durch einen Perspektivenwechsel aus. Während diese handlungstheore- 75 tisch vorgeht und Erziehung als einen Prozess intentionaler und verantwortlicher Steuerung der Personwerdung eines anderen begreift, den sie aus der Perspektive des zielorien-

tierten Erziehers darstellt, setzt die Bildungstheorie anders an. Sie betrachtet die Personwerdung unter dem Gesichts- 80 punkt der Eigenaktivität des sich Bildenden: Bildung, so könnte man vielleicht sagen, ist immer Selbstbildung. Aus diesem Perspektivenwechsel resultiert eine kritische Einstellung gegenüber pädagogischen Fremdbestimmungsansprüchen. Bildung steht ihrem Verständnis nach immer 85 schon auf der Seite der möglichen Autonomie des Heranwachsenden. Deshalb findet sich in bildungstheoretischen Argumentationen immer ein kritisches Potenzial gegenüber pädagogischen Verantwortungs- und Steuerungsansprüchen. […] In der bildungstheoretischen Betrachtung 90 […] geht (es) um die Angabe von Bedingungen, die einen Prozess der Selbstbildung möglich machen sollen. Die Frage ist also: Wie muss eine Auseinandersetzung des Kindes mit der Welt aussehen, damit das Kind in dieser Auseinandersetzung zu sich selbst finden kann?
95 […] Es handelt sich beim Bildungsbegriff nicht nur um eine Perspektivenverschiebung von einer Handlungstheorie zu einer qualifizierten Selbstformungstheorie. Damit verbunden ist auch ein anderes Verhältnis zu dem, was ‚Wirklichkeit' heißen kann. Hinsichtlich des Erziehungsbegriffs wur- 100 de zu zeigen versucht, dass die ‚Wirklichkeit' der Absichten oder auch der Wirkungen ein bedeutendes Problem darstellt: Dass es diese Wirklichkeit gibt, darauf be- 105 ruhen persönliche wie gesellschaftliche Hoffnungen, Verantwortungsübernahmen, aber auch Verantwortungszuschreibungen. Die 110 Bildungstheorie hingegen versucht, Möglichkeitsbedingungen der Selbstbildung anzugeben. Sie fragt nach einer optimalen 115 Struktur von Lernprozessen, in denen der Mensch ein ‚Mensch' werden kann. Ihr Standpunkt ist nicht auf

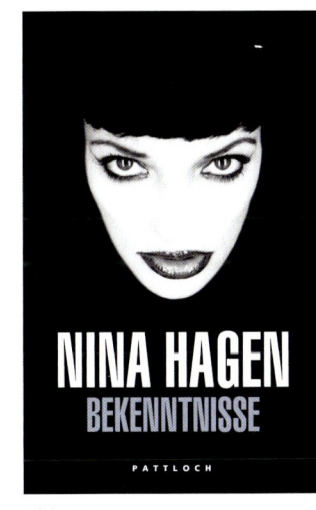

Abb. 7.10

eine verantwortlich zu bewirkende Wirklichkeit gerichtet, 120 sondern er orientiert sich an Möglichkeiten. Sie fragt vom Standpunkt der individuellen ‚Personwerdung' aus nach deren optimalen Voraussetzungen; die Realisierung dieser ‚Personwerdung' aber bleibt die Sache des sich bildenden Selbst.

Aufgaben

Die folgende Tabelle kann Ihnen helfen, sich im Anschluss an Alfred Schäfer und Klaus Hurrelmann einen Überblick über die pädagogischen Grundbegriffe und ihre Beziehungen zueinander zu verschaffen.

Sie können diese Tabelle auch weiter ausbauen, indem Sie weitere Definitionen der Grundbegriffe einbauen oder Erläuterungen mit Bezug auf Theorien und Texte aus den ersten drei Heften einfügen.

Personwerdung
Entwicklung des Menschen im Spannungsfeld von Autonomisierung und gesellschaftlicher Eingliederung

Erziehung	 Bildung	Sozialisation
thematisiert Personwerdung unter bestimmter Perspektive:	thematisiert Personwerdung unter bestimmter Perspektive:	thematisiert Personwerdung unter bestimmter Perspektive:

Erziehung (linke Spalte)

thematisiert Personwerdung unter bestimmter Perspektive:

Orientierungspunkt:
Vorstellung eines autonomen und selbstverantwortlichen Subjekts
(nach Alfred Schäfer)

Erziehungstheoretische Denkweise: Handlungstheorie.

Erziehungstheorie:
Erziehung als „Prozess intentionaler und verantwortlicher Steuerung der Personwerdung eines anderen".
Darstellung „aus der zielorientierten Perspektive des Erziehers".

Standpunkt: „auf eine verantwortlich zu bewirkende Wirklichkeit gerichtet."

Zentrale Frage:
Wie muss eine Auseinandersetzung des Kindes mit der Welt durch Erziehung gesteuert werden, damit das Kind in dieser Auseinandersetzung zu sich selbst finden kann?

Bildung (mittlere Spalte)

thematisiert Personwerdung unter bestimmter Perspektive:

Orientierungspunkt:
Vorstellung eines autonomen und selbstverantwortlichen Subjekts
(nach Alfred Schäfer)

Bildungstheoretische Denkweise: Qualifizierte Selbstformungstheorie.

Bildungstheorie:
Angabe von Möglichkeitsbedingungen der Selbstbildung. Sie fragt nach einer optimalen Struktur von Lernprozessen, in denen der Mensch ein ‚Mensch' werden kann.

Standpunkt: Frage nach Möglichkeiten für optimale Voraussetzungen der individuellen ‚Personwerdung'.
Aber: Die Realisierung dieser ‚Personwerdung' bleibt die Sache des sich bildenden Selbst.

Zentrale Frage:
„Wie muss eine Auseinandersetzung des Kindes mit der Welt aussehen, damit das Kind in dieser Auseinandersetzung zu sich selbst finden kann?"

Gegensatz Ausbildung – Bildung
• „Ausbildung: die Unterwerfung unter gesellschaftlich definierte Qualifikationsanforderungen."
• „Bildung handelt von der Personwerdung des ‚Menschen' jenseits gesellschaftlicher Imperative und in Freiheit."

Bildungstheorie: betrachtet die Personwerdung unter dem Gesichtspunkt der Eigenaktivität des sich Bildenden.

Bildung ist immer „Selbstbildung".

„In der bildungstheoretischen Betrachtung [...] geht (es) um die Angabe von Bedingungen, die einen Prozess der Selbstbildung möglich machen sollen."

Bildungstheorie „steht immer schon auf der Seite der möglichen Autonomie des Heranwachsenden".

Sozialisation (rechte Spalte)

thematisiert Personwerdung unter bestimmter Perspektive:

Orientierungspunkt:
Ich-Identität als Austarieren der Spannung von Integration und Individuation
(nach Klaus Hurrelmann)

„Sozialisation bezeichnet die Persönlichkeitsentwicklung eines Menschen, die sich aus der produktiven Verarbeitung der inneren und der äußeren Realität ergibt. [...] Die Realitätsverarbeitung ist ‚produktiv', weil ein Mensch sich stets aktiv mit seinem Leben auseinandersetzt und die damit einhergehenden Entwicklungsaufgaben zu bewältigen versucht. [...] Durch alle Entwicklungsaufgaben zieht sich die Anforderung, die persönliche Individuation mit der gesellschaftlichen Integration in Einklang zu bringen, um die Ich-Identität zu sichern."

Elemente dieser Definition:
„Erstens erklärt sie Sozialisation als einen Prozess der ‚Persönlichkeitsentwicklung': Mit Persönlichkeit wird die individuell spezifische und einmalige Struktur von körperlichen und psychischen Merkmalen, Eigenschaften und Dispositionen eines Menschen bezeichnet. [...]
Zweitens wird Sozialisation als ‚produktive Realitätsverarbeitung' bezeichnet: Damit wird eine aktive, während des gesamten Lebenslaufs anhaltende Tätigkeit eines Menschen bei der Aneignung und Verarbeitung seiner natürlichen Anlagen und seiner sozialen und physischen Umweltbedingungen postuliert. [...]
Drittens wird die Bewältigung von Entwicklungsaufgaben als ständige Anforderung an die Sozialisation genannt. [...] Jede Kultur stellt über die Gestaltung ihrer sozialen Institutionen und sozialen Umwelten und in Form von sozialen Mustern und Normen Mitgliedschaftsentwürfe bereit. Das sind Vorstellungen, Wünsche, Erwartungen und Merkmale, die für eine aktive Teilnahme an der Gesellschaft als erforderlich erachtet werden. Werden sie übernommen, kann von ‚sozialer Integration' gesprochen werden." (Klaus Hurrelmann)

Abb. 7.11: Erziehung, Bildung, Sozialisation: drei Perspektiven auf Personwerdung

Fragen und Anregungen zum Abschluss

Sie können das folgende Schaubild benutzen, um die Ihnen bekannten Bestimmungen der pädagogischen Grundbegriffe und der pädagogisch relevanten Begriffe von Nachbarwissenschaften zu ordnen und in ihren Bezügen zu systematisieren.

Dazu können Sie auf die Definitionen der Fachbegriffe in Ihrem Glossar zurückgreifen oder in den entsprechenden Texten aus den ersten drei Heften nachlesen.

Sie können das Schaubild auch verändern und/oder weitere Begriffe einführen, wenn Ihnen das hilft und/oder sinnvoll erscheint.

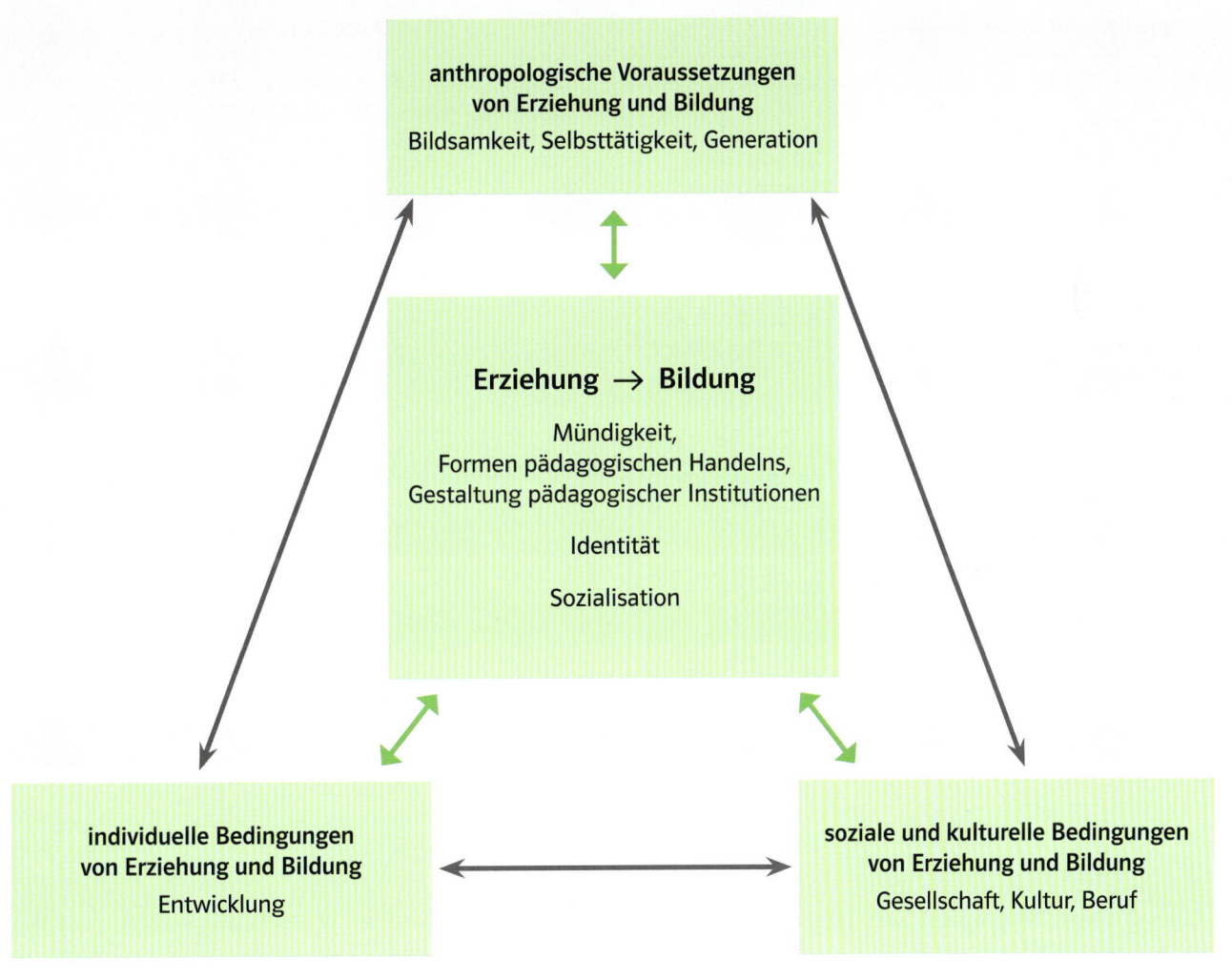

Abb. 7.12

Stichwortverzeichnis

Übersicht über die Operatoren

Operatoren	Definitionen
Anforderungsbereich I	
• nennen • benennen	ausgewählte Elemente, Aspekte, Merkmale, Begriffe, Personen etc. unkommentiert aufzählen
• skizzieren	einen bekannten oder erkannten Sachverhalt oder Gedankengang in seinen Grundzügen ausdrücken
• formulieren • darstellen	den Gedankengang oder die Hauptaussage eines Textes oder eines anderen Materials mit eigenen Worten darlegen
• wiedergeben	einen bekannten oder erkannten Sachverhalt oder den Inhalt eines Textes unter Verwendung der Fachsprache mit eigenen Worten ausdrücken
• beschreiben	die Merkmale eines Bildes oder anderen Materials mit Worten in Einzelheiten schildern
• herausarbeiten	aus Aussagen eines *wenig komplexen* Textes, einen Sachverhalt oder eine Position ermitteln und darstellen
• zusammenfassen	die Kernaussagen eines Textes oder anderen Materials komprimiert und strukturiert darlegen

Operatoren	Definitionen
Anforderungsbereich II	
• einordnen • zuordnen • anwenden	einen bekannten oder erkannten Sachverhalt in einen neuen oder anderen Zusammenhang stellen oder die Position eines Verfassers bezüglich einer bestimmten Religion, Konfession, Denkrichtung etc. unter Verweis auf Textstellen und in Verbindung mit Vorwissen bestimmen
• belegen • nachweisen	Behauptungen durch Materialbezug (z. B. Textstellen) oder bekannte Sachverhalte fundieren
• konkretisieren	Beispiele für einen Sachverhalt finden und ihn verdeutlichen
• erläutern • erklären • entfalten	einen Sachverhalt, eine These etc. gegebenenfalls mit zusätzlichen Informationen und Beispielen nachvollziehbar veranschaulichen
• herausarbeiten	aus Aussagen eines *komplexeren* Textes, einer Statistik o. Ä. einen Sachverhalt oder eine Position ermitteln und darstellen
• vergleichen	nach vorgegebenen oder selbst gewählten Gesichtspunkten Gemeinsamkeiten, Ähnlichkeiten und Unterschiede ermitteln und darstellen
• analysieren • untersuchen	unter gezielter Fragestellung Elemente, Strukturmerkmale und Zusammenhänge systematisch erschließen und darstellen, z. B. bei Experimenten/Studien: Forschungsbereich, Problemfeld, Hypothesen, Variablen, Operationalisierung, Durchführung, Design, Ergebnisse, Messverfahren, Auswertung, Präsentation benennen
• in Beziehung setzen	Zusammenhänge unter vorgegebenen oder selbst gewählten Gesichtspunkten begründet herstellen
• befragen	eine Position aus einer anderen Perspektive beleuchten
Anforderungsbereich III	
• begründen	eigene Aussagen durch Argumente stützen und nachvollziehbare Zusammenhänge herstellen
• sich auseinandersetzen mit	ein begründetes eigenes Urteil zu einer Position (z. B. zur Reichweite und Leistungskraft einer Theorie) oder einem dargestellten Sachverhalt entwickeln
• beurteilen • bewerten • Stellung nehmen • einen begründeten Standpunkt einnehmen • die eigene Überzeugung argumentativ vorstellen	zu einem Sachverhalt unter Verwendung von Fachwissen und Fachmethoden sich begründet positionieren (Sach- bzw. Werturteil), z. B. bei Experimenten/Studien: Objektivität, Reliabilität, Validität, Generalisierbarkeit begründet bestimmen, eine mögliche Gegenposition entwickeln und sich mit dieser kritisch auseinandersetzen, dabei Beurteilungskriterien bewusst machen und begründen

Operatoren	Definitionen
• erörtern	die Vielschichtigkeit eines Beurteilungsproblems erkennen und darstellen, dazu Thesen/gegebenenfalls Hypothesen erfassen bzw. aufstellen, Argumente formulieren und dabei eine begründete Schlussfolgerung erarbeiten (dialektische Erörterung)/gegebenenfalls Wege empirischer Überprüfung entwickeln
• prüfen • überprüfen	eine Meinung, Aussage, These, Hypothese, Argumentation nachvollziehen, kritisch hinterfragen und auf der Grundlage erworbener Fachkenntnisse begründet beurteilen
• interpretieren	einen Text oder ein anderes Material (Bild, Karikatur, Tondokument, Film, Statistik etc.) sachgemäß analysieren und auf der Basis methodisch reflektierten Deutens zu einer schlüssigen Gesamtauslegung gelangen
• gestalten • entwerfen	sich kreativ (z. B. fiktives Gespräch oder Visualisierung) mit einer Fragestellung auseinandersetzen
• Stellung nehmen aus der Sicht von … • eine Erwiderung formulieren aus der Sicht von …	eine unbekannte Position, Argumentation oder Theorie aus der Sicht einer bekannten Position kritisieren oder infrage stellen und ein begründetes Urteil abgeben
• Handlungspläne entwickeln	Begründete Handlungskonsequenzen zu einer Fallstudie entwerfen
• Konsequenzen aufzeigen • Perspektiven entwerfen	aus einer Position Schlussfolgerungen ziehen

Quellenverzeichnisse

Textquellennachweis
4 Stadler, Rainer: 2007: Anna ist 13. SZ-Magazin. Heft 33/2004; **5** Stadler, Rainer: 2011: Anna ist 20. SZ-Magazin. Heft 32/2011; **6** Kade, Jochen/Nittel, Dieter/Seitter, Wolfgang: Fallgeschichte Petra Müller. In: Jochen Kade/Dieter Nittel/Wolfgang Seitter (2007): Einführung in die Erwachsenenbildung/Weiterbildung (unter Mitarbeit von Birte Egloff), S. 18–23; **9** Nittel, Dieter/Siewert, Andrea: Lebenslauf und Biographie. In: Dinkelaker, Jörg/von Hippel, Aiga (Hg.): Erwachsenenbildung in Grundbegriffen. Stuttgart, 2015, S. 185–190, hier S. 185–187; **10** Fatke, Reinhard/Merkens, Hans: Bildung über die Lebenszeit. In: Reinhard Fatke/Hans Merkens: Bildung über die Lebenszeit. Wiesbaden, 2006, S. 9–10; **11** Erikson, Erik H.: Über Gesundheit und Wachstum, das epigenetische Prinzip. In: Erikson, Erik H.: Identität und Lebenszyklus. Übersetzerin: Hügel, Käthe. Suhrkamp, Frankfurt a. M., 1973, S. 56–62; **13** Erikson, Erik H.: Der Sohn des Bombenschützen. In: Erikson, Erik H.: Kindheit und Gesellschaft. Übersetzerin: Eckardt-Jaffé, Marianne, Pan. Stuttgart: Klett, 1968, S. 232 ff.; **15** Erikson, Erik H.: Vertrauen gegen Urmisstrauen. In: Erikson, Erik H.: Kindheit und Gesellschaft. Übersetzerin: Eckardt-Jaffé, Marianne, Pan. Stuttgart: Klett, 1968, S. 241–245; **16** Erikson, Erik H.: Autonomie gegen Scham und Zweifel. In: Erikson, Erik H.: Kindheit und Gesellschaft. Übersetzerin: Eckardt-Jaffé, Marianne, Pan. Stuttgart: Klett, 1968, S. 245–249; **17** Erikson, Erik H.: Initiative gegen Schuldgefühl. In: Erikson, Erik H.: Kindheit und Gesellschaft. Übersetzerin: Eckardt-Jaffé, Marianne, Pan. Stuttgart: Klett, 1968, S. 249–253; Erikson, Erik H.: Leistung gegen Minderwertigkeit. In: Erikson, Erik H.: Kindheit und Gesellschaft. Übersetzerin: Eckardt-Jaffé, Marianne, Pan. Stuttgart: Klett, 1968, S. 253–255; **19** Erikson, Erik H.: Der psychoanalytische Lehrer. In: Erikson, Erik H.: Die Zukunft der Aufklärung und die Psychoanalyse. In: Zeitschrift für Psychoanalytische Pädagogik. IV. Jg., Heft 6/7, 1930, S. 201 f.; **20** (Abb. 2.11) Erikson, Erik H.: Entwicklung der Identität. In: Erikson, Erik H.: Identität und Lebenszyklus. Übersetzerin: Hügel, Käthe. Frankfurt a. M.: Suhrkamp; S. 150 f.; **20** Erikson, Erik H.: Identität gegen Rollenkonfusion. In: Erikson, Erik H.: Kindheit und Gesellschaft. Übersetzerin: Eckardt-Jaffé, Marianne, Pan. Stuttgart: Klett, 1968, S. 255–258; **22 links** Erikson, Erik H.: Intimität gegen Isolierung. In: Erikson, Erik H.: Kindheit und Gesellschaft. Übersetzerin: Eckardt-Jaffé, Marianne, Pan. Stuttgart: Klett, 1968, S. 258–261; **22 rechts** Erikson, Erik H.: Zeugende Fähigkeit gegen Stagnation. In: Erikson, Erik H.: Kindheit und Gesellschaft. Übersetzerin: Eckardt-Jaffé, Marianne, Pan. Stuttgart: Klett, 1968, S. 261 f.; **23** Erikson, Erik H.: Ich-Integrität gegen Verzweiflung. In: Erikson, Erik H.: Kindheit und Gesellschaft. Übersetzerin: Eckardt-Jaffé, Marianne, Pan. Stuttgart: Klett, 1968, S. 262–264; **24** (Abb. 2.14) Erikson, Erik H.: Übersicht über das psychosoziale Entwicklungsmodell Eriksons. In: Erikson, Erik H.: Identität und Lebenszyklus. Übersetzerin: Hügel, Käthe.. Frankfurt a. M.: Suhrkamp, S. 214 f.; **25** o.A.: Tom – Ein Fallbeispiel. Shell Deutschland Holding (Hg.): Jugend 2010. Eine pragmatische Generation behauptet sich. Konzeption & Koordination: Mathias Albert, Klaus Hurrelmann, Gudrun Quenzel & TNS Infratest Sozialforschung. Frankfurt/M., 2010, S. 323–329; **28** Hurrelmann, Klaus/Quenzel, Gudrun: Sozialisationstheorie als Rahmen. In: Klaus Hurrelmann/Gudrun Quenzel: Lebensphase Jugend. Eine Einführung in die Sozialwissenschaftliche Jugendforschung. 11., vollständig überarbeitete Auflage 2012, S. 88–101; **29** Präsentieren/Visualisieren. In: Brüning, Ludger: Methodentraining: Vortragen. Präsentieren. Referieren. 2. Auflage. Donauwörth: Auer, 2009, S. 84–85; **30** Hurrelmann, Klaus/Quenzel, Gudrun: Zehn Maximen der sozialisationstheoretischen Jugendforschung. In: Klaus Hurrelmann/Gudrun Quenzel: Lebensphase Jugend. Eine Einführung in die Sozialwissenschaftliche Jugendforschung. 11., vollständig überarbeitete Auflage. Juventa, Weinheim 2012, S. 90–101; **34 links** Bauer, Ullrich: Kritik des Modells der produktiven Realitätsverarbeitung. In: Ullrich Bauer: Sozialisation und Ungleichheit. Wiesbaden: VS Verlag für Sozialwissenschaften 2011, S. 91–92; **34 rechts** Hurrelmann, Klaus: Weiterführung und kritische Diskussion des Modells. In: Klaus Hurrelmann: Sozialisation. Das Modell der produktiven Realitätsverarbeitung. Weinheim, Basel: Beltz, 2012, S. 49–51; Hurrelmann, Klaus: Kernaussagen als Thesen. In: Klaus Hurrelmann: Sozialisation. Das Modell der produktiven Realitätsverarbeitung. Weinheim, Basel: Beltz, 2012, S. 49–51, 53; **36** Bauer, Ullrich/Hurrelmann, Klaus: Das Modell der produktiven Realitätsverarbeitung in 10 Thesen. Ullrich Bauer/Klaus Hurrelmann: Das Modell der produktiven Realitätsverarbeitung in der aktuellen Diskussion. In: ZSE – Zeitschrift für Soziologie der Erziehung und Sozialisation 35, H. 2, 2015, S. 157–158; **37** Albert, Mathias/Hurrelmann, Klaus/Quenzel, Gudrun: Entwicklungsaufgaben im Jugendalter. In: Shell Deutschland Holding (Hg.): Jugend 2010. Eine pragmatische Generation behauptet sich. Konzeption & Koordination: Mathias Albert, Klaus Hurrelmann, Gudrun Quenzel & TNS Infratest Sozialforschung. Frankfurt/M., 2010; **38** Ecarius, Jutta: Kritik des Konzepts der Entwicklungsaufgaben. In: Ecarius, Jutta: Jugend und Familie. Stuttgart: Kohlhammer, 2009, S. 60–61; **39** Hurrelmann, Klaus: Ich-Identität und Biographie-Management in der Lebensphase

Jugend. In: Klaus Hurrelmann: Sozialisation. Das Modell der produktiven Realitätsverarbeitung. Weinheim, Basel: Beltz, 2012, S. 101–103; **40** Hurrelmann, Klaus/Albrecht, Erik: Politisches Engagement der Generation Y. In: Klaus Hurrelmann/Erik Albrecht: Die heimlichen Revolutionäre. Wie die Generation Y unsere Welt verändert. Weinheim, Basel: Beltz, 2014, S. 7, 120–122, 125–128; **42** Rekus, Jürgen: Begabung und Bildsamkeit als Voraussetzung pädagogischen Handelns. www.bildungsforschung.de/.../Begabung_und_Bildsamkeit.pdf, letzter Zugriff 21.01.2016; **45** Brun, Georg/Hirsch, Gertrude: Funktionsanalyse von wissenschaftlichen Texten. In: Textanalyse in den Wissenschaften. Zürich: vdf Hochschulverlag, 2009, S. 59–63; **46** Sesink, Werner: Jugend und Autorität im Generationenverhältnis. In: Werner Sesink: Einführung in die Pädagogik. Münster: LIT, 2001, S. 205–217; **49** Juul, Jesper: Eltern als Sparringspartner. In: Kraus, Doris, Die Presse, http://diepresse.com/home/bildung/erziehung/490467/index.do?from=suche.intern.portal, letzter Zugriff 21.01.2015; **50** Riegel, Enja: Lernen in Ernstsituationen. In: Riegel, Enja: Schule kann gelingen! Wie unsere Kinder wirklich fürs Leben lernen. Die Helene-Lange-Schule Wiesbaden, S. Fischer, Frankfurt a.M. 2004, S. 74–85; **52** Riegel, Enja: Die Bühne als Schule. In: Riegel, Enja: Schule kann gelingen! Wie unsere Kinder wirklich fürs Leben lernen. Die Helene-Lange-Schule Wiesbaden, S. Fischer, Frankfurt a.M. 2004, S. 93–98; **54** Ziehe, Thomas: Lehrer als Fremdenführer in ungewohnten Sinnwelten. In. Ziehe, Thomas: Kernaufgaben von Lehrern in der Mittelstufe. In: Pädagogik 58, Heft 4, Pädagogische Beiträge Verlag, Hamburg 2006, S. 32–35; **58 links** Stierlin, Helm: Zwei Fallbeispiele „problematischer Kinder". In: Stierlin, Helm (1980): Eltern und Kinder. Das Drama von Trennung und Versöhnung im Jugendalter. Suhrkamp, Frankfurt a.M. 1980, S. 211, 213 f.; **58 rechts** VESUV e.V.: Familie aus systemischer Sicht. In: Stehling, B.: gesundheitsladen köln, http://www.psychotherapie-netzwerk.de/infobuero/therapie/systemische/familie/familie.htm, letzter Zugriff: 21.01.2016; **59** Stierlin, Helm: Verstrickende Bindung und Ausstoßung. In: Stierlin, Helm: Ob sich das Herz zum Herzen findet. Rowohlt Taschenbuch Verlag, Reinbek 1999; **60** Omer, Haim/von Schlippe, Arist: Familiäre Rahmenbedingungen für die Entstehung von Gewalttätigkeit. Omer, Haim/von Schlippe, Arist: Autorität durch Beziehung. Die Praxis des gewaltlosen Widerstands in der Erziehung. Vandenhoeck & Ruprecht, Göttingen 2006, S. 106–117; **61** Krüssel, Hermann: Konstruktivistische Grundannahmen. Krüssel, Hermann (2003): Pädagogikunterricht neu sehen. Grundlagen einer reflexiven Fachdidaktik. Pädagogik für den berufsbildenden Bereich. Baltmannsweiler, Schneider Verlag Hohengehren 2003, S. 43–66; **63** Schlippe, Arist von/Braun-Brönneke, Annette/Schröder, Karin: Das „Kerngeschäft" systemischer Therapie: über Wirklichkeitskonstruktionen sprechen. In: Schlippe, Arist von/Braun-Brönneke, Annette/Schröder, Karin: Systemische Therapie als engagierter Austausch von Wirklichkeitsbeschreibungen. Empirische Rekonstruktion therapeutischer Interaktionen. In: System Familie 11, Springer-Verlag 1998, S. 70–79; **64** Deutsches Jugendinstitut: Theoretische Grundlagen einer Sozialpädagogischen Familienhilfe. In: Sozialpädagogische Familienhilfe in der Bundesrepublik Deutschland. Online-Handbuch: http://www.bmfsfj.de/doku/Publikationen/spfh/9-theoretische-grundlagen.html, letzter Zugriff: 21.01.2016; **65** Deutsches Jugendinstitut: Systemische Sichtweisen Sozialpädagogischer Familienhilfe. In: Sozialpädagogische Familienhilfe in der Bundesrepublik Deutschland. Online-Handbuch: http://www.bmfsfj.de/doku/Publikationen/spfh/9-Theoretische-grundlagen/9-3/9-3-4-systemische-sichtweisen.html, letzter Zugriff: 21.01.2016; **66** Deutsches Jugendinstitut: Erweiterung des systemischen Ansatzes: Sozialpädagogische Familienhilfe in der Bundesrepublik Deutschland. Online-Handbuch. In: http://www.bmfsfj.de/doku/Publikationen/spfh/9-Theoretische-grundlagen/9-3/9-3-4-systemische-sichtweisen.html, letzter Zugriff: 21.01.2016; **69** Müller, Hans-Rüdiger/Krinninger, Dominik/Bahr, Simone/Falkenreck, Dorothee/Lüders, Martin/Su, Hanno: Erziehung und Bildung in der Familie. In: Erziehung und Bildung in der Familie. Pädagogische Grenzgänge in einem interdisziplinären Forschungsfeld. In: Zeitschrift für Pädagogik, 58. Jahrgang., Heft 1, Beltz 2012, S. 55–68; **71** Müller, Hans-Rüdiger/Krinninger, Dominik/Bahr, Simone/Falkenreck, Dorothee/Lüders, Martin/Su, Hanno: Familie Antonow. In: Erziehung und Bildung in der Familie. Pädagogische Grenzgänge in einem interdisziplinären Forschungsfeld. In: Zeitschrift für Pädagogik, 58. Jahrgang, Heft 1, Beltz 2012, S. 63–65; **72 oben** Müller, Hans-Rüdiger/Krinninger, Dominik/Bahr, Simone/Falkenreck, Dorothee/Lüders, Martin/Su, Hanno: Ausblick auf Bildungs- und Erziehungsforschung. In: Erziehung und Bildung in der Familie. Pädagogische Grenzgänge in einem interdisziplinären Forschungsfeld. In: Zeitschrift für Pädagogik, 58. Jahrgang, Heft 1, Beltz 2012, S. 55–68; **72 links unten** Rogge, Jan-Uwe: Computer und Spiele. In: Rogge, Jan-Uwe (2011): Pubertät. Loslassen und Haltgeben. 5., aktualisierte und erweiterte Auflage, Reinbek, Rowohlt 2011, S. 235–244; **74** Schmid, Gordon/Niggestich, Andreas: Computerspiel- und Internetsucht vorbeugen. In: Gordon Schmid/Andreas Niggestich): Computerspiel- und Internetsucht vorbeu-

gen. Das Präventionsprojekt DIGITAL – voll normal. In: Thema Jugend. Zeitschrift für Jugendschutz und Erziehung. Heft 2, Katholische Landesarbeitsgemeinschaft Kinder- und Jugendschutz NW e.V., Münster 2014, S. 9 f.; **76 oben** Medienpädagogischer Forschungsverbund Südwest: KIM-Studie 2014 (Kinder und Medien): Basisuntersuchung zum Medienumgang 6- bis 13-Jähriger: In : KIM-Studie 2014. Kinder + Medien: Computer + Internet: http://www.mpfs.de/fileadmin/KIM-pdf14/KIM14.pdf, letzter Zugriff: 21.01.2016; **76 unten** Medienpädagogischer Forschungsverbund Südwest: JIM-Studie 2014 (Jugend, Information, [Multi-]Media): Basisuntersuchung zum Medienumgang 12- bis 19-Jähriger. In: JIM-Studie 2014. Jugend, Information, (Multi-) Media: http://www.mpfs.de/fileadmin/JIM-pdf14/JIM-Studie_2014.pdf, letzter Zugriff: 21.01.2016; **78** Zirfas, Jörg/Jörissen, Benjamin: Mediale, simulierte, virtuelle, reale Identität? In: Zirfas, Jörg/Jörissen, Benjamin: Phänomenologien der Identität, Wiesbaden, VS Verlag für Sozialwissenschaften 2007, S. 179–192; **81 links** AP, Axel Springer AG: Jugendliche filmen ihre Gewalt gegen Obdachlose: http://www.welt.de/vermischtes/article1532337/Jugendliche-filmen-ihre-Gewalt-gegen-Obdachlose.html, letzter Zugriff: 21.01.2016; **81 rechts** Westdeutscher Rundfunk Köln: Frauen krankenhausreif geschlagen: http://www1.wdr.de/themen/panorama/ueberfallmoenchengladbach100.html, letzter Zugriff: 21.01.2016; **82** Schmitt-Kilian, Jörg: Eine Tote meldet sich zu Wort. In: Schmitt-Kilian, Jörg (2010): Ich mach euch fertig! Praxisbuch Gewaltprävention. Gütersloher Verlagshaus, Gütersloh 2010, S. 18; **83** Zimmer, Dieter E.: Unterschiedliche Auffassungen über die Ursachen der Aggression. In: Zimmer, Dieter E.: Experimente des Lebens. Haffmans, Zürich 1989; **85** Heitmeyer, Wilhelm: Gewalt als komplexes Phänomen. Heitmeyer, Wilhelm: Gewalt. Schattenseiten der Individualisierung bei Jugendlichen aus unterschiedlichen Milieus, Juventa-Verlag, München 1995, S. 69–77, 81; **88** Heitmeyer, Wilhelm: Gruppenbezogene Menschenfeindlichkeit als Folge gesellschaftlicher Zustände. In: Heitmeyer, Wilhelm (Hg.): Deutsche Zustände. Folge 7, Suhrkamp, Frankfurt a.M 2008; **90 links** Rauchfleisch, Udo: Das Verhalten von „Außenseitern". In: Rauchfleisch, Udo: Begleitung und Therapie straffälliger Menschen. 2., aktualisierte Auflage, Vandenhoeck & Ruprecht, Göttingen 2008, S. 16 f., 46, 49 f.; **90 rechts** Rauchfleisch, Udo: Menschen in psychosozialer Not. In: Rauchfleisch, Udo (1996): Menschen in psychosozialer Not. Beratung, Betreuung, Psychotherapie, Vandenhoeck & Ruprecht, Göttingen 1996, S. 12–21 (Auszüge); **93** Müller, Hans-Rüdiger: Differenz und Interdependenz therapeutischen und pädagogischen Handelns. In: Müller, Hans-Rüdiger: Sozialpädagogik und Therapie. Über die Notwendigkeit pädagogischer Perspektiven in Therapeutischen Wohngemeinschaften für Drogenabhängige, Juventa, Weinheim und München 1990, S. 217–221; **95** Pestalozzi: Pädagogische Förderung: http://www.heinrich-pestalozzi.de/de/dokumentation/zeit-leben-werke/level2/level-3/stanser-brief-volltext/, letzter Zugriff: 21.01.2016; **98** Mollenhauer, Klaus: Aufgaben und Schwierigkeiten der Sozialpädagogik. In: Mollenhauer, Klaus: Sozialpädagogische Praxis, Forschung und Theorie – Drei einführende Versuche. Pädagogisches Seminar der Georg-August-Universität Göttingen 1997, S. 31 f.; **99** Thole, Werner: Die Soziale Arbeit – Begriffe und Gegenstand. In: Thole, Werner: Die Soziale Arbeit – Praxis, Theorie, Forschung und Ausbildung. Versuch einer Standortbestimmung. In: Werner Thole (Hg.): Grundriss Soziale Arbeit, VS Verlag für Sozialwissenschaften, Wiesbaden 2010, S. 19–70 (Auszug); **100** Klüsche, Wilhelm/Effinger, Herbert: Handlungsfelder der Sozialen Arbeit. In: Deller, Ulrich/Brake, Roland: Soziale Arbeit. Grundlagen für Theorie und Praxis, UTB, Stuttgart 2001, S. 45–48; **102** Deller, Ulrich/Brake, Roland: Professionalität von Fachkräften der Sozialen Arbeit. In: Deller, Ulrich/Brake, Roland: Soziale Arbeit. Grundlagen für Theorie und Praxis, UTB, Stuttgart 2001, S. 56–58, 68–72 (Auszüge); **104** Hahn, Kurt: Die Erlebnistherapie. In: Hahn, Kurt: Erziehung und die Krise der Demokratie. Reden, Aufsätze, Briefe eines politischen Pädagogen. Hg. v. Michael Knoll, Klett-Cotta, Stuttgart 1986, S. 98–105; **106** Lakemann, Ulrich: Erlebnispädagogik gegen Gewalt. In: Lakemann, Ulrich: Gewaltige Erlebnisse – Erlebnispädagogik gegen Gewalt. In: Schröder, Achim/Rademacher, Helmolt/Merkle, Angela: Handbuch Konflikt- und Gewaltpädagogik. Verfahren für Schulen und Jugendhilfe, Wochenschau-Verlag: Schwalbach/Ts. 2008, S. 294–298; **107** Fischer, Torsten/Lehmann, Jens: Das Outward-Bound-Konzept der „Thor Heyerdahl". In: Fischer, Torsten/Lehmann, Jens: Studienbuch Erlebnispädagogik, Verlag Julius Klinkhardt, Bad Heilbrunn 2009, S. 66–71; **111** Sennett, Richard: Drift. Sennett, Richard: Der flexible Mensch. Die Kultur des neuen Kapitalismus, WBG Verlag, Darmstadt 1998, S. 15–23; **114** Beck, Ulrich/Brater, Michael/Daheim, Hans-Jürgen: Die Bedeutung des Berufs für Entwicklung und Persönlichkeit des Einzelnen. In: Beck, Ulrich/Brater, Michael/Daheim, Hans-Jürgen: Beruf und Persönlichkeit. Die Bedeutung des Berufs für Entwicklung und Lebenslauf des einzelnen in unserer Gesellschaft. In: Dies.: Soziologie der Arbeit und der Berufe, Hamburg 1980. In: Rolf Arnold (Hg.) (1997): Ausgewählte Theorien zur beruflichen Bildung. Hohengehren. S. 199–233 (Soziologie der Arbeit und der Berufe), S. 25–44

(Ausgewählte Theorien zur beruflichen Bildung); **117** Brater, Michael: Beruf und Biografie. In: Brater, Michael: Beruf und Biographie, Gesundheitspflege initiativ, Esslingen 1998, S. 24–35; **119** Tippelt, Rudolf: Beruf und Lebenslauf. In: Arnold/Rolf/Lipsmeier, Antonius (Hg.): Handbuch der Berufsbildung. VS Verlag für Sozialwissenschaften, Wiesbaden 2006, S. 95–107; **122** Tippelt, Rudolf/Gebrande, Johanna: Formale, non-formale und informelle Bildungsprozesse. In: Tippelt, Rudolf/Gebrande, Johanna: Neue Bildung über den Lebenslauf. In: Wahl, Hans-Werner/Kruse, Andreas (Hg.): Lebensläufe im Wandel. Entwicklung über die Lebensspanne aus Sicht verschiedener Disziplinen, Kohlhammer, Stuttgart 2014, S. 260–271; **124** Wittpoth, Jürgen: Strukturen der Weiterbildung in Deutschland. In: Wittpoth, Jürgen: Einführung in die Erwachsenenbildung, UTB, Stuttgart 2013, S. 108–111; **125** Wittpoth, Jürgen: Betriebliche Weiterbildung. In: Wittpoth, Jürgen: Einführung in die Erwachsenenbildung, UTB, Stuttgart 2013, S. 132–134; **126** Kade, Jochen/Nittel, Dieter/Seitter, Wolfgang: Profession – Professionalisierung – Professionalität. In: Kade, Jochen/Nittel, Dieter/Seitter, Wolfgang: Einführung in die Erwachsenenbildung/Weiterbildung, Kohlhammer, Stuttgart 2007, S. 140–143; **128** Kade, Jochen/Nittel, Dieter/Seitter, Wolfgang: Berufsbezeichnung und Berufsrollen der in der Erwachsenenbildung beruflich Tätigen. In: Kade, Jochen/Nittel, Dieter/Seitter, Wolfgang: Einführung in die Erwachsenenbildung/Weiterbildung, Kohlhammer, Stuttgart 2007, S. 144–147; **129** Kraus, Katrin: Employability – ein neuer Schlüsselbegriff. In: Panorama. Fachinformationen für Berufsbildung, Berufsberatung und Arbeitsmarkt. Heft 6, SDBB | CSFO. In Zusammenarbeit mit dem Staatssekretariat für Wirtschaft SECO. Mit Unterstützung des Staatssekretariat für Bildung, Forschung und Innovation SBFI, Bern 2007, S. 4–5; **134 links** Klafki, Wolfgang: Hermeneutische Verfahren in der Erziehungswissenschaft. In: Rittelmeyer, Christian/Parmentier, Michael: Einführung in die pädagogische Hermeneutik. WBG, [Abr. Verl.], Darmstadt 2001, S. 125–148; **134 rechts** Mollenhauer, Klaus/Rittelmeyer, Christian: Methoden der Erziehungswissenschaft. Juventa, München 1977, S. 60; **135** Pinquart, Martin/Silbereisen, Rainer K.: Entwicklung und Erziehung. In: Krüger, Heinz-Hermann/Grunert, Cathleen (Hg.): Wörterbuch Erziehungswissenschaft, VS Verlag für Sozialwissenschaften, Wiesbaden 2004, S. 111–112, 115; **136 links** Kade, Jochen/Nolda, Sigrid: Bildungsbiografisches Gestalten als Ergebnis von (Bildungs-)Ereignissen und (Bildungs-)Entscheidungen. In: Kade, Jochen/Nolda, Sigrid: Zwischen Entscheidung und Ereignis. Okkasionelle Bildungsbiographie im Kontext des Lebenslaufs. In: Miethe, Ingrid/Ecarius, Jutta Ecarius/Tervooren, Anjy (Hg.) (2014): Bildungsentscheidungen im Lebenslauf, Buderich Opladen, Berlin, Toronto 2013, S. 227–229; **136 rechts** Schäfer, Alfred: Bildung und Erziehung als Perspektiven auf Personwerdung. In: Schäfer, Alfred: Einführung in die Erziehungsphilosophie. Beltz, Weinheim, Basel 2004, S. 151–155

Bildquellennachweis